신중국헌법발전사

국립중앙도서관 출판시도서목록(CIP)

신중국헌법발전사 /
韓大元 편저 ; 정이근 옮김. -- 서울 : 오름, 2007
p. ; cm. -- (부산대학교 중국연구소 번역총서 ; 1)

권말부록으로 "중화인민공화국헌법" 수록
원서명: 新中国宪法发展史
색인수록
ISBN 978-89-7778-285-3 93340 : ₩18000

362.12-KDC4
342.51-DDC21   CIP2007002741

부산대학교 중국연구소 번역총서 1

신중국헌법발전사

韓大元 편저 · 정이근 옮김

중국 헌법의 발전과정은
신 중국 발전과정의 축소판

　역사의 발전에 따라 국가나 사회도 발전하는 것임에 틀림이 없을 것입니다. 중국은 건국 이래 여러 가지 우여 곡절도 겪었지만 전 국민의 노력으로 오늘날과 같은 국가적 발전을 이루어 내고 있습니다. 이러한 국가적 발전의 밑바탕에는 반드시 법률제도의 발전이 있었음을 예상할 수 있고, 그러한 법률제도 가운데 헌법이 핵심적 역할을 하고 있습니다.

　헌법은 국가의 근본법이며 최고법적 효력을 가집니다. 헌법은 국가조직과 권력구조를 규정하고 국민의 헌법적 권리를 규정합니다. 따라서 헌법의 역사는 국가조직의 역사이며 권력구조변천의 역사이고 또한 헌법상 국민의 기본권 보장의 역사이기도 합니다.

　중국은 1980년대 개혁개방을 표방한 이래 경제적으로나 사회적으로 눈부신 발전을 하였고, 금세기에 접어들어 특히 경제적 발전은 세계적인 주목을 받고 있습니다. 지속적인 경제 발전과 사회 발전을 위해서는 항상 과거사를 되돌아보고 새로운 국가 발전 방향을 탐지해 나가야 한다고 생각합니다. 「신중국헌법발전사」는 중국의 헌법 역사와 정치적 역정을 대변하는 것입니다. 헌법은 국가를 이해하는 가장 기본이 되는 법이며 사회의 가치를 구현한 것입니다. 신 중국 수립 이래 공동강령, 1954년 헌법, 1975년 헌법, 1978년 헌법을 거쳐 현행 헌법인 1982년 헌법에 이르기까지 헌법의 발전과정은 곧 신 중국의 발전과정의 축소판이라 해도 과언이 아닙니다. 국민이 진정한 국가의 주인이 되는 나라를 이루기 위하여 지속적인 헌법의 발전이 필요하고, 이러한 과정에서 헌법 발전과정에 대한 이해는 헌정 발전의 고귀한 경험으로 자리할 것입니다.

「신중국헌법발전사」는 신 중국 수립 이래 사회 발전과정에서 거쳐 온 헌법의 발전과정을 모아 저술한 것으로, 크게 5부분으로 제1장 신중국의 성립과 공동강령, 제2장 신 중국 헌정체제의 기초: 1954년 헌법, 제3장 헌법과 현실의 충돌: 1975년 헌법, 제4장 곡절 중의 발전: 1978년 헌법, 제5장 개혁개방과 1982년 헌법으로 구성되어 있고, 제6장에서는 마지막으로 2004년 헌법개정안에 대한 설명이 추가되어 있습니다. 본서의 편저자로서 우선 본서의 집필에 있어 제1장과 제5장(제6부분)은 모찌홍(莫紀宏) 교수가 집필하고, 서언과 제2장은 본인(韓大元)과 왕홍엔(王洪岩) 석사가, 제3장과 제4장은 판이(范毅) 교수가, 제5장은 후진꽝(胡錦光) 교수가 집필하였음을 명확히 밝혀두고자 합니다.

중국의 현행 헌법을 이해하는 데는 반드시 중국의 역대 헌법을 이해하는 것이 기본 전제가 되며, 중국의 과거 헌법에 대한 이해 없이는 현행 헌법을 충분히 이해한다고 볼 수 없음을 강조할 필요가 있습니다. 그러한 측면에서 「신중국헌법발전사」는 중국관련 여러 연구자들에게 많은 도움이 될 것으로 생각합니다. 중국의 헌법발전 과정을 이해함으로써 중국 국민의 기본권의 발전과정도 이해할 수 있을 것입니다. 아무쪼록 이 번역서가 한국의 연구자와 일반 독자들에게 많은 도움이 되고 한중 법학교류의 밑거름이 되기를 간절히 바랍니다.

저는 편저자로서 무엇보다 이 책이 한국어로 출판되어 한국의 연구자들이 보다 쉽게 중국의 헌법 발전과정을 이해할 수 있게 되는 기회를 갖게 된 데 대하여 더 없이 기쁘게 생각합니다. 한국과 중국의 교류가 다른 어느 나라에 비할 수 없이 밀접한 이 시기에 「신중국헌법발전사」가 한국어로 번역 출판되는 것은 더욱 의미 있는 일이라 생각합니다.

번역서의 출판에 앞서 중국 중남대학 법학원에 재직 중인 정이근 교수의 노고에 감사를 표합니다. 북경에서 사스(SARS)가 만연하던 당시의 어려운 상황에도 불구하고 수시로 본인의 연구실을 찾으며 지도를 받던 정 교수의 학문적 열정과 당시의 모습이 떠오릅니다. 한·중 양국의 학문적 교류와 발전을 위한 정 교수의 지속적인 노력을 기대해 봅니다.

2007년 7월 19일
중국인민대학 明德樓 연구실에서
韓大元

법치국가의 관건은 의헌치국(依憲治國)

헌법은 특정한 국가에 있어 그 발전과정의 축소판이다. 사회의 변천은 여러 가지 형식으로 헌법에 반영되어 헌법이 역사적 특징과 시대적 특성을 갖도록 한다. 헌법의 생성·존재와 발전의 역사는 사회발전의 전체적인 특징을 반영한다. 헌법은 그 특유의 기능으로 말미암아 사회발전의 객관적인 과정과 사회성원의 헌법작용에 대한 평가를 기록한다.

그러므로 역사적 분석은 헌법학 학습과 연구의 기본적인 방법 중의 하나이다. 우리가 헌법발전의 객관적인 환경과 구체적 발전과정을 이해하지 못한다면 헌법과 사회변천의 상호관계에 대한 거시적인 분석을 할 수 없을 것이고, 일상생활에서의 헌법적 현상 역시 살펴볼 방법이 없다.

신 중국은 이미 50년의 빛나는 역사과정을 거쳐 왔고, 50년의 역정과 헌법발전은 서로 긴밀한 관계가 있으며, 헌법의 발전과정에는 성공의 경험도 있지만 동시에 실패의 교훈도 있다. 신 중국 헌법발전사에 대한 연구는 헌법발전의 경험을 결산하고 헌법작용에 대한 탐구를 하는 데 매우 중요한 의의가 있다. 어떤 의미에서 헌법발전사에 대한 연구는 헌법학 이론체계 확립의 기초적 작업이고, 풍부한 역사적 사실 가운데서 헌법의 가치를 분석·관찰 및 체험하는 데 도움이 된다고 할 수 있다.

외국에서의 경우 제헌사나 헌법변천에 대한 연구는 헌법학자들의 보편적인 관심사로서 이미 많은 연구 성과를 이루어 놓고 있다. 그러나 중국에서는 체계적인 이론체계가 아직 형성되지 못하고 있고 그 연구도 학자들의 관심을 끌지 못하는 실정이다.

　법치국가를 추진하는 과정에서의 관건은 의헌치국(依憲治國)이며, 사회 전체에 헌법존중의 사회기풍을 확립하고 헌법이 진정으로 일체의 국가기관, 사회단체, 정당 및 개인 생활의 최고 준칙이 되도록 할 필요가 있는 것이다.

　본서의 편저자는 헌법발전사 자료를 기초로 신 중국 헌법발전과정에 대하여 비교적 체계적 분석을 하여, 각 시기에 대한 헌법발전의 배경을 우리에게 제공하고 있다. 본서 편저자가 제공하는 헌법발전의 사료와 관점은 매우 고무적인 의의를 지니는 것으로 앞으로 신 중국 헌법발전의 문제를 전개하는 데 있어 참고할 가치가 충분히 있는 것이다.

중국인민대학 법학원 종신교수

許崇德*

＊許崇德 교수는…

　1929년 상해시 출생으로 1951년 상해 복단대학 법학과 졸업 후,

　1953년부터 중국인민대학 법학원을 시작으로 중국정법대학, 무한대학, 청화대학 등에 재직하였다. 1978년 중국인민대학에 복교하여 2003년까지 중국인민대학 법학원 교수를 역임하였으며, 2007년 현재 중국인민대학 법학원 종신교수로 재직 중이다. 1954년 헌법기초위원회 성원, 기타 정부조직법, 홍콩기본법, 마카오기본법 등 다수의 기본법 입법위원회 위원, 그리고 중국헌법학연구회 명예회장 등을 역임하였다. 「중국헌법」을 비롯하여 57종의 저서(공저 포함)가 있다.

차례

들어가며

　　우리는 흔히 헌법에 대하여 특정한 국가를 이해하는 창이라고 한다. 헌법을 통하여 우리는 그 국가의 정치·경제와 문화의 기본제도, 국민의 헌법상 지위 등 기본적인 문제를 거시적으로 이해할 수 있다. 법치의 기초로서 헌법은 법치의 과정과 수준을 비교하는 기준일 뿐만 아니라 동시에 국가의 법치발전을 추진하는 기본적 요소가 된다.

　　현대사회에서 그 나라의 정치·경제 및 문화발전의 배후에는 항상 서로 다른 단계의 헌법이 존재하고, 헌법의 근본법 지위가 결정하는 바에 의하여, 사회변천 과정의 중대한 변화는 우선적으로 헌법에 반영된다. 사람들은 흔히 헌법의 존재사실과 상응하는 변화를 통하여 사회생활의 발전과정을 느끼게 된다.

　　신 중국헌법의 발전변화를 통하여, 신 중국 성립 후 50년 동안 중국사회가 지나온 과정을 상세히 분석할 수 있다. 이러한 의미에서 헌법은 그 특수한 형식을 통하여 사회의 변천을 반영하고, 사회의 발전사는 헌법발전사로 농축될 수 있다.

　　신 중국의 성립은 헌법의 변천에 새로운 생명력을 부여하였고, 인민은 그 독자적인 제헌권과 헌법개정권에 의하여 보다 융통성 있게 헌법발전의 경로를 부단히 탐색하였다. 신 공화국 50년의 발전과정은 평범한 것이 아니었으며, 그간 곡절과 좌절이 있었고 심지어 후퇴도 있었다. 이러한 발전의 불균형과 건국 이후 헌법의 운명은 서로 밀접한 관련이 있다. 헌법은 특정사회 환경의 산물이며, 그것은 질서 있는 사회의 발전을 위한 기초가 된다. 사회변천과 헌법발전의 상호 관련성은 사회의 순조로운 발전에 중요한 역할을 한다.

신 중국 발전 50년의 역사에 대하여는 여러 가지 각도에서 연구를 할 수 있다. 헌법적인 시각에서 신 중국의 역사발전을 연구하는 것은 헌법과 사회발전 사이의 상호관계를 깊이 있게 이해하는 데 도움이 되고, 더 나아가 개괄적인 이론적 답안을 얻을 수 있는 것이다.

사회변천 형식의 다양성은 헌법시행에 있어서 통일성으로 표현된다. 헌법발전사는 사회의 종합적 발전과정을 반영하고, 즉 정치발전과 경제발전 그리고 문화발전 등 종합적인 발전상황을 포함하며, 이러한 발전을 고도의 개괄적인 규범형식으로 표현한다. 헌법발전사의 연구는 장차 우리에게 풍부한 헌법발전의 경험과 인식의 도구를 제공하고, 사회발전 과정상에서의 헌법의 기능을 이해하도록 한다. 특히 제헌과정과 헌법개정 과정의 실증적 분석은 헌법의 구조와 운용을 이해하는 데 매우 필요한 것이다. 헌법발전사의 기본지식을 장악하는 것은 헌법을 연구하는 기본조건이다.

헌법발전사는 신 중국 발전의 축소판으로서 많은 헌법적 지식을 제공할 것이고, 헌법발전의 사실로부터 헌법의 가치를 충분히 파악할 수 있을 것이다.

본서의 서술 의도는 신 중국의 헌법발전사에 대한 객관적 서술을 통하여 헌법발전의 객관적 과정을 설명하고, 헌법발전의 역사적 사료를 찾아내어 헌법에 관심을 갖고 연구하는 사람들을 위해 헌법발전 배경의 자료를 제공하며, 독자로 하여금 헌법발전의 사회적 환경을 이해시키도록 하는 것이다.

　서술과정에서 저자는 헌법과 사회생활의 상호관계를 주의 깊게 분석하고, 헌법 존재의 특수한 환경을 객관적으로 서술하고자 하였다. 헌법제정 또는 헌법개정의 구체적 배후 자료를 기초로 하여 헌법을 연구하는 것은 우리가 더욱 깊이 있게 헌법의 성질과 기본정신을 이해하는 데 도움이 되고, 나아가 전체사회의 헌법의식을 제고시키고 법치국가의 발전을 추진하는 데 도움이 될 것이다.

제1장

신 중국의 성립과 공동강령

I. 특정한 역사적 조건

신 중국의 법률은 국민당 정부의 법률을 폐기한 기초 위에서 성립된 것이다. 이것은 중국 인민이 마르크스주의에 근거하여, 무산계급영도혁명은 반드시 구 법률을 폐기하고 새로운 법률을 제정해야 한다는 원리와 중국 혁명의 구체적 실천을 서로 결합하여 얻어낸 과학적 결론이고 중국 인민혁명 실천의 결산이다.

전국이 해방되기 직전, 즉 국민당 정권의 붕괴시기에, 장개석이 국민당 잔여세력의 재기를 위하여 1949년 1월 1일 발표한 신년담화문에서 공산당과 평화회담의 진행을 제의하였으나 비 헌법, 비 법통 및 군대를 유지하는 조건을 평화회담의 기조로 하였다. 장개석의 인민을 기만하는 반혁명음모를 폭로하기 위하여, 1949년 1월 14일 중공중앙(중국공산당 중앙의 줄임말) 주석 모택동은 '시국에 관한 성명'을 발표했다.

이 성명에서 모택동 주석은 장개석이 제기한 평화회담의 허위성을 폭로하고, "장개석이 제시한 것은 비 헌법, 비 법통과 반동군대를 보존하는 등 인민이 동의할 수 없는 조건을 평화회담의 기조로 하기 때문에, 이는 전쟁을 계속하는 조건이고 평화의 조건이 아니다."[1]라고 지적하였다. 장개석이 비 헌법 비 법통의 보존을 제의한 것은, 실질적으로는 국민당의 법통이 중단되지 않게 하려는 기도로서 계속하여 지주·매판관료자산계급의 반동통치를 유지하려는 의도가 있는 것이다. 이 때문에 '시국에 관한 성명'에서 모택동 주석은 비 헌법을 폐기하고 비 법통을 폐기하는 등 8항의 조건을 새로이 제의했다.

이 성명은 전국 인민이 국민당의 반동적 통치를 철저하게 전복시킬 결심을 나타내는 것이었고, 장차 혁명진행의 철저한 요구와 염원 및 국민당 반동파가 비 헌법, 비 법통을 통치의 방법으로 하려는 음모의 분쇄를 위한 것이었다. 그러므로 국민당 정부의 법률을 폐기하는 것은 중국인민혁명의 중요한 내용의 하나가 된다.

중국 혁명실천의 필요에 근거하고 혁명투쟁의 경험을 바탕으로 한 1949년 1월 '중공중앙의 사법기관 접수에 관한 건의'에서 명확히 지적한 바, "국민당 정부의 일체 법률은 무효로 하고, 어떠한 형사·민사 재판에 있어서도 국민당 법률의 인용을 일체 금지한다. 법원의 모든 심판은 군관회(軍管會)가 공포한 법령 및 인민정부의 정책에 의거하여 처리한다."와 같다. 1949년 2월 중공중앙은 '국민당의 육법전서와 해방지구의 사법원칙에 관한 지시'를 발표하였고, 이러한 지시는 전국에서의 혁명승리 후, 구 법률을 폐지하고 새 법제를 건설하기 위한 이론적 기초와 정책적 근거를 마련한 것이다.

이 지시의 기본내용은,

(1) 국민당 법률의 본질을 깊이 있게 분석하여 국민당의 모든 법률은 단지 지주와 매판관료자산계급 반동통치의 수단일 뿐이고 많은 인민 군중을 진압하고 속박하는 무기임을 지적한다. 무산계급이 영도하고 노동자

---

1) 「毛澤東選集」, 人民出版社, 1964년, 327쪽.

농민연맹을 주체로 한 인민민주전제정권하에서 국민당의 육법전서는 마땅히 폐기되어야 한다. 인민의 사법 활동은 국민당의 육법전서를 근거로 할 수 없고 인민의 새로운 법률을 근거로 해야 한다.

(2) 인민의 법률이 아직 완비되지 못한 상황에서 사법기관의 사무처리 원칙은 강령·법률·명령·조례·결의 등이 있는 경우는 마땅히 강령, 법률, 명령, 결의 등에 따르고 강령·법률·명령·조례·결의가 없는 경우는 신민주주의 정책에 따른다.

(3) 인민의 사법기관은 마땅히 육법전서 및 국민당의 모든 법률 법령의 정신을 경멸하고 비판할 것과 마르크스 레닌주의, 모택동사상의 국가관·법률관 및 신민주주의의 정책·강령·법률·명령·조례·결의의 방법을 학습하고 장악하여 사법간부를 교육하고 개조시켜야 한다.

신 중국의 입법문제에 관하여, 1949년 6월 4일과 10일 중공중앙법률위원회와 화북인민정부 사법부는 두 차례의 좌담회를 개최했다. 중공중앙법률위원회, 화북인민정부사법부, 화북인민정부법원, 북평시인민법원 책임자 및 심조유(沈鈞儒), 이달(李達) 등 전문가와 교수 40여 명이 좌담회에 참가했다. 회의는 화북인민정부사법부 부장 사각제(謝覺哉)가 주재하였다. 회의에서는 우선 중공중앙법률위원회 책임자가 신민주주의중화인민민주국가의 입법의 필요성, 입법의 관점, 입법의 방법 등에 관한 문제를 개괄적으로 설명하였다. 회의 참석자는 두 차례의 좌담회에서 신 중국의 입법에 관한 의견을 교환하였다.

열띤 토론을 거쳐 참석자 모두 신민주주의 혁명이 장차 전국적인 범위에서 승리하고 국민경제의 회복이 적극 진행되며, 국민당의 반혁명이고 반인민적 육법전서는 이미 폐기되었고, 신민주주의 국가는 반드시 자체적 정치제도, 경제제도, 문화제도와 같은 각종 법률을 보유해야 한다는 데 인식을 같이 했다.

사법기관과 인민군중이 우선적으로 필요하다고 생각하는 법률은 형법·형사소송법·민법·민사소송법·법원조직법·검찰제도조례·새로운 감옥 및 범인개조조례 등이고, 사법기관과 상공계에서 절실히 필요로 한 법률은 회사법·수표법·기업등기법·무역소법·상표법·해상법이며, 그 이외에 혼인법·노동법·토지법 등도 인민이 시급히 필요로 하는 법률인 것이었다. 새로운 법리학의 연구, 새로운 헌법과 행정법의 연구, 법학사와 법제사의 연구 역시 시급하였다.

회의 참석자들은 어떠한 새로운 관점과 방법으로 입법 활동을 진행할 것인가 하는 문제를 논함에 있어서, 새로운 입법은 신 중국의 현실에서 출발하여 이론과 실제를 서로 결합시켜 가장 완벽하고 집중적으로 중국의 현실을 반영하고 모택동사상을 정확히 인식하도록 하는 것이 입법활동의 지도원칙으로 되어야 한다는 데 인식을 같이 했다.

구체적으로 말하면, 첫째, 중국 신민주주의 혁명과 신민주주의국가의 성격을 확실히 이해하고, 말하자면 혁명의 대상이 제국주의, 봉건주의와 관료자본주의라는 것을 확실히 인식하고, 이 혁명의 승리로 수립되는 국가는 무산계급이 영도하고 노동자농민을 기초로 하는 인민민주전정의 국가라는 것을 확실히 이해하여야 한다는 것이다. 이러한 이해는 비로소 입법 활동에서 혁명과 국가의 계급본질 및 사회내용을 확실히 반영해 내는 것이다.

둘째, 신민주주의의 정책적 특징을 명확히 이해해야 하는 것은 모택동이 제시한 사면팔방의 정책을 법률의 형식으로 적절히 반영한 "공사겸고, 노자양리, 성향호조, 내외교류(公私兼顧, 勞資兩利, 城鄕互助, 內外交流)" 정책2)이다.

셋째, 신민주주의 중국의 발전 전망을 잘 이해하고, 신민주주의 중국이

---

2) 공동강령 제26조는, 중화인민공화국 경제건설의 근본방침으로서, 공과 사를 동시에 고려하고, 노동자와 자본가 모두에게 유리하도록 하고, 도시와 지방이 서로 돕고, 내외로 교류한다는 정책을 규정한다.

사회주의의 준비단계와 과도단계라는 것을 잘 이해하는 것은 입법에 있어서 인민의 분투와 목적을 구체화하는 데 이로운 것이다.

넷째, 중국공산당, 중국 인민정권과 중국인민해방군의 20여 년의 입법 및 사법 활동의 경험을 연구하여, 이러한 경험을 종합하여 비교적 완비된 입법내용이 되도록 하여야 한다. 참석자의 일치된 의견은 양호한 입법을 하려면 반드시 인민의 생활과 수요를 확실히 이해하고, 혁명의 정책과 경험을 상세히 연구하고, 마르크스 레닌주의와 모택동사상을 유지하고 체계적으로 학습해야 한다는 것이다. 동시에 회의 참석자들은, 중국의 입법 활동은 소련과 각 인민민주국가의 법학이론과 법률을 주로 참고하도록 하였다.

다른 한편으로는 각종 구 법률과 구미 자본주의국가의 각종 법률을 비판의 대상으로 하였기 때문에 각종 법학도서나 자료의 수집, 번역과 정리 사업을 조속히 수행할 것을 건의했다. 끝으로 회의 참석자는 현재의 조건 하에서 입법형식은 대강 및 간이조례의 형식을 위주로 하는 동시에 법률의 내용과 조문의 다소는 구체적 필요와 가능성을 고려하여 정해야 할 것으로 인식했다. 인민민주국가의 각종 건설계획의 진전에 따라 법률의 내용과 형식도 점점 보충되고 발전되었다. 법률문언 측면에서도 과학화와 대중화를 추구하고, 법률을 소위 법률 전문가의 전유에서 인민을 위한 서비스와 인민을 위한 수단으로 변화시켜 나가야하는 것이다.

이 회의에서는 법리학, 헌법(행정법 포함), 민사법규·형사법규·상사법규·법원조직법규·집행법규·검찰조례·검찰조례·국제법과 법제사 등 10개 영역의 연구 조를 조직하여 각자가 지원하여 책임 연구할 것으로 의견을 모았다.[3]

전체적으로 보면, 신 중국 성립 직전, 중국공산당은 법률 영역의 중요 업무를 국민당 정권의 구 법률을 폐기하고, 아울러 신민주주의 혁명의 특징을 결합하여 마르크스 레닌주의와 모택동사상을 지침으로 하여 구법을

---

3) 人民日報, 1949년 6월 18일.

비판하고, 외국의 법제건설 경험과 교훈을 참고로 하면서, 중국 신민주주의 혁명수요에 맞는 새로운 법을 제정하는 것으로 하였다. 다시금 제정을 필요로 하는 일련의 새로운 법 가운데 헌법은 근본법으로서 우선적으로 제정되어야 한다는 것이 당시 입법작업자와 사법작업자의 공통된 인식이었다. 신 중국 법제건설의 착수에 있어서 '중국인민정치협상회의공동강령'의 기초와 통과는 인민민주정권의 입법업무의 중심이 되었다.

II. 공동강령의 제정과정

중국인민정치협상회의공동강령(약칭 공동강령)은 1949년 9월 29일 전국인민정치협상회의 제1기 전체회의에서 통과된 것이다. 이는 중국헌법사상 비교적 완비된 신민주주의적 성질의 헌법성 문건으로서 건국초기의 정치방침을 확립하고 신생의 인민민주전제정권을 공고히 하는데 매우 중요한 법적 보장을 하였고, 신 중국 헌정사의 기초와 출발점이 되었다.

건국 직전 준비작업의 하나는 중국인민정치협상회의공동강령을 기초하는 것이다. 공동강령은 기초부터 중국인민정치협상회의 제1기 전체회의 통과를 거치기까지 혁명의 형세변화에 따라 세 차례의 기초가 있었다.4)

1. 제1차 기초(안): 중국인민민주혁명강령초안

중공중앙과 모택동 주석은 신정치협상회의 소집시기에 바로 공동강령의 제정 문제를 제기하였다. 1948년 5·1구호(五·一口號) 발표 전인 4월

---

4) 본서의 공동강령기초 과정은 「胡喬本回憶毛澤東」, 人民出版社, 1994년판을 참고함.

27일 모택동 주석은 중국공산당북평시위원회 서기 유인동(劉仁同)에게 보낸 서신에서 북평의 민주인사에게 민주당파와 인민단체의 대표회의를 준비하고 있다는 것을 알리도록 하였고, 회의의 사안은 "(갑)인민대표대회의 개최와 연합정부 수립에 관한 문제, (을)각 민주당파와 각 인민단체의 합작 및 강령정책 강화에 관한 문제"를 내용으로 하였다. 회의의 명칭은 가칭 '정치협상회의'이다. 여기서 각 당파와 각 단체의 합작 및 협조강화를 확정하는 것은, 각자가 동의하는 강령정책으로서, 새로운 정치협상회의의 양대 임무 중의 하나가 된다. 4월 30일 중공중앙이 발포한 5·1 노동절 구호 23개 조문 중 모택동 주석이 수정한 제5조는 정식으로 전국 각 민주당파·각 인민단체 및 각 사회인사에게 전달되어, "신속한 정치협상회의 개최, 인민대표대회의 소집과 토론, 민주연합정부 수립"의 구호로써 신 중국 수립계획의 서막을 열었다.

신 정협 개최의 실현을 촉진하기 위하여, 모택동 주석은 5월 1일 다시 민혁주석 이제심(李濟深) 선생과 민맹책임자 심균유(沈鈞儒) 선생에게 서신을 보내어 그들의 의견을 구했다. 모택동 주석은 서신에서 "현재의 형세하에 인민대표대회를 소집하여 민주연합정부를 수립하고, 각 민주당파 각 인민단체의 상호협조와 민주연합정부의 시정강령을 입안하는 것은 이미 그 필요성과 시기가 성숙되었다"고 하였고, "단지 이러한 단계를 실천하려면 우선적으로는 각 민주당파와 각 인민단체 대표에게 회의의 개최를 요청해야 한다."고 하였다. 모택동 주석은 민혁·민맹과 중국공산당이 "금월 내에 삼당 연합성명을 발표하여 이를 구호로 할 것"을 제의하였다. 그는 스스로 초안을 작성하여 당시 중국공산당 홍콩 책임자인 반한년(潘漢年)에게 송부했다.

중공의 노력은 각 민주당파, 무당파 민주인사와 해외 화교의 지지를 얻어 신정협운동을 전국적으로 일으키게 되었다. 1948년 9월 중공중앙은 중앙도시공작부를 중앙통일전선공작부로 변경하여, 국민당통치지구의 업무·국내소수민족의 업무·정권통일전선 업무·화교업무 및 동방형제당의 연락업무를 책임 관리토록 결정했다. 통전부(統戰部)는 모택동, 주은래

의 영도와 이유한(李維漢)의 주재하에 신 정협 주비(籌備)와 공동강령 입
안을 위하여 구체적 업무를 수행하였다.

1948년 8월과 9월에는 이미 많은 민주당파 대표와 무당파 민주인사가
속속 화북성 평산현의 이가장(李家庄: 중공중앙 통전부 소재지)과 동북해방
구 하얼빈에 도착했다. 이들 민주인사와 신정협의 개최를 위한 각 사업협
상을 위하여, 모택동 주석은 주은래에게 "명단 및 기타 각 사항을 하나의
문건으로 만드는 것이 적합할 것으로 생각되고, 내용이나 자구 모두 신중
을 기해야 할 것이다"고 하였다. 주은래와 중앙통전부는 이가장에 도착
한 민주인사와 상의한 후 '신정치협상회의 개최에 관한 제 문제'를 입안
하였다. 이 초안은 모택동 주석의 심사와 수정을 거친 후 10월 8일 중공
중앙에 의해 동북국(東北局)에 전달되었다. 중공중앙은 고강(高崗)과 이부
춘(李富春)에게 지시하여 하얼빈의 민주인사를 소집, 회담을 실시하여 그
들에게 이것이 중공중앙이 제출한 서면 의견임을 알리도록 하고, 각 민주
인사에게 상세하게 숙고하도록 요청하였다.

그 후 중공중앙은 다시 화남분국을 통하여 홍콩의 각 민주당파 책임자
와 저명한 무당파 민주인사의 의견을 구했다. 11월 25일 고강, 이부춘은
중공중앙을 대표하여 하얼빈의 민주인사와 '신정치협상회의 개최에 관한
제 문제'의 협의를 달성하였다. 이 협의의 제2조 제5항은 "신 정협은 두
가지 중요한 문제를 토론하고 결정해야 하는데, 하나는 공동강령문제이
고, 또 하나는 중화인민민주공화국 임시중앙정부를 어떻게 수립하는가
하는 것이다. 공동강령은 주비회가 기초하는 바, 중공중앙은 이미 하나의
초안을 기초하고 있다." 이것이 "공동강령"이란 용어를 사용한 초기의 문
헌이다. 그 중에서 중공중앙이 이미 하나의 초안을 기초하고 있다는 것은
바로 중공중앙이 기초한 중국인민민주혁명강령초안을 가리킨다.

'중국인민민주혁명강령초안' 제1안은 이유한(李維漢)의 주재하에 1948
년 10월 27일 완성된 것이다. 이 원고는 간략한 서언 외에 총칙·정치·군
사·토지개혁·경제 재정·문화 교육·사회정책·소수민족·화교·외교 등
10개 부분으로 나누어지고, 모두 46조문으로 되어 있다. 이 원고는 비교

적 조잡하였으나 신 중국이 마땅히 행하여야 할 가장 기본적 강령·정책을 규정하였고, 초안의 중점을 인민민주혁명에 두었다.

예를 들면 이 초안이 규정한 강령의 기본원칙 즉, 신 정협 각 구성원이 공동 분투할 준칙은 "신민주주의 즉, 삼민주의 혁명", "인민을 국가의 주인으로, 국가의 일체권력은 인민대중으로부터 나오고 인민대중에 속한다." "중화인민민주공화국 각급 정권의 구성은 자산계급민주와 같은 삼권분립을 채택하지 아니하고 인민민주적 민주집중제를 채택한다."

국가 각급 권력기관과 행정기관은 각급 인민대표대회 및 그 선출의 각급 인민정부이다. 경자유전의 토지제도를 시행한다. 관료자본을 몰수하여 국가소유로 하고, "국유경제를 모든 국민경제의 주도 성분으로 하여", "생산을 발전시키고, 경제를 번영시키며, 공과 사를 동시에 고려하여, 노동과 자본에 모두 이익이 되는 국민경제건설의 종합방침으로 정하고", 계획적이고 체계적인 공업발전을 추진하고, 수년 이내에 중국을 농업국 지위에서 공업국 지위로 상승시킨다. 민족적·과학적·대중적 문화와 교육을 발전시킨다. 각 민족은 모두 평등하고 민족자치구를 설치한다는 등이다. 이러한 규정은 공산당이 장기간 형성한 신민주주의적 입국사상을 반영한 것이기 때문에 이 초안은 대부분 후속안에서도 채택되었다.

1948년 11월 '중국인민민주혁명강령초안' 제2안이 완성되었다. 제2안의 골격은 제1안과는 달리 인민해방 전쟁의 역사적 임무, 인민민주공화국 성립의 기본강령, 전시의 구체적 강령 등 3부분으로 구성되었다. 제1부분은 인민해방전쟁의 역정, 주요 경험 및 3대 적과 국민당 반동통치를 전복시켜야 한다는 역사적 임무를 서술하고, 전국 인민에게 인민해방 전쟁을 계속 지지하여 해방의 철저한 승리에 이르게 할 것을 호소하는 것으로 서술한다. 제2부분은 중화인민민주공화국의 신민주주의적 성질 및 그 국가구성·정권구성·경제구성·문화 교육·외교정책을 규정한다. 제3부분은 인민해방전쟁의 전투자원, 인민해방구의 공고화, 임시중앙정부 수립의 세 영역으로 되어 있다. 이 안은 모두 34개 조문으로 규정되었다.

이 초안은 중화인민공화국 임시중앙정부 수립의 절차에 대하여 새로이 규정하였다. 이 안은 신 정협이 임시중앙정부를 직접 선거한다는 것을 명확히 규정한다. 단지 이 안은 선언적인 색채를 띠고 있으며 선언과 강령이 결합된 문건이다. 1949년 2월 27일, 주은래의 자구수정을 거친 후 '신정치협상회의에 관한 제 문제의 협의', '신정치협상회의주비회조직조례(초안)', '신정협주비위 참가의 각 단위 민주인사 후보 명단', '중화인민공화국정부조직 대강(초안)'을 서로 합쳐 '신정치협상회의 유관문건'으로 명하였다.

2. 제2차 기초(안): '신민주주의적 공동강령 초안' 초고

1948년 중국공산당이 발표한 5·1 구호에서 1949년 봄에 이르기까지, 인민해방 전쟁의 진전에 따라, 혁명정권은 전국적으로 신속하게 성립 발전하였고, 인민이 전국적으로 정권을 획득하려는 상황에서, 각 민주당파와 무당파 인사 중의 절대다수는 철저하게 국민당 통치를 전복시키고 신민주주의 중국을 건설하는 이 두 가지 기본문제 위에서 공산당과 인식을 같이 했다. 이것은 공동강령의 제정을 위한 필요한 조건을 마련하여 주었다. 1949년 3월에 소집된 당의 7기 2중 전회와 6월 말 모택동 주석이 발표한 '인민민주전정을 논함'은 중국공산당의 혁명과 건국이론을 더욱 풍부하게 해주었고, 이리하여 공동강령의 제정을 위한 견고한 이론적 기초와 정책적 기초를 마련해 주었다.

1949년 6월 15일 신정치협상회의주비위원회가 북평에서 성립되었다. 주비위원회(籌備會)는 23개 단위, 134인으로 구성되었고, 모택동 주석을 상무위원회 주임으로 하였다. 상무위원회 아래에 6개 소조를 두고 각기 준비업무를 진행하였다. 각 소조는 모두 자원하여 참가했다. 공동강령 기초의 책임은 제3소조로서 주은래와 허덕연(許德衍)이 정·부 조장을 맡았고, 6월 18일 제3소조가 성립했다. 주은래는 이에 공동강령 기초업무의 중요성 및 그동안의 업무상황을 설명하였다. 강령은 연합정부의 탄생을 결정하고 또한 각 당파 각 단체의 합작의 기초를 결정하였다. 중공중앙은 이미 전후 두 차례 초안을 기초하였으나 혁명정세의 발전으로 인하여 이 두 초안은 이미 새로운 혁명정세의 요구에 적응할 수 없으므로 반드시 새로이 기초되어야 했던 것이다.

회의에서는 중공중앙에 재차 입안을 위탁할 것을 결정하였고, 그러나 소조성원은 자원참가의 원칙으로 정치 법률·재정 경제·국방 외교·문화 교육·기타(화교·소수민족·군중단체·종교 등의 문제를 포함)로 한 5개 분조로 나누어 토론과 구체적인 조문을 입안하고 기초자가 참고토록 하였다. 신정협주비회에 참가한 각 단위·각 대표 및 제3소조 각 성원 역시 자신의 의견을 서면으로 제출할 수 있었다. 7월 상순에 이르러 각 분조 모두 구체적인 조문을 입안하였다. 중공중앙은 주은래의 영도하에 초고를 손질하였고 두 달간에 걸쳐 초고를 만들었다. 성립되는 신 중국은 신민주주의 성격의 국가이기 때문에 제목을 '신민주주의공동강령'으로 정하였다. 8월 22일 주은래는 초고를 모택동 주석에게 제출하였고, 모택동 주석은 초고에 대해 가제하였다.

'신민주주의공동강령'초고는 간단한 서언 이외에 일반강령과 구체강령으로 나뉘어 진다. '중국인민민주혁명강령초안'과 비교하면, "인민해방전쟁의 역사적 임무" 부분을 삭제하고 구체적인 조문에 있어서 적지 않은 내용을 추가하였다. 일반강령에서는 정치협상회의에 참가하는 각 단위는 신민주주의의 봉행(奉行)을 장기적인 합작의 기초로 삼았고, 신민주주의는 통일전선의 강령이고, 신민주주의의 국가제도는 노동자 계급이 영도하는 노동자 농민연맹을 기초로 하여 각 민주계급 및 중국내 각 민족을 단결하는 인민민주전정의 국가제도이며, 신민주주의의 정치제도는 민주집중제를 실시하는 인민대표대회제도로서, 모든 신민주주의 제도에서는 한 개 계급의 전정이 아니고 또한 일당독점 정부도 아니며, 응당 각 민주당파 및 인민단체가 신민주주의강령하에서 구성하는 연합정부라는 것을 규정한다.

이 외에 신민주주의적 국방, 신민주주의적 경제, 신민주주의적 문화,

신민주주의적 국제관계를 규정하고 있다. 구체강령 부분은 중국의 해방, 정치 법률·재정 경제·문화 교육·국방·외교·화교업무 등 6부분으로 모두 45개 조문이다. 이 초고는 뒤이어 제출된 '중국인민정치협상회의공동강령초안'의 기초가 되었다.

3. 제3차 기초(안): 중국인민정치협상회의공동강령

1949년 9월 이후로 접어들면서 공동강령의 초안 작업은 마무리 단계에 들었다. 강령의 명칭은 정협 명칭의 변동으로 '중국인민정치협상회의공동강령'으로 바뀌었고, 그 내용구성 역시 변경되어 일반강령과 구체강령으로 구분되지 않고 서언 뒤에 나란히 7개장을 두었다. 이것이 제3차 기초이다. 이 단계에서 모택동 주석은 직접 초안의 수정작업에 참가하였다. 9월 3일에서 13일까지 모택동 주석은 적어도 네 차례에 걸쳐 세심하게 수정하였던 바 변경된 부분은 모두 200여 곳이다. 이뿐만 아니라 그는 직접 교정과 인쇄를 독려하였다.

공동강령의 마지막 수정단계는 그 주비회 및 출석대표의 토론내용을 결합한 것으로, 중공중앙이 제출한 초안에서 정협의 전체회의 개최에 이르기까지 모두 일곱 번의 토론이 진행되었다. 즉 북평에 도착한 정협의 전체 대표가 각 조별로 두 차례 토론하고, 강령기초소조가 세 차례, 주비회상임위원회가 두 차례 토론했다. 이외에 정협에 참가한 각 단체는 각자 토론을 진행하였다. 대표들은 지혜를 모으고 충분한 의견을 표명함으로써 초안에 대한 많은 긍정적인 의견을 제시하였다. 중요한 수정의견으로는 다음과 같다.

국명 및 국명의 약칭 문제에 관하여는, 본래 신정협 출범을 전후하여 중공중앙문건과 영도자의 저작 중에 여러 차례에 걸쳐 '중화인민공화국'이 제기되었고('신민주주의론'에서 "중화민주공화국"이라 함), 1948년 1월 18일 모택동 주석은 중공중앙의 기초 외에 당내 지시를 위한 '현재 당 정책의 몇 가지 중요문제에 관하여', 2월 15일 완성한 '중공중앙의 토지개혁 중 각 사회계급의 구분 및 그 대우에 관한 초안', 8월 1일 모택동 주석이 홍콩 각 민주당파와 민주인사에게 보낸 회답 등과 같이, 모두 신 중국의 이름을 '중화인민공화국'으로 하였다.

그러나 그 후 10월 상순에 제출되고 11월 25일 협의된 '신정치협상회의 개최에 관한 제 문제' 및 잇따라 기초된 '신정치협상회의주비회조직조례초안'과 '중화인민민주공화국정부조직대강초안'에서 다시 '중화인민민주공화국'으로 바꾸어 신정협주비회의 개최에 이르렀다. 주비회 기간 동안 황염배, 장지양 등은 '중화인민민주국'으로 할 것을 주장하였고, 장해약 등은 '중화인민공화국'으로 할 것을 주장하여, 결국 후자의 의견을 채택하기로 결정하였다.

국명의 약칭 문제에 대하여는 극렬한 논쟁이 있었다. 최초로 기초한 '중화인민민주공화국정부조직대강초안' 가운데 중화인민민주공화국을 중화민국으로 약칭하는 조문이 있었다. 주비회는 소집 후 이 대강초안을 '중화인민민주공화국중앙인민정부조직법초안'으로 개칭하고, 약칭은 여전히 유보하였다. 대표들은 이 약칭의 보류 여부와 약칭을 공동강령에 써넣을 것인가에 대하여 열띤 토론을 전개하였다. 어떤 대표들은 정부조직법에 약칭인 중화민국을 주석으로 밝힐 것뿐만 아니라 이것을 공동강령에 넣어 습관적으로 불리어지도록 해야 한다고 주장했다. 많은 대표들은 중화민국으로 약칭되지 않아야 하는 이유로, 중화민국은 결코 단순한 약칭이 아니고 구 중국 통치의 일체를 대표하는 것으로 반동파가 '중화민국'을 표방하여 인민들이 이미 그에 대한 반감을 갖고 있고, 인민의 신 중국은 신민주주의적 성격을 갖는 것으로서 혼동되어서는 아니 되고, 만약 약칭으로 한다면 '중국'이라고 약칭해야 한다고 주장하였다. 또 다른 대표들은 중화민국이라는 약칭을 사용하지 말아야 하고, 강령 중에도 중국이라 주석을 달필요가 없는 것은, 중국은 관습상 사용하는 것이고 약칭은 아니라는 것이다. 결국 모든 정협의 문건에 약칭은 쓰이지 않았다.

사회주의 목표 문제에 관하여는, 일부 대표는 장래의 목표를 사회주의를 실현하는 것이라고 한다면 마땅히 강령 중에 이 목표를 적시하여 전국 인민으로 하여금 미래사회의 전경과 공동분투의 최종목표를 이해할 수 있도록 하여야 한다고 인식하였다. 또 다른 대표는 지금의 정협에서 사회주의 문제를 제기하는 것은 너무 이르고, 공동강령은 신민주주의적 성격의 것으로 사회주의로 기입하지 않는 것이 바람직하고, 신민주주의 자체가 바로 사회주의의 방향을 제시하는 것이라 인식하였다. 중공중앙과 모택동 주석은 후자의 의견을 지지하였다. 유소기, 주은래 등은 대회에서 이 문제에 대해 설명하였다.

그 중 중요한 내용은,

(1) 공동강령은 현 단계 국가정권의 시정강령에 속하고, 실제에서 출발하여 현 단계의 필요에 의해 제정하는 것으로서, 현 단계에서 실현할 수 없는 이상을 묘사할 필요는 없는 것이다. 신 중국 성립 이후 중국인민이 직면한 임무는 바로 신민주주의 건설이고, 만약 공동강령에서 너무 조급하게 사회주의 목표를 기술하게 되면 현 단계의 실제와 장래의 이상에 혼란을 일으키기 쉽다는 것이다.

(2) 신민주주의적 공동강령은 각 민주당파 각 인민단체와 무당파 인사가 신민주주의에 대한 공동인식의 기초위에서 제정한 것으로서 공산당의 제2분투 목표 즉, 사회주의를 국가의 기본 문건에 기재하려면 반드시 해석, 선전과 실천의 과정을 거친 후 전국인민의 실천인식 과정을 통하여 행하여질 때 비로소 진정으로 이를 승인할 수 있고, 이를 위해 분투할 수 있는 것이다. 그러므로 당분간 사회주의 목표를 적시하지 않는 것은 결코 그것을 부정하는 것이 아니고 더욱 정중하게 그것을 대하는 것이다.

(3) 강령의 경제부분은 이미 사회주의의 길로 매진하고 있다는 것을 실제적으로 보증하고 있다.

애국민주분자의 문제에 관하여는, 일부 대표는 서언의 "중국의 인민민주전정은 중국노동자계급, 농민계급, 소자산계급, 민족자산계급 및 기타 애국민주분자의 인민민주통일전선의 정권"에서 "애국민주분자"를 삭제해야 하는 이유로, 여기서 말하는 것은 계급이고 애국민주분자 역시 4가지 계급 중에 속하기 때문이라고 제의하였다. 유소기는 소조토론에서 이에 대하여 해석하였다. 일부 애국분자는 4가지 계급에 속하지 않고, 예컨대 지주나 관료자산 계급 중의 진보분자들로서 이들을 애국민주분자로 따로 구분한 것은 이들을 포용하기 위한 것이라 하였다.

인신자유의 문제에 관하여는, 공동강령초고에서 "중화인민공화국의 인민은 사상·언론·출판·집회·결사·통신·거주이전·종교 신앙 및 시위의 자유권을 가진다."고 규정하였다. 그 중 인신자유는 규정되지 않았다. 많은 대표들이 이에 대한 의견을 제출한 바, 인신자유는 가장 근본적 자유로서 만약 인신의 자유가 없다면 기타 자유 역시 논하기 어렵기 때문에 마땅히 각종 자유권에 인신의 자유를 포함시켜야 한다고 하였다. 이 의견은 이후 인쇄고에서 채택되었다.

소련문제에 관하여는, 일부 산업계 대표는 외국과의 거래를 고려하여 외교정책 관련 조문은 소련과 특별히 연합하는 내용이 불필요하다고 인식하였다. 이 의견은 그다지 지지를 얻지 못하였다. 중국국민당혁명위원회, 삼민주의동지연합회, 중국국민당민주촉진회 등 3개 국민당 민주파의 정협 대표는 이 문제에 대하여 토론을 하였다. 그들의 의사는 평등하게 민족을 대우하여 연합을 제의한 것은 바로 소련을 가리키고, 오늘날 이를 명확히 해두어야 한다. 소련이라는 자구는 반드시 공개해야 한다는 것이다. 강령초안에서 "소련, 각 인민민주국가와 각 피압박민족과의 우선 연합"의 조문은 보류하였다.

상술한 중요한 의견 외에도, 대표들은 기타 유익한 의견을 제시하였다. 예컨대, 제2장 정권기구에서 우선적으로 중화인민공화국의 주권은 전국인민에 속한다는 것, 정권조직성분 가운데 지식계를 지식분자로 고칠 것, 탐오·낭비를 반대한다는 표현은 너무 약한 표현이기 때문에 탐오의 숙청과 낭비의 엄금으로 고쳐야 할 것, 다섯 가지 경제성분의 관계를 조절하는 데는 마땅히 금융정책·기술정책의 두 측면을 모두 고려하여야 한다는 등이다. 이러한 의견은 이후 수정을 하면서 채택되었다. 그 외의 건의로는 예컨대 문자개혁·대일강화조약 등이 있었으나 모두 당장에는 필요 없는 것으로 조문에 포함되지 않았다.

각 영역의 반복적인 토론과 모택동 주석이 여러 차례 수정을 가한 "인민정치협상회의공동강령초안"은 1949년 9월 17일 정협주비회 제2차 회의에 상정되었다. 9월 21일 중국인민정치협회의 제1기 전체회의가 개막되었다. 9월 22일 주은래는 공동강령초안의 기초과정을 보고했다. 대회는 공동강령초안정리위원회 내의 6개 분임위원회를 포함하였고, 이들은 각 항 문건의 기초 작업을 완성하였다. 공동강령초안정리위원회는 정협에 출석한 45개 단체와 특별 요청으로 파견된 대표로 구성되었다. 중국공산당의 대표는 주은래였다. 45개 단체 가운데 단지 민맹파 만이 장백균(張伯鈞), 나융기(羅隆基) 등 두 명을 대표로 하였고, 그 외는 모두 1명이었다.

28일 정협 각 단체 및 강령초안 정리위원회는 각각 회의를 거행하여 강령초안에 대한 최후 토론을 진행하였다. 29일 정협 전체회의는 중국인민정치협상회의공동강령을 전원일치로 통과시켰다. 10월 1일 중앙인민정부 주석으로 당선된 모택동은 공포하여, 중앙인민정부가 중국인민정치협상회의공동강령을 본 정부의 시정방침으로 접수한다고 선포하였다. 이리하여 임시적 헌법의 성질을 갖는 중국인민정치협상회의공동강령이 탄생하였다.

III. 기본내용의 분석

중국인민정치협상회의공동강령은 서언과 총강·정권기구·군사제도·경제정책·문화교육정책·민족정책·외교정책의 7장으로 나뉘며 총 60개

조문 7,000여 자로 되어 있다. 이 강령은 전국인민의 의지와 이익의 집중적 표현이고, 혁명경험의 총결산으로 상당기간 내에 있어 중화인민공화국의 시정준칙이다.

이는 중화인민공화국이 신민주주의 및 인민민주의 국가임을 규정하고 정권은 노동자계급·농민계급·소자산계급·민족자산계급 및 기타 애국민주분자의 인민민주통일전선 정권이고, 노동자 농민연맹을 기초로 노동자계급이 영도하며, 그 목표는 제국주의·봉건주의와 관료주의를 반대하고, 중국의 독립·민주·평화·통일과 부강을 위하여 분투한다. 이는 신 중국의 정권기구·군사제도 및 경제정책·문화교육정책·민족정책·외교정책의 총 원칙을 제정하였다. 이는 인민이 향유하는 광범위한 민주권리와 의무를 규정한다.

공동강령의 제정과 통과는 중국공산당의 강령 즉 신민주주의 강령을 표명하였고 각 민주당파, 각 인민단체, 각 민주계급, 각 소수민족, 해외화교 및 기타 애국민주분자의 의지를 집중하여 중국인민정치협상회의가 접수한 것으로서 신 중국의 건설에 있어 청사진이 되었다.

1. 공동강령이 보장한 인민의 권리

공동강령의 서언과 제1조는 신민주주의 즉, 인민민주주의는 중화인민공화국의 정치기초이고, 중화인민공화국은 노동자계급이 영도하고, 노동자 농민연맹을 기초로 각 민주계급과 국내 각 민족의 단결로써 인민민주전정을 실시하고, 제국주의·봉건주의와 관료주의를 반대하고, 중국의 독립·민주·평화·통일과 부강을 위해 분투한다는 것을 규정한다. 이 규정은 중화인민공화국 인민민주전정의 국체를 명확히 하고, 절대다수 인민군중이 단결하여 공동으로 제국주의·봉건주의 및 관료자본주의에 반대하고, 신민주주의적 중국 건설을 위한 양호한 정치적 조건을 마련하였다. 공동강령은 이에 기초하여 인민이 국가의 주인으로서 향유하는 기본 권리를 강조하였다.

이러한 권리는 세 가지 내용을 포함한다. ①중화인민공화국 공민은 법에 따라 선거권과 피선거권을 가진다(제4조). ②중화인민공화국 공민은 사상·언론·출판·집회·결사·통신·인신·주거이전·종교 신앙 및 시위의 자유권을 가진다(제5조), ③중화인민공화국은 부녀를 속박하는 봉건제도를 폐기한다. 부녀는 정치적·경제적·문화 교육적·사회생활의 각 영역에 있어 남자와 평등한 권리를 가지며, 남녀 혼인의 자유를 실행한다.

공동강령은 인민의 권리를 보장하는 동시에 인민의 적에 대한 전정(독재)의 필요성을 더욱 강조한다. 예컨대 공동강령 제7조의 규정은, 중화인민공화국은 반드시 일체의 반혁명활동을 진압하고, 일체의 제국주의, 국가모반, 인민민주사업을 반대하는 국민당 반혁명전쟁범죄와 기타 잘못을 저지르고 뉘우치지 않는 반혁명요인과 결탁하는 것을 엄밀히 징벌함을 규정한다. 일반적인 반동분자, 봉건지주, 관료자본가에 대하여는 그 무장해제나 특수세력을 제거한 후 필요한 시기에 그들의 정치적 권리를 의법 박탈하고, 동시에 그들에게 생활출로를 제공하고 그들이 노동을 통하여 자신을 개조하여 새로운 사람이 되도록 한다. 만일 그들이 계속하여 반혁명활동을 진행하면 반드시 엄격한 제재를 가한다.

공동강령은 권리와 의무의 원칙을 구현하였고, 인민의 권리를 보장하는 동시에 기본적인 법적 의무를 확립하였다. 즉 제8조는, 중화인민공화국의 공민 모두는 국가를 보위하고, 법률을 준수하고, 노동기율을 준수하며 공공재산을 애호하고 병역과 납세의 의무를 가진다고 규정한다.

이 외에도, 공동강령은 중화인민공화국 영토 내에서 각 민족은 모두 평등한 권리와 의무를 가지는 것으로 규정한다.

2. 국가정권조직의 확립

공동강령은 중국 인민대표대회제도의 세 가지 가장 기본적인 원칙 즉 국가권력은 인민에 속한다는 원칙, 인민대표대회를 국가권력기관으로 한다는 원칙과 민주집중제 원칙을 확립하였다.

공동강령 제12조는, 중화인민공화국의 국가정권은 인민에 속한다고 규정한다. 이 규정은 실질적으로 신 중국이 인민주권의 국가임과, 구 중국과 같은 국민당 실행의 일당전제 또는 당이 정부를 대신하는 것이 아님을 선언하는 것이다. 국가권력을 인민소유의 기초위에 세우는 것은 바로 중화인민공화국의 합법성을 보장하는 것이다.

인민이 어떠한 조직형식을 통하여 국가정권을 조직하는가에 대하여는, 공동강령 제12조에서, 인민이 국가정권을 행사하는 기관은 각급 인민대표대회와 각급 인민정부임을 명확히 규정한다. 각급 인민대표대회는 인민이 보통선거의 방식으로 구성한다. 각급 인민대표대회는 각급 인민정부를 선거한다. 각급 인민대표대회의 폐회기간 중에는 각급 인민정부를 각급 정권의 권력행사기관으로 한다. 최고국가정권기관은 전국인민대표대회로 한다. 전국인민대표대회의 폐회 기간에는 중앙인민정부가 최고국가정권의 행사기관이 된다.

공동강령은 특히 국가정권기관업무의 민주집중제 원칙을 강조하였다. 제15조는 이 원칙에 대하여 상세한 설명을 하는 바, 즉 인민대표대회는 인민에 대하여 책임을 지며 보고활동을 한다. 인민정부위원회는 인민대표대회에 대하여 책임을 지며 보고활동을 한다. 인민대표대회와 인민정부위원회에서는 소수가 다수에 복종하는 제도를 실행한다. 각 하급인민정부는 모두 상급인민정부에 의해 임명되고 상급인민정부에 복종한다. 전국 각 지방인민정부는 모두 중앙인민정부에 복종한다. 민주집중제 원칙은 중앙과 지방의 관계를 처리하는 경우에도 적용된다. 공동강령 제16조는, 중앙인민정부와 지방인민정부 간의 권한의 구분을 각 사무의 성질에 따라 중앙인민정부위원회가 법령으로 규정토록 하였고, 이는 국가통일에 유리하고 또한 각지의 구체적 실정에도 유리한 것이었다.

건국초기의 구체적 상황을 고려하여, 공동강령은 보통선거에 의한 전국인민대표대회의 소집 이전에는 인민정치협상회의 전체회의가 전국인민대표대회의 권한을 행사하며 중앙인민정부조직법을 제정하고 국가권력행사의 권한을 부여한다는 것을 규정했다. 그러나 전국인민대표대회가 소집된 이후에는, 인민정치협상회의는 국가의 근본대계 및 기타 중요조치와 관련된 건의안을 전국인민대표대회 또는 중앙인민정부에 제출하여야 한다. 인민정치협상회의의 인민성을 보증하기 위하여 공동강령 제13조는 인민정치협상회의는 인민민주통일전선을 위한 조직형식으로 규정한다. 그 조직성분은 마땅히 노동자계급·농민계급·혁명군인·지식분자·소자산계급·민족자산계급·소수민족·해외화교 및 기타 애국민주분자의 대표를 포함하고 있다.

이 외에 공동강령은 인민해방군이 해방시킨 모든 지방은 군사관리체제를 실시하고 국민당 정권기관을 취소하고, 중앙인민정부 또는 전방의 군정기관이 위임한 인원으로 군사관제위원회와 지방 인민정부를 조직하여, 인민을 영도하여 혁명질서를 바로 잡고 반혁명활동을 진압하며, 조건이 허용하는 한 각계 인민대표회의를 소집하도록 규정한다.

인민민주혁명의 성과를 공고히 하기 위하여, 공동강령은 또한 구 법률을 폐기하고 신 법률을 제정한다고 명확히 규정한다. 제17조는 국민당 정부의 인민을 압박하는 일체의 법률, 법령과 사법제도를 폐지할 것과 인민을 보호하는 법률의 제정과 사법제도의 수립을 요구하고 있다.

국가정권기관의 업무기풍 및 직무이행의 감독에 대하여 공동강령은 명확히 규정하였다. 예를 들면 공동강령 제18조는, 중화인민공화국의 일체 국가기관은 반드시 청렴하고 인민을 위하여 봉사하는 혁명공작의 기풍을 확립하여야 하고, 탐오를 숙청하고 낭비를 금지하며, 인민군중을 이탈한 관료주의적 행태를 반대한다고 규정한다. 제10조는 다시 현과 시급 이상의 각급 인민정부 내에 인민감찰기관을 설치하고 각급 국가기관과 공무인원의 직무이행을 감독함으로써, 위법 실직의 기관과 공무인원을 탄핵하도록 규정한다. 인민과 인민단체는 인민감찰기관 또는 인민사법기관에 대하여 즉, 어떠한 국가기관과 공무원에 대하여도 고발할 권리를 가진다.

3. 공동강령이 확립한 군사제도

공동강령은 중화인민공화국 무장역량의 성질, 군대의 구성, 민병제도와 의무병역제도, 혁명군 유족 및 인민군대의 건군원칙에 대해 명확히 규정하며, 무장역량과 인민군대가 인민의 수중에 의해 장악됨과 아울러 인민을 위하여 봉사하는 국방의지를 실현하도록 보증한다.

무장역량의 성격에 관하여 공동강령 제10조는, 중화인민공화국의 무장역량 즉 인민해방군·인민공안부대와 인민경찰은 인민에 종속되는 무장역량으로 규정한다. 그 임무는 중국의 독립과 영토주권의 완정을 보위하고, 중국인민의 혁명성과와 일체 합법권익을 보위하는 것이다. 중화인민공화국 중앙인민정부는 마땅히 인민무장 역량의 공고와 강화에 노력하고, 그로 하여금 능히 자기의 임무를 수행하도록 노력한다.

공동강령 제3장에서는 군사제도에 대하여 더욱 상세히 규정한다. 그 주요 내용은 중화인민공화국이 통일적인 군대를 창설하는 것과 관련된 것으로, 즉 인민해방군과 인민공안부대는 중앙인민정부인민혁명군사위원회의 통솔을 받고, 통일적 지휘, 통일적 제도, 통일적인 편제와 통일적인 기율을 실행하고 인민해방군과 공안부대는 관병일치·군민일치의 원칙에 근거하여 정치공작제도를 수립하고 혁명정신과 애국정신으로써 부대의 지휘관과 전투원을 교육하고 중화인민공화국은 육군의 현대화와 공군과 해군의 창설을 가속화하여 국방을 공고히 하고, 중화인민공화국은 민병제도를 실행하고, 국가의 동원기초를 수립하고 적당한 시기에 의무병역제 실시를 준비한다. 중화인민공화국의 군대는, 평화 시기에는 군사임무에 지장이 없는 한 농업과 공업생산에 참여하여 국가의 건설사업을 돕고, 혁명열사와 혁명군인의 가족 및 그 생활이 곤란한 자는 마땅히 국가와 사회적 우대를 받고, 혁명전쟁에 참가한 상이군인과 퇴역군인은 반드시 인민정부가 적당한 배려를 하여 그로 하여금 생계를 도모하도록 한다는 것이다.

4. 공동강령이 규정한 경제정책

모택동 주석은 당의 7기 2중 전회에서 행한 보고에서, 중국의 경제상 황에 근거하여 공산당의 경제정책에 대해 밝힌 바, 신 중국의 경제는 주 로 5종 성분으로 구성됨을 지적한다. "국영경제는 사회주의 성질의 것이 고, 합작경제는 반(半)사회주의 성질의 것이며, 더욱이 사인자본주의·개 체경제·국가와 사인 합작의 국가자본주의경제 등, 이러한 것은 바로 인 민공화국의 몇 가지 주요한 경제성분으로서 신민주주의적 경제형식을 구 성한다."는 것이다. 제7기 2중 전회 이후 모택동 주석은 다시 공과 사의 동시 고려, 노동자와 자본가에게 모두 유리하도록 하고, 도시와 지방이 서로 도우며, 내외 교류의 경제방침을 제시하여 이 네 측면의 이익을 고 려함으로써 생산을 발전시키고 경제를 번영의 목적을 달성할 수 있다고 지적하였다. 이리하여 '5종 경제성분' 이론과 '4면 8방 정책'은 공동강령 경제정책의 기본내용을 구성하였다.

중국공산당이 제시한 신민주주의 경제정책을 관철하기 위하여, 공동강 령은 별도의 장을 두어 신민주주의 중국의 경제정책에 대하여 상세히 규 정하였다. 우선은 5종 경제성분과 4면 8방 정책은 신 중국 경제정책의 기 초와 전제로서 공동강령에서 명확히 확인되었다. 공동강령 제26조는, 중 화인민공화국 경제건설의 근본방침은 공과 사를 동시에 고려하고, 노동 자와 자본에게 모두 유리하도록 하고, 도시와 지방이 서로 돕고, 내외 교 류의 정책으로서 생산을 발전시키고 경제를 번영시키는 목적을 달성함을 규정한다. 국가는 응당 경영범위, 원료공급, 시장판매, 노동조건, 기술설 비, 재정정책, 금융정책 등 방면에서 국영경제, 합작경제, 농민과 수공업 자의 개체경제, 사인자본주의 경제와 국민자본주의 경제를 조절하여, 각 종 사회경제성분으로 하여금 국영경제 영도하에서 분공합작과 각자 본분 을 다하도록 하여 전체 사회 경제발전을 촉진토록 하여야 한다고 규정하 였다.

신민주주의 경제제도의 기초를 확정하기 위하여 공동강령은 5종 경제

형식의 성질에 대해 명확히 규정하였다. 그 중 국영경제는 사회주의 성질의 경제이다. 국가경제의 명맥과 민생계획 관련의 사업은 모두 국가가 통일하여 경영한다. 국유에 속하는 자원과 기업은 모두 전체 인민을 위한 공공재산이고, 인민공화국 생산발전 경제번영을 위한 주요 물질기초와 모든 사회경제의 영도적 역량이다. 합작경제는 반(半)사회주의 성질의 경제로서 전체 인민경제를 위한 중요한 구성부분이고, 인민정부는 마땅히 그 발전을 북돋아야 하며 우대토록 한다. 그러나 국가경제와 국민생활에 유리한 모든 사영경제에 대하여 인민정부는 마땅히 그 경제의 적극성을 격려하고 그 발전에 협조하여야 한다. 국가자본과 사인자본 합작의 경제는 국가자본주의 성질의 경제이다. 필요하고 가능한 조건하에서, 사인자본에서 국가자본으로의 발전을 고무시키도록 하고, 예컨대 국가와 합작경영을, 또는 임차형식으로 국가의 기업을 경영하거나 국가의 자원을 개발토록 하는 등이다.

건국초기에 직면한 토지개혁에 대하여, 공동강령은 토지개혁에 관한 일반정책을 규정한다. 우선 공동강령에서 토지개혁은 생산력 발전과 국가공업화의 필요조건임을 명확히 한다. 이미 토지개혁을 실행하는 지구에서는 반드시 농민이 이미 취득한 토지의 소유권을 보호한다. 토지개혁을 실행 중인 지구에서는 반드시 농민이 이미 취득한 토지의 소유권을 보호한다. 아직 토지개혁을 실시하지 않는 지구에서는 반드시 농민 군중을 동원하여 농민단체를 만들어, 악질토호를 제거하고, 차임과 이자를 감소시키고 토지분배 등의 과정을 거쳐 경자유전(耕者有田)을 실현하도록 한다.

기업노동자의 합법권리에 대하여 공동강령은, 국가경영의 기업은 현시기에서는 마땅히 노동자가 생산관리에 참여하는 제도 즉 공장장 영도하의 공장관리위원회를 설립한다고 규정한다. 공회가 노동자와 자본가측을 대표하여 집체계약을 체결한다. 공·사기업은 일반적으로 8시간 내지 10시간 노동제를 행하고, 특수상황을 참작하여 처리할 수 있다. 인민정부는 각지 각 사업의 현황을 고려하여 최저임금을 규정한다. 노동보험

제도를 점진적으로 실행하고, 청년 및 여성노동자의 특수이익을 보호한다. 공장과 광산에 대한 검사를 실시하여 공장과 광산의 안전과 위생 설비를 개선한다.

국민경제의 근본에 관련된 경제계획에 대하여 공동강령은, 중앙인민정부는 마땅히 빠른 시간 내에 전국 공·사 경제 각 주요부문의 회복과 발전을 위한 종합계획을 제정하고, 중앙과 지방이 경제건설에 있어서 행할 분공합작의 범위를 규정하고, 중앙의 각 경제부문과 지방의 각 경제부문 간의 상호연계를 통일적으로 조절함을 규정한다. 중앙의 각 경제부문과 지방의 각 경제부문을 중앙인민정부가 통일 영도하여 각각 그 창조성과 적극성을 발휘토록 한다.

이 외에, 공동강령은 신민주주의 중국의 재정·금융·공업·교통·상업·농림·목축·어업 및 합작사 등 영역에 관련된 경제사항에 대하여 매우 구체적이고 명확한 경제적 임무를 확정하였다. 재정에 대하여 공동강령은 국가 예산결산제도의 수립을 요구하였고, 중앙과 지방의 재정범위 구분, 재정절약을 행하고 재정수지의 균형을 유지하여 국가가 생산자금을 적립토록 요구하였다. 국가의 세수정책은 마땅히 혁명전쟁을 보장하고, 생산의 회복과 발전 및 국가건설의 수요를 위한 원칙으로, 세제를 간소화하고 합리적 부담을 실행토록 한다.

금융에 대하여 공동강령은, 금융사업은 마땅히 국가의 엄격한 관리를 받는다. 화폐발행권은 국가에 귀속한다. 외화의 국내유통을 금지한다. 외화와 금은의 매매는 국가은행이 관리한다. 법에 의한 사인금융 사업은 국가의 감독과 지도를 받는다. 모든 금융투기 및 국가 금융사업을 파기하는 자는 엄격한 제재를 받는다.

공업에 대하여 공동강령은, 계획성 있고 단계적으로 농업과 중공업을 회복시키고 발전시키는 데 중점을 두어, 예컨대 광업·철강업·동력공업·기계제조업·전기공업과 주요 화학공업 등은 국가공업화를 창조하는 기초로 규정한다. 동시에 마땅히 방직업과 기타 국가경제와 국민생활에 유리한 경공업의 생산회복과 증가를 통하여 인민의 일상 소비수요에 유리하도록 한다.

교통에 대하여 공동강령은 신속히 철도와 도로를 건설하고, 하천을 준설하고, 수상운수를 확충하여, 우정과 전신사업을 개선 발전시켜 계획적이고 단계적으로 각종 교통수단을 확보하고 민간항공을 마련토록 한다.

상업에 대하여 공동강령은, 일체의 합법적인 무역을 보호하도록 요구한다. 대외무역의 관리체제 실행과 무역보호정책을 채택한다. 통일적인 경제계획 내에서 국내무역의 자유를 실행하고, 다만 시장 질서를 어지럽히는 투기적 상업은 엄격히 금지한다. 국영무역은 공급·조절·물가안정과 인민합작사업을 부양할 책임을 진다.

인민정부는 필요한 조치를 취하여 인민의 저축을 장려하고, 해외 동포의 송금에 편의를 도모하며, 사회 유동자금 및 민생경제에 긴요하지 않은 상업자금을 공업 및 기타 생산업에 유입되도록 한다. 농림·목축어업에 대하여도 공동강령은 규정한다. 이미 철저하게 토지개혁을 실현하고 있는 지구에서는, 인민정부는 농민 및 농업에 종사할 수 있는 노동력을 조직하여 사업발전 및 부업에 종사토록 하고, 아울러 농민을 자원(自願)과 상호이익의 원칙에 따라 점차적으로 각종 노동협력과 생산합작토록 인도하여야 한다. 신 해방구에서는 토지개혁작업의 각 단계는 모두 농업생산의 회복과 발전과 결합되어야 한다.

인민정부는 국가계획과 인민생활의 수요에 근거하여 식량, 공업원료와 외국수출에 필요한 생산 수준을 전쟁전의 상태 이상으로 회복토록 하고 수리(水利)시설을 보수하여 홍수와 가뭄을 방지하고 가축의 노동력을 회복시키고 비료를 증가시키고 농구와 종자를 계량하며, 병충해를 방지하고 재난을 구재함과 아울러 계획성 있는 개간사업을 진행한다. 삼림을 보호하여 임업을 발전시킨다. 연해어장을 보호하여 수산업을 발전시킨다. 목축업을 보호하고 발전시키고 가축의 질병을 방지한다.

공동강령은 합작사의 원칙에 대하여, 노동인민의 자원(自願)원칙에 근거한 합작사업을 격려하고 지지한다고 규정한다. 성·진과 향·촌에는 공급합작사, 소비합작사, 신용합작사, 생산합작사와 운수합작사를 조직하고, 공장 기관 및 학교에는 우선 소비합작사를 조직한다.

공동강령에서 규정한 신 중국의 각종 경제정책은 건국초기 국민경제의 회복과 발전의 요구가 충분히 구체화되었다고 할 수 있다. 이러한 규정은 건국초기 중국사회에 존재하는 각종 경제성분이 고려되었고, 절대다수의 상공업계 인사 특히 애국주의 전통을 가진 민족자산 계급이 단결하여 신민주주의 중국을 건설하는 것과 동시에 신민주주의 중국의 사회주의 경제제도 발전에 대한 장기적인 목표가 고려되었다. 공동강령이 규정한 각 항의 구체적 경제제도 특히 토지개혁 농림목축어업 합작사 등의 정책은 모두 과도적 색채가 강하고 일정한 정도에 있어서 공동강령의 임시 헌법적 성질을 나타내는 것이다.

전체적으로 말하면, 공동강령은 신민주주의 중국의 경제정책에 대하여 비교적 전면적으로 규정하기 때문에 건국초기 중국 경제의 신속한 회복과 발전을 위한 정책적 기초를 마련해 주었고, 1954년 헌법의 경제제도 규정을 위한 가장 직접적인 근거를 제공하였다.

5. 공동강령이 규정한 문화, 교육, 민족 및 외교정책

공동강령 제5장, 제6장과 제7장에서는 신민주주의 중국의 문화교육정책, 민족정책과 외교정책에 대하여 비교적 구체적인 규정을 하였다. 이 일련의 정책은 신민주주의 중국의 문화 교육사업의 수립과 발전을 위하여, 각 민족의 평등한 법적 권리와 신 중국이 국제무대로 나아가는 데 필요한 법적 근거를 제공하였다.

문화교육정책에 대하여 공동강령은 우선 신 중국 문화교육의 성질 즉 신민주주의, 말하자면 민족적·과학적·대중적 문화교육임을 명확히 하였다. 인민정부의 문화교육업무는 인민의 문화교육 수준을 제고시키고, 국가 건설의 인재를 배양하고, 봉건적·매판적 파시스트적인 사상을 숙청하여 인민을 위한 봉사의 사상을 주요 임무로 발전시키는 것이다. 공동강령의 문화 교육 정책에 대한 가장 두드러진 특징은 공민의 각종 문화 및 교육권을 보장하고, 동시에 일체 봉건적이고 부패 몰락의 문화사상과 의식형태를 반대한다는 것이다. 공동강령 제49조는 진실한 보도의 자유를 보장한다고 규정한다. 다만 매체를 이용하여 비방하거나 인민의 이익을 파괴하고 전쟁을 선동하는 것을 금지한다. 인민의 방송 사업을 발전시킨다.

또한 출판사업을 발전시키고 인민에게 유리한 일상적인 서적 출판에 중점을 둔다. 공동강령은 과학정신을 숭상하고 과학사업 발전을 격려하는 바, 제43조 규정은 자연과학의 발전에 노력하여 공업 농업과 국방 건설에 제공토록 한다고 규정한다. 제44조는 다시 과학적 역사관을 갖고 역사 경제 정치 문화 및 국제사무를 연구하고 해석토록 제창하였고, 우수한 사회과학저작을 장려한다고 규정한다.

교육사업에 관하여 공동강령은 신 중국의 교육방법은 마땅히 이론과 실제의 연관성을 요구하고, 인민정부는 계획성 있고 단계적으로 구 교육제도의 교육내용을 개혁하도록 요구하고 있다. 공동강령은 마땅히 계획성 있고 체계적으로 교육의 보급을 실행하고, 중등교육과 고등교육을 강화하고 기술교육을 중시하고, 노동자의 업무 외적인 교육과 재직간부의 교육을 강화하고, 청년지식분자와 구 지식분자에 대하여 혁명적 정치교육을 하여, 혁명공작과 국가건설공작의 광범위한 수요에 부응하도록 규정한다.

문학예술사업에 관하여 공동강령은 문학예술이 인민을 위해 봉사할 것을 제창하고, 인민의 정치적 각오를 계발하고 인민의 노동열정을 고무시켜 우수한 문학 예술작품을 장려할 것을 제창한다. 인민의 희극 영화산업을 발전시킨다. 공동강령은 국민체육을 제창하고, 위생 의약사업을 확대하고, 아울러 모친, 영아와 아들의 건강 보호에 중점을 둔다.

이 외에 공동강령은 중화인민공화국 공민의 공덕에 대한 기본적인 요구 즉 애 조국, 애 인민, 애 노동, 애 과학과 공공재산 애호를 규정하였다. 민족 정책에 관하여 공동강령은 우선 각 민족의 일률적인 평등의 원칙을 확립했다. 제9조는 중화인민공화국 영내의 각 민족은 모두 평등한 권리

와 의무를 가진다고 규정하였다. 제50조는 더 나아가 민족평등원칙에 대
하여 더욱 상세한 규정을 한 바, 말하자면, 중화인민공화국 영내의 각 민
족은 모두 평등하고, 단결과 상호협조를 실행하고, 제국주의나 각 민족
내부의 적을 반대하고, 중화인민공화국을 각 민족이 우애 협력하는 대 가
정이 되도록 하는 것이다. 대 민족주의와 편협한 민족주의를 반대하고,
민족 사이의 경시와 압박을 금지하고 각 민족의 단결을 분열시키는 행위
를 금지한다.

  소수민족의 발전정책에 대하여 공동강령은 소수민족집거의 지구를 확
립하고 민족구역자치를 실행하며, 민족 집거지역의 인구수와 구역의 대
소에 따라 각각 각종 민족자치기관을 설치함을 규정하였다. 모든 각 민족
집거지역의 지방 및 민족자치구내에서, 각 민족은 당해 지역 정권기관의
대표 중에서 상당수의 대표를 가진다. 공동강령은 더욱이 중화인민공화
국 영내 각 소수민족은 모두 국가군사제도에 의하여 인민해방군에 참가
하거나 지방공안부대를 조직할 권리가 있다고 규정한다. 각 소수민족은
모두 그 언어와 문자를 발전시키고 그 풍속 습관 및 종교 신앙을 유지하
고 개혁할 자유를 가진다. 인민정부는 마땅히 각 소수민족의 인민대중이
그 정치 경제 문화 교육의 건설사업을 지원하여야 한다.

  외교정책에 대하여 공동강령은 우선 소련을 대표로 하는 세계의 평화,
자유를 애호하는 국가의 인민과의 연합을 표명하고, 아울러 중화인민공
화국의 외교정책은 본국의 독립, 자유와 영토의 완정을 보장하고, 국제사
회의 지속적인 평화와 각국 인민간의 우호를 옹호하고, 제국주의 침략정
책과 전쟁을 반대하는 것이다. 이와 동시에 공동강령은 신 중국의 수교원
칙을 확정하였는데, 즉 국민당 반동파와의 관계를 단절하고, 아울러 중화
인민공화국에 대하여 우호적인 태도를 취하는 외국정부에 대하여 중화인
민공화국중앙인민정부는 평등·호혜 및 상호 영토주권 존중의 기반위에
서 회담 및 외교관계를 수립할 수 있다.

  국민당 정부와 외국정부가 체결한 각 항 조약과 협정은 중화인민공화
국중앙인민정부가 심사하여 그 내용에 따라 각각 승인 혹은 폐지하거나

수정 또는 재차 체결한다. 중화인민공화국은 평등과 호혜의 기초위에서 각 외국의 정부 및 인민과 무역 통상관계를 회복·발전시킬 수 있다. 화교와 외국교포의 권리에 대하여 공동강령은 중화인민공화국중앙인민정부는 화교의 정당한 권익 보호에 최선을 다하고 법을 지키는 외국교민의 보호에 최선을 다할 것을 규정한다. 외국인민이 평화 민주투쟁으로 인하여 그 본국 정부로부터 받는 압박을 피하여 중국영내로 피난한 자에 대하여, 공동강령은 중화인민공화국이 거류권을 부여할 수 있음을 규정한다.

IV. 공동강령의 시행과정

중국인민정치협상회의공동강령은 중국인민정치협상회의 제1기 전체회의에서 통과된 것이다. 이 회의에 참가한 각 당의 대표·구역대표·군대대표·단체대표·소수민족 및 화교대표·종교계대표는 모두 662명으로, 회의는 전국인민대표대회의 권한을 행사하였다. 중국인민정치협상회의 공동강령은 중화인민공화국 역사상 매우 중요한 강령성 문건으로서 중국혁명의 경험을 망라하여 중화인민공화국의 정치체제 및 정치경제 문화 등 각 영역의 경제정책을 확정하였다. 중화인민공화국헌법 반포 이전 중앙인민정부의 시정방침으로서 임시 헌법적인 기능을 한 것이다.

공동강령의 규정에 근거하여, 중국인민정치협상회의 제1기 전체회의는 중앙인민정부를 구성하여, 모택동을 중앙인민정부주석으로, 주덕·유소기·송경령·이재심·장란·고강을 부주석으로, 진의 등 56인을 중앙인민정부위원회위원으로 하여 중앙인민정부위원회를 조직하였다. 임백거를 중앙인민정부비서장으로 하였다. 주은래를 중국인민정부정무원총리, 동필무·곽말약·황염배·진운·등소평을 중앙인민정부정무원부총리로 했다. 담평산 등 15인을 중앙인민정부정무원정무위원으로 하였다. 이유한을 정무원비서장으로 하고, 심균유를 최고인민법원원장으로, 라영환을 최고

인민검찰서검찰장으로 하였다.

이 외에도 정치법률위원회·재정경제위원회·문화교육위원회·인민감찰위원회·국가계획위원회·내무부·외교부·공안부·재정부·무역부·중공업부·연료공업부·방직공업부·식품공업부·경공업부·철도부 등을 구성하였다. 제1기 중앙인민정부 및 중앙인민정부정무원 구성인원 중 민주당파 인사가 일정비율을 차지한 것은 공동강령이 필요로 하는 각 민주당파, 각 인민단체, 각 민주계급, 각 소수민족, 해외화교 및 기타 애국주의 분자의 의지를 구체화하는 신민주주의적인 중국의 국체를 충분히 반영한 규정이다.5)

1949년 10월 1일 하오 2시, 중국인민정부위원회는 수도 북경에서 취임하였고, 모택동이 제1차 회의를 주재하여 중화인민공화국중앙인민정부의 성립을 선언하고, 중국인민정치협상회의공동강령을 중앙인민정부의 시정방침으로 하였다. 하오 3시 30만 군인과 민간인은 천안문광장에 모여 장엄한 개국의 행사를 거행하였다. 모택동 주석은 천안문 성루에서 중화인민공화국인민정부가 당일 수립됨을 선포하였다. 이리하여 신민주주의 중국은 의용군행진곡이 울려 퍼지는 가운데 탄생하였다. 신 중국의 탄생은 중국 역사의 신기원을 창조하였고, 중국이 이미 반식민지 반봉건 사회에서 신민주주의 사회로 진입하는 것을 의미하는 위대한 역사적 의의를 갖는 것이다.

신 중국 성립 후 중화인민정부는 공동강령이 규정한 각 항 기본정책을 적극적으로 추진하였다. 우선 군사상 중국인민해방군은 주덕 총사령의 명령에 따라 전국적인 대 진군을 개시하였다. 1949년 12월 31일에 이르러 중공중앙은 1949년 연내에 서장(西藏)을 제외한 전 지역이 이미 해방되었음을 선포하였다. 경제에 있어서 중앙인민정부는 신속히 전쟁의 상처를 치유하고 국민경제를 회복시켜야 하는 임무에 직면하였다. 전쟁으로 인한 파괴와 방대한 군비지출 및 시장 투기세력의 성행으로 건국 후

---

5)「中華人民共和國大典」, 中國經濟出版社, 1994년, 6쪽.

물가는 큰 폭으로 상승했다. 1949년 4월, 7월, 11월과 1950년 2월을 전후하여 4차례의 물가 대폭등이 있었고, 인민생활을 극히 위협하여 모든 재정·경제적 어려움을 가중시켰다. 이로써 당과 인민정부는 일련의 과감한 조치를 취하여, 시장물가를 안정시키고 투기세력을 타파하여 경제적 전선에서 승리를 가져왔다.

국민경제의 건전한 발전을 위하여 건국 후 공동강령의 규정에 의하여 인민정부는 관료자본에 대한 접수를 행하였다. 해방 전 4대 가족의 관료자본은 중국 자본주의 경제의 80%를 차지하였고, 전국 공업자본의 2/3 정도를 점하였으며, 전국의 공장과 광산·교통·운수 고정자산의 80%를 차지했다. 신 중국 성립 후 인민정부는 이전의 국가 경제생활 중 통치지위의 모든 관료자본사업, 은행을 포함한 거의 모든 철도, 대부분의 철 화학 야금기업과 기타 중공업부문의 대부분 기업 및 경공업의 중요기업들을 몰수하였다. 관료자본을 몰수함으로써, 사회주의 국영경제가 살아나기 시작했다. 1949년 국영경제는 전국 5종 경제성분 중 영도지위에 서게 되었고 그것은 국가경영경제가 전국 대형 공업총생산치중 주도적 지위를 차지하였고, 국민경제에 대하여 사회주의 개조를 위한 물질적인 기초를 제공하였다.

1949년 9월 29일 중국인민정치협상회의 제1기 전체회의에서 중국인민정치협상회의공동강령을 통과시킨 이후, 1954년 9월 20일 제1기 전국인민대표대회 제1차 회의에서 중화인민공화국헌법을 통과시키기까지의 짧은 5년의 기간 동안 공동강령은 임시헌법의 기능을 한 강령성 문건으로서, 건국초기 법제건설의 실천을 성공적으로 인도하였다. 공동강령을 기초로 중앙인민정부 및 중앙인민정부정무원은 일련의 법률과 법규를 반포하여 초보단계의 신민주주의적 법제건설의 기본적인 틀을 수립하고, 건국 후 법제건설의 큰 조류를 형성하게 하였다. 이 일련의 법률과 법규는 공동강령이 확립한 기본정책을 중심으로 국민경제의 회복, 사회질서의 안정과 생산자료의 사회주의 개조를 위하여 강력한 법적 장치를 제공한 것이다.

건국초기 중국이 우선 직면한 문제는 국민경제를 조속히 회복시키고, 국민당 잔여세력을 소멸하고, 사회질서를 안정시키며, 인민혁명 승리의 성과를 보장하는 것이었다. 이 때문에, 1949년 10월 중화인민공화국의 성립에서 1952년 말까지, 중화인민정부 및 중화인민공화국 정무원이 공동강령의 시정방침을 관철함에 있어서 국민경제 회복과 사회질서 안정에 중점을 두었다. 이 시기의 입법과 법제건설은 아래와 같은 특징을 충분히 나타내고 있다.

1) 국가 정권기구의 조직, 인민민주권리의 보장, 혁명질서의 옹호

신 중국 수립 후 공동강령의 규정에 근거하여 우선적으로 인민의 의지를 반영하고 인민민주권리를 보장하는 신민주주의적 국가정권 수립이 필요하였다. 공동강령의 반포에 앞서 중국인민정치협상회의 제1기 전체회의는 공동강령과 서로 짝을 이루는 신민주주의 국가정권기구를 수립하는 중국인민정치협상회의조직법과 중앙인민정부조직법을 통과시켰다. 이 두 법률과 공동강령은 신민주주의 중국 국가정권기구 건설의 조직원칙을 확립하였고 신 중국의 정권건설을 위하여 견실한 법적기초를 다지게 하였다. 이 세 가지 법률규정의 정신에 근거하여 각 지방 국가정권기관의 수립을 위하여 중앙인민정부는 다시 일련의 지방 국가정권건설 관련의 법률 및 법규를 반포하였으며 이는「성, 시, 현 각 인민대표회의 조직통칙」(1945),「대도시의 구, 구, 향(행정촌)의 인민대표회의 조직통칙」(1950),「대 행정구 인민정부위원회 조직통칙」(1949)과「성, 시, 현, 대도시의 구, 구, 향 인민정부 조직통칙」(1950) 등이다.

이 외에도「정무원 및 그 소속기관 조직통칙」(1949),「인민법원임시조직조례」(1951),「중앙인민정부최고인민검찰서임시조직조례」(1951),「각급지방인민검찰서조직통칙」(1951) 등이 있다. 이러한 법률, 법규는 공동강령이 확립한 신민주주의 국가의 정권조직원칙에 근거하여 인민민주주권의 실현을 요지로, 민주집중제의 원칙에 따라 위로부터 아래로의 방식에 의해 인민의 의지와 이익을 반영한 신민주주의 국가정권기구 체계를 수

립하였으며, 신 중국의 각종 정치, 경제 및 문화 활동을 위하여 유효한
제도적 보장책을 제공하였다.

2) 관료자본을 몰수하여 국가로 귀속하고 새로운 사회주의를 수립

구 중국 경제의 명맥은 주로 장개석, 송자문, 공상희, 진립부를 대표로
하는 4대 가문의 수중에 장악되었고, 그것은 국민당 정권의 경제기초이
며 또한 구 중국의 가장 부패한 생산관계를 대표하는 것이다. 신 중국이
구 관료자본주의 경제체계를 타파시킬 때 비로소 신민주주의 성질의 경
제제도를 이룰 수 있는 것이다. 이 때문에 관료자본의 몰수를 신 중국 경
제건설의 우선적인 임무로 삼는 것이다. 공동강령 제3조 역시 명확히 선
언하는 바, 중화인민공화국은 반드시 제국주의 국가의 중국내 일체 특권
을 감독하고 관료자본을 몰수하여 인민의 국가소유로 귀속시킨다는 것이
다. 공동강령의 지도하에 건국 후 우선 관료자본에 대한 사회주의 성질의
개조를 진행함과 아울러 관료자본을 기초로 하여 국민경제기초로서의 국
영경제를 이룩하고, 이리하여 모든 신민주주의적 경제명맥이 인민의 수
중에 장악되도록 하였다.

봉건적 토지소유제는 구 중국 지주계급의 농민착취경제의 기초이며,
또한 중국농촌 빈부격차 조성의 주요근원이다. 공동강령이 확립한 토지
개혁의 기본원칙은 많은 농민이 봉건토지소유제의 속박으로부터 벗어나
도록 보장하는 것으로 이는 경제 및 인신의 해방을 가져왔다. 1950년부터
공동강령의 토지개혁 정책을 관철하기 위하여 1950년 6월 중앙인민정부
는「중화인민공화국토지개혁법」을 반포한 바, 이 법률은 토지개혁의 구
체적인 방침과 정책을 명확히 하였고 토지개혁의 목적이 지주계급봉건
착취의 토지소유제를 타파하고 농민의 토지소유제를 실행하고 농촌의 생
산력을 해방시켜 신 중국의 공업화를 위한 길을 여는 것임을 명확히 선포
하였다. 토지개혁의 시행을 보장하기 위하여 중앙인민정부정무원은「농
민협회조직통칙」(1950.7.15),「인민법정조직통칙」(1950.7.20),「정무원의 농
촌계급성분획분에관한결정」(1950.8.20) 등 많은 법규를 반포하였다.

이러한 법규에 근거하여 지주의 토지, 가축, 농구, 여분의 식량 및 농촌의 여유 가구를 몰수하여, 국가소유로 되는 것을 제외하고는 모두 토지가 없거나 부족한 또는 기타 생산자료가 없는 빈곤한 농민에게 분배하고 일부분은 지주에게 주어 기본생활을 유지하도록 하였다. 토지개혁은 많은 해방농민에게 경제적 이익을 가져다주었고, 이로써 농민의 적극성을 불러일으키고 당과 정부의 농업정책이 농촌에서 널리 추진되도록 촉진하였다. 1952년 말에 이르러 일부 소수민족 지구와 대만지구를 제외하고 전국적으로 토지개혁작업이 기본적으로 완성되어, 3억 여 토지가 없었던 농민이나 토지가 부족한 농민이 약 7억 무(畝)의 토지나 대량의 생산자료를 획득하였고 농촌의 생산력을 극대화하였으며, 공동강령이 제시한 국가의 공업과 농업에 대한 사회주의 개조를 위하여 물질적 기초를 제공하였고, 나아가 노동자 농민을 기초로 하는 신민주주의적 국가정권을 공고히 하였다.

3) 반혁명진압, 국민당 반동파의 대륙 잔여세력 숙청

전국의 해방 이후 전복된 국민당 세력은 시시각각 대륙에 대한 반공을 구상하고 여러 가지 계책으로 신민주주의 국가정권을 파괴하고 인민의 각종 권리실현을 위태롭게 하였다. 1950년 12월부터 당과 정부 영도자는 전국적인 범위에서 반혁명진압활동의 기치를 내세워 반혁명진압의 구체적 방침과 정책을 확정했다. 즉 진압공작은 반드시 각급 당위원회의 영도 하에서 군중노선을 실행하여 확실하고 정확하고 단호하게 쳐부수도록 주의를 요하고 진압과 포용의 상호결합정책을 실행한다는 것이다.

구체적으로는 한 맺힌 원수, 기타 엄중한 죄행으로 죽이지 않으면 인민이 분노할 자 또는 국가이익을 엄중히 손상시킨 자는 반드시 사형에 처하도록 하고 사형은 신속히 집행토록 한다. 피맺힌 원한이 없고 인민의 분노가 크지 않으면 비록 국가이익을 손상시킨다 하더라도 엄중의 정도에 이르지 않으나, 죄가 사형에 해당하는 자로서 마땅히 사형에 처해야 하는 경우는 2년의 집행기간을 두어 노동에 복역토록 하고 그 후의 행동을 살피도록 한다. 또한 체포해도 되고 체포하지 않아도 되는 사람은 체포하지 말며, 죽여도 되고 죽이지 않아도 될 자는 죽이지 말 것으로 규정한다.

이러한 정책은 반혁명진영을 와해시켰고, 확실하고·정확하고 단호하게 적을 타격하였다. 반혁명운동진압의 건전한 발전을 보증하기 위하여 1951년 2월 중앙인민정부는 「반혁명진압조례」를 제정하였다. 이 조례는 당의 징벌수단과 포용정책의 양자결합의 원칙을 구체화하였고, 반혁명의 죄와 형에 대하여 명확한 규정을 한 것으로, 확대간부와 군중이 반혁명을 진압하는 유력한 수단이다. 반혁명운동의 진압은 반미와 조선지원, 토지개혁, 국민경제 회복 작업의 순조로운 진행을 보장하였고, 혁명질서를 옹호하고 인민민주전정의 국가정권을 공고히 하였다.

4) 전국적인 재정경제 업무의 통일, 물가안정, 국민경제의 회복과 발전

제국주의와 국민당파의 장기적인 통치로 인하여 사회경제의 낙후와 비정상상태가 조성되었다. 전국이 해방된 후, 중국이 직면한 경제 상태는 매우 어려워 공업생산은 급격히 쇠퇴하고, 물가는 폭등하고, 도시주민의 실업은 증가하고, 국가재정은 부실하고, 불법분자는 기회를 타고 시장과 금융질서를 교란하여 경제적 환경은 극히 열악하였다. 재정곤란의 극복과 국민경제의 신속한 회복과 발전을 위하여, 인민정부는 공동강령의 신민주주의 경제정책규정에 근거한 일련의 유효조치를 취하여 국민경제를 회복 발전시키고 재정곤란을 전환시켰다.

1953년 3월 정무원은 「국가재정경제업무통일에관한결정」을 반포하였고, 5월에는 「중앙과지방의재정경제업무상관리직권확정에관한결정」 등의 법규를 반포했다. 이 이전에 국가의 화폐정책을 공고히 하고 금융질서를 안정시키기 위하여 「국가화폐출입국금지처리법」(1951.3), 「국가화폐방해처벌임시조례」(1951.4) 등을 제정하였다. 물가안정과 민생안정을 위하여 무역부문에 있어서는 「투기상업 감독에 관한 몇 가지 지시」(1950.10), 「물가안정에 관한 지시」(1951.11)를 규정하였다.

이러한 법규의 출현은 공동강령의 국민경제의 회복과 발전에 관한 기본 경제정책의 관철 실시를 강력히 보장하였고, 재정경제정책의 통일 영도와 건국 초기 재정경제정책의 안정을 기하는데 필요한 법적 근거를 제공하였다.

5) 3반(三反) 5반(五反)투쟁 전개의 보장

건국 이후 공동강령이 제시한 자본주의에 대한 발전 인도정책에 근거하여, 국가는 사영공상정책에 대하여 적절한 조정을 가하여 사영경제로 하여금 상당한 정도의 발전을 하도록 하였다. 그러나 사영자본주의 경제의 팽창에 따라 그 반동적인 성질 역시 점차 노출되었다. 특히 사영기업주들은 5독(毒) (뇌물·탈세·국가재산 절도·공사자재 빼돌리기·국가경제정보의 절취) 행위로 사회주의 경제를 파괴하고, 당의 사영경제발전 제한의 정책을 반대하고 당내 및 인민정부 내 일부 부패분자 역시 불법자본가와 서로 결탁하여 사회주의에 대한 악랄한 공격을 진행하였다.

이러한 신생 인민정권에 관련된 심각한 문제 해결을 위하여 1951년 말부터 당 중앙을 전국에 걸쳐 "3반", "5반" 운동의 전개를 강력히 추진하게 하였고, 공동강령이 요구한 일체 국가기관은 반드시 청렴하고 소박하게 인민을 위해 봉사하는 혁명 업무기풍에 힘써야 함과, 독직을 엄격히 징벌하고 낭비를 금지하여 인민을 이탈한 관료주의 기풍을 반대하는 등, 신민주주의 국가정권조직건설원칙의 관철정책을 유효히 보장하였다.

1952년부터 당 중앙은 사회발전의 수요에 따라 과도시기의 총 노선을 제시했다. 향후 상당한 기간을 통하여 국가공업화와 농업, 수공업 자본주의 상공업의 사회주의 개조의 점진적 실현을 요구하였다. 이 총 노선은 신민주주의 혁명이 전국에서 취득한 승리와 전국적인 토지개혁 완성 후 국내의 주요모순은 이미 노동자 계급과 자산계급 간의, 사회주의 노선과 자본주의노선과의 모순으로 전화되었다는 것에 근거하여, 이러한 모순을 해결하기 위하여 제정된 것이다. 그 실질적 의미는 바로 생산자료의 사유제에 대한 사회주의 개조의 필요성이고, 사회주의 제도를 수립하여 사회주의를 건설하는 것이다. 이 총 노선은 공동강령의 관철과 실시뿐만 아니라 그 중의 많은 정책은 이미 공동강령의 요구를 넘어서 신민주주의에서 사회주의로 가는 과도의 특징을 지니고 있었다.

이 때문에 한편으로는 공동강령이 확립한 기본국책은 여전히 실천상의 행동지침이었고, 다른 한편 국내·국제적으로 신형세의 출현은 헌법을 제정할 수 있게 하였고, 이는 신민주주의에서 사회주의로의 과도적 법률제도의 급박한 수요를 반영하는 것이었다.

1954년 헌법탄생 이전 중앙인민정부는 공동강령의 요구에 의거하여 「전국인민대표대회 및 지방각급인민대표대회선거법」을 제정하고, 이 선거법에 의거하여 전국적으로 선거를 실시하여 1954년 제1기 전국인민대표대회 제1차 회의를 성공리에 개최하고 중화인민공화국헌법을 통과시켰다. 1954년 헌법에 근거하여 제1기 전국인민대표대회는 다시 전국인민대표대회조직법, 국무원조직법, 인민법원조직법, 인민검찰원조직법, 지방각급인민대표대회 와 지방각급인민위원회조직법 등을 제정하였다.

이러한 법률·법규에 근거하여, 공동강령의 규정에 근거하여 수립된 신민주주의적 국가의 정권조직기구와 정권조직체계는 완성되고 인민의 의지와 이익을 유효히 반영하게 되었으며, 인민이 주인이 되는 민주권리를 보장하고 사회주의 제도 실현을 위한 건실한 법적 기초를 다지게 되었다.

공동강령은 그 발생에서 1954년 헌법 탄생까지 줄곧 중국의 신민주주의 건설을 지도하는 강령성 문건으로서 임시 헌법적인 작용을 하였다고 할 수 있다. 공동강령이 확립한 각 항 신민주주의적 국가제도와 사회제도는 실제로 존중되고 유효하게 작용하였다. 신민주주의 건설의 심화 발전에 따라 공동강령 역시 점차 그 역사적 사명을 다하게 되었고, 동시에 공동강령이 건국초기에 발휘한 국가안정을 위한 작용은 신 중국의 법제건설에 있어 크게 영향을 미쳤고 신 중국의 헌정건설을 위한 순조로운 출발을 도왔다.

V. 중국헌정에 대한 공동강령의 영향과 평가

중국인민정치협상회의공동강령은 건국 초기에 헌법적 작용을 한 강령성 문건으로서, 중국인민대표대회제도의 정치적 기초를 다졌을 뿐만 아니라, 중국의 신민주주의적 국가정권을 유효히 조직하였으며, 인민의 권리를 유효히 보장하고, 국민당 반동파와 일체 반동세력의 신 중국에 대한 파괴와 전복활동을 타격하여, 건국초기 국민경제의 신속한 회복발전을 촉진하였으며, 신생의 인민공화국으로 하여금 각종 어려움과 장애를 극복토록 하였고 국내에서 많은 인민의 옹호와 지지를 획득하였을 뿐 아니라 모든 평화와 정의를 애호하는 국가의 승인을 얻었다.

또한 신 중국이 국제무대에서 독립자주의 지위를 갖도록 하였고, 공동강령의 반포를 기점으로 하여 1840년 아편전쟁 이래 중화민족동포가 외국열강으로부터 받은 모욕과 압박의 역사를 두 번 다시 반복되지 않도록 하였고, 부패한 봉건제도 역시 철저히 분쇄하여 인민이 진정한 주인으로 일어서게 하였다. 그러므로 공동강령은 비록 신 중국의 헌법은 아니지만 그 역사적 지위와 실제 운용은 신 중국의 헌정건설을 위한 순조로운 기반을 제공하였다.

첫째, 공동강령이 확립한 신민주주의적 기본국책은 모두 마르크스 레닌주의, 모택동사상의 정신을 충분히 나타내었고, 마르크스 레닌주의, 모택동사상을 중국헌법이 확정한 기본 지도 사상이 되도록 하였다. 무당파 인사 이달(李達)이 중국인민정치협상회의 제1기 전체회의 소조에서 발언한 것처럼, 이 강령은 100년의 중국혁명의 역사적 경험을 종합하였고, 이는 모택동의 '신민주주의론', '연합정부를 논함', '인민민주전정을 논함' 및 기타 많은 저작을 근거로 입안해 낸 것이다. 이 강령은 모택동사상의 구체적 표현이라 할 수 있는 것이다.[6]

둘째, 공동강령은 과도조치와 목표를 서로 결합하여, 신 중국 정치제도

---

6) 人民日報, 1949년 9월 28일자 참조.

의 기초는 인민대표대회제도임을 확립하였고, 또한 건국초기 신민주주의 혁명과 건설이 직면한 구체적 상황과 관련하여 중국인민정치협상회의가 전국인민대표대회를 대신하여 직권을 행사함을 규정하였다. 이를 계기로 현존의 인민대표대회제도와 정치협상제도가 차츰 형성되었다. 공동강령에서 원칙성과 융통성의 상호결합이 없었다면, 중국정치협상제도의 오늘날과 같은 숭고한 지위와 국가정치 생활에서 발휘되는 중요한 작용은 생각하기 어려운 것이라 할 수 있다.

셋째, 공동강령은 인민권리의 보장을 강조한 바, 이점은 중국의 역대 헌법이 계승하는 것이다. 뿐만 아니라 공동강령에서 진실한 뉴스보도의 자유를 규정한 것은, 이후에 제정되는 역대 헌법에서 더욱 구체화되었다. 이것은 공동강령이 이미 법제건설에서 인권보호의 중요성을 인식한 것으로 설명된다. 이외에도 사상의 자유, 이전의 자유 등 권리는 인권보장사업의 형성과 발전에 중요한 영향을 미쳤다.

넷째, 공동강령은 국가권력이 인민에 속한다는 원칙을 강조한 바, 이 원칙은 중국 역대 헌법이 인정한 가장 중요한 헌법원칙이다. 말하자면, 인민은 국가의 주인이고, 헌법과 법률은 인민의 의지와 이익의 집중표현으로, 공동강령에서 이미 충분한 인정을 받았다. 이것이 바로 중국헌법의 인민성 보장이며, 인민이 국가정권기관의 법적인 활동에 대하여 감독할 수 있는 직접적인 법적 근거에 해당한다.

다섯째, 공동강령의 군사제도, 경제정책, 문화교육정책, 민족정책과 외교정책에 대한 규정은, 건국초기 신민주주의 혁명과 건설의 요구에 적응하였을 뿐만 아니라 중국 역대 헌법이 확정한 기본국책으로 변하였다. 특히 국가정권기관은 인민의 이익을 중시해야 하고, 인민을 위한 봉사에 노력해야 한다는 이러한 헌법원칙은 줄곧 중국 국가정권기관건설을 지도하는 지침이 되었다.

끝으로, 공동강령의 중국헌정건설에 대한 영향은 지대한 것으로, 공동강령이 확립한 일련의 법원칙은 중국 사회주의 헌정실천의 기본골격을 형성시켰고, 그 중 몇 가지 원칙은 아직도 지대한 작용을 하고 있다. 공동강령에 확립한 일련의 원칙이 건국 이후, 마땅히 존중되어야 함에도 상당한 역사기간동안 존중받지 못한 것은, 극좌사조가 사회주의 헌정건설의 진행을 저해하였기 때문이다.

그러나 중국공산당을 영도로 한 전체중국인민이 공동 창조한 공동강령이 구현한 시대정신은 줄곧 인민공화국 50년 역정을 이어가고 있다. 비록 공동강령이 헌법성 문건이 된 시대는 지나갔지만 공동강령이 반영한 헌법사상과 헌정실천원칙은 오히려 중국 사회주의 헌정건설의 진정한 초석이 되었다.

신 중국 헌정체제의 기초: 1954년 헌법

I. 제헌권 및 제헌의 사회적 환경

제헌권은 헌법을 제정하는 권력이고 합법성과 권위성을 가진다. 제헌권은 일종의 가치체계로서 제헌에 대한 사실상의 역량을 내포하고 있으며, 또한 헌법으로 하여금 더욱 정당화된 권위와 가치를 가지도록 한다. 헌법제정은 우선 자주적인 제헌권의 행사를 기초로 하여 제헌주체와 제헌기관의 설정을 필요로 한다.

신 중국의 성립은 중국인민이 제헌권의 주체가 되어 독립적이고 자주적으로 제헌권을 행사한다는 것을 의미한다. 신 중국 제헌권의 근원은 중국인민이 국가정권을 장악한 사실에 있고, 즉 인민정권의 성질이 제헌권의 인민성과 자유성을 결정하였다. 그러나 인민을 제헌권의 주체로 하여도 개개인 모두 제헌의 과정에 참여하게 할 수는 없고, 개인은 인민이 선출한 대표기관을 통하여 제헌권을 행사한다.

이것은 제헌권의 발생이 헌법의 탄생을 자연적으로 결정한다고는 할 수 없고, 제헌권의 구체적 행사는 객관적인 일정한 요건이 필요하다고 할 수 있다. 가장 기본적인 요건은 보통선거를 통하여 전국인민대표대회를 만들고 이것이 제헌권을 통일적으로 행사하는 것이다. 1954년 이전은 제헌조건이 구비되지 못하여 중국인민정치협상회의가 전국인민대표대회를 대신하여 제헌권을 행사하고 임시헌법적인 성질을 가진 공동강령을 제정하였다. 1953년에 이르러 국가의 정치·경제와 문화에 중대한 변화가 발생하였고, 이러한 변화는 신 중국의 제1부 헌법제정에 객관적인 환경을 제공하였다. 개괄하면, 제헌의 사회적 환경은 주로 다음과 같다.

1) 공동강령의 일부규정과 사회생활의 발전 사이에 부적응 상태가 출현함

중국인민은 100여 년의 영웅적인 투쟁을 거쳐 마침내 중국공산당의 영도하에 제국주의·봉건주의와 관료주의에 반대하는 인민혁명의 승리를 취득하였다. 1949년 국민당 군사력이 와해되고 계급역량의 대비에 근본적인 변화가 일어나 혁명은 전국적인 승리를 가져오게 되었다. 혁명승리 후, 장차 어떠한 형태의 국가를 수립할 것인가, 어떻게 혁명승리의 성과를 법 형식으로 확정하고, 건국 후의 시정방침을 규정하여 전국 인민이 공동으로 준수할 준칙으로서 전국 각 인민이 혁명과 건설사업을 계속하여 추진해 나갈 수 있도록 할 것인가 하는 것은 곧 근본법 성질을 갖는 문건의 제정을 절실히 필요로 하는 것이다.

그러나 당시 대륙의 전역이 해방된 상태는 아니어서 전쟁은 계속되고 있었으며, 반혁명세력이 창궐하여 각 사회개혁은 아직 전면적으로 전개되지 못한 상태였으며, 사회질서는 불안정하고, 장기간에 걸쳐 파괴된 국민경제는 회복을 기다리는 상황이었고, 인민군중의 조직정도와 결심정도는 일정한 수준에 도달하지 못한 상태였다.

상술한 바와 같은 역사적 조건의 제약으로 인하여 보선에 의하여 구성하는 전국인민대표대회의 개최와 완전한 형식의 헌법의 제정은 이루지 못하였다. 이러한 상황하에서 중국공산당은 각 민주당파, 각 인민단체, 인민해방군 각 지구, 각 민족 및 해외화교 등 각 방면의 대표 635명을 초청하여 중국인민정치협상회의를 조직하였고, 전국 각 민족 인민의 의지

를 대표하여 전국인민대표대회의 개최 이전에는 전국인민대표대회의 직권을 대행토록 하였다. 1949년 9월 29일 중국인민정치협상회의 제1기 전체회의는 중앙인민정부위원회를 선출하고 중화인민공화국의 성립을 선언하고 임시 헌법적인 작용을 하는 중국인민정치협상회의공동강령을 통과시켰다.

공동강령은 사실상 건국강령이고 이것이 규정하는 정치, 경제제도는 주로 정권수립의 수요에 맞는 것으로서 국가경제건설의 수요에는 적당치 못한 것이었다. 주은래는 1953년 1월 「전국인민대표대회는 마땅히 자기의 법률 즉 헌법을 가져야 한다는 문건」에서, "전국인민대표대회를 개최하고, 정부를 구성한다고 하면 공동강령은 국가의 근본법이 될 수는 없는 것이다. 당초 공동강령이 임시적인 헌법이 된 것은 정치협상회의전체회의가 전국인민대표대회의 직권을 집행하였기 때문이다."라고 지적했다.[1]

주은래는 이 문건에서 헌법의 가능성 문제를 특별히 언급하였는데, 그는 헌법의 기초가 비록 어려운 점이 있다고 하더라도 해결 가능한 것으로 인식하였다. 그는 특히 헌법의 제정은 결코 과도시기의 성질을 변경시키는 것이 아니고, 또한 당장 사회주의를 한다는 것도 아니라는 점을 강조하였다.[2]

공동강령이 규정한 정권의 성질은 각 계급, 각 영역의 인사가 참가한 인민민주통일전선의 정권이다. 그러나 중국공산당의 목표는 노동자가 영도하고 노동자 농민연맹을 기초로 하는 인민민주전정의 정권을 수립하는 것이다. 공동강령 반포 후 국가는 아직 인민대표기관을 조직하지 못하였고 정치협상회의가 인민대표대회의 직권을 대행하였다. 지방에서는 인민정권이 완전하게 성립되지 못하고 군사관제가 시행되었고, 조건이 가능한 지방에서는 인민대표회의가 개최될 수 있었다. 경제제도상으로는 일

---

1) 중화인민공화국 제1부 헌법 제정에 관한 문헌은 「當代中國史硏究」 1997년 제1기 참조.
2) 중화인민공화국 제1부 헌법 제정에 관한 문헌은 「當代中國史硏究」 1997년 제1기 참조.

종의 경제회복의 체제였으며, 사회주의 경제제도도 아니고 또한 자본주의 경제제도도 아닌 양자 병행발전의 제도였다. 공동강령이 진행하는 농촌토지개혁은 경자유전의 정책을 실행하였다.

공동강령의 성질과 내용이 모두 공산당의 정치, 경제의 목표는 아님을 알 수 있다. 공동강령은 단지 건국초기의 상황에 적응하였고, 정권의 공고화가 경제회복과 사회안정의 측면에 적극적인 역할을 하였다.

공동강령이 있음에도 헌법제정은 왜 필요한가? 이 문제에 대하여 유소기는 1954년 헌법초안을 보고하면서 상세한 설명을 하였다. 중국근대사에서 사람들은 일찍이 근본적인 문제 중국이 나아갈 길은 무엇인가? 자본주의인가, 사회주의인가? 이 문제에 대하여 지난 5년 동안 국가에 발생한 거대한 변화는 이미 생동감 넘치는 해답을 주고 있고, 동시에 "작금의 복잡한 경제구조의 사회에서 사회주의 구조의 사회로 넘어오는, 즉 현재의 신민주주의 사회에서 사회주의 사회로 넘어오는 것은, 중국이 마땅히 걸어갈 유일한 길임"을 충분히 증명한다고 설명하였다. 또한 그는, 일부 사람들은 현 상태의 노선을 유지하려는, 즉 자본주의노선도 아니고 사회주의 노선도 아닌, 현재에 처한 상태를 유지할 것을 고려하고 있다고 말하였다.

어떤 사람들은 이 상태를 영원히 유지하기를 희망하고, 가장 좋은 것은 변경하지 않는 것이라 하였다. 그들은 공동강령이 있는데 굳이 헌법이 다시 필요한가 하는 것이다. 사회주의와 자본주의, 이 두 가지 상반된 생산관계는, 하나의 국가 안에서 서로 간섭하지 않고 나란히 발전한다는 것은 불가능한 것이고, 사회주의국가로 변화되지 못하면 곧 자본주의국가로 변화하게 되므로, 그렇게 되어서는 절대 아니 되는 것이다. 중국이 사회주의의 길을 걸어가는 것은 결코 돌이킬 수 없는 것이고, 사회주의 노선을 걸어가려면 곧 법률의 형식으로 과도시기의 총 임무를 확정해 나갈 것이 필요하다.[3]

---

3) 「劉少奇選集」, 人民出版社, 1985년, 143-144쪽 참조.

1953년부터 중국은 이미 사회주의 목표에 따라 계획적인 경제건설의 시기에 접어들어, 나날이 복잡화되는 사회경제관계의 변화를 조정할 헌법의 제정이 필요하게 된 것이다.

1949년 신 중국 성립에서 1954년까지의 5년 동안, 인민민주정권은 전국 각지에서 그 수립이 보편화되고 나날이 공고화되었다. 공동강령의 규정에 의하면, 인민민주정권의 건설은 3부분으로 진행된다.

첫째, 신 해방구는 즉시 군사관제를 시행하며, 상급기관에서 간부를 파견하여 당해 지방의 사무를 주재토록 하고, 군사관제위원회와 지방 인민정부를 세우고, 반혁명잔여세력의 숙청과 아울러 각계인사좌담회를 소집하여 당해 지역 군중과의 관계를 개선한다.

둘째, 해당지역 인민정부는 각 인민대표회의를 개최한다. 대표는 각 단위의 추천 또는 정부 요청에 의한다. 각 인민대표회의는 정부의 자문기관으로 하고, 정부에 대하여 자기의 의견을 제출할 수 있고, 군중의 의지와 요구를 반영한다.

셋째, 각 인민대표회의에서 각 단위가 직접 혹은 간접 선거한 대표가 증가하였고, 정부가 요청한 대표는 점차 감소하였다. 각 인민대표회의는 점차 인민대표대회의 직권을 대행하고, 지방의 국가권력기관으로 되어 인민정부위원회를 선거하고, 인민정부의 업무보고와 예산·결산을 심사하고, 아울러 인민정부위원회가 집행하도록 하는 결정을 내릴 수 있다. 1952년 말에는, 인민대표회의의 대표는 이미 1,300여 만 명, 그 중 직접 및 간접 선거로 선출된 사람이 80% 이상, 전국 각 성과 직할시의 2/3 이상의 시, 1/3 이상의 현과 절대다수의 향은 모두 인민대표회의가 인민대표대회의 직권을 대행하여 각급 인민정부를 구성하였다.[4]

1953년 1월 중앙인민정부위원회 제20차 회의에서는 보통선거의 실시를 결정하여, 인민보선으로 선출된 지방 각급인민대표대회가 개최되었고, 이를 기초로 전국인민대표대회가 개최되었다. 1953년 2월 11일 중앙

---

4) 凌風, "5년 이래 인민민주정권 건설업무의 성취," 光明日報, 1954년 9월 5일자.

인민정부위원회 제22차 회의에서 「중화인민공화국전국인민대표대회 및 지방각급인민대표대회선거법」이 통과되었다. 이것이 신 중국의 최초의 선거법이다. 그것은 혁명근거지 민주선거의 경험, 특히 건국 후 민주선거의 경험을 흡수하였고, 외국의 경험 특히 사회주의국가의 선거경험을 흡수하여 마르크스주의적 사회주의 민주정권 건설의 이론을 중국의 실제상황과 긴밀히 결합시킨 것이다. 기층의 선거업무는 1953년 3월에 시작하여 1954년 5월에 완성하였다. 1954년 8월에 이르러 현급 이상의 지방 각급 인민대표대회는 모두 구성되었다. "대만성이 아직 해방되지 않은 것 외에, 중국은 이미 25개 성, 내몽고자치구, 서장지구, 창도(昌都)지구, 3개 직할시, 2,216개 현과 현에 상당하는 행정단위, 163개 시, 821개 도시의 구와 220,466개 향은 각자의 정권을 수립하였고, 이외에도 다시 65개 현급 이상 민족자치지방의 자치기관을 설립하였다."[5]

신 중국 성립 후 5년 동안 인민민주정권 건설의 성과는, 인민으로 하여금 정치권력을 향유하지 못하는 지위에서 국가의 주인으로 바꾸어 놓았고, 스스로가 국가의 주인으로서 자신의 국가를 관리할 수 있는 지위로 변화시켰다.

1950년 한국전쟁이 발발하였다. 조선의 존망은 중국의 안위와 밀접한 관련이 있으므로, 1950년 10월 19일 중국인민지원군은 한국전쟁에 참전하였다. 3년의 분전을 통하여 마침내 미국을 1953년 7월 27일 정전협상에 서명토록 하였다. 항미원조(抗美援朝)의 승리는 중국인민의 자신감과 자긍심을 드높이게 하였고, 중국의 국제적 지위를 제고시켰다. "이로써 제국주의는 신 중국의 시도를 감히 가볍게 침범할 수 없게 되었고, 중국의 경제건설과 사회 개혁은 상대적으로 안정적이고 평화적인 환경을 유지하게 되었다."[6]

항미원조전쟁의 진행과 동시에, 1950년 겨울에서 1953년 봄까지, 전국

---

5) 樓邦彦, 「中華人民共和國憲法基本知識」, 新知識出版社, 1955년, 32쪽.
6) 胡繩 편저, 「中國共産黨的七十年」, 中共黨史出版社, 1991년, 282쪽.

인구의 절반가량을 차지하는 신 해방지구 농촌은 토지제도의 개혁을 완료하고, 수천 년 동안 계속된 봉건제도의 기초인 지주계급토지소유제를 철저히 소멸시켰다. 1950년 12월부터 1951년 10월까지, 전국적으로 반혁명운동의 진압을 전개하여, 기본적으로 국민당 반동파가 대륙에 남긴 반혁명잔여세력을 일소하였다. 토지제도의 개혁과 반혁명운동의 진압과 함께 당은 인민을 영도하여 민주개혁을 진행하고, 「중화인민공화국혼인법」을 반포하였고, 구 사회가 남긴 매음 매춘, 마약판매와 복용, 도박 등 각종 사회악을 금지하였다.

"항미원조전쟁은 중국인민민주혁명의 반제국주의 투쟁의 계속이다. 토지개혁과 기타 각종 민주개혁은 중국인민민주혁명의 반봉건 투쟁의 완성이다."[7] 이러한 승리는 인민민주전정의 정권을 더욱 공고히 하였고, 경제의 회복과 발전에 필요한 사회·정치적 조건을 가져다주었다. "제헌권의 일반원리에 근거하여, 헌법(입헌주의)의 탄생은 국가권력의 존재를 조건으로 한다."[8]

신 중국 성립 후 5년 동안의 인민정권 건설은 인민의 제헌권 행사를 위한 정치적, 법적 기초를 제공하였다.

2) 경제구조의 변화

신 중국 성립초기, 8년 항전과 해방전쟁의 영향으로 국민경제는 만신창이가 되었다. 이러한 현실에 직면하여 국가는 1949년부터 3년 동안 국민경제의 회복과 발전에 관한 사업을 행하였고, 1952년에 이르러는 국민경제의 근본적인 호전이 있었다. 이로써 국민경제의 회복이 완성되었다. "1952년 공업과 농업 총생산액은 810억 원, 1949년과 비교하여 77.5% 증가한 것이다."[9]

---

7) 胡繩, 상게서, 288쪽.
8) 韓大元, 「亞洲立憲主義硏究」, 中國人民公安大學出版社, 1996년, 73쪽.
9) 胡繩 편저, 「中國共産黨的七十年」, 中國共産黨出版社, 1991년, 294쪽.

경제회복과 동시에, 국민경제구조 역시 현저한 변화가 있었다. 국영경제, 사인자본주의경제, 개체경제, 국가자본주의경제, 합작사경제 등 모든 면에서 발전이 있었다. 국가의 지지와 경제구조의 합리성으로 인하여 국영경제는 신속히 발전하였다. "1952년까지의 전국 공업총생산액 가운데 국영공업이 53%를 차지하고, 합작사경제와 공·사 합작경영 공업이 약 8%, 사영공업이 약 39%를 차지하였다."[10] "1953년 국내시장 상품 도매총액 중 국영과 합작사 상업이 약 70%를 차지하였고, 대외무역총액 가운데 국영부문이 약 92%를 차지하였다." "국가은행은 사회주의의 것이며, 교통 운수 등 부문에서 사회주의 성분은 절대적인 우세를 차지한다."[11]

이것은 국가경제의 회복이 양적인 발전뿐만 아니라 질적인 변화도 있었다는 것을 표명하는 것이고, 국영경제의 신속한 발전은 이미 국민경제의 주도적 지위를 차지하게 된 것이며, 사회주의 개조의 건실한 물질적 기초가 된 것이다.

3) 민중생활의 요구, 국가독립과 발전의 필요성

"민중의 헌법에 대한 인식은 헌법가치에 대한 판단 및 그 헌법감정 등에 대하여 구성되는 일정한 헌법의식으로서, 제헌과정 및 제헌이후의 헌법 시행과정에 중대한 영향을 미칠 수 있다."[12]

민중의 태도는 제헌과 헌법이행의 사회기초로 작용하는 것이다. 1954년 헌법제정 시, 중국사회는 이미 비교적 돈독한 인문주의적 기초를 유지하였다. 주은래 총리가 지적한 바와 같이, 즉 "우리의 현재의 헌법초안은 이미 전국적으로 그 기초를 가지고 있다. 그 기초는 두 가지로서 첫째, 3년 동안의 공동강령 시행을 통하여 우리 모두는 정치생활이나 실천과정에서 우리의 국가제도·정치구조와 인민의 권리와 같은 문제들을 체험하

---

10) 李達, 「中華人民共和國憲法講義」, 人民出版社, 1956년, 4쪽.
11) 李達, 상게서, 43쪽.
12) 韓大元, 「亞洲立憲主義研究」, 中國人民公安大學出版社, 1996년, 90쪽.

고 인식하였다. 둘째, 우리는 공동강령의 학습운동을 보편화하고 조직화하였다."13) 이러한 기초는 헌법의 제정에 내재적 추진력을 가져다주었고, 또한 사회현실과의 결합을 더욱 손쉽게 하였다.

이 외에도, 신 중국 성립 후 많은 것들이 새로운 정비를 필요로 하였고, 각 영역의 질서도 모두 헌법이 구성되기를 기다리고 있었다. 정치적 독립을 획득한 국가는, "헌법으로써 독립의 사실을 확립할 것을 필요로 하고, 헌법에서 금후 활동의 기본원칙과 방향을 표명한다."14)

건국 후 5년간의 노력을 통하여 신민주주의 혁명의 승리 및 사회주의로 향한 과도적 목표의 확립은 우리들로 하여금 공동강령의 기초위에서 더욱 진보할 것을 요구하고, 공동강령에 비해 보다 완비된 헌법을 필요로 한다.

결국, 공동강령 실시 후 수년 이래, 중국인민은 토지개혁, 반혁명진압과 항미원조의 투쟁을 성공적으로 진행하였고, 국가 재정상황의 근본적인 호전과 국민경제의 회복을 이루어 내었다. 이 시기의 경제영역에서는 사회주의와 반(半)사회주의의 경제 외에도 국영경제 영도하의 합작경제, 개체경제, 자본주의경제 내재의 다종경제성분이 포함되어 있었다. 사회주의와 반 사회주의경제는 국민경제에 있어 비중이 그리 크지 못하였다. 국내 계급영역에서도 심한 변화가 있었다. 과거의 지주, 관료 자본가와 반혁명분자는 이전의 정치권력을 상실하고 전정의 대상으로 변하였다. "삼반(三反)" "오반(五反)" 운동을 통하여 불법자본가의 무분별한 공세를 타도하여, 인민정권은 한층 더 공고히 되었고, 인민군중의 각오정도와 조직정도는 전례가 없이 드높아졌다.

1953년부터 1954년 8월까지, 전국에 걸쳐 보선(普選)이 실시되어, 개별지구를 제외한 전국의 각 성, 자치구, 직할시에서 보선에 의한 지방 각급 인민대표대회가 개최되어 지방기층정권의 민주화가 실현되었다. 국민경

---

13) 周恩來, 중앙인민정부위원회 제20차 회의상의보고, 1953년 1월 13일.
14) 韓大元, 「亞洲立憲主義研究」, 中國人民公安大學出版社, 1996년, 73쪽.

제회복의 기초로 보면, 1953년부터 중국은 계획경제 건설의 시기에 진입
하였다. 이에 앞서 1952년 12월에 중공중앙은 과도시기 총 노선을 제시하
였는 바, "상당 장기간 동안에 국가의 사회주의 공업화를 점진적으로 실
현하고, 국가의 농업, 수공업 및 자본주의 상공업에 대한 사회주의 개조
를 점진적으로 실현"하는 목표를 제시하여 전국 인민의 강렬한 사회주의
건설염원을 반영하였다. 이러한 새로운 역사적 조건하에서, 공동강령은
이미 객관적인 형세와의 적응과는 거리가 먼 것이었다. 건국 이래 각 노
선이 취득한 거대한 성과를 반영하고, 전국인민의 사회주의 건설 요구를
반영하기 위하여, 인민민주전정의 국가제도를 더욱 공고히 하고 사회주
의 법제를 완비하며, 사회주의 정권의 공고화와 사회주의 건설의 순조로
운 진행을 보장하기 위하여 정식으로 헌법을 제정할 필요성뿐만 아니라
가능성 역시 이미 성숙된 것이다.

II. 1954년 헌법의 제정과정

1. 헌법의 기초

1) 헌법기초위원회의 성립

1952년 말 제1기 정치협상회의 임기가 만료되었고, 이와 동시에 직면
한 문제는 정협이 국가권력기관의 직권을 대행하는 체제를 계속할 것인
가 아니면 국가권력체제를 정상궤도에 진입시킬 것인가 하는 것이었다.
중공중앙은 적당한 시기에 전국인민대표대회를 개최하고 헌법을 제정하
여 국가를 사회주의전면건설의 새로운 시기에 진입토록 하여야 한다는
입장이었다. 공동강령의 규정에 의하면, 최고국가정권기관 폐회기간에는
중앙인민정부를 국가정권행사의 최고기관으로 한다. 정협은 국가건설과

관련된 근본대계 및 기타 중요조치에 대하여 중국인민정부에 건의할 권리를 가진다.[15]라고 하였다.

1952년 12월 24일 중공중앙은 전국의 정협이 중앙인민정부위원회에 건의하여 1953년에 전국 및 지방 각급 인민대표대회를 개최하여 헌법을 제정할 것을 제의토록 하였다. 전국정협상임위원회는 확대회의를 개최하여 중공중앙의 건의에 대한 토론을 진행하여 만장일치로 전국인민대표대회를 개최하여 헌법을 제정한다는 제의는 정확하고 적합한 것으로 결정하여 중앙인민정부에 대하여 전국인민대표대회와 지방 각급인민대표대회의 개최를 건의하였고, 선거법의 기초와 헌법초안 등의 준비를 개시하였다.

1953년 1월 13일 중앙인민정부위원회 제20차 회의에서 전국인민대표대회 개최의 문제에 대하여 전문적인 토론이 있었다. 주은래는 중공중앙을 대표하여 이 문제에 대하여 설명하였고, 모택동은 토론 종결 시에 인민대표대회의 개최와 헌법제정의 필요성에 대하여 요약 설명하였다. 회의는 마지막으로 '전국인민대표대회 및 지방각급인민대표대회의 개최에 관한 결의'를 통과시키고, 이 결의는, 전국인민대표대회 개최의 조건이 이미 완비되었음을 인식하고, 중앙인민정부조직법 제7조 제10항의 규정에 근거하여, 1953년 보통선거로 구성된 지방 각급인민대표대회를 개최하고 이를 기초한 전국인민대표대회를 개최하여 헌법을 개정한다고 하였다. 헌법의 기초를 위하여 1953년 1월 13일 중앙인민정부위원회는 중화인민공화국헌법기초위원회의 성립을 결정하였고 헌법의 기초업무를 책임지도록 하였다. 기초위원회는 모택동을 주석으로 하여 33명의 위원으로 구성되었다.

2) 중공중앙이 기초한 헌법 초고

헌법기초위원회가 성립된 후, 중공중앙은 내부적으로 헌법기초소조를

---

15) 共同綱領 제13조.

지정하였다. 기초소조에는 진백달(陳伯達), 호교목(胡橋木), 전가영(田家英) 등이 참가했다. 1953년 11월에서 12월에 이르기까지 모택동은 진백달에게 초고를 기초토록 하여, 이것을 기초소조의 업무지침으로 삼도록 하였다. 1953년 12월 24일 헌법기초소조는 항주의 서호에서 정식으로 활동을 전개하였다. 이 소조는 모택동이 직접 영도하였다.

1954년 1월 15일 모택동은 북경의 유소기 등 중앙영도자에게 헌법기초소조의 업무계획을 통보하고 필수적인 참고자료목록을 열거하였다. 업무계획은, 1월 31일 이전에 헌법초안의 초고를 완성하고, 2월 상순 초고를 1차 검토하여 등소평, 이유한 등을 참가토록 하고 정치국 및 재경 각 중앙위원에게 제출하여 예비심사를 위한 토론을 하여, 3월초 헌법기초위원회 토론에 상정, 3월중에 토론을 완료하여 예비심사를 마치고, 4월중에 다시 헌법소조가 심의 수정하여 정치국의 토론에 부치고, 다시 헌법기초위원회에 제출하여 통과시키며, 5월 1일 헌법기초위원회는 헌법초안을 공포하고, 4개월간의 전국인민 토론을 거쳐 9월에는 인민의 의견에 근거하여 필요한 수정을 마친 후, 전국인민대표대회에 제출하여 최종 통과토록 한다는 것이다. 정치국은 헌법초안의 토론을 위하여 업무계획상 재경 각 중앙위원에 대하여 헌법과 관련된 참고자료를 열람하도록 요구하였다.

참고서에는 (1)소련헌법, 1936년 헌법 및 스탈린의 보고, (2)동구 민주국가의 헌법, 루마니아, 폴란드, 동독, 체코슬로바키아 등의 헌법, (3)구 중국헌법, 1913년 천단(天壇)헌법초안, 1923년 조곤(曹琨)헌법, 1946년 장개석헌법, (4)프랑스, 독일 등 구미 주요 자본주의국가의 헌법 등이 포함되었다. 1월 16일 유소기는 모택동에게 헌법 기초계획에 동의를 표하는 전문을 발송하였다.

3) 중공중앙의 헌법초안건의고 제출

헌법기초소조는 1개월간의 노력으로 헌법초안 초고를 입안하였다. 2월 18일 초고는 각기 중앙정치국위원과 재경의 중앙위원에게 송부되었다. 2월 20일 이후, 유소기의 주재로 정치국과 재경의 중앙위원은 3차에 걸친

토론과 동시에 전국의 정협 위원에게서도 의견을 구하였다. 3월 8일 중앙
정치국 확대회의의 반복적인 토론과 수정을 거쳐 헌법초안의 초벌 업무
는 기본적으로 마무리되었다. 헌법기초소조는 이를 근거로 수정작업을
진행하였다. 3월 9일 헌법기초소조의 기초 작업은 마무리되었고 두 달 가
량이 소요되었다. 3월 17일 헌법기초소조는 북경으로 돌아왔다. 3월 중
순, 주은래와 동필무는 다시 비공산당원인 헌법기초위원회위원을 초청하
여 토론을 진행하였다.

이 시기에 중공중앙은 동필무, 팽진(彭眞), 장제춘 등을 연구소조에 참
여시키고, 주경생, 전단승을 법률고문으로, 엽성도, 려숙상을 어문고문으
로 하여 헌법초안에 대한 전문 연구를 진행토록 하였다. 이상의 작업을
통하여 정식으로 중화인민공화국헌법초안(초고)이 형성되었고, 중공중앙
의 건의고로서 헌법기초위원회에 제출되었다. 이 초안은 헌법기초위원회
와 제1차 회의 토론의 기초로서, 1954년 헌법의 기본적인 틀을 확립시켰
다. 모택동의 직접적인 영도 아래 중공중앙 헌법기초소조는 1954년 헌법
제정의 과정에서 중요한 역할을 하였다. 1954년 헌법의 기초에 있어서 모
택동은 헌법의 총체적인 골격과 편찬원칙을 확정하였고, 헌법의 모든 부
분에 대한 연구와 논증을 진행하였으며, 대부분은 모택동이 직접 확정한
것이다. 헌법기초 기간 동안 모택동은 헌법관련의 많은 이론서적을 열람
하였고, 헌법의 기초과정에 심혈을 기울였다.

헌법초안에서 모택동은 여러 가지 중요한 평가를 하였는 바, 예컨대
등사인쇄 원고 제5조의 원문 설명 중, "본조에서 말하는 자본가소유제는
부농을 포함한다."에 대하여, 모택동은 부농을 포함한다는 것은 매우 부
당하다고 평가하였다. 원 초안 제16조 중 "전체공민"부분에 두 개의 선을
그어 위에 "무엇이 공민인가?"라고 적었다. 다시 "외국 제국주의와 결탁,
조국을 배반"의 후에 삽입부호를 그어 "내란을 일으키고, 정부를 전복시
키는"등을 추가하였다. 원 헌법 초안에서 이미 제기한 "이것이 우리나라
최초의 헌법"에 대하여 모택동은 타당하지 않다고 생각하였으며, 중국은
과거 9차례 헌법이 있었고 역사를 존중하고 역사를 배반할 수 없기에 개

정하지 않을 수 없음을 강조하였다. 모택동이 1954년 헌법의 설계와 제정에 있어서 두드러진 역할을 하였기 때문에 당시 일부는 그 헌법을 모택동헌법으로 명명할 것을 제의하였다. 그러나 모택동은 비과학적·비합리적임을 이유로 거절하였다. 제헌사의 각도에서 보면, 1954년 헌법의 연구는 반드시 모택동사상의 연구와 결합하여 객관적인 모택동의 역사업적의 평가가 요구되는 것이다.

1954년 헌법의 기초과정에서, 모택동의 역사적 공적을 긍정하는 외에 반드시 거론해야 할 이름은 바로 모택동의 비서 전가영이다. 전가영은 18년 동안 모택동의 비서를 하였고, 과거 중공중앙관리청 부주임과 중공중앙정치연구실 부주임을 맡았다. 헌법기초위원회에서 전가영은 또한 부비서장을 맡았다. 전가영은 1954년 헌법기초의 모든 과정에 참가하였고, 기초소조에서 기초와 토론에 참가하는 외에도 관련 자료의 수집과정에도 참가하여, 모택동과 기초소조에 많은 참고자료를 제공하였다.16)

기초소조의 3인 가운데 진백달은 비록 제1초고를 입안하였으나, 다른 사람의 의견을 청취하지 않는 등 독선적으로 행동하였고, 항주에서는 기초 작업을 하면서 소극적으로 업무에 임하고 여러 차례 물의를 일으키고 고향으로 돌아가 소학교 교사가 되려고 하였다.17)

이러한 원인으로 항주의 기초소조가 내놓은 토론초고는 사실상 호교목과 전가영의 손에서 완성된 것이다. 헌법기초소조가 북경으로 돌아온 후, 호교목은 오른쪽 눈의 각막염으로 입원 치료한 후 다시 모스크바로 가서 치료하였다. 이 때문에 북경으로 돌아온 후의 헌법 기초 작업은 사실상 주로 전가영이 맡았고, 그는 계속하여 각종 형식의 헌법초안 토론에 참가하였고 또한 수정작업에 직접 참가하였다. 빈번한 철야작업으로 피로가 겹치고 토혈을 함에도 불구하고 나태하지 않았고, 시간에 맞추어 임무를 완성하기에 이르렀다.

---

16) 董邊 등 편저, 「毛澤東和他的秘書田家英」, 中央文獻出版社, 1989년, 21쪽.
17) 董邊 등 편저, 「毛澤東和他的秘書田家英」, 中央文獻出版社, 1989년, 21쪽.

전가영의 헌법 기초 작업 중의 역할은 두 가지로 구분할 수 있는데, 첫째는 모택동의 비서로서 모택동의 자료조사에 협조하여 기초와 관련한 많은 양의 일상적인 업무를 처리하였다. 둘째는 헌법기초소조 성원의 한 사람으로서 헌법의 구체적인 내용, 조문의 설계와 해석에서 중요한 역할을 하였다. 현시점에서 보는 1954년 헌법기초과정에 관련된 자료 가운데, 우리는 헌법초안의 거의 모든 조문에 관련된 토론에서 전가영의 발언을 발견할 수 있다. 그는 토론자에 대하여 원조문의 제정의도를 설명하였고, 쟁점이 많은 조문 역시 자기의 견해를 나타냈다.

자료에 의하면 항주에 갈 때 전가영은 두 상자 분량의 책을 가져갔으며, 헌법관련의 서적을 대량으로 수집했다. 그는 중국헌법을 만드는 데는 반드시 다른 나라 헌법을 참고해야 하고, 이는 자본주의국가의 것과 사회주의국가의 것을 포함하고, 당연히 사회주의국가를 주로 해야 한다고 인식하였다. 1954년 6월 모택동의 동의를 거쳐, 중국인민대학 법률계의 몇몇 교수[18]와 기타 인사를 대동하여 북대하(北戴河)에 도착하여 '중화인민공화국헌법해석'을 탈고하여 모택동에 송부하였지만, 후에 업무상의 이유로 이 보고서는 확정되지 못했다.

전가영의 신 중국 최초의 헌법기초과정에서의 역할은 매우 두드러졌고, 모택동의 비서와 해박한 학자로서, 1954년 헌법기초과정 중의 그 정치적 지혜와 해박한 지식은 공화국 최초의 헌법 탄생에 있어서 큰 공헌을 하였다.

4) 헌법기초위원회의 토론

3월 하순 헌법기초위원회는 업무를 시작하여, 3월 23일 제1차 회의를 거행하였고, 모택동 주석이 주재하였다. 모택동은 중국공산당중앙위원회를 대표하여 중공중앙이 기초한 헌법초안 초고를 제출하였다. 헌법초안은 서언을 제외하고 모두 4장으로 나뉘어 졌다. 제1장을 총강으로 하여

---

18) 중국인민대학 법률계의 교수 가운데 동성미(董成美) 교수가 참가함.

사회제도와 국가제도의 기본내용을 포함하였고, 제2장은 국가조직계통으로 하여 전국인민대표대회, 중화인민공화국 주석, 국무원, 국가권력의 지방조직, 민족자치기관, 법원과 검찰기관의 6부분으로 하였고, 제3장을 공민의 기본 권리와 의무, 제4장은 국기·국휘(國徽)·수도로 하였다. 진백달은 회의에서 '중화인민공화국 헌법초안 기초공작에 관한 설명'을 통하여 헌법초안의 기초과정, 작업방향, 초안의 주요문제에 대하여 보고하였다.

첫째, 초안의 작업방향에 대하여, 그는 두 가지 점을 제시하였던 바, (1) 헌법은 반드시 국가의 현재의 실제상황을 기록해야 하고, 인민혁명과 건국 이래 사회관계의 위대한 변혁과 경험을 총집결하여 인민혁명의 성과를 확고히 하여야 하며, (2)헌법은 반드시 국가의 성질과 경제관계에 근거하여, 사회주의의 근본적인 요구와 그 노선으로 나아감을 충분히 표현해야 한다는 것이다.

둘째, 초안과 공동강령의 관계에서 공동강령을 기초로 하여 더욱 발전시킨 것은, (1)공동강령이 규정한 각항 근본원칙, 총강 중의 정권제도, 경제제도, 민족관계와 관련된 주요부분과 실천과정에서 증명된 바와 같이 인민의 이익과 요구에 완전하게 합치되도록 초안은 이에 대해 충분히 고려하고 있다. 동시에 건국 후의 정치적·경제제도 발전의 새로운 승리에 근거하여 초안은 이들 원칙을 전개하고 구체화하였는 바, 국가기구와 공민의 기본 권리 및 의무와 같은 것이다. 단, 공동강령 중 일부 시간이 경과된 것들(토지개혁, 반혁명분자의 진압 등)은 헌법초안에서 언급하지 않았다. (2)초안은 또한 건국 후 각종 주요법령에서 구체화한 공동강령의 일부 원칙, 예컨대 초안 중 민족자치 관련 부분에서는, 공동강령을 근거로 제정한 민족구역자치 실시요강이 규정한 원칙을 채용하였다.

셋째, 초안은 국가 과도시기의 특징을 충분히 반영하였다. 초안은 총임무와 총임무 실현의 내외부적 조건을 규정하였으며 그 주요 내용은 통일전선·민족관계·국제관계에 관한 서언의 규정이었다. 과도적인 특징은 초안이 규정한 각종 방안의 대부분이 과도적이라는 데서 나타나는 바, 예컨대 공민의 노동권, 교육을 받을 권리의 보장, 선거원칙의 한계 등에서 알 수 있다.

넷째, 초안의 국가정치제도 관련규정은 소련 및 각 인민민주국가와 유사하다. 헌법기초소조의 인원은 일찍이 중국과 기타 국가의 차이점을 해석하여, 소련의 최고소비에트는 중국의 전국인민대표대회상무위원회라 하고, 소련의 부장회의는 국무원에 해당되는 것으로 하였다. 체코슬로바키아와 동독의 총통에 해당하는 것은 주석에 해당되었다.

다섯째, 헌법초안은 중국의 경험을 채택하였을 뿐만 아니라 소련헌법과 각 인민민주국가의 헌법을 참조하였고, 중국의 경험과 국제상의 경험을 결합시키는 데 많은 노력을 하였다.

여섯째, 헌법초안의 총강은 국가가 현재의 각종 소유제도를 각각 보호하는 것으로 규정함과 동시에, 전민소유제의 국영경제가 모든 국민경제상의 주도적 역할을 함과 사회주의 개조를 실현하는 물질적인 기초임을 규정하였다.

헌법초안의 보고는 헌법규정 중의 몇 가지 기본문제에 대하여 중요한 해석을 하였다. 즉, (1)인민대표대회제의 문제에 대하여, 인민대표대회가 인민의 권력기관임을 명확히 하였다. (2)국가주석에 대하여, 국가주석이 자본주의국가의 대통령과는 다르다는 것을 명확히 규정하고, 국무원과 상무위원회 사이의 완충작용을 하는 것으로 규정하였다. (3)헌법구조의 설명, 기초 작업의 설명에서 특별히 강조된 것은 헌법초안의 내용이 중공중앙과 모택동 주석의 지시에 근거하여 이루어졌다는 것과 헌법초안의 각 장, 절, 조문에 대하여 모택동 주석이 직접 토론에 참여하였다는 것이다.

헌법기초위원회 제1차 회의에서 모택동은 추가형식으로 헌법초안의 특징과 설명이 필요한 문제에 대하여 해석을 하였다. 그가 제시한 바는, 중국의 헌법은 과도시기의 헌법이고, 각종 방안의 대부분은 과도적 성질의 것이라 한다. 헌법을 논함에 있어서 반드시 국가성격과 경제 관계에 근거하여 사회발전의 요구를 충분히 반영하여야 하고, 이 헌법은 공동강령을 기초로 총 노선을 강화한 과도시기의 헌법이고 대개 15년 동안은 지속될 것이라고 하였다.

　모택동 주석의 헌법초안에 대한 해석은 헌법초안의 특징을 잘 나타내었고, 이는 회의에 참가한 헌법기초위원회위원들이 기초과정과 초안의 기본정신을 이해하는데 도움이 되었다. 헌법기초위원회는 9차례에 걸친 회의를 진행하였고, 초안에 대하여 면밀한 토론을 진행하였으며(모택동은 제1차와 제7차 회의 참가), 토론은 3월 23일부터 6월 11일까지 두 달 반가량 소요되었다. 헌법기초위원회 아래에 17개 토론소조를 두고, 토론소조는 각 민주당파, 민주인사, 노동자·청년·부녀 등 인민단체, 문화예술·교육·과학 등 사회각계, 화교, 소수민족과 국가기관의 단위로 구분되었다. 헌법초안 토론의 절차는 우선 헌법기초위원회 토론회 각 소조회의가 각기 헌법초안의 초고를 면밀히 토론하는 것이었다.

　그 후 비서장이 각 소조의 장을 소집하여 회의(헌법기초위원회 각 소조 소집인 연석회의라 함)를 열어, 각 소조의 토론에서 제시된 의견과 쟁점이 되는 문제를 모아 조문별로 수정하여 수정의견 안을 만들고, 헌법기초위원회에 보고함과 아울러 반대의견과 중요쟁점을 헌법기초위원회회의에 상정하는 것이다. 특별히 중요한 반대의견은 중공중앙에 제출하여 결정토록 하였다. 헌법초안의 토론에 참가한 각계 인사는 모두 8,000여 명으로 5,900여 건의 의견이 제기되었으며, 100여 가지가 채택되었다. 헌법기초위원회는 상술한 작업을 바탕으로, 토론회소조 소집인 연석회의에서 형성된 토론의견을 근거로 6차례의 토론을 진행하였고, 각 조문별 수정을 거쳐 마침내 중앙인민정부위원회에 초안을 제출한 것이다.

　6월 11일 헌법기초위원회는 제7차 회의를 개최하였고, 헌법초안에 대한 최종토론을 거쳐 표결로 통과시켰다. 모택동은 회의에서, 헌법기초위원회는 마땅히 그 맡은 업무를 중앙인민정부위원회에 보고하고 초안의 수정안을 공포하여 전국인민들로부터 의견을 구할 것을 제의하였다. 헌법초안 내용의 과학성을 담보하기 위하여 제7차 회의에서는 헌법의 각 조문별로 토론을 진행하였다. 이미 수정된 제53조 제3항, 제54조 제2항, 제67조, 제68조, 제69조, 제70조, 제71조, 제72조의 내용을 제외하고, 위원들은 각 조문의 내용에 대하여 진지한 토론과 논증을 진행하였다. 회의를

마친 후 헌법초안 전문과 헌법기초위원회의 헌법 기초 작업 경과에 관한
보고를 모두 통과시켰다.

6월 14일 중앙인민정부위원회는 제30차 회의를 개최하여 헌법기초위
원회가 제출한 '중화인민공화국헌법초안'을 토론하였다. 중앙인민정부
주석 모택동, 부주석 주덕, 유소기, 송경령, 이제심, 장란이 회의에 참석하
였으며, 일반 위원으로는 진의 등 46명이 회의에 참석했다. 이 회의에는
중화인민공화국 헌법기초위원회 의원, 중화인민공화국 정치협상회의 전
국위원회 재경위원, 중앙인민정부 정무원 정무위원과 소속 각·위·부·
회·원·서·행(委·部·會·院·署·行)의 책임자들이 참석하였다. 중앙인민
정부 혁명군사위원회 위원과 중국 인민해방군 각 병·부대의 지휘관, 최
고인민법원과 최고인민검찰원의 책임자 등 200여 명도 참석하였다. 회의
에서 발언한 민주인사는 헌법초안을 반드시 고수할 것과 헌법초안의 내
용을 지지하였다.

송경령은 헌법의 모든 자구는 여러 차례 세밀한 수정을 거치고 실증을
통하여 이루어졌기에 중국의 헌법은 공민 각자의 약속과 같은 것이라고
하였다. 이제심은 이번 헌법의 제정과정에서 그 철저한 민주성을 확인 할
수 있다고 하였다. 토론을 거쳐 중화인민공화국헌법초안 공포에 관한 결
의를 만장일치로 통과시켰다. 그 내용은 (1)헌법초안의 공포, (2)전국 및
지방 각급 인민정부는 즉시 헌법에 대한 인민군중의 토론조직을 결성시
키고, 인민에 대한 광범위한 헌법초안 내용 설명을 통하여 인민이 헌법초
안에 대한 의견을 적극적으로 제출토록 할 것과, (3)중화인민공화국헌법
기초위원회는 업무를 계속 진행하여 인민의 의견을 수렴하고, 연구를 강
화하여, 제1기 제1차 전국인민대표대회 개최 이전에 헌법초안의 수정을
완성함과 아울러 전국인민대표대회에 헌법초안에 관한 보고가 이루어지
도록 준비하는 것이었다.

모택동은 회의에서, 헌법기초의 경험에 대한 요지를 설명하였다. 그는
이 헌법초안이 설득력을 갖는 것은 두 가지로서, 하나는 초안이 경험을
결집한 것이었다는 것이고, 또 하나는 원칙성과 유연성(적응성)의 결합에

있다고 인식하였다. 그가 헌법의 원칙을 두 가지로 귀납시킨 것은 바로 민주원칙과 사회주의 원칙이다. 그는 이 헌법이 사회주의 헌법유형에 속한다고 하였다. 이는 스스로의 경험을 위주로 소련과 각 인민민주국가 헌법중의 우수한 점을 고려한 것이라 하였다. 헌법을 논하게 되면 자산계급이 선행되는데 영국도 그렇고 프랑스도 그렇고 미국도 그렇지만 자산계급은 모두 혁명의 시기를 거쳤고 헌법은 바로 그러한 시기에 시작된 것이기에 자산계급민주에 대하여 그 역사적 지위를 그리 간단히 말살시킬 수 없다고 하였다. 원칙성과 유연성이 함축되었음을 설명한 후, 모택동은 헌법의 준수문제를 특별히 강조하였다. 그는 헌법 통과 이후 전국의 인민 개개인 모두가 잘 준수하고, 특히 국가기관 업무인원의 솔선수범을 강조하였고, 이의 위반은 곧 위헌이라 하였다. 단체는 하나의 장정(章程)이 필요하고 국가 역시 하나의 장정이 필요하며, 헌법은 바로 하나의 총 장정이며 근본 대법인 것이다.

헌법은 이처럼 근본대법의 형식을 빌어서 인민민주와 사회주의 원칙을 공고히 하여 전국인민을 하나의 궤도에 올려 전국인민으로 하여금 명확하고 정확한 길로 나아갈 수 있도록 하는 것이 바로 전국인민의 적극성을 제고시키는 것이었다. 모택동이 담화 에서 또 하나 특별히 강조한 것은, 헌법을 만드는 것은 과학을 하는 것으로, 우리는 과학 이외의 어느 것도 믿지 않으며, 말하자면 미신은 불필요한 것이라 하였다. 모택동의 이 담화는 1954년 헌법의 기본정신을 정확히 나타내었으며, 헌법의 실시에 대한 지도원칙이 되었다. 이 담화에서 모택동은 헌법문제를 매우 중시하였고, 이는 헌법이론이 모택동의 사상체계에서 중요한 지위를 차지하였음을 알 수 있다.

2. 헌법초안의 전민토론

1954년 헌법은 중국 역사상 처음으로 인민이 자주적으로 제헌권을 행사하여 제정한 민주적인 헌법이다. 모든 제헌과정에서 민주원칙을 관철하였고, 민중의 제헌과정에 대한 관심과 적극적인 참여 열정은 동 헌법의 실시를 위한 광범위한 사회적 기반이 되었다. 헌법초안의 전민토론에서 1954년 헌법의 민주성을 엿볼 수 있다.

중앙인민정부위원회의 '헌법초안공포에관한결의'에 근거하여, 중앙인민정부위원회는 1954년 6월 16일 헌법초안을 공포하였고, 헌법초안의 전민토론을 시작하였다. 같은 날 인민일보는 전국인민이 중화인민공화국헌법초안을 광범위하게 토론함을 내용으로 하는 사설을 발표하여, 헌법초안이 인민혁명과 중화인민공화국 성립 이래 출현한 위대한 사회변혁의 실제 상황을 반영한다는 것을 표현하였고, 입법의 형식으로 인민의 주요 투쟁경험과 조직경험을 결집하여 중국인민혁명의 성과 즉 인민이 이미 획득한 이익을 확인하고, 아울러 인민이 국가를 사회주의 사회로 만든다는 공동의 염원을 나타낸 것이라 하였다. 이 헌법초안의 정확성은 중국을 사회주의 사회로 건설한다는 규정에서 찾을 수 있으며, 이는 허무한 환상이 아니고, 사실에 근거하여 확실히 믿을 수 있는 것이라 하였다.

사설은 마지막으로, 전국인민은 각자 자신의 이익과 관계된 국가의 근본 대법에 대하여 반드시 적극적인 참여와 토론, 의견을 제출할 것과, 전국인민의 지혜를 모아 헌법초안에 대한 수정에 완벽을 기할 것을 촉구하였다.

헌법초안에 대한 전민토론은 1954년 6월 16일부터 9월 11일까지 3개월이 소요되었다. 초안의 토론을 위하여 각 지방에 헌법기초토론위원회를 설치하여 보고인원과 학습토론의 지도간부를 배양하고 조직적으로 헌법초안의 토론과 선전을 진행하였다.

통계에 따르면 대부분 지구에서 보고회와 토론에 참가한 인원수가 해당지역 성년 인구의 70%이상에 달했고, 일부 도시에서는 90%이상에 달하였다. 이와 동시에 전국의 각 성, 시·현과 부분 향에서는 인민대표회의를 개최하여 헌법초안의 토론을 회의의 주요 내용으로 하였다. 각지에서 채택한 헌법초안의 토론형식은 매우 다양하였고, 인민의 참여와 적극성을 확대시켰다.

　헌법초안 공포 후 1개월이 되는 시점에 북경시에서는 이미 백만 명에 가까운 인원이 헌법초안에 대해 토론하였다. 북경시헌법초안토론위원회는 각계 인민의 헌법초안에 대한 이해를 위하여 4,000명의 보고인원을 훈련시켜 공장, 기업, 기관, 학교, 건축현장, 향·촌, 가도(街道) 등에서 보고토록 하였다. 전 시내 5,000여 개의 게시판은 모두 헌법초안에 대한 선전을 주요 내용으로 하였다.

　수도인민의 헌법초안에 대한 토론은 진정한 옹호와 격려의 열정을 표현하는 것이었다. 신화서점 북경분점이 발매한 헌법초안 단행본과 헌법초안이 게재된 '중국청년', '학습' 등의 간행물은 1개월 동안 74만 부가 팔렸다. 통계에 의하면, 헌법초안 토론기간 중 헌법초안 보고 및 초벌토론에 참가한 각계 인사는 약 1,035,000여 명이었고, 축조(逐條)토론에 참가한 사람은 약 552,000여 명, 토론 중 각계 인사가 헌법초안에 대하여 제출한 의견은 143,565건, 그 중 서언 부분이 22.1%, 총강 부분이 32.3%, 국가기구 부분이 19.1%, 공민의 기본 권리와 의무 부분이 20.7%, 국가·국휘·수도 부분과 기타 의견이 5.7%를 차지하였다.[19]

　헌법초안의 토론은 사실상 국민이 스스로의 체험을 통하여 헌법초안의 정신과 내용을 이해하고 평가하는 민주정치의 교육의 장이다. 상해시에서는 헌법초안의 토론 중 270만 명이 헌법초안의 보고를 청취하였으며 그 중 150만 명이 토론에 참가하여 165,000여건의 수정 및 보충의견을 제출하였다. 이러한 의견은 상해시헌법초안토론위원회의 정리 작업을 거쳐 헌법기초위원회에 종합 보고되었다. 각 지역의 헌법초안 토론 중 인민군중은 헌법을 인민의 분신법, 각족 인민의 단결법, 사회주의 건설을 보증하는 행복법으로 간주하였고, 헌법초안은 전체사회의 보편적 관심의 대상이 되었다.

　헌법초안의 토론과 선전은 인민군중이 사회주의를 건설하는 추진력이

---

19) 人民日報, 1954년 9월 10일자.

되었으며, 인민이 제각기 맡은바 임무를 다함에 있어서도, 헌법초안의 정신을 자기의 임무 중에 관철시키는 새로운 현상이 생겨났다. 예컨대 산서성(山西省)에서의 헌법초안 토론에서는, 헌법초안에 대한 선전의 강조와 당시의 주요업무를 서로 결합하여 실제 생활 속에서 헌법의 인식을 더욱 심화시켰다. 제1기 제1차 인민대표대회를 개최하는 일부 지방, 사천·운남·귀주·강소·하남성 등의 많은 현과 시에서는 인민대표회의에서 헌법초안을 토론하고 헌법초안을 지지하는 결의를 통과시켰다.

3개월간의 토론을 거쳐 전국 인민은 헌법초안에 대하여 1,180,420건의 수정 및 보충 의견을 제시하였다.[20] 이 의견은 헌법기초위원회에 종합보고되었다. 전민토론에서 군중이 제출한 의견에 대하여 기초위원회는 진지한 검토를 하였고 제기된 문제를 근거로 하여, 헌법초안에 대한 내용·자구의 수정을 실시하였다.

헌법기초위원회가 채택한 주요의견은:

(1) 헌법초안 제3조 제3항의 수정. 원 초안의 규정은 "각 민족 모두는 자기의 언어·문자를 발전시킬 자유를 가지고, 자기의 관습과 종교 신앙을 유지하고 개혁할 자유를 가진다."에 대하여, 일부는 당연히 각 민족 모두는 자기의 언어·문자를 발전시킬 자유를 가진다고 규정하여야 할 뿐만 아니라 각 민족 모두는 자기의 언어·문자를 사용할 자유를 가진다고 규정해야 한다는 의견을 제출하였다. 헌법기초위원회는 이러한 건의는 적합하다고 판단하여 제3항을 "각 민족은 모두 자기의 언어·문자를 사용하고 발전시킬 자유를 가지고, 자기의 풍습과 습관을 유지하고 개혁할 자유를 가진다."로 수정하였다.

(2) 헌법초안 제5조의 수정. 이 조항은 각종 생산자료의 소유제를 규정한다. 어떤 사람은 동 조항에서 열거한 4종의 소유제는 현재의 주요한 소

---

20) 人民日報, 1954년 9월 11일자.

유제 형식일 뿐이고, 모든 소유제는 아니며 기타의 소유제 형식이 존재한다고 주장하였다. 이 때문에 동 조항의 원문 중 위원회는 제5조에 '주요'의 두 글자를 첨가하였다.

(3) 헌법초안 제8조, 제9조, 제10조의 제1항에 대해 모두 수정하였는바, 이는 이들 조항 상호간에 서로 중복된 내용 때문이었다. 제8조 제1항을 "국가는 법률에 의하여 농민의 토지소유권과 기타 생산자료 소유권을 보호한다."로 고치고, 제9조 제1항을 "국가는 법률에 의하여 수공업자와 기타 비농업의 개체노동자의 생산자료 소유권을 보호한다."로 고쳤고, 제10조 제1항을 "국가는 법률에 의하여 자본가의 생산자료 소유권과 기타 자본소유권을 보호한다."로 고쳤다.

(4) 원 헌법초안 제23조 제1항 규정의 "전국인민대표대회는 성·직할시·소수민족·군대와 화교가 선출한 대표로 구성한다."를 "전국인민대표대회는 성·자치구·직할시·군대와 화교가 선출한 대표로 구성한다."로 고쳤다. 이는 당시 일부 인사가 제기한, 소수민족은 결코 선거의 단위가 아니고, 단지 자치구가 성·직할시와 같은 구역성의 선거단위에 상당한다는 의견에 따른 것이다.

(5) 헌법초안 제34조와 제35조의 규정은, 전국인민대표대회가 설립한 각종 위원회의 조직에 대한 것이다.

(6) 재판활동 중에 발생 가능한 착오를 시정하기 위하여, 상급인민법원이 하급인민법원의 재판활동을 감독토록 하였다. 헌법초안 제79조 제2항은 "상급인민법원은 하급인민법원의 재판활동을 감독한다."는 규정을 추가하였다.

(7) 일반 군중이 제출한 의견에 근거하여, 헌법기초위원회는 헌법초안

에서 검찰기관 관련의 각 조 규정에 대하여 비교적 많은 수정을 하였고, 주로 제81조에서 제84조에 해당하였다. 이외에도 헌법 서언, 헌법 제23조 제1항, 제24조 제2항, 제31조 등의 수정에 있어서도 인민군중이 전민토론에서 제출한 의견을 채택하였다.

인민군중이 제출한 일부 의견에 대하여, 헌법기초위원회가 채택은 하지 않았으나 주요한 것으로는,

(1) 헌법 서언에 대하여, 일부는 중국의 혁명역사를 마땅히 상세하게 서술하여야 하고, 공산주의 사회의 미래를 논해야 한다고 하였다. 또 다른 의견은 헌법에서는 현재 실현되지 않은 것은 논하지 말아야 한다고 하였다. 유소기는 헌법초안의 보고에서, 헌법의 서언에서 헌법이 필요로 하지 않는 많은 역사적 서술을 한다는 것은 부적당한 것이고, 1954년 헌법은 과도시기의 헌법으로 일부 조문은 강령성을 지니는 것으로 인식하였다.

(2) 일부 인사는 헌법초안 제5조에서 열거한 생산자료 소유제에 대한 건의에서, 국가자본주의를 논해야 한다고 건의하였다. 헌법기초위원회는 국가자본주의경제는 각기 서로 다른 형식으로 존재하는 것으로 국가자본주의를 열거할 필요는 없다고 인식했다.

(3) 일부는 헌법초안 제2장, 제3절 내에서 국무원, 소속각부, 각 위원회의 명칭을 구체적으로 열거할 것을 건의하였다. 헌법기초위원회는 국무원 기구의 명칭은 일반적으로 변화가 있으므로 헌법 중에서 규정함은 적당하지 않은 것으로 인식하였다.

(4) 일부 지방 국가기관에 관한 수정의견에서, 지방 각급 인민대표대회는 마땅히 전국인민대표대회와 마찬가지로 상무위원회를 설립해야 한다고 하였다. 당시 헌법기초위원회는, 지방 각급 인민위원회는 지방 각급

인민대표대회의 집행기관인 동시에 인민대표대회의 상설기관으로서의 직권을 행사하는 기관이므로 만일 다시 설립하게 된다면 기구의 중첩이 될 것으로 판단하였다.

(5) 일부는 헌법 서언에서 마땅히 중국인민정치협상회의의 지위와 임무에 관한 규정을 하여야 한다고 제기하였으나 헌법기초위원회는 채택하지 않았다.

(6) 일부는 헌법에 중국 영토에 관한 조문을 추가해야 한다고 하였다. 헌법기초위원회는 헌법에서 이러한 조문을 추가하는 것은 불필요하다고 하였으며, 이는 헌법의 근본임무가 법률의 형식으로 사회제도와 국가제도를 규정하는 것이므로, 구체적인 영토를 규정하는 것은 결코 헌법의 임무가 아니라고 하였다.

(7) 어떤 인사는 헌법에서는 마땅히 선거제도의 장이 있어야 한다고 주장하였다. 토론을 거쳐 이를 규정하지 않았고, 이는 선거제도가 선거의 보통·평등·직접·무기명의 원칙에 관련된 것이기 때문에 헌법에서 선거제도에 관한 서술을 하게 되면 결코 바람직한 것이 못되기 때문이었다. 일부 민족대표와 화교대표는 단행의 선거법으로 이를 해결하고자 하였다.

(8) 어떤 사람은 예산에 관한 규정을 두자고 주장하였으나 이 의견 역시 반영되지 않았다. 주요 원인은 소련헌법 역시 규정이 없고 중국 역시 예산에 대한 경험이 부족하였기 때문이다. 1953년에 예산이 공포되었으나 공포 후 얼마 지나지 않아 문제가 야기되었기에 이를 규정함을 적당치 않았다.

(9) 어떤 사람은 헌법 개정절차의 장을 두어 그 엄격성과 기타법률과의 차이를 나타내고자 하였다. 토론을 거쳤으나 모두 독립적인 장을 둘 필요

는 없다고 하였다.

(10) 토론에서, 국가주석의 성질, 지위와 직권에 대한 토론도 비교적 많았다. 주된 문제는, ①주석이 국가원수가 아니라는 것. 초고에서는 없었으나 토론 시에 모두 주석의 정의는 있어야 한다고 인식하여 주석이 국가원수로 기술되었다. 후에 중공중앙의 반복적인 연구를 거쳐, 주석은 전국인민대표대회상무위원회의 결정에 근거하여 부분직권을 행사하는 것으로, 국가원수를 기술하는 것은 과학적이지 못한 것으로 인식되었다. 일부 민주당파 인사는 토론에서 국가원수를 기술하지 않고 "국가의 최고대표", "인민의 영수"등으로 할 수 있다고 하였으나 이들 의견은 모두 채택되지 않았다. ②명칭을 주석으로 할 것인지 총통으로 할 것인지에 대하여, 헌법기초 과정에서 주석으로 고려한 것은 강서소구(江西蘇區)로부터의 전통이고 관습적으로 불러온 것이므로 총통으로는 부른 적이 없다는 것이다. ③주석의 직권으로 최고국무회의를 개최하는 것은 어떤 성격의 회의인지, 그것과 최고권력기관과 정부의 관계는 무엇인지에 대하여, 최고국무회의는 모든 국가기관을 포함하여 연계와 협조를 하는 기구로 해석하였다.

(11) 공민의 기본 권리와 의무의 장에 관하여, 어떤 인사는 이 장이 마땅히 국가기구의 장 앞으로 와야 한다고 주장하였다. 인민의 국가이기 때문에 우선 인민의 권리가 있고 대표기관과 기타기관의 구성이 있어야 한다는 것이다. 더욱이 중국 공민의 문화·정치 수준은 아직 그리 높지 않고, 자기의 권리·의무에 대한 특별한 관심 때문에 그것을 전면에 두어 자기의 권리·의무를 명백히 볼 수 있도록 하여야 한다고 했으나 기초소조는 장·절의 차례는 원칙문제가 아니고 공민의 권리를 뒤에 둔다고 하여 인민의 지위를 폄하하는 것은 아니라고 하였다. 상술한 수정에 관한 의견은, 어떤 것은 헌법초안 본래의 내용이었고 어떤 것은 기술적인 내용이었는데, 헌법기초위원회는 이러한 모든 의견을 충분히 고려하였다.

헌법초안의 전민토론은 신 중국 헌법발전사에 중요한 영향을 미쳤다. 첫째, 인민군중이 헌법초안에 대하여 표출한 정치적 열정은 전대미문의 것이었고, 토론과 선전을 통하여 헌법이 인민군중의 생활에 파고들었다. 둘째, 인민군중의 헌법초안에 대한 광범위한 참여는 헌법존재의 사회적 기초를 확대하였을 뿐만 아니라 동시에 헌법의 실시와 준수에 있어서 양호한 사회적 환경을 제공하였다. 셋째, 신 중국의 제1부 헌법초안의 토론은, 헌정체제 수립 초기에 있어 인민으로 하여금 국가생활에서 헌법의 거대한 영향력에 대하여 관심을 갖게 하였고, 사람들이 이제 막 수립되는 헌정체제의 큰 틀과 구체적인 조작형식을 이해하는 데 도움이 되었다.

3. 제1기 전국인민대표대회 제1차 회의의 헌법초안 토론과 통과

헌법초안의 전민토론을 마감하고, 헌법기초위원회는 종합 보고된 헌법초안의 수정의견에 대하여 진지한 연구를 하였다. 1954년 9월 9일, 중앙인민정부위원회는 제34차 회의를 진행하여 수정을 거친 중화인민공화국헌법초안을 토론하고 통과시켰다. 이 회의는 헌법초안을 장차 개최될 제1기 전국인민대표대회 제1차 회의의 심사에 상정할 것을 결정하였다. 9월 12일 헌법기초위원회는 제9차 회의를 개최하였고, 회의에서 유소기 위원이 헌법기초위원회를 대표하여 제1기 전국인민대표대회 제1차 회의에서 중화인민공화국헌법초안의 보고를 할 것을 토론하였다.

9월 15일에서 28일까지 제1기 전국인민대표대회 제1차 회의가 북경에서 거행되었다. 대회의 주된 임무는 헌법과 몇 가지 중요한 법률의 제정, 정부 업무보고의 통과, 국가 영도자의 선거였다. 회의에 참석한 1,211명의 대표는 인민에 대한 막중한 책임감을 가지고 헌법초안의 토론에 참가하였는데, 33개조로 나뉘어 헌법초안에 대한 분조토론을 하였다. 회의에서 모두 80여 명이 헌법초안과 보고에 대하여 발언을 하였고, 헌법초안의 기본정신과 내용의 과학성에 대하여 높이 평가하였다. 개막식 직후 제1

차 전국인민대표대회 의정활동의 하나로 헌법기초위원회위원인 유소기
는 '중화인민공화국헌법초안의보고'를 하였는데, 보고에서 헌법기초과정
을 간단히 설명한 후, 초안이 혁명투쟁의 경험과 헌법제정의 경험을 망라
한 것임을 제시하였고, 당의 과도시기의 노선과 기본노선 실현의 과정을
설명하였다. 이어서 국가의 성격, 공민의 기본 권리와 의무, 민족구역자
치문제 등 헌법초안의 기본내용에 대하여 설명하였다.

유소기의 보고는 네 부분으로 나누어진다. 제1부분은, 중화인민공화국
헌법초안은 역사경험의 총결산이라는 것이다. 이 부분에서 유소기는 구
중국의 제헌사를 회고하는 바, 100여 년 이래 중국혁명은 반혁명과 격렬
한 투쟁을 계속하여 왔고, 이러한 투쟁은 국가제도 문제에서 서로 다른
세 세력이 요구한 세 가지 서로 다른 헌법으로 표현되는데 즉 청조, 북양
군벌에서 장개석 국민당으로 이어지는 비 헌법, 자산계급 민주공화국의
헌법과 노동자계급 영도의 노동자 농민을 기초로 한 인민공화국의 헌법
이다. 그는 전국인민이 토론과정에서 헌법초안을 열렬히 찬양한 것은 이
헌법이 우리의 역사 경험을 정확히 종합한 것으로 인식하였다. 제2부분
은 헌법초안 기본내용의 설명에서 국가성격, 과도시기에서 사회주의의
단계, 인민민주의 정치제도와 인민의 권리와 의무, 민족구역자치 등 문제
에 관하여 설명하였다. 제3부분은 전민토론에서 제출된 의견 및 그에 대
한 헌법기초위원회의 처리현황에 관하여 보고하였다. 최후 부분 즉 결론
에서 유소기는 헌법의 준수와 실시문제를 특별히 강조하였다.

그는 헌법은 전체인민과 일체 국가기관 모두가 반드시 준수해야 할 것
이고, 전국인민대표대회와 지방 각급인민대표대회의 대표 및 일체국가기
관의 소속인원은 모두 인민을 위한 봉사원이고, 일체국가기관은 모두 인
민을 위해 봉사하는 기관이라는 것을 지적하고, 이 때문에 그들이 헌법을
준수하고 헌법의 실시를 보증하는 데 있어서 특별한 책임을 가진다고 지
적하였다. 헌법과 당의 관계를 논함에 있어서 유소기는, 중국공산당의 당
원은 반드시 헌법과 일체의 법률을 준수하는 데 있어서 모범적으로 행동
할 것과, 일체 공산당원은 군중과 긴밀한 관계를 유지하고, 각 민주당파

와 당 이외의 확대군중과 일치단결하여, 헌법의 실시를 위하여 적극 노력할 것을 제의했다. 그는, 헌법공포 이후 헌법규정의 어떠한 조문도 모두 자연스럽게 실시되어지는 것은 아니고, 헌법 규정을 위반하는 현상이 자연적으로 소멸되는 것은 아니라고 하였다. 헌법이 우리에게 준 하나의 강력한 무기는, 우리로 하여금 능히 이러한 현상의 소멸을 위한 투쟁에 방향을 제공한다는 것이다. 유소기의 헌법초안보고는 회의대표들의 열렬한 지지를 얻었고, 대표들은 초안에 대해 높이 평가하였다.

전국인민대표대회 제1차 회의에서 임백거(林伯渠), 팽진(彭眞) 등 대표는 발언을 통하여 헌법에 대한 토론을 하였다. 대표들은 우선 헌법초안의 역사적 지위를 인식하고, 이 헌법이 각 민족인민의 이익과 의지의 표현이라 칭하였으며, 헌법의 순조로운 실시문제에 대하여 각종 의견을 제출하였다. 대표들의 발언 내용을 보면, 모두 헌법실시문제를 매우 중요시하였고, 황염배(黃炎培)대표는, 각 영역에서 헌법의 정확한 집행에 대하여 마땅히 관심을 가지고 모든 영도·관리·감독·검찰 각 영역은 헌법집행에 대하여 특별한 관심을 쏟을 것을 제의했다. 주경생 대표는, 헌법규정의 실시는 아직 구체적 실시의 조건을 필요로 하고 있고, 사실상 국가의 현실적인 상황에 따르면 부분적으로 일부 조문은 아직도 실시조건을 결하고 있다고 지적하였다.

9월 20일, 이날은 전국인민대표대회 제1차 회의 진행의 5일째 되는 날이다. 하오3시 대표들은 상기된 마음으로 회의장에 들어갔다. 모택동 주석과 대표들은 같이 대표석상에 앉았고, 주은래는 의장석에서 회의를 주재했다. 대회는 우선 무기명투표의 방식으로 중화인민공화국헌법 통과시의 총감독, 부감독과 감독의 명단을 선포하였다. 이어서 대회 집행주석은 회의에서 중앙인민정부위원회에서 수정 통과된 중화인민공화국헌법초안 정본의 전문을 읽었다. 그 후 집행주석은 대표들에게 헌법초안의 최후정본에 대한 의견 유무를 물었고, 대표들은 의견이 없음을 박수로 대신하여 집행주석은 이를 표결에 부칠 것을 선포하였다.

출석한 대표는 모두 1,197명으로, 비서처와 각 대표 소조 조장의 확인

을 거쳐 집행주석은 기표용지의 발급개시를 선포하였고, 연붉은색의 중
화인민공화국헌법통과표결표 위에 한어, 몽고어, 장족어, 위구르족어 등
4종의 문자를 인쇄하고 이 4종의 문자를 모르는 대표에 대하여는 기표
시에 통역인원으로 하여금 설명케 하였다. 투표의 순조로운 진행을 위하
여 대표석의 좌석을 기준으로 8개 투표구로 나누어 매 투표구역에 투표
함을 하나씩 설치하여 대표들이 각 구역별로 동시에 투표토록 하였다. 하
오 4시 55분 투표는 마감되었다. 집행주석은 계표원과 감독인의 보고에
근거하여 투표현황을 발표하였는데 1,197표의 발행에 투표 1,197표, 투표
수와 표의 발행수가 일치하여 표결은 유효함을 선포하였다.

집행주석이 휴회를 선포한 후 계표원과 감독인은 표수를 계산하였다.
5시 55분 집행주석은 계표원과 감독인의 보고에 근거하여, 회의에서 중
화인민공화국헌법에 대한 표결의 결과 투표수 총 1,197표, 동의표 1,197
표임을 선포하였다. 이때 대표들은 모두 기립하여 신 중국 최초헌법의 탄
생을 위하여 열렬히 환호하였다. 전국인민의 공동의지를 반영한 신 중국
헌법은 사람들의 기대와 환호성 속에서 정식으로 탄생하였고, 신 중국 사
회발전의 앞날을 위하여 빛나는 이정표를 세웠다. 모택동은 제1기 전국
인민대표대회 제1차 회의 개막사에서 "이번 대회는 중국인민이 1949년
건국 이래 취득한 새로운 승리와 새로운 발전의 이정표를 나타낸다. 이번
대회에서 제정하는 헌법은 장차 우리의 사회주의 사업을 대대적으로 촉
진시킬 것이다."라고 하였다.

헌법 공포당일 북경, 상해시의 인민 군중은 여러 가지 형식으로 헌법
의 공포를 경축하였다. 수도 북경에서는 거리마다 건물마다 오성홍기를
내걸고 노동자, 학생, 기관간부, 동네 주민은 경축행사와 좌담회를 거행
하였고 경축행렬은 간선도로를 메웠다. 기타 대도시 역시 각종 경축활동
을 거행하였다.

같은 날 인민일보는 '중국인민공화국헌법—중국인민 사회주의 건설
의 유력한 무기'라는 표제의 사설을 실었다. 이 사설에서, 헌법은 중국인
민 100여 년 간의 혁명투쟁의 산물이며, 중국인민이 1949년 건국 이래 취

득한 새로운 승리와 새로운 발전의 산물이라 하였고, 헌법은 중국의 국가 생활 발전의 수요에 완전히 부합하고, 이는 헌법초안의 전민토론에서 충분히 증명되었고 전국의 모든 인민에 의하여 지지되는 것이라 하였다.

사설에서는 또한 위대한 사회주의 건설의 목표를 실현하기 위하여 중국인민은 마땅히 헌법이라는 이 강력한 무기를 정확하게 장악하고 충분히 운용하며, 헌법의 준수와 옹호에 노력하고, 자기의 생명·재산과 행복을 보호하는 것처럼 하여야 한다고 하였다. 이 헌법이 전체인민에게 친숙해지고 준수될 수 있도록 하기 위하여서는 헌법초안의 전민토론을 기반으로 체계적이고 일상적인 헌법교육을 공민교육의 중요한 내용으로 하여, 헌법의 각 규정이 사람들의 마음깊이 스며들어 누구나 잘 알 수 있도록 해야 한다고 지적하였다.

III. 1954년 헌법의 기본내용과 특징

1. 헌법의 기본내용

1954년 헌법은 근대 이후 100여 년 간 중국 인민혁명투쟁 경험의 종합이며, 중국 근대의 헌법문제에 대한 역사의 종합이고 신 중국 성립 후 공동강령 실시의 성과와 기본경험의 반영이다. 1954년 헌법은 서언을 제외하고도 4장으로 나누어져 총 106개 조문으로 되어 있다.

헌법 서언에서는 중국인민이 국가독립과 주권쟁취를 위하여 투쟁한 역사를 개괄적으로 기술하였고, 중국인민의 민주 쟁취의 경험을 개괄하고, 사회주의의 방향과 노선을 확정하였다. 아울러 과도시기의 총 임무를 확정, 즉 국가의 사회주의 공업화의 점진적 실현, 농업, 수공업과 자본주의 상공업의 사회주의 개조를 점진적으로 실현함을 확정하였다.

헌법 총강에서는 국가의 성질, 인민의 국가 권력 행사의 기본 방식, 기본적 정치·경제와 문화제도 등에 관하여 구체적으로 규정하였다. 우선 총강 제1조는, 중화인민공화국은 노동자계급이 영도하고, 노동자 농민연맹을 기초로 한 인민민주의 국가임을 규정하였다. 제2조는, 중화인민공화국의 일체권력은 인민에 속하고, 인민의 권력행사기관도 전국인민대표대회와 지방 각급 인민대표대회, 즉 인민대표대회제도는 중국의 기본정치제도라 규정하였다. 헌법은 당시의 경제관계를 근거로 생산자료 소유제의 4종 형식 즉 국가소유제, 노동군중집체소유제, 개체노동자소유제와 자본가소유제를 규정하였다.

제2장 국가기구부분에서는 전국인민대표대회의 조직과 운영절차, 중화인민공화국 주석, 국무원, 지방 각급인민대표대회와 지방 각급인민위원회, 민족자치지방의 자치기관, 인민법원과 인민검찰원의 구성 및 조직과 운영절차에 관하여 구체적 규정을 하였다. 헌법의 중앙국가기구와 지방 국가기구에 대한 규정은 국가기구체계의 합리적인 운영을 위하여 통일적인 법적 기초와 기준을 제공하였다.

제3장 공민의 기본 권리와 의무부분은 헌법의 중요한 내용이다. 당시의 역사적인 조건하에서 사람들은 국가와 사회, 국가와 개인 간의 상호관계 문제에 충분한 인식을 갖지 못하였으나 제헌과정에서 초안자는 개인의 헌법지위 확인 문제를 비교적 중시하여 중국사회의 정치·경제·문화 발전의 실제 상황에서 출발하여 비교적 상세하게 공민의 기본 권리와 의무를 규정하였다. 헌법이 규정한 기본 권리는 공민의 법 앞의 평등, 선거권과 피선거권의 향유, 공민의 언론·출판·집회·결사·시위의 자유, 종교·신앙의 자유, 인신의 자유, 거주와 이전의 자유, 노동의 권리, 물질적 원조를 받을 권리, 부녀 평등권의 특수한 보호, 고소·고발과 비평의 권리 등을 포괄하였다.

헌법은 권리와 의무의 대등원칙에 근거하여, 공민이 기본 권리를 향유함과 동시에 의무의 이행을 규정하였고, 의무는 헌법과 법률의 준수, 노동기율의 준수, 공공질서의 준수, 사회공덕의 존중이 포함되고, 공공재산의 애호와 보호는 개개인 공민의 의무이고, 공민은 법률에 의하여 납세의 의무를 지며, 국가를 보위하는 것은 공민의 신성한 직책이며, 법률에 의하여 병역에 참여하는 것은 공민의 영광된 의무임을 규정하였다.

헌법 제4장은 국기·국휘 및 수도를 규정하였다.

헌법규정의 내용상 1954년 헌법은 당시의 사회현실을 정확히 반영하였고, 헌법내용의 합리성과 헌법형식의 규범성을 유지하려고 노력하였다.

2. 헌법의 기본특징

1954년 헌법의 기본정신은 인민이 주인으로서 헌법상의 지위를 확보하도록 하는 것과, 사회주의 원칙과 인민민주원칙을 구체화하는 것이다. 제헌과정 및 구체적인 내용의 구상에서, 중국 사회발전의 현실상황을 반영하였고 동시에 사회발전의 방향을 명확히 제시하였다. 1954년 헌법의 기본특징은 아래와 같다.

1) 원칙성과 융통성의 통일

모택동은 '중화인민공화국헌법초안에 관하여'라는 강연에서, "헌법초안은 원칙성과 융통성을 결합하였다. 원칙성은 기본적으로 두 가지 즉 민주원칙과 사회주의 원칙이다."라고 하였다. 20세기 초 헌법문제가 중국에서 제기되기 시작한 때부터, 중국인민은 입헌을 위한 투쟁과 헌법시행의 투쟁을 멈춘 적이 없다. "다만 종래에는 진정한 민주적 헌법이 없었고, 청조에서 국민당 정부에 이르기까지, 소위 헌법은 모두 소수에 의해 흠정된 것으로서, 오직 정권을 공고히 하고 소수의 이익을 위한 것으로, 대다수 인민과는 추호도 관계가 없는 것이었다."[21] "헌법은 역사의 산물이며,

---

21) 張瀾, 중앙인민정부위원회 제30차 회의에서 중화인민공화국헌법초안 통과 전의 발언, 新華月報, 1954년 제7기.

세계 역대의 헌정, 영국·프랑스·미국 또는 소련을 막론하고 모두 혁명의 성공이 민주를 획득한 후에 근본대법을 반포하고 그것을 승인하게 된 것이 바로 헌법이다."[22]

1949년 인민민주전정의 국가정권의 수립은 인민으로 하여금 입헌을 가능케 하였다. 공동강령의 실시로 약 5년간의 발전을 거친 신 중국은 정치·경제·문화 등 영역에서 많은 성과를 거두었다. 인민입헌은 전체사회의 공동염원이 되었고, 오직 인민입헌만이 인민민주를 가져올 수 있는 것이었다. "우리의 민주는 자산계급의 민주가 아니고 인민민주이며, 이것은 무산계급 영도의 노동자 농민연맹을 기초로 하는 인민민주전정이다. 인민민주의 원칙은 우리 헌법의 모든 부분을 관통하고 있다."[23]

민주는 주로 두 가지 기본문제와 관계된다. 하나는 누가 국가권력을 장악할 것인가 이고, 또 하나는 그들이 국가권력을 어떻게 행사하는가 하는 것이다. 1954년 헌법의 민주주의 원칙 역시 바로 이 두 가지 측면에서 구체화된 것이다. 이 헌법은 국가의 일체권력은 인민에 속함을 선언하였을 뿐만 아니라 그 권력의 각종형식과 구체적인 보장 제도를 규정하였다. 인민대표대회제도는 중국의 구체적 역사조건을 결합하고, 인민군중 스스로 창립한, 중국 국정에 적합한 정권조직 형식이며, 중국 인민민주제도의 기초이다. 헌법은 인민이 국가권력을 행사하는 기관이 전국과 지방 각급 인민대표대회임과 모든 국가기관은 민주집중제를 실행함을 규정하였다. 전국인민대표대회는 최고국가권력기관이고 국가입법권을 행사하는 유일한 기관이다. 기타 국가기관은 인민대표대회가 창설하며, 인민대표대회의 감독을 받고, 인민대표대회에 대해 책임을 지며 보고한다. 이것은 국가권력의 존재형태와 인민의지의 통일을 보증하고 '고도의 인민민주와 집중'을 구체화 한 것이다.

---

22) 毛澤東, "新民主主義憲政," 「毛澤東選集(合訂本)」, 人民出版社, 1964년, 693쪽.
23) 毛澤東, "中華人民共和國憲法草案에 관하여," 「毛澤東選集」 제5권, 人民出版社, 1977년, 127쪽.

헌법은 또한 선거단위는 법률이 규정한 절차에 의하여 수시로 본 단위가 선출한 대표를 교체할 수 있는 권리가 있음을 규정하였다. 이것은 모든 국가기관 및 그 인원은 반드시 인민에 대하여 책임을 지고, 인민의 감독을 받으며, 이로써 민주의 진실·유효성을 보증하였다. 그 외 헌법은 각 민족의 평등, 긴밀한 단결, 공동발전의 민주주의 민족정책을 규정하였다. 공민의 기본 권리와 의무에 대하여 1954년 헌법은 민주주의 정신을 더욱 구체화하였고, 헌법은 공민의 광범위한 권리와 자유를 규정한 것만 아니라 국가가 필요한 물질상의 편의를 제공할 것을 규정하여 이러한 자유와 권리를 실현토록 하였다.

사회주의는 1954년 헌법이 견지하는 또 하나의 원칙이다. 1954년 헌법 제정 시에, 세계적으로는 두 가지 유형의 헌법 즉, 사회주의 유형의 헌법과 자본주의 유형의 헌법이 있었다. 1954년 헌법은 사회주의 건설의 과도 시기의 헌법으로서 착취제도의 점진적 소멸을 보증하고, 사회주의를 건설하는 헌법이다. 1954년 헌법의 사회주의 원칙은 아래 몇 가지 측면으로 구체화된다.

첫째, 헌법은 서언에서 평화적인 방법을 통하여 착취와 빈곤을 소멸시키고 번영과 행복한 사회주의 사회를 건설한다고 선포하였다. 근본법의 형식으로 국가의 장래를 확인하였고, 사회주의를 국가의 법정목표로 한 사회주의를 건설하는 데 있어 전국인민이 반드시 준수해야 할 법을 마련한 것이다.

둘째, 사회주의 국가를 건설하는 구체적 단계 즉, 중화인민공화국은 국가기관과 사회역량에 의지하여 사회주의 공업화와 사회주의 개조를 통하여 착취제도를 점진적으로 소멸시키고 사회주의 사회를 건설한다는 것을 규정하였다.

셋째, 사회주의 건설의 실현과 사회주의 개조의 3가지 보증조건 즉 국내통일전선, 국제통일전선과 국내 각 민족의 대단결을 규정하였다.

넷째, 사회주의 건설의 물질적 기초를 설명하였다. 즉 국영경제는 전민소유제의 사회주의 경제이며, 국민경제 중의 주도역량 및 사회주의 개조를 실현하는 물질적 기초이다. 국가는 국영경제를 우선적으로 발전시킨다.

1954년 헌법은 사회주의와 인민민주주의의 두 가지 원칙을 견지하면서 또한 융통성을 결합시켰다. 중국의 국가상황에서 출발하여 어떻게 이러한 원칙을 실현할 것인가에 대하여 비교적 유연한 방법을 제시하였다. 헌법에서 사회주의적 개조, 공민 권리의 물질적인 보증, 통일전선, 소수민족문제 등의 규정에 관하여 모두 구체화하였다. 이에 대하여 모택동은 세밀히 언급하였다. 헌법에서 반드시 사회주의 개조의 완성을 규정하여 국가의 사회주의 공업화를 실현하여야 한다. 이것은 원칙이다. 사회주의 원칙을 실현한다고 전국적으로 하루아침에 모두 사회주의를 실현하는 것인가? 이것은 형식상으로는 매우 혁명적이지만 융통성을 결하고 있어 잘 되지도 않을뿐더러 반대에 부딪히게 되고 실패할 것이다. 이 때문에 일시에 할 수 없는 일은 반드시 점진적으로 처리하도록 해야 한다고 하였다.[24] 모택동은 원칙성과 융통성의 결합이 헌법초안이 지지를 받는 원인 중의 하나로 인식하였다.

1954년 헌법 제정 시, 국가의 생산력은 비교적 낙후되었고 또한 각 지구의 발전수준도 균형을 이루지 못하였고, 생산관계 역시 복잡 다양한 특징을 나타내었다. 그래서 1954년 헌법은 사회주의 과도시기의 헌법으로서, 과도시기의 특징 이외에도 기본적인 국가상황을 고려하여, 원칙성을 지지하면서도 융통성을 결합한 것이다. 이러한 융통성과 동시에 1954년 헌법은 진실성과 객관성을 표명하였고 실사구시의 정신을 구체화하였다.

2) 본국의 경험과 국제경험의 통일

1954년 헌법은 중국역사상 최초의 사회주의 유형의 헌법이며 전례가 없는 것이다. 제헌과 헌법 실시과정에서 반드시 외국의 경험을 참고하여, 특히 기타 사회주의국가 헌정의 성공적 경험을 거울로 삼은 것이다. 헌법 구조와 내용상으로 1954년 헌법은 주로 소련의 1936년 헌법을 참고하였

---

24) 毛澤東, "중화인민공화국헌법초안에 관하여,"「毛澤東選集」 제5권, 127-128쪽.

다. 1954년 헌법제정에 관한 공포된 자료에 의하면 당시 참고한 기타 국가의 헌법은 주로 소련(1936년), 루마니아, 폴란드, 체코 등의 헌법이다.

"헌법은 정치투쟁의 성과로서, 우선 본국의 혁명경험의 총결산이다. 1954년 헌법은 중국인민이 100여 년 동안의 영웅적 투쟁으로 얻은 역사적 경험의 총결산이며, 근대 중국의 헌법문제와 헌정운영 경험의 총결산이다. 동시에 신 중국 성립 이래 역사 경험의 총결산이다."25)

모택동은 역사경험의 정확한 총결산에 대하여 헌법초안이 지지를 받는 또 하나의 중요 원인으로 인식하였다. 그는 "우리의 이 헌법초안은 주로 우리의 혁명경험과 건설경험을 총결산한 동시에 또한 본국경험과 역사경험의 결합이다." "우리는 우리의 경험을 위주로 소련과 각 인민민주국가 헌법 가운데 우수한 것을 참고하였다."고 하였다.

중국 신민주주의 혁명성공의 경험은, 마르크스 레닌주의의 보편원리 및 무산계급혁명의 선진 경험은, 반드시 중국혁명의 구체적 실천과 결합할 때 비로소 혁명승리의 법보(法寶)가 될 수 있음을 표명하였다. 마찬가지로 헌법문제에 있어서, 모택동은 관련자료와 법학이론관련 저작을 읽은 후에 중국의 국정을 강조하였고, 국정에 부합하지 않는 내용은 과감하게 부정하여 국가주석의 설립, 소수민족 구역자치, 국가기구의 설치 등 문제에 있어 소련헌법의 내용과 달리 규정하였다.26)

중국의 인민민주혁명은 중국사회의 반식민지, 반봉건적인 성격으로 인하여 그 계급성을 선명히 나타낸다. 신 중국 성립이전, 인민민주혁명은 비록 노동자계급이 영도하였으나, 완성된 것은 자산계급혁명이 완성할 반제국·반봉건의 구민주주의 혁명의 임무였다. 신 중국 성립 후 공동강령의 규정에 근거하여 정권의 성격은 인민민주전정, 노동자계급·농민계급, 소자산계급·민족자산계급 및 기타 애국민주분자의 인민민주통일전선의 전정으로 하였고, 노동자계급이 영도하는 노동자 농민연맹을 기초

25) 李達, 「中華人民共和國憲法講座」, 人民出版社, 1956년, 48쪽.
26) 韓大元, 「亞洲立憲主義研究」, 中國人民公安大學出版社, 1996년, 90쪽.

로 하여 사회의 성격은 신민주주의로 하였다. 1954년 헌법은 사회주의 사회건설의 목표를 명확히 하였다. 이것은 계급구조와 계급관계에 있어서 민족자산계급의 자본주의 상공업 의존을 점진적으로 소멸시키고 민족자산계급을 점차 소멸시키는 것이다.

그러나 과도시기에 있어는 사회주의도 있고 자본주의도 있으므로 이 두 가지 소유제의 모순은 바로 객관적으로 존재하는 모순이다. 동시에 자본주의 상공업은 현 단계에서 한편으로 국민경제에 이로운 작용을 하고, 다른 한편으로 국민경제에 불리한 작용을 한다. 이것은 자본주의 상공업 자체에 객관적으로 존재하는 모순이다. 우리가 사회주의와 자본주의의 모순된 정책을 해결하는 것은, 한편으로 자본가 소유제의 존재를 인정하는 것이고, 자본주의 상공업의 국민경제에 대한 이로운 작용을 이용하고, 과도적 방법을 채용하면서 조건을 구비하여 점진적으로 전민소유제로써 자본가소유제를 대체하는 것이다.

헌법초안이 규정한 과도시기에서 사회주의에 이르는 과도적인 일부 구체적 단계는 바로 이러한 모순을 정확히 해결하기 위함이다.[27] 바로 이러한 특징 때문에 민족자산계급으로 하여금 소멸되어 가는 과정에서도 여전히 민주적 주체로 인정하는 것이고, 이를 전정의 대상으로 삼는 것은 아니다. 1954년 헌법은, 정권성격의 규범에서 민족자산계급의 지위를 명확히 반영하지 않았고, 통일전선에서 "각 민주계급" 속에서 통일전선을 국가정권의 중요한 기초로 규정하였다. "우리가 일반적으로 국가의 헌법을 살펴볼 때 이러한 규정을 찾아볼 수 없으며, 이러한 규정은 중국의 실제상황과 특별히 결합된 것이다."[28]

헌법은 일종의 문화현상으로서 그 민족의 특정한 역사발전의 과정과 민족적 전통을 반영한다. 헌법기초소조가 1954년 헌법을 기초할 때 역시

---

27) 劉少奇, 중화인민공화국헌법초안에 관한보고, 중화인민공화국 제1기 전국인민대표대회 제1차 회의문건 참조, 인민출판사, 1955년, 25-26쪽.
28) 黃炎培, 중앙인민정부위원회 제30차 회의의 중화인민공화국헌법초안 통과 전의 발언, 新華月報, 1954년 제7기.

역사적으로 비교적 대표적인 헌법성 문헌을 참고로 하였는데, 예컨대 1913년의 천단헌법초안, 1923년의 조곤헌법과 1946년의 장개석헌법 등으로, 이는 각각 내각제, 연성자치제(聯省自治制)와 총통독재제의 유형을 대표하였다. 1954년 헌법은 공동강령을 기초로 하였고 또한 공동강령의 발전이다. 공동강령의 일부 기본원칙은 이미 실천을 통하여 증명되었고, 헌법은 이를 지지하고 계승하였다.

공동강령 중의 일부 낙후된 규정은 채택하지 않았다. 공동강령은 이론 및 규범에 있어서 1954년 헌법을 위한 조건을 마련해 주었고, 1954년 헌법의 제정과 실시를 위한 사회적 기초와 실천경험을 제공하였다. 이 두 방면의 성과는 모두 1954년 헌법이 총결산하여 계승한 것이다. 1954년 헌법은 또한 본국경험과 국제경험을 서로 결합시켜 사회주의를 향한 과도시기의 기본정책과 구체적인 제도를 규정하였고 사회주의 개조를 지도하는 기능을 하게 되었다.

3) 영도지혜와 군중지혜의 통일

모택동은 1954년 헌법 총결산시에, "이 헌법초안이 민심을 얻게 된 이유는 무엇인가? 우리가 그 이유 가운데 하나를 살펴보면, 헌법기초에 있어서 영도기관의 의견과 확대군중의 의견을 서로 결합시키는 방법을 채택한 것이다. … 과거에 우리는 이러한 방법을 채택하였고 앞으로 또한 이와 같다. 모든 중요한 입법은 이러한 방법을 채택할 것이 요청된다. 이번에 우리는 이러한 방법을 채용하여 비교적 양호하고 비교적 완전한 헌법초안을 얻게 되었다."고 지적하였다. 이 헌법은 영도자의 지혜와 군중의 지혜를 서로 결합시킨 산물이다.

헌법이 모택동의 인민제헌 사상을 충실히 나타내었기 때문에 인민군중의 진정한 지지를 받게 되었다. 황염배 대표는 발언에서 하나의 사례를 들었다. 어느 여성동지가 당해 지역에서 헌법초안을 선전하는 과정에서, 그들이 "헌법"이라는 두 글자를 전혀 모르고 있다는 것에서부터 시작하여, "무엇을 헌법이라고 하는가?"를 상세히 설명하였다. 이 여성동지가 헌법초안의 각 조문을 읽어 그들이 이를 다 들었을 때는 모두들 흥분을 감추지 못하였고, "그러면 이 헌법이 완전히 우리들을 위하여 만들어진 것이고, 우리들은 이를 잘 익히고 이에 잘 따라야 할 것"이라고 말하였고, 황염배는 이에 다시금 감개하여 "이 말은 바로 일반 인민군중의 헌법에 대한 내심을 잘 표현해주고 있다. ⋯ 이 헌법이 진정한 인민의 헌법임을 설명한다."고 하였다.

인민군중은 헌법초안의 토론을 통하여 헌법이 자신의 헌법임을 인식하게 되었고, 그들의 국가주인의식을 더욱 강화시키게 되어 헌법의 관철 실시를 보증하기 위한 견실한 기초를 마련하였다.

4) 과학성과 통속성의 통일

모택동은 '중화인민공화국헌법초안에 관하여'라는 담화에서 "헌법을 하는 것은 과학을 하는 것이다. 우리는 과학이외 어느 것도 믿지 못한다. 말하자면, 미신을 원하지 않는다."[29]고 하였다. 헌법을 하는 것은 과학을 하는 것이라는 이론에서, 사회주의 헌법이 마땅히 준수해야 할 기본원칙을 심도 있게 요약하였고 1954년 헌법의 기본특징을 밝혔다.

1954년 헌법의 과학성은 우선 인민의 혁명경험과 정권건설의 경험을 비교적 전면적으로 결산한 데 있으며, 사회주의 헌법의 본질 특성을 독특하게 표현한 데 있다. 1954년 헌법의 과학성에 대하여 말하자면, 비교적 높은 수준에 도달해 있다는 것이다. 내용의 완비정도, 언어문자 및 법률규범의 명확성은 모두 법률의 과학적 요구에 대체로 부합하는 것이다. 1954년 헌법은 서언과 본문으로 나뉘어 지고, 서언은 주로 서술의 방식으로 입헌민주정치 쟁취의 경험을 총결산하였고, 사회주의 건설의 방향, 노선과 방법을 확정하였으며, 헌법의 지도사상과 국가의 내외정책의 기본원칙을 명확히 하였다.

헌법의 본문은 총강, 국가기구, 공민의 권리와 의무, 국기·국휘·수도

---

29) 毛澤東, "중화인민공화국헌법초안에 관하여," 「毛澤東選集」 제5권, 131쪽.

의 4장으로 구분되었으며, 국가기구의 장은 다시 6개 절로 구분되었다. 1954년 헌법에서 확립된 구분은 신 중국의 역대 헌법에 계승되었다. 1975년 헌법, 1978년 헌법은 헌법 체제방면에서 중화인민공화국 주석 부분을 삭제한 외에, 기타 부분은 1954년 헌법과 완전히 같다. 1982년 헌법은 헌법체제상 공민의 권리와 의무의 장을 총강 후에 두어 제2장으로 하였고, 국가기구의 내용 중에 중앙군사위원회를 증설하였다. 이 두 가지 외에는 헌법구성과 장·절의 구분은 기본적으로 1954년 헌법의 면모를 회복하였다. 이것은 1954년 헌법의 체제는 중국의 실제상황에 부합하고 과학적이라는 것을 설명하는 것이다. 헌법은 국가의 근본법으로서 국가정치생활의 근본문제에 대하여 규정하고, 구체적이고 주도면밀하고 내용상 완벽히 규정할 것을 요구한다.

그 이외에도, 1954년 헌법은 통속적인 특징을 나타낸다. 헌법은 인민권리의 보장서이고 그것이 나타내는 것은 인민의 의지이며, 우선은 인민으로 하여금 쉽게 알 수 있도록 하여야 인민군중의 준수와 실시의지를 형성시킬 수 있으며 헌법이 효력을 발휘할 수 있는 양호한 환경을 조성시킬 수 있는 것이다. 이 두 가지 측면은 헌법규범의 통속성과 아울러 쉽게 이해할 수 있도록 규정할 것을 요구하며, 널리 인민의 이해를 용이하게 할 것을 요구한다. 1954년 헌법제정의 모든 과정은 이 두 가지 점을 중시하였다. 1954년 헌법제정 과정에서 견지한 군중에서 나와 군중으로 돌아간다는 입법원칙은 그것이 과학성을 구비하였고 또한 통속성을 구비하였음을 보증하였고, 인민헌법의 본질을 보증하였다.

IV. 1954년 헌법 시행과정의 분석

1954년 9월 20일 제1기 전국인민대표대회 제1차 회의에서 통과된 1954년 헌법에서 1975년 1월 17일 제4기 전국인민대표대회 제1차 회의에서

통과된 1975년 헌법에 이르기까지, 1954년 헌법은 중국의 사회발전 가운
데 20여 년 동안 시행되었고 지금에 이르러서는 중국헌법사상 가장 장기
간 동안 시행된 헌법이 되었다.

20년 동안 1954년 헌법의 시행과정은 세 단계의 시기로 구분할 수 있
다. 1954년에서 1957년을 제1기로 이 기간은 1954년 헌법의 선전, 학습,
연구기간으로 사회생활 중 헌법의 초보적인 실시단계이다. 1957년 하반
기 반우투쟁의 확대에서 1966년 문화대혁명 발발직전을 제2기로 하여 이
단계의 정치현실은 헌법규범에 점차 충격을 가하여 헌법의 실시가 날로
약화되었다. 1966년 문화대혁명부터 시작하여 1975년 헌법의 제정 시행
까지는 제3기로서 헌법은 전면적인 파괴를 맞게 되었고 사회현실의 규범
적 조정 작용은 완전히 상실하였고, 사회는 일종의 무질서 상태로 흘러가
헌법은 시행되지 못하였다.

1. 제1단계(1954년~1956년)

1953년부터 1956년까지는 신민주주의 기초 위에서 사회주의 개조를
완성하고 사회주의 사회로 향한 전환의 시기이다. 건국 전 7년은 바로 구
제도를 타파하고 신제도를 확립하는 과정이었고, 부단히 변화하는 변혁
의 단계였다. 이 시기에는 두 가지의 절실한 요구가 있었던 바, 하나는
인민민주전정정권의 공고와 인민민주혁명 승리의 성과를 보위하는 것이
었고, 다른 하나는 구제도를 변혁하여 신제도를 수립하는 것이었다. 이
두 가지 절실한 요구의 추진을 위하여 당의 정책적인 지도가 있었고, 건
국초기의 법제건설은 번영의 미래가 있었다.

이 시기 법제건설의 두드러진 특징은, 입법과 법률의 실시는 정치운동
과 각 사회개혁운동과 긴밀히 결합된 것이다. 법제건설의 사회적 효용은
명백한 것이었고 공화국초기 인민민주전정정권의 공고, 반혁명잔여세력
의 숙청과 사회질서의 안정, 국민경제의 회복과 발전, 각종 신민주주의

개혁에 대하여 중요한 작용을 하였고 중요한 역사적 공헌을 하였다. 동필무 동지가 당의 8대 회의에서 지적한 바, 중국은 능히 각종 민주개혁을 철저하게 완수할 수 있고 평화노선을 통하여 사회주의 혁명의 결정적 승리를 신속 유효하게 취득할 수 있는 바, 인민민주법제가 발휘하는 역량은 그 중요한 원인 중의 하나라고 한다.[30)]

1954년 헌법은 바로 이러한 분위기에서 제정되고 실시된 것이다. 1954년에서 1956년까지는 헌법의 선전·학습과 초보연구의 시기였다. 공동강령과 1954년 헌법의 제정과 반포·시행은 신 중국 헌법학이론의 형성을 위한 기초를 마련해 주었다. 중국의 헌법학자는 헌법반포를 계기로 마르크스주의적 법학이론과 방법을 이용하고, 혁명근거 시기와 국외(주로 소련)의 제헌과 시행경험을 참고로 하여, 공동강령과 1954년 헌법에 대하여 광범위한 선전과 초보연구를 진행하였고, 구법의 관점을 비판하고 새로운 사회주의 헌법제정을 위한 이론기초를 제공하였다. 동시에 헌법과 관련된 저작, 자료와 논문을 대량으로 편집·출판하였다.

불완전한 통계이지만, 1949년에서 1956년까지 출판된 헌법 관련 서적은 344종인데 그 중 저술 206종, 자료가 138종이며 기타 많은 논문이 발표되었다. 그것은 모두 헌법 총론, 중국과 외국의 헌법문헌과 헌법사, 선거제도, 국가기구, 민족구역자치, 공민의 기본 권리와 의무 등에 관련된 것이었다.

당시 헌법학자의 저술은 주로 소개, 공동강령의 선전, 1954년 헌법 관련의 저작으로, 예를 들면 오덕봉 편저의 「중화인민공화국헌법강화」(1956년), 이달 저 「헌법을 논함」(1954년), 이광찬 저 「중국공민의 기본 권리와 의무」(1954년), 장하 저 「인민대표대회제도란 무엇인가」(1955년) 등이다. 이 시기는 헌법학 체계의 초보적인 단계였는데, 1954년 중국인민대학 국가법교연실이 제시한 '중화인민공화국헌법학대강'이 그것이다. 1954년 헌법초안 토론시기에 전국인민이 표현한 정열과 적극적인 참여의식은 당

---

30) 董必武, 「政治法律文集」, 法律出版社, 1986년, 479쪽.

시 헌법학 연구자의 헌법학 지식 보급과 무관하지 않다. 이외에 실제 시
행으로 보면 1954년 헌법은 기본적으로 존중을 받았고, 국가생활의 발전
도 확정된 헌법질서를 준수하였다.

헌법의 인도 아래 국가 사회주의 공업화는 초보단계가 완성되었고 국
민경제의 사회주의 개조 역시 완성되어, 첫 번째의 5년 계획이 사전에 달
성되어 인민의 물질과 문화생활 수준은 향상되었다. 인민민주전정정권은
더욱 공고히 되었고 각 민족 인민의 단결 역시 더욱 강화되었다. 사회주
의 건설의 목표는 헌법의 확인을 거친 후 국가의 법정목표로 되었고, 하
나같이 준수해야 할 법률의 효력을 갖추게 되었다. 국제적으로는 평화외
교정책의 실행으로 신 중국의 국제적 지위는 날로 높아지게 되었다.

2. 제2단계(1957년~1965년)

중국 사회주의 헌정건설은 모순과 충돌 속에서 진전된 것으로, 신 중
국 헌정건설의 역사 발전은 중국 사회주의 혁명과 건설의 역사적 운명과
긴밀한 관계를 가진다.

1954년 헌법의 제정과 시행은 건국초기의 민주와 법제건설을 높은 단
계로 끌어 올렸다. 그러나 50년대 후기부터 당 내부 지도사상에 있어서,
좌경착오현상이 날로 심화되어 반우투쟁, 대약진, 인민공사운동을 계속
하여 전개하였다. 경제부문에 있어 객관규율을 무시하고, 서둘러 성공을
구하고, 과도적 현상을 무시하였다. 정치와 사상·문화에 있어서는 사회
주의의 일정한 범위에 존재하는 계급투쟁을 확대하고 절대화하였으며,
당내 민주와 인민민주는 모두 심하게 훼손당하였고, 사회주의 법제 역시
극도로 훼손당하였다. 헌법의 지위와 작용 역시 약화 내지는 한낱 종이쪽
지에 불과하기에 이르렀다.

1956년 생산자료 공유제로의 사회주의 개조는 기본적으로 완성되고,
사회주의의 기본 경제제도도 이미 확립되었으며, 인민민주전정의 수립

및 인민대표대회제도의 확립은 중국 기본정치제도의 틀이 이미 확립되었음을 의미하였다. 1956년 중공 8대 회의가 개최되었다. 이 회의는 중국이 이미 사회주의 사회에 진입하였음을 선포하였고, 국내의 주요 모순이 이미 노동자계급과 자산계급 간의 모순이 아니고 인민의 경제문화에 대한 요구와 당시의 경제문화가 인민의 수요를 만족시키지 못하는 것 사이의 모순임을 정확하고 깊이 있게 지적하였다. 또한 경제 건설이 각종 업무의 중심 임무임을 규정하였다. 이것은 1954년 헌법이 규정한, 사상의 혁명화로 세 가지를 개조한다는 임무의 완성을 위하여서는 마땅히 적절한 보충·수정을 진행해야 할 것을 표명하는 것이다.

그러나 소련의 모델에 따라 수립된 고도집권의 정치·경제제도, 특히 계획경제체제는, 경제영역에서 위에서 아래로의 명령에 의해 경제를 관리하는 방식으로서, 정치·문화와 기타 사회영역으로 발전하게 하여, 민주·법제가 종적으로 심화 추진되지 못하고 오히려 그 반대로 향하게 하였다. 건국 초기에 형성된 법제형 통치모델(法制型治理模式)은 개인의 권위에 의지하는 통치모델(超凡魅力型治理模式)로 바뀌어갔다. 인치(人治)사상은 요란스러웠고, 위헌사건은 기승을 부렸으며, 인민대표대회제도는 심각히 파괴되었다. 1957년 반우투쟁은 한 차례 몇몇 학자들에 의하여 정치적, 사상적인 사회주의 혁명으로, 또한 사회주의 제도와 헌법을 보위하는 투쟁으로 인식되었다.[31]

반우투쟁의 확대 이후 노동자계급과 자산계급, 사회주의노선과 자본주의노선 간의 모순을 중국사회의 주요 모순으로 보아, 계급투쟁은 이러한 모순을 해결하는 가장 좋은 방법이라고 함으로써 사회주의 건설은 그 궤도를 벗어났다. 이러한 사회적 배경 아래 1954년 헌법은 발전과정에 우여곡절을 경험하게 되었다. 반우확대화로 인하여 야기된 헌법과 사회현실의 충돌은 이미 헌법의 정상적인 시행에 직접적인 영향을 가져와 헌법절차를 이탈하는 각종 현상이 출현하였다.

---

31) 王珉, "憲法肯定的政治方向絶不容篡改," 「政法硏究」, 1957년 제5기.

1954년 헌법의 중요한 의의와 고귀한 가치는 그것이 지니고 있는 사회주의 원칙과 그것이 나타내고 있는 민주원칙과 법제원칙에 있다. 그러나 당시의 특수한 사회적 환경은 헌법의 운영을 당초의 설계 궤도에서 점점 벗어나게 하여 헌법 원칙들이 심각하게 파괴되었다. 1957년 반우투쟁 확대 이후 헌법의 민주원칙과 법제원칙에 대한 파괴는 아래와 같다.

1) 공민의 기본 권리의 심각한 파괴

1954년 헌법 제87조는, 중화인민공화국 공민은 언론, 출판, 집회, 결사, 시위의 자유를 가진다. 국가는 필요한 물질상의 편의를 제공하고 공민이 이러한 자유를 향유함을 보증한다고 규정하였다. 언론자유는 공민의 가장 기본적 자유 중의 하나다. 정치언론 자유는 공민이 찬동·찬양의 의견을 표현할 수 있음과 비평의 의견을 발표할 수 있음을 말한다. 1957년의 반우투쟁 확대는 언론자유를 근본적으로 배척하였으며, 반대의견을 가진 자를 놀림거리로 삼았다. 1955년의 호풍(胡風)사건, 1957년 반우투쟁의 확대는 1954년 헌법이 규정한 언론자유, 학술자유를 위태롭게 하였고, 사회의 정치생활을 침울하게 하였으며 학술연구 역시 장기간의 정체시기를 맞게 되었다.

객관적으로 당시의 형세에 대하여 말하면, "우파분자에 대한 반격은 필요한 것이지만, 형세의 판단착오로 반당 반사회주의 세력의 능력범위를 확대하여, 헌법의 근본원칙 중 하나인 사회주의 원칙 옹호 시 다른 기본원칙　민주원칙과 법제원칙을 간과하여",[32] 반우투쟁의 확대를 야기시켰고, 많은 지식분자·애국인사가 당과 국가의 업무개선과 사회주의 제도의 지속적인 완성을 위하여 제출한 선의·중도적 비평과 건의를 모두 반당 반사회주의 언론으로 간주하였다. 이것은 의정참여의 적극성을 극도로 좌절시켰고, 1954년 헌법규정의 언론자유를 공문(空文)으로 만들어 버린 것이다.

---

32) 1988년 중공중앙사무청의 「關于爲胡風同志進一步平反的補充通知」.

1954년 헌법 제95조는, 중화인민공화국은 공민의 과학연구, 문학예술 창작과 기타 문화 활동의 자유를 보장한다. 국가는 과학, 교육, 문학, 예술과 기타 문화사업에 종사하는 공민의 창조성 업무에 대하여 격려하고 지원한다고 규정하였다. 헌법의 이 규정은 전국인민의 공동염원을 표현한 것이라 할 수 있다. 그러나 1954년 헌법시행 2년째 발생된 문예사상의 시비 분열로 인하여 적·아군 성질의 정치 문제인 "호풍(胡風) 반혁명 집단"사건으로 비화되어 많은 사람이 관련되었다. 이것은 의심할 여지없이 1954년 헌법의 희롱이었고, 이리하여 헌법규정과 그것이 의지하는 사회기초의 부조화를 폭로하였고 헌법의 미래를 어둡게 하였다. 1954년 헌법규정에 의하면, 학술토론은 사상영역의 문제로서 전정의 수단을 통하여 해결할 수 없었다. 국가가 마땅히 적절한 조치를 취하여 공민의 학술자유를 보장하는 것은 헌법발전과 사회진보의 기본조건의 하나이다.

후에 중공중앙판공청이 "호풍(胡風)동지의 명예회복을 위한 보충통지"에서, 호풍 동지의 문예사상과 주장에 대하여 마땅히 헌법의 학술자유·비평자유의 규정과 당의 백화제방·백가쟁명의 방침에 따라서, 문예계와 많은 독자가 과학적·정상적인 문예비평과 토론을 통하여, 정확한 해결을 구해야 한다고 지적하였다. 1957년 반우투쟁 확대화 중 일부 학술관점과 반대의견은 정치적 입장의 문제로 비화되고 심지어 일부 과학성을 갖춘 것까지도 착오로 간주되어 비판을 받았고, 그 중에는 법학 및 헌법학에 관련된 것도 있었다. 예컨대 조속한 입법, 법제 강화, 정책으로써 법률을 대체할 수 없음, 인민법원의 임무는 그것이 전정의 도구임을 마땅히 강조하여야 하는 것일 뿐만 아니라 인민내부의 모순을 정확하게 처리한다는 면도 마땅히 강조하여야 하며, 법률은 계급성뿐만 아니라 계속성을 가지며, 법률·법률과학·법률사상에 대하여 비판적이고 선택적인 수용이 필요하다는 등의 관점은 모두 우파언론으로 간주되어 비판을 받았다. 심지어 헌법이 규정한 공민의 법률상 평등, 인민법원의 의법 독립심판, 인민법원의 의법 검찰권 독립행사 등의 원칙도 모두 자산계급의 헌법원칙으로 간주되어 비판되었다.

이러한, 학술문제를 정치문제로 삼고, 정확한 것을 착오로 간주하는 작태는 헌법이 확립한 민주원칙을 파괴하였을 뿐만 아니라 법제원칙 또한 부정과 파괴를 맞이하게 하였다. 당시 좌경사상의 영향하에서는 공민의 인신의 권리 역시 심각하게 침해되었다. 1954년 헌법 제89조는, 중화인민공화국 공민의 인신의 자유는 침해받지 않는다. 어떠한 공민도 인민법원의 결정 또는 인민검찰원의 비준을 거치지 않고서는 체포되지 않는다고 규정하였다. 제90조는, 중화인민공화국 공민의 주택은 침해받지 않으며, 통신의 비밀은 법률의 보호를 받는다고 규정하였다. 이러한 규정은 공민의 인신의 권리 보호에 있어 중요한 의의를 가진다.

그러나 반우투쟁에서 반우분자에 대하여 결코 법 규정과 법정 절차에 의하여 처리하지 않고, 그들의 자유를 임의로 제한하고 박탈하였고, 심지어 일부 비전문기관에 체포구속의 권리가 부여되어 공민의 인신의 권리를 전혀 보장 받을 수 없게 하였다. 이것은 만인이 기대하는 헌법으로 말하자면 의심할 여지없는 엄청난 희롱이 되는 것이다. 1954년 헌법은 공민의 광범위한 정치적 권리와 자유, 예컨대 선거권과 피선거권 등 각종 정치자유를 규정하였는데, 이것은 의심할 여지없이 1954년 헌법이 고도의 민주성을 반영하는 것이었지만, 현실생활에 있어서 공민의 정치적 권리는 어떠한 절차도 거치지 않고 박탈되었고, 정치자유는 제한되고 심지어 반혁명세력의 부활로 간주되어 터무니없이 비판되는 현상이 빈번히 발생하였다.

2) 인민대표대회제도의 운영은 헌법질서를 이탈하였다

중국공산당 제11기 6중 전회에서 통과된 '건국 이래 당의 약간의 역사문제에 관한 결의'에서는 고도화된 민주적 사회주의 정치제도를 점진적으로 건설하는 것은 사회주의 혁명의 근본임무 중의 하나라고 지적하였고, 건국 이래 그다지 중시되지 않았던 이와 같은 임무는 문화대혁명이 발생하는 중요한 조건이 되었다. 여기서 말하는 고도화된 민주적 사회주의 정치제도로 중국에서 가장 근본이 되는 것은 바로 인민대표대회제도이다. 인민대표대회제도는 중국 인민이 중국공산당 영도 아래 혁명근거지 정권건설의 경험에서 창조해 낸 것이다. 모택동은 혁명근거지 장기정권건설의 경험을 결산한 후, 중국은 현재 전국인민대표대회, 성(省) 인민대표대회, 현(縣) 인민대표대회, 구(區) 인민대표대회에서 향 인민대표대회에 이르는 계통을 채택할 수 있고, 각급 대표대회가 정부를 선거토록 할 수 있다고 지적하였고, 동시에 민주집중제의 정부만이 비로소 일체 혁명인민의 의지를 충분히 발휘하게 할 수 있으며, 또한 가장 효과적으로 혁명을 반대하는 적을 제거할 수 있다[33]고하였다.

건국 초기 임시헌법의 작용을 한 공동강령은 인민대표대회제도가 중국의 근본정치제도임을 확정하였다. 1954년 헌법은 중국혁명 근거지와 건국 이후의 정권 건설의 경험을 결산하여 중국 인민대표대회제도에 대하여 비교적 체계적인 규정을 하였다. 이것은 인민대표대회제도가 새로운 발전단계에 진입하였음을 나타내는 것이고, 사회주의 개조와 사회주의 건설사업의 순조로운 진행을 위해 중요한 작용을 하는 것이었다. 그러나 이후의 실천과정에서 인민대표대회제도라는 근본적인 정치제도는 홀대되어 인민대표대회제도의 우월성은 충분히 발휘될 수 없었다. 1957년 하반기 반우투쟁의 확대 후, 이 근본적인 정치제도는 점차 헌법적 궤도를 이탈하게 되었다.

예컨대 임기에 관하여, 1954년 헌법 제24조는 전국인민대표대회의 매기 임기는 4년으로 규정하였다. 전국인민대표대회 임기 만료 2개월 전에 전국인민대표대회상무위원회는 반드시 차기 인민대표대회 대표의 선거를 완료하여야 한다. 만약 선거를 진행할 수 없는 비상사태가 발생한 경우에는 전국인민대표대회는 차기 전국인민대표대회 제1차 회의 때까지 임기를 연장할 수 있다. 그러나 당시의 복잡한 사회형세 및 좌경사상의 방해로 이후의 전국인민대표대회는 1954년 헌법이 정한 회기의 규정을 준수하지 못하였고, 예컨대 제2기 인민대표대회의 임기는 1959년 4월에

---

33) 「毛澤東選集」 제2권, 人民出版社, 1991년, 677쪽.

서 1964년 12월까지의 5년 7개월, 제3기 인민대표대회의 임기는 1964년 12월에서 1975년 1월까지의 10년에 이르기도 하였다.

회기에 관하여 1954년 헌법 제25조는, 전국인민대표대회의 회의는 매년 한 차례 거행하고, 전국인민대표대회상무위원회가 소집한다고 규정하였다. 만약 전국인민대표대회상무위원회가 필요하다고 인정할 경우 또는 1/5이상의 대표의 제의가 있을 경우 전국인민대표대회의 회의를 임시로 소집할 수 있다고 규정했다. 그러나 제2기 인민대표대회 제3차 회의는 3차례 미루어 2차 회의가 개최된 후 2년 만에 거행하고, 제2기 인민대표대회 4차 회의는 다시 미루어 제3차 회의 개최 1년 7개월 후에 거행하고, 제3기 인민대표대회는 제1차 회의 개최 후 10년 동안 어떠한 회의도 개최하지 않았다. 위와 같은 현상에 대하여 어느 부문에서도 일정한 형식을 통한 해명이 없었다.

이것은 1954년 헌법의 회기에 관한 명확한 규정도 현실사회에서 준수되지 못하였음을 나타낸다. 주지하는 바와 같이 임기제가 선거제도와 긴밀히 결합되는 것은 기간을 지켜 회의를 개최하고 정기적으로 선거를 하는 것만이 비로소 인민민주권리와 정권기초의 권위성과 합법성을 보장할 수 있다는 것이다. 전국인민대표대회는 국가의 최고권력기관으로서 주로 회의의 형식으로 최고 권력을 행사하는 것이고, 그것은 국가의 민주적 기초와 보장이다. 만약 전국인민대표대회가 장기간 개최되지 않으면, 국가권력의 합법성과 권위성을 보장하기 어렵다. 헌법규정에 의하면, 인민의 권력행사의 기관은 전국인민대표대회제도와 지방 각급인민대표대회이고, 기타 국가기구는 모두 그에 의해 발생되고 그에 대해 책임을 지며 그것의 감독을 받는다. 만약 전국인민대표대회가 정기적으로 개최되지 않고, 인민대표대회의 임기가 임의로 연장된다면, 상응하여 기타 국가기관 및 그 구성인원의 임기 역시 연장되어, 모두 국가기구 조직체계의 기능은 문란해지고 근본적으로는 인민민주제도의 기초를 해하는 것이다.

1958년부터 중국은 국가건설의 제2차 5개년계획에 진입하였다. 1954년 헌법 제27조의 전국인민대표대회의 직권 규정에 의하면 전국인민대표대회는 국민경제계획의 결정, 국가의 예산과 결산의 심사·비준 등의 권리가 있다. 그러나 당의 제8대 제2차 회의에서 통과한 제2차 5개년계획의 지표는, 법정절차에 따른 전국인민대표대회의 비준 제청도 없이 바로 전국적으로 추진하였다. 1958년 개시한 대약진과 인민공사화운동, 국민경제계획과 재정예산, 헌법의 농촌기층정권에 관한 규정의 개정 등 모두 전국인민대표대회 및 그 상무위원회의 토론이나 제청도 없이 당내 결정으로 실행하였다. 대약진운동은 당의 제8대 2차 회의에서 개시되었고, 인민공사화운동은 1958년 4월 중공중앙 발표의 소형농업생산합작사를 대규모회사로 변경시킨다는 의견에서 시작되었다. 1958년 8월 중공중앙 정치국의 북대하(北戴河)회의에서의 '농촌의 인민공사 설치 문제에 관한 결의' 이후 전국농촌에서는 일제히 대규모 인민공사를 만들었고, 1958년 말에 이르러 전국농가의 99% 이상이 인민공사에 참가하였다.[34]

헌법규정의 농촌기층정권체제는 현실생활에서 철저히 포기되었다. 1954년 헌법의 규정에 의하면, 전국인민대표대회상무위원회, 국무원, 최고인민법원과 최고인민검찰원은 모두 전국인민대표대회에 대하여 책임과 보고임무를 지며, 관련업무 보고의 청취와 심의는 상응하는 결의를 통하여 인민대표대회가 평가하고 요구하는, 이것이 인민대표대회 감독권 행사의 기본방식이다. 그러나 제1기 5차, 제2기 2차, 제2기 4차 대회는 모두 국무원의 정부업무보고를 심의하지 않았다. 제1기 5차, 제2기 2차, 3차, 4차 대회는 최고인민법원과 최고인민검찰원의 업무보고에 관한 청취와 심의를 하지 않았다.

국민경제와 사회발전계획 및 국가재정예산과 결산의 심의도 규정대로 되지 않았다. 1961년과 1962년의 국민경제와 사회발전계획 및 국가재정예산·결산 모두 전국인민대표대회 혹은 그 상무위원회의 심의를 거치지 않았다. 1963년 7월에 이르러 비로소 제2기 인민대표대회상무위원회는 3차 회의를 연속하여 개최하였고 상응하는 보고를 청취하고 심의하였으

---

34) 胡繩 주편, 「中國共産黨的七十年」, 中共黨史出版社, 1991년, 360-366쪽.

나, 일종의 사후적인 인가에 지나지 않았다.

전국인민대표대회의 지위 및 그것과 기타 국가기구와의 관계문제에 관하여 모택동은 생동적인 설명을 한 바, "우리의 주석, 총리는 모두 전국인민대표대회에서 선출하는 것이고, 반드시 전국인민대표대회에 복종하고, 이는 곧 여래불(如來佛)의 손바닥을 벗어날 수 없는 것과 같은 것이다."[35]라 하였다. 그러나 1957년에서 1965년까지의 기간은 "여래불"의 지위와 작용이 날로 쇠퇴해져 갔다.

1954년 헌법 규정에 의하면, 전국인민대표대회는 국가입법권을 행사할 수 있는 유일한 기관이다. 법률의 제정은 전국인민대표대회의 중요한 직권이며, 동시에 중요한 직책이다. 헌법의 규정과 제1기 인민대표대회 2차 회의에서 통과된 인민대표대회상무위원회에 대한 부분적인 법률제정권의 수권결의에 근거하여, 전국인민대표대회상무위원회 역시 입법권을 향유하는 기관이다. 그러나 이 시기에 이처럼 중요한 직권은 기본적으로 행한 적이 없었고, 일부 기본적이고 현실생활에 시급한 법률마저 모두 제정되지 못하였다. 전국인민대표대회 및 그 상무위원회의 입법활동과 밀접한 관계가 있는 국무원 법제업무부문―사법부, 감찰부, 법제국은 각기 1959년 4월과 6월에 철폐되었고, 이 역시 인민대표대회의 입법권 행사에 어느 정도 영향을 끼쳤다.

반우투쟁의 확대 이후, 인신의 권리 보장의 결여로 인민대표대회 대표는 인민대표대회의 각종 회의에서 발언이나 의정수행 시 사소한 것에 신경을 쓰게 되고, 대담하게 발표하지 못하였으며, 더욱이 정치·법률 영역의 의제는 가볍게 발표하지 못하였다. 통계에 의하면, 1957년 6월 개최된 제1기 인민대표대회 제4차 회의에서 대표의 제안 243건 중 정치·법률 관련 제안은 23건이었고, 1958년 2월 개최의 제1기 인민대표대회 5차 회의의 제안 81건 가운데 정치·법률 관련의 제안은 겨우 11건, 1959년 개최의 제2기 인민대표대회 1차 회의에서는 제안 80건 가운데 정치·법률 관

35) 毛澤東, "헌법기초위원회 제1차 회의상의 담화," 「黨的文獻」 1997년 1기, 10쪽.

런 제안은 민정업무에 관한 1건이 고작이었다. 1960년 3월 개최의 제2기 인민대표대회 2차 회의에서는, 안건 46건 가운데 정치·법률 관련 안건은 1건도 없었다. 정치·법률 의안의 매년 감소는 입법활동 쇠퇴를 의미하는 것이다.

반우투쟁의 확대는 전국인민대표대회의 내부에도 파급되었다. 대표들의 발언은 반당·반사회주의 발언으로 간주되어 비판을 받았고, 더러는 대표자격도 상실하였다. 인민대표대회 제1기 4차 회의에서는 심지어 반우투쟁을 회의의 중요 내용으로 삼아, 대표 가운데 우파분자에 대한 비판을 회의의 의제로 삼았다. 1958년 2월 개최의 제1기 인민대표대회 5차 회의에서, 우파분자로서 대표자격이 취소된 사람이 38명이고, 인민대표대회상무위원회 위원 3명, 인민대표대회민족위원회 위원 3명, 인민대표대회법안위원회 위원 6명, 국방위원회 위원 1명, 국방위원회 부주석 1명 등이 파면되었다. 제1기 인민대표대회상무위원회 제93차 회의를 거쳐 취소된 우파분자 부장(장관)은 3명이었다. 1958년에서 1959년 기간 중 우파분자에 대하여, 인민대표대회상무위원회를 거쳐 직무를 취소한 것이 17차례, 직무취소를 비준한 것이 30차례에 이른다.

인민대표대회 및 그 상임위원회 회의에서 자유로운 발언과 민주적 분위기 결여로 인민대표대회 대표의 의안제기에 대한 적극성은 매우 미약하였다. 제1기 인민대표대회의 1차에서 4차에 걸친 회의에서 대표들이 제의한 의안 수는 각 39건, 214건, 176건, 243건으로 상승하였고, 제1기 인민대표대회 4차 회의에서 제2기 인민대표대회 2차 회의에 이르는 네 차례 회의에서는 제출의안의 수가 오히려 243건, 81건, 80건, 46건으로 대폭적인 하락세를 나타내었다.[36]

---

36) 袁瑞良, 「人民代表大會制度形成發展史」, 人民出版社, 1994년, 501-504쪽.

3. 제3단계(1966년~1975년)

1966년, 역사상 전례 없는 문화대혁명이 발생하여 중화인민공화국이라는 고속열차는 궤도를 이탈하였다. 전국인민대표대회는 기본적으로 활동을 정지하였고, 헌법은 사실상 폐기되었으며, 국가와 사회생활에는 믿기 어려운 현상이 발생하였고 헌법의 각 원칙은 파괴되어 헌법은 완전히 효력을 상실하였다.

1954년 헌법은 공민의 광범위한 권리와 자유를 규정하였으나, 문화대혁명시기에 좌익사상의 영향아래 공민의 권리와 자유는 철저하게 한편으로 밀려나고, 정치적 권리를 보장받지 못할 뿐만 아니라 심지어 인신권리의 기본인 인격존엄 조차 보호되지 못하였다. 이 점은 국가주석 유소기의 운명에서 대표적으로 나타난다고 할 수 있다. 유소기는 1966년 초 비판되기 시작하여 1969년 11월 12일 살해되었다. 이 기간 동안에도 1967년 7월 18일 악랄한 불법 인사로 지목되어 1967년 7월부터 단독 수감되었고, 1968년 10월 중공 제8기 확대 제12차 중앙위원회 전체회의의 결의를 거쳐 당 내외의 모든 직위가 취소되었고 영원히 당적을 박탈당하게 되었다.[37]

헌법이 규정한 인신의 자유, 인격존엄, 거주의 자유 및 인민대표대회 대표의 인신권리에 관한 특별보호는 모두 침해되었다.

1954년 헌법 규정에 의하여 중앙국가기구는 전국인민대표대회상무위원회, 중화인민공화국 주석, 국무원, 최고인민법원, 최고인민검찰원 등으로 구성되었으나, 문화대혁명 개시 후 중앙국가기관체제의 직권과 업무분담은 혼란이 있었고 어떠한 헌법적 근거도 갖지 못한 중앙문혁소조가 막대한 권력을 부여받아 다른 중앙국가기관을 능가하여 임의로 명령을 발하였다.

문화대혁명의 개시로부터 1975년 1월까지의 8년 동안에는, 1966년 7월 전국인민대표대회상무위원회가 1차 회의를 개최한 것 외는 어떠한 회의

---

37) 文正邦 등 저, 「共和國憲政歷程」, 河南人民出版社, 1994년, 80쪽-85쪽.

도 거행되지 않았고, 모든 활동이 중단되었다. 중앙국가기관체계 가운데
단지 국무원, 최고인민법원이 유지되었고, 법률감독기관인 검찰원이 철
폐되었다. 심지어 국무원의 직권도 매우 축소되었고 상당부분의 권력이
중앙문혁소조의 수중에 넘어갔다. 지방 국가정권체계 중 권력기관, 행정
기관, 재판기관, 검찰기관이 모두 혁명위원회로 대체되었다.

　종합하면, 1966년에서 1975년 사이는 헌법이 현실생활에서 효력을 상
실하여 그 조정 작용을 할 방법이 없었고, 기본적으로 시행에 이르지 못
하였다고 할 수 있다.

　1954년 헌법은, 제정에서 실시까지의 전 과정을 살펴보면, 1954년 헌법
은 대체로 잘 제정된 헌법이고 헌법규범 내용과 형식면에서 비교적 이상
적인 상태의 것이었다. 그러나 헌법의 실시는 오히려 상응하는 수준을 따
라가지 못하였다. 헌법의 생명력은 그 제정상의 구체화뿐만 아니고 더욱
중요한 것은 그 실시과정의 구체화이기 때문에, 오직 전면적이고 정확하
게 헌법을 시행하여야만 비로소 종이 위의 헌법이 현실의 헌법으로 변화
된다. 단지 조문에만 머물러 헌법의 실질적 운용을 중시하지 않는다면 그
헌법은 존재의 가치를 잃게 되고 현실을 이탈한 헌법이라[38]고 할 수 있다.

　1954년 헌법이 선전, 학습단계를 거쳐 현실생활에서 이제 막 실시되려
는 때 쇠퇴기를 맞게 된 것은, 정치운동의 충격으로 인하여 헌법이 권위
를 상실하게 된 때문이고, 마침내 한낱 휴지더미로 변하여 폐지되는 액운
을 맞게 되어 정적인 상태로 머물게 된 것이다.

---

38) 徐秀義, 韓大元, 「憲法學原理(上)」, 中國人民公安大學出版社, 1993년, 77쪽.

V. 1954년 헌법의 신 중국 헌정발전에 대한 영향과 시사점

1. 헌정발전에 대한 영향

1954년 헌법은 중국 역사상 최초의 사회주의 유형의 헌법이며 신 중국의 최초헌법이다. 전술한 1954년 헌법의 제정과 시행의 과정에서 명백히 알 수 있는 것처럼, 이는 중국공산당이 전국인민을 영도하여 제정한 것이고, 중국헌법의 발전사에 있어 인민이 처음으로 자주적인 제헌권의 행사를 통하여 제정하였다는 것과 당의 정확한 주장과 인민의 의지를 구체화하였다는 것이다. 그것은 공동강령을 기초로 하였고 또한 공동강령의 발전이다. 이 헌법은 무산계급이 영도하여 제국주의·봉건주의·관료자본주의에 반대하는 인민혁명의 경험을 실사구시로 총결산한 것이고, 건국초기의 사회개혁·경제건설·문화건설과 정부활동의 경험을 총결산하였고, 중국인민의 사회주의 건설과 사회주의 개조를 실행하는 목표와 노선을 명확히 규정한 것으로서, 전국인민의 공통적인 염원과 근본이익의 집중적인 표현이다. 1954년 헌법의 실시는 신 중국 헌정실천에 대하여 중대한 영향을 끼쳤다.

헌법의 성격으로 보면 1954년 헌법은 사회주의 유형의 헌법에 속한다. 중국의 근대사에서, 적어도 5·4운동 이래, 중국의 전도와 운명에 대하여 논쟁이 계속되어졌고 그 초점은, 누가 영도할 것인가? 어떠한 노선으로 나아갈 것인가?라는 데 모아졌다. 결국 역사가 결론을 내었고 인민이 선택을 하였다. 그것은 바로 "공산당이 없으면 신 중국도 없다. 오직 사회주의만이 중국을 구할 수 있다"는 것이다. 이러한 논쟁은 입헌문제에서 반영되어, 서방자본주의 국가를 따라 자본주의 유형의 헌법을 제정할 것인가, 아니면 소련을 본받아 사회주의 유형의 헌법을 제정할 것인가의 문제로 되었다. 1954년 헌법 기초과정에서도 청조말기 이후의 입헌문제에 관한 기본 경험을 총결산하였다.

제헌 시 북양군벌정부의 몇몇 헌법과 헌법초안, 장개석 정부의 중화민국훈정시기약법 및 장개석의 헌법 등을 참고한 것은 그 예다. 자본주의노선이 중국에서 행하여 질 수 없는 것과 마찬가지로, 신 중국의 헌법이 자본주의 유형에 속하게 되는 것은 불가능할뿐더러 또한 그렇게 되지 말아야 하는 것으로 오로지 사회주의 유형에 속할 수 있을 뿐인 것이다. 1954년 헌법은 헌법의 사회주의 성질을 명확히 규정하였고, 인민민주원칙과 사회주의 원칙을 구체화하였으며, 사회주의의 발전노선과 전 민족이 분투할 목표와 전진방향을 명확히 제시하였다.

1954년 헌법은 또한 과도시기에 있어서 전국인민을 사회주의 사회 건설을 위하여 분투하도록 한 위대한 강령이다. 당시 중국은 아직 신민주주의 사회에서 사회주의 사회로 이어지는 과도시기였다. 1953년, 당은 과도시기의 총 노선과 총 임무를 확정하여, 상당 기간의 역사 시기 동안 국가의 사회주의 공업화를 점진적으로 실현하고 아울러 농업, 수공업과 자본주의 상공업의 사회주의 개조를 점차 실현토록 한다고 하였다. 이것은 사회주의 건설과 사회주의 개조를 동시에 이룩하는 총 노선이었다. 1954년 헌법은 국가근본법의 형식으로, 중국공산당의 과도시기 총 노선을 국가의 과도시기 총 노선으로 삼아 확정한 것으로 법률의 효력을 갖춘 과도시기에 있어 전국인민을 사회주의 건설을 위하여 분투하도록 동원한 위대한 강령이다.

헌법의 기본적인 작용으로 말하면, 1954년 헌법은 인민민주원칙과 사회주의 원칙을 제도화·법률화하였고, 신생의 사회주의 정권과 그것이 수립될 수 있는 기초를 공고히 하였다. 1954년 헌법 전체를 꿰뚫고 있는 인민민주원칙과 사회주의 원칙은 그 지도사상이고, 이는 확정된 국가제도와 사회제도에서 주로 구체화되었고, 공민의 기본 권리와 의무에 연결되어 있다.

1954년 헌법의 실시는, 인민대표대회의 전면실시, 인민민주전정정권의 건설, 신민주주의에서 사회주의로의 과도를 점진적으로 실현하여 사회주의 건설을 촉진하였고, 생산자료 공유제의 사회주의 개조의 완성, 착취제

도 소멸, 사회주의 제도의 수립으로 사회생산력의 대대적인 해방과 발전
을 가져왔으며, 비교적 빠른 속도로 사회주의 국민경제체계를 기본적으
로 형성시켰으며, 역사적으로 거대한 추진 작용을 하는 계기가 되었다.
실천에 있어서 1954년 헌법은 확실히 양호한 헌법임이 증명되었다.

　헌정건설의 측면에서, 1954년 헌법은 중국헌정체제의 기본적인 틀과
발전모델을 제시하였으며, 헌법이 확립한 인민민주원칙과 사회주의 원
칙, 중앙국가기관의 조직체계, 중앙과 지방의 관계 및 공민의 기본 권리
와 의무 등 여러 영역의 규정은 이후에 이어지는 헌법에 계승되었다. 현
행 헌법 즉, 1982년 헌법은 바로 1954년 헌법을 기초로 1954년 헌법의 시
행 이래 사회주의 발전의 풍부한 경험을 총결산한 것이고, 또한 국제적
경험을 바탕으로 제정한 것으로서 1954년 헌법의 계승과 발전이다. 비록
1954년 헌법이 진정으로 실시된 기간은 길지 않지만 중국 사회발전상의
작용은 부인할 수 없는 것이다. 1954년 헌법은 하나의 역사적 문헌으로서
뿐만 아니라 헌정경험의 결산으로서 금후 중국헌정 건설의 발전에 영향
을 끼칠 것이다.

2. 헌정발전에 대한 시사점

　물론, 1954년 헌법의 제정과 실시가 중국 헌정발전에 어느 정도 적극
적인 영향을 미쳤지만, 1954년 헌법의 시행과정에서 우여곡절의 과정을
거쳤음을 알 수 있다. 그동안 인민이 주인인 인민민주국가에서 심지어 인
치주의, 법률허무주의가 성행하는 부정적 현상이 나타났고, 그것이 우리
에게 준 교훈은 매우 큰 것이다. 아래와 같이 요약할 수 있다.

　첫째, 사회주의 헌정의 실행은 반드시 국가건설의 기본목표라는 측면
에서 헌법의 지위를 확립하여야 한다.

　인민민주정권의 확립은, 최초의 사회주의 헌법의 반포로 인하여, 사실
상 헌법 및 헌법학의 발전에 근본적인 변화를 가져오게 하였다. 중국의

헌법학자는 1954년 헌법에 대하여 광범위한 선전과 연구를 진행하였다. 그러나 1950년대 전반에 걸쳐, 인민의 헌법에 대한 인식은 한계가 있었고, 국가건설 측면에서 헌법을 이해하고 헌법을 국가건설의 기초개념으로 확립하는 데는 전체사회의 인식 또한 부족한 상태였다. 헌법학의 발전을 살펴보면, 중국 특유의 헌법학이론은 확립되지 못하고 대부분 소련의 헌법학이론을 모방하였다. 당시 헌법학의 기본체계는 직접 또는 간접적으로 소련 헌법학을 수용하였고, 심지어 과정의 설치 및 명칭조차 기본적으로 통일하였다.

어느 학자는 이 시기를 전반적인 소련화의 시기라고 불렀다. 이러한 현상은 중국헌정 발전의 소극적인 결과를 가져오게 하였고, 객관적으로 중국의 헌법학자가 중국의 현실사정을 이해하지 못하게 하였고, 비교·분석을 통하여 세계 각국의 헌정건설의 유익한 경험을 빌어 중국특유의 헌법이론을 발전시키는 데 불리하게 하였다. 소련헌법이론의 전면수용과 동시에 소련의 스탈린 시기의 고도로 집중된 정치경제체제 위에서 생겨난 "좌"의 사상을 받아들였다. 이 외에도, 헌법학의 정치성과 학술성의 상호관계에 대한 정확한 인식부족으로 헌법학의 지식을 문화와 학설로 취급하지 못하였고, 이를 구정권 반동유산의 일부로 보아 비판하고 부정하였으며 헌법학연구기초를 공백상태에 이르게 하였다.

뿐만 아니라 건국초기 헌법학의 발전에서, 자본주의국가의 헌법에 대해서는 오직 비판적 태도를 취하였고 그 합리적 부분에 대하여도 실사구시적인 평가를 하지 못하여 중국의 헌법학계와 각국의 헌법학계는 단절 상태에 이르게 되어 평등대화의 기회를 상실하였다. 이와 같은 여러 가지 이유로 중국실정에 부합하는 헌법학이론은 진정한 성립을 보지 못하였고 그 후의 발전과정에서 다시 여러 차례 충격을 받게 되었다. 1957년에서 1965년 사이는 중국헌법학 발전의 우여곡절이 있었고, 전체 헌법학계의 상황으로 보면 헌법이론 연구에서 정치색채가 농후하였고, 헌법학 자체의 과학성과 기술성이 부족하여 그 연구 성과는 기본적으로 선전과 주석에 그쳤다. 1966년에서 1976년까지의 10년간 문화대혁명의 시기에 헌법학연구는 엄청난 훼손을 당하였고 기본적으로 정지단계에 처하게 되었다.

헌법규범은 헌법학 이론연구 성과의 표현이며 이론연구의 부족함은 성문헌법에서 나타난다. 1954년 헌법은 지방 각급인민대표대회 상무위원회의 설치, 중국인민정치협상회의의 통일전선 가운데서의 지위와 역할, 대만은 중화인민공화국의 신성한 영토의 일부분이라는 등에 대하여 명확한 규정을 두지 않았다는 점이다. 헌법실시 과정의 곡절과 헌법이론 본래의 국한성은 긴밀한 관계가 있다. 어떤 의미에서는 성숙되지 못한 헌법이론은 성숙되지 못한 실천을 가져오게 된다고 할 수 있는 것이다.

둘째, 사회주의 헌정의 실행은 반드시 민중의 헌법의식 배양을 중시해야 한다. 법률의식은 사회의식의 특수한 형식이고 사람들의 법률현상에 대한 사상, 관점, 지식과 신뢰의 총칭이다. 헌법의식은 법률의식의 주요 부분이며, 그것은 사람들의 헌법에 대한 명확한 관념의 사상체계일 수도 있고, 사람들의 헌법에 대한 감정적인 심리, 태도와 평가라고도 할 수 있다. 헌법의식이 사회 각계각층의 헌법 관련의 가치 관념에 관련되기 때문에 이것을 다원화라고도 할 수 있다. 성문 헌법에 대한 헌정의식은 일종의 관념상의 헌법이다. 헌정과 헌정의식의 관계는, 헌정은 조작이 가능한 구체적인 유형의 것이고, 헌정의식은 일종의 관념·감각과 심리상태라 할 수 있고 이것은 대중의 의식 속에 뿌리내려 헌정활동에 영향을 미치는 것이다.

헌정의식은 헌법체제 확립과정에서 선도적 작용을 하며, 헌정의식을 선도로 하지 않고 헌정의식의 사상기초를 확립하지 않는다면 헌정운동은 진정 존재할 수 없으므로, 헌정의식은 헌정활동의 내재적 추진력이다. 헌정정신은 헌정의식의 최고단계이며 이상적 상태이며, 헌법존중 및 헌법옹호, 헌법의 자각적인 준수와 실시의 기풍과 습관이며 또한 민주의 존중, 민주의 옹호, 민주적 기풍과 관습의 실시라고도 할 수 있다. 이는 헌법실시의 불가결한 부분이며, 그렇지 않으면 헌법의 최고규범성은 보장될 수 없다.

이론상으로 민중은 제헌의 주체일 뿐만 아니라 제헌과정의 적극적인 참여자다. 민중의 제헌에 대한 신념과 참여는 제헌과정의 민주화 정도를 판단하는 중요한 기준이며, 이는 헌법가치의 실현을 결정하는 데 크게 작용하고 있다. 민중은 통상적으로 각자의 경제적·정치적 이익에서 출발하여 특정의 헌법을 요구하게 되고, 특정한 헌법인식을 갖게 된다. 제헌과정에서 비록 헌법전이 없다하더라도 민중의 의식 속에 이미 형성된 그들이 희망하는 감각과 인식 즉 민중의 헌법가치관은 일정한 조건하에서 제헌과정의 어떠한 내용을 결정할 수 있다.

제헌과정에서 공민의 헌법의식과 헌법전 형성 이후의 공민의 헌법의식은 서로 다른 점이 있다. 제헌 중의 헌법의식은 주로 헌법이상의 추구와 헌법원칙의 확립에 대한 것이고, 공민의 미래의 정치생활에 대한 희망이다. 제헌권을 행사하는 자는 민중의 헌법감정 또는 헌법의식을 무시할수 없고, 민의를 통일한 바탕 위에서 민중의 의지에 따라 헌법을 제정해야 한다. 헌법전의 형성 후 민중의 헌법의식은 주로 헌법의 옹호, 헌법실시의 의지력으로 표현된다. 헌법 보장의 실상은 입헌주의 원리의 옹호 과정이고, 유효한 제도를 수립하는 것 외에 민중의 헌법규범에 대한 존중과 보호의식, 즉 강렬한 헌법의지의 형성은 매우 중요한 요소이다.

민중의 헌법의식은 헌법실시의 사회적 기초이지만, 사회기초에 있어서 우리는 중국 근대입헌의 비극적 상황을 목격하였다. 양계초(梁啓超)는 입헌의 동기가 인민으로부터 일어나지 않고 정부로부터 나왔다면 그 결과는 뻔히 예상할 수 있는 것이라고 하였다. 진독수(陳獨秀)는 헌정의 의의에 대한 국민주체의식에 대하여 더욱 세밀한 분석한 바, 소위 입헌정체, 소위 국민정치가 과연 능히 실현될 수 있는지의 여부는 다수의 국민이 정치에 대하여 스스로 주체적인 자리에 위치 할 것을 유일하고 근본적인 조건으로 할 때…… 입헌정치의 주동적 지위가 인민에 속하지 않고 정부에 속하게 될 때 헌법은 한낱 공문(空文)에 지나지 않으며, 그 시행의 장래는 보장 될 수 없고, 헌법의 자유와 권리는 보잘 것 없는 것으로 인식되어 입헌정치의 정신은 완전히 상실된다고 하였다.

손중산(孫中山)은 임시약법(臨時約法) 제정 시의 정치적 상황과 사상조류의 상황을 회고하면서, "한 나라의 형세는 만인의 심리로 구성되고 만약 그 형세가 이미 성립되었다면, 곧 한두 사람 유리한 세력을 차지한 사람의 지력에 의해 전이되는 것을 반드시 단절시켜야 한다."는 의미심장한 말을 하였다. 그는 수천 년 전제의 독소가 사람들의 마음속에 자리하는 이것이 중국의 한스러운 단점이라 인식하였다. 그러므로 중국의 개조는 반드시 민주공화국 정신을 법률로써 명확히 고정해야만 비로소 제국주의와의 단절, 전제주의의 전복을 가능하게 한다는 것이다.39)

신해혁명과 북양군벌의 수많은 법률문란사건 이후에는 헌법이 능히 효력을 갖기 위하여 전적으로 민중의 지지에 의해야 하고, 다만 백지 위의 글자 자체로서의 헌법은 결코 민권을 보장할 수 없다는 인식을 갖게 되었다.40)

결국, 헌법의식은 제헌과정 및 제헌 이후 헌법실시 과정에 많은 영향을 준다. 어떤 사회는 헌법을 가지고서도 헌정활동이 없을 수 있다. 그러나 모든 헌정활동의 배후에는 반드시 두터운 헌법의식을 기초로 하는 것이고, 진정한 헌정활동이 그 사회에 출현한다는 것은 헌법의식의 충분한 존재를 선결조건으로 한다. 1954년 헌법 제정 시 역사와 문화상의 원인으로 중국의 일반 백성은 헌법이 무엇인지 왜 헌법이라 부르는지, 헌법이란 도대체 무엇인지를 전적으로 이해할 수 없었다. 학습·선전·토론의 과정에서 사람들은 점차 헌법과 헌법초안에 대한 기초적인 단계의 인식을 하게 하였으나 헌법에 대한 명확하고 깊은 인식은 없었고, 헌법에 대한 인식은 표면적인 이해에 그치고 실체적 본질의 이해는 결여되었다.

당시의 헌법선전은 주로 제헌의의, 신 중국의 성립, 인민이 주인이라는 것 등의 문제였고, 헌법에 대한 의미·내용가치 등 기본문제는 별로 다루지 않았다. 이 때문에 1954년 헌법의 전민 대토론은 비록 성공을 거두었지만 그 한계성을 면하기 어렵고, 공민의 헌법의식을 배양하지 못하여 전

---

39) 蔣碧昆, 「中國近代憲政憲法史略」, 法律出版社, 1988년, 137쪽.
40) 「孫中山選集」 上卷, 153쪽-155쪽.

사회의 보편적 헌법의지를 형성시키기에는 더욱 어려웠다. 입헌과 헌법의 시행이 민중 내재의 절실한 요구를 대변하지 못하고, 헌법의 실시가 광범위한 사회기초를 갖지 못하면 헌법실시의 효과는 반드시 이롭지 못한 결과가 되는 것이다.

셋째, 사회주의 헌정의 실행은 헌법규범과 사회현실의 협조를 유지하는데 중시하여야 한다. 헌법규범은 사회현실의 기초로서 현실적 존재의 사회관계에 대한 일종의 반영이다. 헌법규범과 사회현실의 협조는 헌법이 생명력을 발휘하는 중요한 요소 중의 하나다. 한 나라의 헌법이 제정된 후 반드시 그 안정성과 유동성 간의 관계가 정확히 처리되어야 한다. 헌법은 국가의 근본법으로서 제정을 거치면 바로 안정적인 문건으로서, 헌법의 존엄성은 헌법의 이러한 특징을 강화시켜 조령석개(朝令夕改)될 수 없게 된다. 그러나 헌법의 안정성은 상대적인 것으로, 이것은 주로 사회현실로 인하여 부단히 발전 변화하게 되지만, 사회현실의 발전변화는 다시 헌법규범에 반영되어 나온다. 헌법규범의 안정성과 사회현실의 유동성 사이의 모순은 두 가지 면에서 나타난다.

하나는 국가의 정치경제와 사회생활의 부단한 변화 때문에 헌법조문의 경직성과 사회실천의 융통성 사이의 모순을 일으키고, 사회실천 발전의 수요에 따르려면 부단히 헌법을 갱신하여야 한다. 다른 하나는 헌법은 국가와 사회생활에 대하여 총체적 · 원칙적인 규범이지만 헌법조문은 오히려 모든 구체적인 사항을 다 망라할 수 없으므로 전체적인 완전성과 조문상의 불완전이라는 모순을 발생시키고, 헌법자체의 어떤 결함과 누수를 가져오게 하며, 실제적 수요에 근거한 첨삭 · 보완을 필요로 하게 된다. 헌법사는 절대적 안정성의 헌법도 없고, 헌법의 변경은 절대적이고 헌법의 안정성은 상대적이라는 것을 증명해준다. 실천에서 헌법의 권위성은 헌법의 안정성을 전제로 하는 것이고, 헌법규범이 단지 안정적으로 사회현실 속에서 지도와 규범작용을 할 때 사회전체는 비로소 현실생활 속에서 헌법의 권위와 가치를 느낄 수 있는 것이다.

그러나 헌법의 안정성은 헌법이 사회생활에서 작용되는 것을 전제로 하므로 사회현실과 이탈된 헌법규범의 안정은 폐기되어야 하는 것과 같다. 헌법의 생명력은 능히 자신의 신진대사를 통하여 시대에 부응하고, 시종 사회현실에 대한 규범과 조정 작용을 하는 데 있는 것이다. 헌법규범과 사회현실의 불일치는 헌법실시에 있어서의 불합리성을 초래하며, 1954년 헌법의 시행과정에서 이점은 충분히 증명되었다.

1954년 헌법은 공동강령을 기초로 하였으며 또한 그 발전이다. 공동강령에 대한 발전은, 공동강령이 규정한 임무는 이미 완성되었고 헌법은 이를 다시 규정한 필요가 없었다는 점, 공동강령의 실시 이후 5년 간 취득한 성과를 총결산하여 새로운 규정과 새로운 내용을 추가하였고 사회현실의 변화를 적절한 시기에 반영하였다는 점에 있다. 그러나 1956년 생산자료 공유제로의 사회주의 개조를 기본적으로 완성한 후 마땅히 헌법의 수정을 해야 함에도 불구하고 오히려 여러 가지 사정으로 수정작업은 진행되지 않았고, 1954년 헌법의 규정과 사회현실 사이에는 괴리가 나타나게 되어 헌법실시에 중대한 방향을 끼쳤다. 1954년 헌법 제5조 규정의 당시 생산수단에 대한 소유제는 주로 국가소유제, 합작사소유제, 개체노동자소유제, 자본가소유제 등이었다.

헌법실시의 결과로 인하여 대략 4년의 기간이 경과하여 도시와 농촌의 착취제도는 소멸되었고, 자본가, 부농경제는 두 번 다시 존재하지 않게 되었으며, 망양대해와 같은 소농경제는 모두 집체화의 길로 올라섰고, 전국의 농촌은 인민공사화를 실현하여 사회주의가 이미 성립되었다. 그러나 제10조 국가의 법률에 의한 자본가의 생산자료 소유권과 기타자산 소유권 보호의 규정은, 사회주의 개조의 완성으로 인하여 보호로부터 가치가 소멸되었기 때문에, 이러한 규정은 실질상의 변화가 일어나서 그 효력을 스스로 상실했다. 경제적 측면에서는 헌법규범의 적절한 조정이 없었기 때문에 이에 상응하여 국가의 총 임무 역시 조정이 없었고, 경제건설 위주정책을 확립시키지 못하여, 국가가 비록 사회주의 초급단계에 진입하였지만, 오히려 이를 인식하지 못하였다. 사회생활의 중요한 부분에 있어서 1954년 헌법은 규범과 조정의 작용을 상실하였다.

예컨대 정권의 측면에서는, 1956년 사회주의 개조의 기본적인 완성 후 노동자계급의 영도지위는 변화가 없었으나 자산계급의 소멸로 정권의 계급기초에는 이미 변화가 있었지만, 이러한 중대한 변화는 비록 감지되었으나 단지 당의 보고를 통하여 이러한 사실이 선포되는 데 지나지 않았고 국가의 근본법 중에서 구체화되지 못하여, 헌법과 사회현실 사이에 격리현상이 출현하여 헌법작용에 영향을 미쳤다. 대외관계 측면에서는, 1954년 헌법이 서언에 규정한 몇 가지 원칙과 실제적인 국제관계의 변화 사이에 모순과 충돌이 나타났다. 국내외의 객관적 현실변화는 마땅히 헌법에 일정한 형식으로 반영되어져야 하지만 오히려 실제 채택한 대책은 헌법규범을 방치하였고, 객관현실의 변화에 따라 발전에 낙후된 헌법규범을 적시에 수정하지 않아 헌법규범의 규범력을 상실하게 되었으며 현실생활의 지도적 작용을 할 수 없게 하였다.

넷째, 사회주의 헌정의 실행은 반드시 헌법보장기제의 운용을 중시하고 헌법에 대한 도구주의 의식을 제거하여야 한다. 헌법은 반드시 헌법을 제정한 국가에 의하여 그 실시가 중요시된다. 이행되지 않는 이름뿐인 헌법은 그것과 짝을 이루는 법률체계를 가지고 있다고 하더라도, 만약 헌법을 제정한 국가가 시행에 관심이 없으면 그 기능은 발휘할 수 없다. 집권당의 헌법에 대한 태도와 인식은 사실상 헌법실현의 정도를 결정짓는다. 신 중국 헌법발전사가 말해주는 바는, 어느 시기에 집권당이 정확한 정치노선을 확립하였는지, 헌법을 중시한다면 헌정의 실시는 더욱 보장되고 헌법은 양호한 사회적 효과를 취득하게 될 것이라는 것과, 어느 시기에 집권당이 정치노선을 이탈하였는지, 헌법권위를 존중하지 않는다면 그 결과는 반드시 헌법이상과 현실의 충돌을 가져오게 된다는 점이다.

1954년 헌법의 전민토론 및 공포 전후의 선전·학습은 법제와 헌법교육운동의 성공이었고, 또한 전민적인 법률가치의 재인식 과정이었다. 그러나 이러한 인식도 일정한 한계성을 가진다. 관련 문서·논술·강연 및 발언에 있어서 우선 강조된 것은 법의 계급성과 수단성이고, 법을 계급투쟁의 수단으로 보고 정치임무 완성의 수단으로 보았다. 계급은 법률의 기초이며 정치는 법률의 영혼으로 인식한다. 국가 근본법인 헌법은 다름 아닌 계급투쟁의 결산과 결과일 뿐이다. 모든 헌법은 계급투쟁의 산물이며, 계급투쟁의 한 형식이며 도구이다. 왜 헌법을 준수해야 하는가 하는 문제를 논할 때, 헌법의 가치와 작용을 다루지 않고 단지 그 성질 즉 계급성에 원인을 돌린다.

1954년 헌법의 법률체계상 근본법 지위가 인정된 것은, 당시 헌법에서는 나라를 잘 다스리고 안정시키는 총 규정이라는 데서 찾아 볼 수 있다. 그러나 헌법을 핵심으로 하는 법률체계는 전체 사회가치 체계에서 오히려 그 지위를 확보하지 못하였다. 헌법이 확립하고 보호하는 가치는 사회의 근본가치로 보지 않았다. 사회주의 개조의 사전 완성으로 1954년 헌법이 규정한 부분적 임무는 이미 완성되었다. 그러나 헌법이 확립한 국가적·사회적 근본규범은 여전히 유효하였다. 단편적으로 법의 계급성, 수단적 성질을 강조하였고, 또한 단편적으로 법을 계급통치의 도구로 간주하였기 때문에, 법의 사회주의 민주적 작용과 사회주의 현대화건설의 촉진작용을 무시하였다. 정권의 공고화시기에 있어서는 법률도구주의, 허무주의의 사상은 점차 상승세를 유지하였다.

1958년 8월 북대하에서 개최된 중앙정치국 확대회의에서 모택동은 상부구조 문제를 논하면서 "법률이라는 것은 없어서도 아니 되고, 그러나 우리는 우리 것을 가지고 있다." "대약진이래, 모두다 생산에 참여하고, 누구나 대자보를 통하여 자기의견을 밝혔으며, 법을 어길 시간도 없었다. 절도범은 군중에 의지하지 않으면 아니 된다. 다수를 다스리는데 법률에만 의지할 수는 없다. 많은 사람의 습관이 양성되어야 한다. 민법·형법 등의 조문은 누가 기억할 수 있는가? 헌법은 내가 참가하여 제정한 것으로 나 역시 기억할 수 없다. 우리의 모든 결의는 곧 법이고 회의의 개최 역시 법이며, 치안조례 역시 습관을 길러야 준수될 수 있다. 주로 결의와 회의에 의지하고, 민법이나 형법에 의지하지 않고 질서를 유지한다."[41]라

---

41) 項淳一, "당의 영도와 법제건설," 「中國法學」, 1991년 제4기 참조.

고 하였다.

중앙의 한 인사는 이 회의에서 "도대체 법제인가 아니면 인치인가? 실질적으로 사람에 의지하고 법률은 단지 업무처리의 참고일 뿐이다"고 하였다. 1958년 중앙정법소조는 그 보고에서 "법·민법·소송법은 우리의 실정에 비추어 볼 때 이미 제정의 필요성이 없어졌다." 이로써 당시의 상황을 말하자면, 일부 영도자에 있어 헌법은 일종의 도구에 불과한 것이었다. 헌법 법률이 단지 도구라 한다면 기타 수단을 이용하여 완전히 대체할 수 있고, 당의 정책은 일체를 도맡을 수 있는 것이다.

공산당의 중국혁명과 건설의 영도는 주로 일련의 노선, 방침 정책의 재정과 실시를 통하여 실현한 것이다. 당의 실천을 통한 증명은 정확한 방침·정책 및 실질적인 업무를 통한 성공적 경험이고, 정권기관이 제정한 법률·법규를 통해서만 국가강제력으로써 그 시행을 보증할 수 있었다. 도구주의적 법률인식은 법률은 단지 당의 정책을 관철시키는 도구로 간주하였을 뿐만 아니라 정책을 법률 위에 두었다. 이러한 정책과 법률 이원화의 사회규범적 구조에서 정책은 현실생활에서 중시되었지만 법의 가치는 곧잘 무시되었다.

"한 나라의 헌정실행의 역사는 그 국가의 민주정치의 발전과정을 농축하고 있고, 그 법제건설의 경험과 교훈을 응집하고 있다."[42] 1954년 헌법 실시의 역정을 회고하면 기쁜 일도 있고 희망도 있었지만 더 많은 괴로움과 실망도 있었다. 어느 철학자가 말한 바, 위대한 민족의 그 위대한 점은 그 민족이 과오를 범하지 않는데 있는 것이 아니고, 그 민족이 잘못을 범하는 가운데 교훈을 얻어 똑같은 잘못을 저지르지 않는 것이라고 하였다. 1954년 헌법의 제정과 시행은 금후 중국 헌정발전에 있어 매우 진귀한 보배이며, 성공의 경험과 실패의 교훈은 장차 21세기 중국 헌정 발전에 중요한 영향을 미칠 것이다.

---

42) 文正邦,「走向21世紀의中國法學」, 重慶出版社, 1993년, 147쪽.

헌법과 현실의 충돌: 1975년 헌법

I. 헌법개정의 역사적 배경

1. 당과 국가 지도사상의 착오

1) 정치상 계급투쟁을 강령으로 하여 계급투쟁의 확대를 가져옴

(1) 1957년의 반우투쟁의 확대

　1955년 전국적으로 일어난 호풍(胡風)에 대한 반혁명집단 비판운동은 학술문제, 사상문제와 정치문제가 혼합된 것으로서, 문화예술계의 종파투쟁과 문예관념 논쟁은 반혁명으로 취급된 것이고, 이는 1957년 반우투쟁의 전주(前奏)였다. 1957년 4월 중국공산당은 정풍(整風)운동을 전개하고 당 외의 인사를 공산당 정풍에 참여시켰다. 이를 위해 중앙통전부는 전후 13차례에 걸쳐 민주당파 및 무당파 인사와 좌담회를 개최하였고, 회의에서는 많은 비판과 의견이 제출되었으며, 그 중 일부 우파 언론도 참여하고 있었는 바, 공산당의 영도를 "당의 천하"라 하였고, 학교에서 당위원회제의 실시를 반대하고 다당 윤번집정의 실시를 선전하였다.

사회주의는 자본주의만 못한 것으로 인식하였고 인민대표대회제를 양원제로 변경할 것을 요구하였다. 각 학교의 대자보는 세상을 뒤덮어 정치분위기는 매우 긴장된 상태였다. 이리하여 당과 모택동은 이것을 반공 반사회주의적인 적과 아군의 모순과 적과 아군의 투쟁으로 인식하여 반격을 가할 것을 요구하였고, 정치적·사상적으로 철저한 사회주의 혁명을 행할 것을 요구하였다. 반우파투쟁의 1년 동안에 모두 55만여 명의 반 우파 분자가 그 존재를 점차 확대하였다. 당의 11기 3중 전회 이후 반 우파에 대한 조사결과 99%는 잘못된 것이었다.[1] 반우투쟁의 확대는 계급투쟁 확대의 시작이었다.

(2) 1959년 착오적 반(反)우경투쟁

1959년 당내에서는 대약진운동과 인민공사화운동에 대한 인식이 크게 엇갈리게 되었다. 7월 노산에서 개최된 중공중앙의 정치국 확대회의에서, "경험을 총결산하고, 착오를 바로잡고, 목표를 바로잡고", 당내 사상을 통일하여 계속 약진토록 하였다. 모택동은 대약진 이래 "성과가 크고, 문제는 많지만, 전도는 밝고", "일체를 부정하는", "손실을 메울 수 없다"는 인식은 잘못된 것으로 인식하였다.

그러나 팽덕회(彭德懷) 등은 좌경착오는 철저히 교정되지 못하였다고 인식하였다. 팽덕회는 서북조의 토론에서 7차례에 걸친 발언을 통하여, "1957년 반우 이래 정치경제상 일련의 성과가 있었고, 당의 위신도 제고되었다. 머리를 아프게 하는 것은, 작년에 업무방법 60조 가운데 모든 것은 실험을 통하여 이루어지는 것이라는 원칙을 무시한 것으로, 밥 먹는 데 돈이 필요치 않는 그렇게 큰일이 실험을 거치지 않은 것이다." "당내에는 늘 '좌'의 것은 바로잡기 어렵고, 우의 것은 바로잡기가 비교적 쉽

---

1) 張普藩, 「中華人民共和國歷史大辭典」, 黑龍人民出版社, 1992년, 278쪽.

다. 좌에 대하여는 일체를 압도하여 많은 사람들이 말하기 꺼려하고 모자를 눌러써서 언론에 영향을 주고 있다'고 하였다.

회의가 보름간으로 예정되었기에, 팽덕회는 회의를 조속히 끝내고, 균형을 잃은 국민경제를 바로잡는 근본조치를 해야 한다는 생각으로, 모택동에게 대약진의 경험교훈을 어떻게 종결할 것인가에 대하여 약 4천자 분량의 서신을 보냈는데, 1958년의 착오에 대하여 날카롭고 중도적인 입장에서 비평하였다. 모택동은 이 서신에 대하여 반대의견을 가졌고, 팽덕회의 서신은 '좌'를 바로 잡는다는 것을 빌미로 한 삼면홍기(三面紅旗)2)의 부정으로 인식하였고, 그에 대한 도전장으로 생각하였다. 8월에 이르러 노산회의는 제2단계로 접어들었고, 회의의 주제는 좌의 교정에서 반우로 급진전하였다. 모택동은 우경(右傾)기회주의 사상은 목전의 주된 위험이고, 당내에 층층으로 우경기회주의 분자가 있다고 하였다. 이는 팽덕회 및 그 지지자인 황극성(黃克誠), 장문천(張聞天), 주소주(周小舟) 등 반당 집단으로, 이들과의 계급투쟁을 생각하였다. 그리하여 당내 우경기회주의에 반대하는 운동을 개시하여, 당은 약 반년의 반 우경투쟁을 진행하였고, 전국적으로 360여만 명이 우경기회주의 분자로 규정지어졌다.3)

(3) 1966년에 개시된 문화대혁명

1966년 5월 4일부터 26일까지, 중공중앙정치국은 확대회의를 개최하였고, 5월 16일 회의에서 '중국공산당중앙위원회의 통지'를 통과시켜, "문화대혁명"이라는 군중성의 정치운동이 이미 개시되었음을 표시하였다. 1966년 8월 1일부터 12일까지, 당의 8기 11중 전회가 개최되어, 이 회의에서는 모택동의 '청화대학 부속중학 홍위병에 대한 서신'과 "사령부를 공격하라 나의 대자보"를 인쇄·배포하였다. 8월 8일 전체회의에서 16개 조로 된 '중국공산당 중앙회의의 무산계급 문화대혁명에 관한 결정'

2) 중국공산당이 1958년 제정한 사회주의 건설의 총노선·대약진·인민공사화운동을 말함. 역자 주.
3) 樊大順 등 편저, 「國史通鑑」 제2권, 紅旗出版社, 1993년, 72쪽.

을 통과시켜 문화대혁명 및 좌경지도방침을 확인하였다. 영도자의 한 차례 착오는 반혁명집단에 이용되어, 당과 국가 및 각 민족 인민에게 엄청난 재앙을 가져다 준 문화대혁명이 전개되었다.

1966년에서 1976년까지 문화대혁명의 10년은 사상을 혼란시켰고, 건국 초기 17년의 성과와 정책을 부정하기에 이르렀고, 착오적인 것이 사회주의의 새로운 산물로서 긍정되었다. 조직이 문란하게 되어, 각급 당 조직과 정부부문은 개조되고, 많은 영도간부는 비판되고 타도되었으며, 반면에 각종 기회주의자와 야심분자 및 음모분자는 기회를 틈타 당과 정권기구로 진입하였으며 더러는 중요한 영도지위를 차지하였다. 사회생활도 문란하여, 헌법·법률·당장(黨章)은 한낱 백지로 변하였고, 위로는 국가주석 아래로는 기층간부와 각계 군중에 이르기까지 임의로 비판되고, 투쟁의 대상이 되고, 체포되고, 정리되었으며, 정상적인 질서는 파괴되었다. 공민의 권리도 심각하게 침해되었다.

1980년 4인방 심판시 기소장에서, 4인방은 문혁 중 72만 9천여 명을 무함하여 손해를 가하였고 3만 4천여 명을 죽음에 이르게 하였다고 되어 있다. 통계에 의하면, 문혁 기간 동안 전국각지에서 죽은 사람은 40여만 명에 이르고, 이는 국민경제에 커다란 손실을 초래하였는 바, 이를 정상적인 성장년도와 비교할 때 10년 문혁이 발생시킨 국민수입 손실은 5천억 위안에 이른다. 이러한 재해 속에서, 심각한 극좌착오는 1975년 헌법에 깊은 상처를 안겼다.

2) 경제적으로 "대약진"의 실행과 일평이조 및 과도적 빈곤은 생산력의 발전에 심각한 장애가 됨

중국의 50년대 대약진운동은 1957년 9월과 10월, 당의 8기 3중 전회에서 논의되었다. 1958년 5월, 당의 8대 2차 회의에 이르러 대약진운동은 전면적으로 전개되었고, 생산을 지나치게 서두르고, 사회주의 건설의 실현에 있어 속도를 과도하게 요구하였다. 1957년 말 15년 내에 영국을 따라잡는다는 계획을 세웠다. 1958년 5월에는 7년 내에 영국을, 15년 내에 미국을 따라간다는 점을 제시했다. 1958년 5월에는 1년 내에 주요 공업생산품 생산량은 영국을 초과하고, 7년 내에 미국을 초과하며, 심지어 단기간 내에 고도국가의 수준에 이른다는 것을 표방하였다.

1959년의 식량생산은 3,900억 근이고, 1958년 8월 북대하에서 열린 정치국 확대회의에서는 1959년 식량 생산량으로 8,000~10,000억 근을 요구하였다. 1958년 말의 8기 6중 전회에서는 1959년 식량생산량 10,500억 근을 제시하였고, 실제 1984년에 중국의 식량 생산은 8,000억 근에 도달했다. 1958년의 실제 식량생산은 3,400억 근으로서 1957년보다 적었다. 1960년에는 더욱 하강한 2,870억 근으로 1952년의 수준보다 낮았다. 1958년 8월의 북대하 회의에서 철강생산은 1958년에 1,070만 톤, 1959년에는 2,700~3,000만 톤에 도달하는 것으로 하였다. 결과적으로 이러한 소위 고속도·고지표의 대약진은 국민수입 손실 약 1,000억 위안을 초래하였다. 대약진 후 5년의 기간을 들여 비로소 국민경제를 회복하였다.

생산관계에 있어서도 지나치게 서둘러, 즉 집체소유제에서 전민소유제로 넘어가고, 사회주의에서 공산주의로 넘어가기를 서둘렀다. 이 때문에 인민공사화운동을 전개하였다. 1958년 북대하 회의에서는 집체소유제에서 전민소유제로 넘어가는데 3~4년, 5~6년 또는 약간의 시간을 더 소요하여 완성할 수 있다고 인식하였다. 인민공사는 공산주의를 향한 과도적 시기에 있어 최적의 형식이었다. 농촌인민공사 건립에 관한 결의를 통과시켰고, 하나의 성(省)을 우선적으로 공산주의에 진입토록 한다는 생각을 제기하였다. 북대하 회의 이후, 전국범위에서 신속하게 군중성의 인민공사화운동이 전개되었다.

1958년 10월에 이르러 단 2개월 만에 전국적으로 26,578개 공사가 세워지고, 공사에 가입한 농가호수는 12,000만 호에 이르고 전국 총 농호의 99.1%에 이르렀다. 1958년 말 무창회의에서, 중국은 그 어느 나라보다 일찍 공산주의에 진입할 수 있다고 인식하였고, 단지 국제적인 영향을 고려하여 전면에 나설 필요가 없고 빈곤이라는 것을 제시하여, 농민이 부유해지면 집체소유제에서 전민소유제로 넘어가기가 더욱 어렵고, 사회주의에서 공산주의로 향하는 과도기는 빈곤을 이용하여야 하고, 빈곤하면 바로 혁명이고, 부유하면 바로 수정주의로 변하는 것으로 인식하였다. 이처럼 사회주의·공산주의와 빈곤(窮)을 연계시킨 관점은 극히 착오적이고 해로운 것이었다.

분배상의 조정이 있었다. 인민공사화는 몇백 호 몇천 호를 하나의 공사로, 심지어 하나의 현을 한 개 공사로 하여, 전국적으로 공사는 평균 5,000호로 구성되었고, 이는 원래 고급공사의 160호 좌우 범위를 30배 이상 확대한 것이다. 모든 공사는 통일채산제로 하였고, 빈곤대열과 부유한 대오 간 및 사원과 사원 간에는 엄격한 평균주의가 조성되었으며, 공사와 국가는 무상으로 대오 또는 사원의 재산과 노동력을 조달하는 "공산풍"이 불었다. 대약진과 인민공사화 형성의 고 속도, 고 지표, 엉터리 지휘, 허풍, 과도적 빈곤과 같은 공산풍은 계속하여 성행하였으며, 당의 11기 3중 전회 개최 전까지 연속되었다. 이러한 경제상의 극좌착오는 문화대혁명 중에 제정된 1975년 헌법에 나타나지 않을 수 없었다.

3) 이론상 견지한 '무산계급전정하의 계속혁명'은 8대에서 확정한 정확한 노선을 근본적으로 이탈함

무산계급전정하 계속혁명의 이론은 모택동의 말년에 있어서 사회주의 사회에 대한 모순, 계급투쟁 문제에 대한 총괄이다. 그 핵심은 무산계급이 취득한 정권 및 사회주의 제도하에서, 계급투쟁을 강령으로 한다는 것을 계속적으로 강조하고, 한 계급이 다른 계급을 계속적으로 타도해 나가는 정치대혁명이다. 문화대혁명은 바로 이러한 혁명계속의 가장 중요한 방식이다. 1967년 11월 6일 인민일보, 홍기잡지, 해방군보는 10월 사회주의 혁명의 노선을 따라 전진하자는 문장을 발표하였다. 이것은 진백달, 요문원이 주재하여 기초하고 반복 수정한 것으로서 모택동의 비평과 동의를 거친 것이다. 이 문장은 소위 무산계급전정하 계속혁명의 이론을 6부분으로 개괄한 것이다.

(1) 반드시 마르크스 레닌주의의 대립 통일의 규율로서 사회주의를 관찰할 것. 사회주의 사회에서는 반드시 적과 아군의 모순과 인민 내부모순의 한계를 그어, 인민내부의 모순을 정확히 처리할 때 비로소 무산계급전정은 나날이 공고해지고 강화될 수 있으며 사회주의 제도의 발전을 꾀할 수 있다.

(2) 사회주의 사회는 상당 장기간의 역사단계다. 사회주의의 역사단계에서는 여전히 계급모순과 계급투쟁이 존재하고, 사회주의와 자본주의 양 노선 간의 투쟁이 존재하고, 자본주의 부활의 위험성이 존재한다. 자본주의 부활의 방지를 위하여, "평화발전"을 방지하기 위하여, 반드시 정치전선 및 사상전선 상의 철저한 사회주의 혁명이 요구된다.

(3) 무산계급전정하의 계급투쟁은 본질상 여전히 정권문제이고, 바로 자산계급은 무산계급전정을 전복시키려고, 무산계급은 최대한 무산계급전정을 공고히 하려고 한다. 무산계급은 반드시 상부구조의 각 문화영역에서 자산계급에 대한 전면적인 전정의 실행을 포함한다.

(4) 사회상 두 계급, 두 노선 간의 투쟁은 반드시 당내에 영향을 미친다. 당내의 소수 자본주의노선을 지지하는 무리는 바로 자산계급의 당내 대표 인물이다. 무산계급전정을 공고히 하려면 반드시 그들을 타도하고 그들이 찬탈한 권력을 무산계급의 수중으로 되돌려야 한다.

(5) "무산계급전정하 계속혁명"에 있어서 가장 중요한 것은 무산계급 문화대혁명을 전개하여 민주적인 방법으로, 아래로부터 위로의 방법으로, 군중동원을 철저히 하여야 한다.

(6) 무산계급 문화대혁명의 사상영역에서의 근본강령은, 개인의 이기주의와 투쟁하고 수정주의를 비판한다. 무산계급 문화대혁명은 인간의

영혼을 다루는 대혁명이고, 인간의 세계관 문제를 해결하려는 것이다. 정치적으로, 사상적으로, 이론적으로 수정주의에 대한 비판이 요구되고, 무산계급 사상으로서 자본주의, 이기주의 및 비 무산계급의 사상을 제거하고, 교육을 개혁하고, 문예를 개혁하며, 일체의 사회주의 경제기초에 적응하지 못하는 상부구조를 개혁하고, 수정주의의 뿌리를 뽑아 버릴 것이 요구된다.

1975년 헌법은 바로 무산계급전정하 계속혁명의 이론을 헌법 개정의 지도사상으로 하게 되었다.

2. 중국 사회발전단계에 대한 인식의 착오

1956년 3대 개조의 기본적인 완성 후, 당시 당과 국가 영도자는, 중국은 이미 수 십 년간의 분투결과 사회주의 사회로 진입하였다고 인식하고, 당내의 주요 모순은 이미 인민의 선진 공업국 수립에 대한 요구와 낙후된 농업국의 현실에 대한 모순이 되었고, 인민의 경제문화에 대한 신속한 발전의 요구와 현재의 경제문화가 인민의 수요를 만족시키지 못하는 모순이다. 이러한 인식은 당과 국가 업무중점의 각도에서 보면 매우 정확한 것이다. 유감스러운 것은 이러한 인식이 1957년 마침내 역전되었다는 것이다. 역전의 원인은 여러 가지로서, 그 중 중국이 이미 진입한 사회주의가 어느 정도의 발전에 처해 있는가에 대한 인식상의 착오와 모호함이 매우 중요한 원인이었다. 당의 8대는 바로, 국내의 이러한 주요 모순의 실질은, 중국의 사회주의 제도가 이미 수립된 상황하에서, 바로 선진의 사회주의 제도와 낙후된 사회생산력 간의 모순이라고 인식하였다.

여기서 주요 모순의 실질적 인식에 관한 이론적 결함이 존재하고 있다. 이미 수립된 사회주의 사회는 아름답고 개혁이 불필요하다고 하는 것은 사회주의 제도의 이상화를 가져오게 되고, 사회주의 사회를 오직 순수한 것으로만 보게 된다. 실제로, 중국의 생산수단공유제의 사회주의 개조의 기본적인 완성, 사회주의 공유제의 초보적인 건설은 오직 중국 사회주의의 기본경제제도의 초기적인 성립을 나타낸다. 인민민주전정의 수립과 인민대표대회제도의 확립 역시 중국 사회주의 기본정치제도의 초보적인 성립을 의미한다. 이 시기의 중국은 실질적으로 사회주의 초급단계를 막 넘어가는 시점에 있는 것으로, 막 수립한 사회주의 생산관계와 상부구조는 아직도 더 개선을 필요로 하고, 많은 노력을 기울여 생산력 발전을 꾀할 것이 요구되고, 생산력의 발전에 따라 사회주의 경제기초 및 상층구조 각 부분에서 노출되는 결함을 부단히 제거하여, 사회주의의 기본제도를 공고히 할 것이 요구되었다.

그러나 50년대 후기에서 70년대 말에 이르기까지 당과 국가 영도자는 오히려 중국의 사회주의 제도 이상화를 마르크스·엥겔스가 구상한 모델로 하여, 중국사회의 발전 실상을 이탈하였고, 필연적으로 출현하는 각종 모순과 문제에 대한 필요한 사상준비가 결여되었다. 정치문제, 사상인식 문제 또는 학술논쟁의 문제를 불문하고, 이상화된 사회주의를 비평하면, 조급하고 저돌적으로 돌진함을 부정하면, 바로 정치적 관점에서 비판하는 것이 되었고, 계급투쟁과 노선투쟁을 제기하면 습관적으로 계급투쟁의 방법을 따라 모순을 인식하고, 대규모 군중성의 투쟁과 군중운동의 방법을 동원하여 해결해 나가려 하는 것이다. 이것은 마침내 객관적으로는 정치상의 계급투쟁의 확대를 불러일으키게 된다.

동시에 국가경제발전을 완전히 민중정치 수준의 제고에 두었고, 계급투쟁을 생산발전의 동력으로 하는 인식의 착오를 하였다. 결과적으로 "혁명에 중점을 두고, 생산을 촉진한다."는 것은, 오직 "혁명에 중점을 둘 때" 비로소 "생산이 촉진된다."로 변질되었다. 또는 혁명에 중점을 둔다고는 하면서 생산을 촉진한다고는 감히 말하지 않는, 이리하여 국가와 인민을 전대미문의 지속적이고 전면적인 내부적 소모전에 빠져들게 하였다. 사회주의 발전단계에 대한 인식의 착오는 또한 경제상의 저돌적인 돌진과 과도적 빈곤을 초래한다. 동시에 계획과 거시통제를 지나치게 강조하고, 생산자료의 소유제가 집단적일수록 대규모일수록 더욱 좋다고 주장하고 심지어 상품·화폐 관계의 소멸과 노동에 따른 분배원칙의 소멸을 주장한다면 마치 빈곤이 사회주의이고 부유함이 자본주의인 것과 같은 것이 된다. 결국 사회는 정체되고 심지어 크게 후퇴하게 된다. 이러한 인식의 착오는 1975년 헌법에 확실히 나타나 있다.

3. 고도집권의 정치 및 경제체제

1) 고도집권의 계획경제체제

3대 개조 완성 이후, 중국은 소련의 방식에 따라 국가가 직접적인 계획과 행정명령을 통하여 최대한 자원을 집중하고 자원의 배분을 행하였으며, 1950년대 말에는 행정의 직접 통제와 조절을 특징으로 하는 고도집중 통일의 경제체제를 형성하였다. 이러한 경제체제에서, 국가와 정부는 지고지상의 경제권력과 막강한 역량을 향유하였다. 국가는 일종의 정치조직 만이 아니고 직접 힘을 발휘하는 경제역량이며, 그것은 기업의 내부관계를 능히 통제할 수 있고, 기업과 가정의 지위를 결정하는 모든 외부적 요소의 역량을 통제할 수 있었다. 이는 생산된 상품과 노무에 대하여 절대적 지배권이 있었고, 이러한 상품이 소비자의 수중에 전달되는 조건(우선은 가격)을 결정하고 있다. 이러한 고도집권의 계획경제체제와 행정권력은 서로 밀접하게 관련되어, 생산·시장·계약 등 시장경제의 발달을 매우 완만하게 하였고, 법제의 발전을 제한하였으며 헌법의 완성과 정상적인 기능을 저해하였다.

2) 고도집권의 일원화 정치영도체제

1950년대 후기, 고도집권의 계획경제체제와 함께 각종 권력은 점차 당의 각급 기관에 집중되고, 점차 당의 서기에 집중되고, 당·정은 분리되지 않았으며 당이 정부를 대신하는 고도 집권의 일원화 정치영도체제의 형성이 시작되었다. 등소평은 "권력의 과도집중 현상은 바로 당의 일원화 영도체제 강화의 구호아래, 부적절하고 무분별하게 일체 권력이 당위(黨委)에 집중되고, 당위의 권력은 왕왕 몇몇 서기에 집중되고, 특히 제1서기에 집중되어…, … 당의 일원화 영도, 이로 인하여 때로는 개인 영도로 변하게 된다."4)고 하였다.

행정기관은 권력기관에 책임을 지지 않고 당위와 당의 정책에 책임을 지는, 즉 정부기관이 각급 당 기관의 영도를 받는 것이다. 1975년 헌법은 헌법개정의 절차뿐만 아니라 헌법개정의 내용 모두 이러한 고도집권체제의 산물이다.

4. 개인숭배의 심화

사회주의 개조의 기본적인 완성 후, 모택동의 명망은 정점에 달했다. 모택동 개인의 선전은 점점 많아지고 어조는 더욱 높아만 갔다. 개인에 대한 숭배는 의심이나 비난하지 않는 것뿐만 아니라 아주 당연한 것으로 생각되었다. 그러나 모택동 본인은 개인숭배에 대하여 반대하지 않았을 뿐만 아니라 오히려 음미하고 공개적으로 당과 개인집권 강화를 종용하여, 중대문제에 있어서도 소수인과 개인의 결정으로 끝내는 경향이 있었다. 1957년 6월 당 중앙은 재경·정법·외사·과학·문교의 각 영도소조 성립을 결정하였고, 각 소조는 직접 중앙정치국과 서기처에 예속되어 그들에게 보고업무를 하도록 하였다. 국가의 대사는 모두 정치국이 결정하고 구체적인 실시는 서기처에 집중되었다.

동시에 당 위원회 영도하의 행정수장책임제가 정식으로 형성되었다. 1958년 중공중앙 정치국 확대회의에서 모택동은 그에 대한 개인숭배를 공개적으로 희망하였다. 그는 개인숭배는 정확한 것과 부정확한 것이 있

---

4) 「鄧小平文選」 제2권, 328쪽~329쪽.

다고 하였다. "나는 개인숭배를 주장한다. 문제는 개인숭배에 있는 것이 아니고 진리여부에 있는 것이고 그것이 진리이면 숭배해야 하고 진리가 아니면 아니 되는 것이다. 우리 당은 역사적으로 개인의 작용과 집체영도의 결합을 강조하였다. 어떤 사람은 레닌을 반대하고 독재자라고 한다. 레닌의 대답은 명확하다. 네가 독재하기보다는 내가 독재하는 편이 낫다는 것이다."5)

이 회의에서 중공중앙중남국 서기 도주(陶鑄)는 "주석에 대한 것은 바로 미신을 요구하는 것이다"고 하였고, 중공중앙상해국 제1서기 가경시(柯慶施)는 "우리가 주석을 믿는 것이 미신의 정도에 이르고, 주석에 복종하는 것이 맹목의 정도에 이르러야 한다."6)고 하였다. 1959년 4월 모택동은 8기 7중전 회의에서 권력이 정치국상임위와 서기처에 집중되고 최종적으로 자기에게 통솔되어야 함을 재차 강조하였다. 국가와 사회의 중대사무는 각급 당위회의 결정으로 족하고, 당내에서는 모택동의 결정으로 끝나는 것이다. 이 시기에 모택동의 말은 모든 사람이 준수할 진리가 되었고 누구도 반대하지 않았다.

당의 권력이 개인에게 과다하게 집중되었으므로 모택동 개인이 중대문제를 결정하는 형국이 되어 누구도 모택동의 착오를 바로 잡을 수 없었고, 착오는 모택동 자신만이 바로 잡을 수 있었다. 그러나 모택동이 그처럼 믿듯이 근본적으로는 자기의 착오를 인정하지 않았다. 그리하여 권력은 감독과 통제를 상실하여 모택동 만년의 착오를 제지할 방법이 없었다. 문화대혁명의 시기에 이르러 모든 사회가 통제를 잃게 되었고 모택동 본인역시 완전히 관리할 수 없게 되고, 이리하여 민주와 법제는 붕괴를 맞게 되었다. 1975년 헌법은 이러한 심각한 개인숭배의 사실을 반영하고 있다.

---

5) 樊天順 등 편저, 「國史統鑑」 제2권, 紅旗出版社, 1993년, 60쪽.
6) 樊天順 등 편저, 「國史統鑑」 제2권, 紅旗出版社, 1993년, 60쪽.

II. 헌법개정의 과정

1975년 헌법의 탄생은 만장의 20년 세월을 지나왔다. 1954년 헌법 공포 이후 이어진 반복된 정치운동에서부터 1975년 헌법개정에 이르기까지, 이 기간 중에는 역사발전의 요구도 있었고 동시에 임표(林彪)·강청(江靑) 반혁명집단과의 투쟁도 수반되었다.

1. 개헌안의 제출

1956년 개최된 중공 제8차 전국대표대회에서는 정치·경제 형세의 신속한 발전과 국내 주요 모순의 변화로 인하여 1954년 헌법이 이미 발전된 사회의 정치·경제의 상황에 적응하지 못한다는 것으로 하여, 시기를 놓치지 말고 헌법을 개정하도록 건의하였으나 오히려 관심을 끌지 못하였다. 그 후 국가정치·경제 형세의 극렬한 변화로, 1970년에 이르러 헌법개정 문제가 비로소 의사일정에 상정되었다.

1966년 중국의 대지 위에는 역사적으로 유례가 없는 문화대혁명이 발발하였다. 수년 동안의 '법도 하늘도 업신여기는' 군중대혁명을 거쳐 각급 당 조직은 반신불수가 되고 각급 정권체계는 파괴되었으며, 국내의 혼란은 인민을 고통스럽게 하였다. 이에 대해 모택동은, 조기에 이러한 불행한 혁명을 종결짓고 국가질서를 회복하고 안정과 단결을 실현코자 하였다. 이리하여 "유소기를 대표로 하는 자산계급 사령부" 및 각지의 그 "대리인"을 타도하고, 권력 탈환의 임무를 완성함과 문화대혁명이 취득한 결정적인 승리를 확인하고 공고히 하기 위하여, 중국공산당 제9차 전국대표대회를 개최하였다. 당의 9대는 극히 비정상의 상황에서 개최된 것이다. 몇 가지 세부적인 설명으로 이러한 상황을 설명할 수 있다.

첫째, 9대회의에서의 주석단 명단의 통과 및 대회주석 추천에서, 한 가지 에피소드가 발생하였다. 모택동은 돌연 "나는 임표(林彪) 동지를 주석

으로 추천한다.”고 하였다. 임표는 곧 놀란 듯이 일어나 큰 소리로 “위대
한 영도자 모 주석을 주석으로”라고 하였다. 모택동은 다시 “임표 동지는
주석을 맡고, 나는 부주석이 어떠한가?”라 하였고, 임표는 손을 저으며,
“안됩니다. 안됩니다. 모 주석이 주석을 맡아야 합니다. 여러분 동의하시
면 박수를 쳐주십시오.”라고 하였다. 이리하여 회의장에서는 전체가 박수
를 쳤다. 모택동은 곧장 주석을 맡는 데 동의하였고, 다시 임표를 부주석
으로 제의하고, 주은래를 비서장으로 제의하였으며, 이 제의는 회의에서
통과되었다.[7] 이어서 임표는 당 중앙을 대표하여 정치보고를 하였고, 9
대에서 통과된 새로운 당장(黨章)에는 “계속하여 모택동사상의 위대한 홍
기를 높이 들고, 모택동 동지의 무산계급혁명노선을 가장 충성스럽고 가
장 견실하게 집행하고 수호한다. 임표는 모택동 동지의 절친한 전우이며
후계자다”라고 적었다.

둘째, 4월 15일 대회주석단 비서처는 9기 중앙위원과 중앙위원후보의
선거방법에 관하여 발표하였다. 그 중의 규정은, 모택동과 임표를 당연후
보로 하였고, 중앙문혁예비회에 참가한 성원과 군사위원업무조의 성원인
주은래, 진백달, 강생, 강청, 장춘교, 조문원, 사부치, 황영성, 오법헌, 엽
군, 왕동흥, 이작붕, 구회작, 온옥성을 후보로 일치 통과시켰으며, 8기 중
앙위원과 중앙위원후보를 후보로 제청하여 53명을 선정하였다.

셋째, 9대 주석대의 좌석배열은 매우 특징적이었는데, 모택동은 가운
데, 좌측은 임표, 강생, 강청을 수뇌로 하는 소위 신문혁의 성원이었고,
우측은 주은래를 수뇌로 하는 소위 구 정부의 성원으로 대조가 선명하고
의미심장하였다.

당의 9대회의 개최 후, 전국의 정치형세는 안정되기 시작하였다. 9대에
서는 문화대혁명에서 발생된 새로운 사상관념이 확립되었고, 새로운 중
앙영도체제를 형성하였다. 당의 조직이 전국적인 범위에서 기본적으로
회복됨에 따라 모택동은 국가정권기관의 정상적인 기능의 문제를 고려하

---

7) 席宣·金春明,「文化大革命簡史」, 中央黨史出版社, 1996년, 203쪽.

였고, 이로 인하여 완전히 새로운 헌법제정의 필요성을 느끼고, 9대에서
확립한 새로운 사상이론과 국가체제를 확정하고 개헌을 통하여 신질서를
확립하여 국가생활을 정상궤도에 진입시킬 것을 생각하였다. 1970년 3월
8일, 모택동은 무한의 왕동흥(汪東興)을 북경으로 불러, 제4기 전국인민대
회 개최의 준비, 개헌 및 국가체제의 변경상 국가주석제 폐지에 관한 건
의 등을 정치국에 전달토록 하였다.[8]

2. 개헌초안의 형성

1) 개헌소조의 성립과 개헌지도사상 및 원칙의 제시

1970년 3월 9일, 중공중앙정치국은 모택동의 건의에 따라 개헌준비 작
업을 개시하였고, 강생, 장춘교, 오법헌, 이작붕, 기등규 등 5명으로 구성
된 헌법개정소조를 성립시켰다.[9]

3월 16일 중공중앙정치국은 헌법개정의 지도사상과 헌법개정 중의 일
부 원칙문제에 대하여 '헌법개정문제에 관한 제시'를 적어 모택동에 종합
보고하고, 모택동은 이를 비준하였다. 3월 17일에서 20일까지 중공중앙
은 4기 인민대표대회 개최와 헌법개정문제에 대한 업무회의를 개최하였
다. 회의에 출석한 사람은 중공중앙정치국위원 외에 각 성·시·자치구의
책임자도 참석하였다. 모택동이 출석하지 않았기 때문에 회의는 임표가
주재하였다. 회의에 참석한 대다수는 모택동의 국가주석 설치 반대의견
에 찬성하였다.

1970년 3월 20일, 중공중앙의 업무회의는 끝이 났다. 동시에 중공중앙
은 각 성·시·자치구혁명위원회와 중앙군사위에 대하여 제4기 인민대표
대회 준비와 기층군중을 헌법개정토론에 동원토록 하는 통지를 발하였

---

8) 李劍, 「關鍵會議親歷實錄」, 中共中央黨校出版社, 1998년, 750쪽.
9) 韓延龍, 「中華人民共和國法制通史」, 中共中央黨校出版社, 1998년, 630쪽.

다. 이 통지는 1954년 헌법의 역사적 작용을 간단히 요약하였고, 헌법개정이 필요한 이유를 제시하였다. 통지에서는 모 주석이 1954년 3월 23일 헌법기초위원회에서 말한 것, 즉 이 헌법(1954년 헌법)은 과도시기의 헌법이며 대개 15년가량은 보증할 수 있을 것이라고 한 것을 제시하였다. 모 주석의 예측이 들어맞았다. 사회주의 개조와 사회주의 건설을 통하여, 특히 문화대혁명을 통하여, 중국의 무산계급전정은 유례가 없이 공고히 되었고 국가면모는 많은 변화가 있었다. 이러한 상황에 적응하기 위하여 1954년 헌법에 대한 개정이 필요하고, 그것으로 하여금 새로운 형세하에서 모택동사상의 사회주의를 구현하는 신헌법이 되도록 하는 것이었다. 헌법개정의 지도사상은 모택동의 국가학설에 관한 이론과 실천이었다. 이 통지에서는 군중의 헌법개정에 대한 토론에 대하여 이하 여섯 가지 원칙을 제시하였다.10)

　　제1조 원칙: 모택동의 마르크스·레닌주의 국가학설에 관한 발전과 무산계급전정 혁명의 이론을 계속하여 실천한다.
　　제2조 원칙: 국가의 성격은 노동자계급(공산당을 통한)이 영도하고, 노동자와 농민연맹을 기초로 하는 무산계급전정의 사회주의국가이다.
　　제3조 원칙: 각 족 인민의 위대한 영도자 모 주석은 중화인민공화국의 창시자이다. 모 주석을 수반으로 임 부주석을 부주석으로 하는 중국공산당중앙위원회는 전국 각 족 인민을 영도하여 국가권력을 행사하는 핵심역량이다. 모 주석은 전국 무장역량의 최고 통수권자이고 임 부주석은 부 통수권자다.
　　제4조 원칙: 원칙성과 융통성을 결합한다. 원칙성은 바로 민주원칙과 사회주의 원칙이다. 우리의 민주는 무산계급영도의 민주

10) 전국인민대표대회상무위원회사무처연구실 편, 「新憲法修正案學習輔導」, 中共中央黨校出版社, 1999년, 56쪽.

이며, 인민내부의 민주와 반동계급과 반혁명분자에 대해 전정을 행하는 것이다.

제5조 원칙: 역사적 경험을 총결산한다. 우리 자신의 혁명과 건설의 경험을 주로 하여, 특히 무산계급 문화대혁명에서 군중이 창조하고 모 주석이 인정한 좋은 경험, 즉 인민공사 및 정·사 합일의 제도, 4대(대명·대방·대변론·대자보), 3결합11)의 혁명위원회, 일체국가기관의 업무인원은 반드시 집체생산노동에 참여할 것 등을 위주로 한다. 동시에 외국의 헌법 중 우수한 점을 참고로 한다.

제6조 원칙: 개정 후의 신헌법은 간단명료하고 쉽게 알아볼 수 있도록 하여, 사람들이 잘 알고, 적용하기 편하도록 하여야 한다. 1954년 헌법 중의 일부 임무는 이미 완성되어 삭제하거나 새로운 상황에 맞추어 개정할 수 있으며, 어떤 조문은 간략히 하거나 서로 합병하여 중복을 피할 수 있다.

이 통지가 나온 후 사회각계에서는 당시의 형세에 근거하여 1954년 헌법의 개정에 대한 토론이 전개되었다. 일부 천부적인 학자는 진지하게 비교·분석하여 개정초안을 제출하였다. 통지에서는 각지의 개혁위원회와 중앙군사위에 대하여, 각 공장과 광산, 공사, 군대, 기관, 학교, 기업 사업단위, 동리의 군중을 동원하여 헌법개정의 광범위한 토론을 하도록 요구하였다.

2) 개헌기초위원회의 성립과 개헌초안의 제출

1970년 7월 12일 중공중앙은 9기 2중 전회와 4기 인민대표대회 개최의 준비를 계획하던 중, 모택동을 주임으로 하고 임표를 부주임으로 하는 중

---

11) 3결합, 즉 혁명위원회는 혁명파 조직의 책임자, 상주 군인대표, 혁명영도간부 등 3부분의 결합으로 이루어진다.

화인민공화국헌법개정기초위원회의 성립을 건의키로 하고, 헌법개정작업에 대하여 구체적인 계획을 수립하였다.12)

7월 20일 모택동을 주임으로, 임표를 부주임으로 하며, 중공 중앙정치국위원(19명), 후보위원(4명)과 각 성, 자치구, 직할시 당의 핵심소조 책임자(24명) 및 기타의 자로 하는 모두 57명으로 된 중공중앙헌법개정기초위원회가 정식으로 성립되었다.13)

1970년 8월 상순과 중순에 개헌작업소조는 전국의 노동자·농민·군인 및 인민군중의 1954년 헌법에 대한 의견을 면밀히 연구하여 헌법개정초안을 제출하였다. 이 초안은 중앙정치국과 헌법개정위원회의 비준을 거쳐 다시 기층군중의 토론에 부쳐졌다. 8월 중순과 하순에 개헌작업소조는 군중의 의견을 종합하여 초안에 대하여 수정을 가한 후, 중앙정치국과 헌법개정위원회에 보고하였고, 토론을 거친 후 정식의 헌법개정초안을 제출하게 되었다.

1970년 8월 23일부터 9월 6일에 이르기까지, 중공중앙 9기 2중 전회는 강서성 노산에서 개최되었고, 헌법초안은 9기 2중 전회에 상정되어 심사를 받았다. 8월 23일 하오, 강생은 개막식에서 모택동의 수차례에 걸친 헌법개정에 대한 의견과 헌법개정의 과정에 관한 보고를 하였다. 9월 6일 전체회의에서는 기본적으로 헌법초안을 통과시켜, 전국인민대표대회상무위원회에 필요한 준비 작업을 건의하였고, 적당한 시기에 4기 전국인민대표대회를 개최할 것을 건의하였다.

전회(全會)에서는 전국인민을 헌법초안에 대한 재 토론과 개정에 동원할 것을 결정하였다. 1970년 9월 12일 중공중앙은 통지를 발표하여, 헌법개정초안을 기층단위에 배포하고, 인민군중을 조직하여 토론을 진행하고, 개정의견을 제출토록 하였다. 통지에서는, "헌법개정초안은 모택동

12) 韓延龍, 「中華人民共和國法制通史」, 中共中央黨校出版社, 1998년, 630쪽.
13) 전국인민대표대회상무위원회 사무청 연락국 편, 「中華人民共和國憲法及有關資料彙編」, 中國民主法制出版社, 1990년, 303쪽.

주석과 그의 절친한 전우 임 부주석의 영도 아래 전당·전군·전국 노동자·농민 및 군중이 6개월간의 반복토론을 거쳐 제출한 것이고, 당의 영도와 군중이 결합하여 만든 것"이라 하였고, "헌법개정초안은 모택동 주석의 국가학설의 위대한 이론과 실천을 지도사상으로 하여 제정한 것으로, 이 헌법개정초안은 위대한 영수 모 주석과 그의 절친한 전우 임 부주석의 영도지위, 중국공산당의 국가영도, 마르크스주의·레닌주의·모택동사상이 공민의 사상을 지도하는 이론 기초라는 것, 그것은 일체 업무의 지도방침이고 사회주의 사회의 계급모순·계급투쟁·무산계급과 무산계급전정하에서의 계속혁명, 인민군중과 인민군대의 거대한 작용 등에 대하여 명확히 규정하였다. 초안은 간단명료하여 쉽게 이해할 수 있도록 하고, 군중의 학습과 운용에 편리하도록 하는 데도 힘을 기울였다.

노산회의에서, 임표, 진백달 등은 적극적으로 활동하여 이 초안이 국가주석을 설정하는 내용이 되도록 밀고 나갔다. 다시 임표 일파의 와해로 인하여 헌법개정작업은 한때 보류되었고, 원래 예정된 헌법개정초안의 전민토론과 인민대표대회 상정의 작업은 진행되지 못하였고, 이 초안 역시 공포되지 못하고 말았다.

3. 개헌과정의 국가주석 설치에 대한 투쟁

헌법에서 국가주석의 설치를 필요로 하는가에 관한 문제는 1970년 헌법초안의 기초를 시종일관 꿰뚫고 있다. 반년 동안에 모택동은 전후 6차례에 걸쳐 국가주석을 설치하지 말 것과 자신은 국가주석을 담임하지 않는다고 하였다.

1970년 3월 8일, 모택동의 개헌건의에서 처음으로 국가주석을 설치하지 않는다는 것이 명확히 제시되었다. 3월 17일 개최된 중앙업무회의에서 많은 사람들이 모택동의 건의에 찬성하였다. 4월 11일 밤, 임표는 소주에서 비서를 통하여 전보형식으로 장사(長沙)에 있는 모택동에게 국가주석문제와 관련하여 계속하여 모 주석이 겸임할 것을 건의하였고, 그렇지 않으면 인민의 정서에도 맞지 않는다고 하였다. 부주석의 설치여부는 큰 문제가 아니라고 하였다. 임표는 다시 자기는 부주석의 직무를 담임하는 것이 적절치 못하다고 하였다. 이 전보문은 동시에 중앙정치국에도 전달되었다. 정치국의 토론 후, 많은 사람들은 모택동이 국가주석을 맡는데 동의하였고, 회의결과를 모택동에게 보고하였다. 4월 12일 모택동은 이 일에 대해 다시 논하고 싶지 않다고 하고 그러한 논의는 적절치 못하다고 하였다. 이것이 모택동의 2차 국가주석 설치에 대한 반대이다.

4월 하순, 모택동은 중공중앙정치국회의에서 세 번째로 자기는 국가주석을 맡지 않을 것과 국가주석의 설치는 불필요하다고 제의하였다. 회의에서 모택동은 삼국(三國)의 고사(故事)를 인용하며 손권이 조조에게 황제가 되기를 전하였을 때 조조는 손권에게 말하기를 "그것은 나를 화로불에 올려놓는 것과 같다"고 한 예를 들었다. 여러분에게 권고하는 바, 나를 조조가 되게 하지 말고 또한 여러분도 손권이 되지 말라고 하였다. 그러나 임표는 여전히 국가주석의 설치를 주장하는 입장을 고수하였다. 5월 중순, 그는 오법헌(吳法憲)과의 대담에서 국가주석을 두지 않는 것은 국가의 어른이 없는 것이고 대의명분도 서지 않는다고 하였고, 오법헌과 이작풍이 개헌작업소조회의에서 헌법에 국가주석의 장을 두도록 하였다. 그래서 당시 중공중앙사무청에서 인쇄한 헌법개정초안 토론원고는 국가주석을 두는 것과 두지 않는 두 가지 방안이 있었다.[14]

7월 중순, 헌법개정기초위원회 개회기간, 모택동은 네 번째로 국가주석의 설치에 대한 의견을 제출하고, 국가주석의 설치는 형식이고 위인설관은 불필요하다고 하였다. 8월초 엽군(葉群)은 여전히 오법헌에게 국가주석의 설치는 필요하다고 하였다. 8월 13일 오후, 헌법개정작업소조는 회인당에서 회의를 갖게 되었고, 여기서 오법헌도 헌법초안에 국가주석을 두고 "모택동사상은 전국 일체업무의 지도지침"임과 "천재적이고, 창

---

14) 張雲生, 「毛家灣紀實」, 春秋出版社, 1988년, 384쪽.

조적이며 전면적"이라는 세 단어를 명기할 것을 주장하였다. 이미 모택동이 천재적이라는 이러한 용어를 쓰는 데 찬성하지 않는다는 것을 아는 장춘교, 강생과 그들 사이에 격렬한 논쟁이 있었다. 오법헌은 "모택동의 위대한 겸허를 이용하여 모택동사상을 폄하하는 것을 막을 필요가 있다"고 하였다.

8월 14일 밤, 정치국이 개최한 회의에서 헌법초안의 확정원고에 대한 토론이 있었고, 오법헌 등은 자기주장의 관철을 위한 충분한 준비를 하였고 장춘교·강생 등이 회의에서 의외로 아무런 반대가 없어 헌법초안은 아무런 논쟁 없이 통과되었다.

8월 22일, 모택동 주재의 정치국상무위원회에서 임표, 진백달 등이 다시금 국가주석의 설치와 모택동의 국가주석 담임을 제의하였다. 모택동은 매우 화가 나서 임표에게 누가 설치를 원하고 누가 담임하든 간에 나는 맡지 않을 것이고, 당신 역시 맡지 말 것을 권고한다고 하였다. 이것이 모택동의 국가주석 설치에 대한 다섯 번째 반대이다.

8월 23일 하오, 9기 3중 전회 개막식이 거행되었다. 임표는 모두발언에서, 헌법초안의 특징은 "모 주석의 위대한 영수, 국가주석, 최고통수의 이러한 지위를 인정하고", "헌법의 형식을 빌어서 이것을 확정하는 것은 매우 좋은 것으로, 헌법의 영혼이라 할 수 있다." "이것은 30개 조문 중 가장 중요한 조문이다."고 하였다. 아울러 "모택동은 천재다. 우리는 다시금 이 점을 새겨야 한다."고 특별히 강조하였다. 이것은 특별한 의도를 가지고 국가원수 문제를 제기한 것이다. 8월 24일 소조토론에서 임표집단의 성원들은 각기 헌법초안에 국가주석의 설치와 "천재"라는 관점을 묘사할 것을 고수하였고, 특히 진백달은 화북조에서 극히 선동적인 발언을 하였다.

즉, 모택동의 겸허함을 이용하여 경거망동하게 모택동사상을 폄하하는 사람이 있다. 어떤 반혁명분자는 모택동이 국가주석을 맡지 않는다는 말을 듣고 매우 기뻐한다. 헌법에서 말하는 "모택동사상은 전국 일체 업무의 지도방침"이라는 것은 엄청난 투쟁을 거친 것이고, 일부 사람들이 함부로 말하는 "천재적이고, 창조적이며, 전면적"이라는 세 어휘는 일종의 풍자라고 하는 것은, 역사를 돌이켜볼 때 미련한 놈이라는 등의 발언을 하였다. 화북조에서 몇몇 사람은 발언에서, 당내에서 모 주석을 천재라 하지 않는 사람에 대하여 가장 강렬히 분개한다고 하였고, 이러한 일촉즉발의 발언은 간단한 보고서로 작성되었다.

8월 25일 모택동이 화북소조의 보고서를 접한 후 즉시 각 소조 조장이 참가하는 정치국상위확대회의를 개최하였다. 회의에서 모택동은 진백달 등의 발언에 대하여 강도 높은 비판을 하였고, 그는 국가주석 문제를 더 이상 거론하지 말도록 하였고, 그가 국가주석을 맡도록 함은 그를 일찍 죽도록 하는 것이고, 계속 이렇게 한다면 모든 것에서 물러날 것이라고 하였다. 이리하여 회의는 즉시 휴회되고, 임표의 발언을 논하는 것은 금지되었으며, 화북소조의 보고서는 회수되었다. 이것이 모택동의 국가주석 설치에 대한 6차 반대이다. 8월 31일 임표, 진백달의 발언에 대하여, 모택동은 '나의 의견'을 발표하였고, 진백달을 비판하는 전당전국범위의 '진백달을 비판하는 정풍운동(批陣整風)'을 일으키고, 임표에 대해 공개경고를 하였다. 이로써 국가주석 설치에 대한 논쟁을 마무리하였다.

전회(全會)는, 임표집단의 돌발적인 습격을 좌절시킨 후, 처음 계획한 회의기간보다 지연되었지만 원래 정한 의사일정에 따를 것을 선언하였다. 임표가 회의 또는 회의 외에서 적극 활동하였기 때문에 많은 사람들은 헌법 제2조에 모 주석은 국가주석, 임 부주석은 국가부주석으로 추가할 것과 헌법이 국가주석을 회복하는 것이 필요하다는 의견에 진심으로 찬성하였다. 이 때문에 9월 6일, 회의에서는 국가주석을 설치하는 조문을 가진 헌법개정초안이 통과되었다.

이것은 국가가 주석을 두느냐 두지 않느냐의 헌법개정 논의이고, 표면상으로는 국가체제에 대한 의견의 불일치이지만, 사실상은 중앙고위층의 한 차례 정치투쟁이었다.

모택동이 국가주석의 설치를 반대하는 것은 주로 국가체제의 각도에서 고려한 것이 아니고, 여러 가지 정치상의 고려에 기한 것이었다. 중화인민공화국 성립 후 국가주석의 설치가 있었다. 먼저 모택동이 담임하였

다. 1959년 4월 제2기 전국인민대표대회 제1차 회의에서 모택동은 국가
주석을 다시 담임하지 않는다는 제의에 동의하였고, 유소기를 국가주석
으로 선출하였다. 문화대혁명은 유소기를 타도하였고, 만약 계속 국가주
석을 둔다면 누가 맡을 것인가? 모택동의 입장은 국가주석은 형식에 지
나지 않는 것이고 스스로 이를 담임하지 않겠다고 밝힌 것이다. 그러나
만약 다른 사람이 맡게 되면 즉 당의 주석 외에 또 다른 주석이 하나있는
것이다. 유소기의 전철을 되새겨보면 고려하지 않을 수 없는 것이다.15)

임표가 국가주석의 설치를 주장하는 것에 대해, 노산회의 이전에는 단
지 사상적인 인식의 차이로 보았고 그 동기는 모택동의 지위를 옹호하려
는 것으로 알고 다만 권고에 그쳤다. 9기 2중 전회에서 모택동은 임표가
사실상 자기가 국가주석을 맡으려는 생각을 한다는 것을 알고, 이것은 사
상인식 범주의 문제가 아니므로 임표에 대하여 엄중하게 누가 설치를 필
요로 하고 누가 맡든지 간에 자신은 맡지 않을 것이고 그도 맡지 말 것을
권고하여 이 문제에 대한 정치적 해결을 보았다.16)

임표가 재삼 국가주석 설치를 고수한 것은 국가체제를 위한 것이 아니
었다. 9대 이후 임표의 후계자적 지위가 당장(黨章)에 쓰여 지고 당 전체
에서 받아들여진 것은 무산계급 정당사상 전례가 없는 것이었다. 임표집
단은 모택동하의 가장 큰 세력집단이었다. 그러나 동시에 문화대혁명 중
에 팽창해 온 강청집단은 신속히 발전하여 임표집단과 대항할 수 있는
정도에 이르게 되었다. 모택동 이후의 후계자 지위확보를 위하여, 임표는
국가주석 설치 문제에 집착하였고, 문서로써 그 지위를 공고히 함으로써
강청집단을 타격하려고 하였다.17)

1981년 1월 최고인민법원 특별법정의 판결문에서는, 1970년 임표는 강
청·장춘교 등의 세력이 자기를 초월한다는 것을 의식하고, 사전에 후계

15) 韓延龍,「中華人民共和國法制通史」, 中共中央黨校出版社, 632쪽.
16) 李劍,「關鍵會議親曆實錄」, 中共中央黨校出版社, 1998년, 756쪽.
17) 韓延龍,「中華人民共和國法制通史」, 中共中央黨校出版社, 1998년, 632쪽.

를 도모하였다고 밝히고 있다.

4. 1975년 헌법의 정식통과

임표의 9·13 사건 발생 후, 국면의 대전환을 위하여 주은래 등은 전심전력으로 국가안정과 생산 활동의 정상회복을 위하여 노력하였다. 그러나 강청집단은 이 기회를 빌어서 세력을 확대하고 곳곳에서 주은래와 대항하였으며 당의 10기 1중 전회에서 "4인방"을 결성하였다. 이러한 상황에서, 1974년 10월 모택동은 무산계급 문화대혁명이 이미 8년이 경과되었기에 이제는 안정단결이 필요하다고 인식하고, 전당·전군의 단결이 필요하다고 하였다. 1974년 10월 11일 중공중앙은 통지문에서, 빠른 시간 내에 제4기 인민대표대회를 개최하여 헌법을 개정한다는 결정을 하였고 모택동의 의견을 서술하였다.

1975년 1월 8일에서 10일까지, 당의 10기 2중 전회가 북경에서 거행되었다. 전회에서는 4기 인민대표대회의 준비업무가 논의되었고, 중화인민공화국헌법개정초안 및 헌법개정에 관한 보고를 4기 인민대표대회에 상정하여 토론한다는 것을 결정하였다. 이 제4기 인민대표대회에 제출하는 초안은 1970년 초안에 일부 수정을 가한 것이었다.

이때는 헌법개정위원회의 성립 없이 원래의 헌법개정작업소조 성원인 장춘교가 책임을 지고 개정작업을 하였다. 1975년 1월 장춘교는 4기 전국인민대표대회 제1차 회의 주석단 제1차 회의에서 초안의 수정에 대하여 간단히 밝힌 바, 이 초안은 당의 9기 2중 전회에서 통과된 초안을 기초로 하여 수정을 가한 것이라고 하였다. 수정은 주로 임표가 주도하여 주장한 국가주석 설치의 장을 삭제한 것이다. 장춘교는 제4기 인민대표대회 헌법초안 심의 과정에서 제기된 일부 문제에 대하여 아래와 같이 해석하였다.

(1) 헌법초안에 제시된 모택동의 이름문제에 관하여, 서언에 제시된 모

주석의 이름부분을 모두 삭제하였다. 토론 중 일부는 모 주석의 이름을 회복시키라고 주장하였다. 이에 대해 장춘교는 모 주석의 이름을 삭제한 것은 정치국 토론 및 모 주석의 동의로 이루어진 것이고 회복은 부적당하다고 하였다. 1954년 제정된 헌법은 모 주석의 이름을 명시하지 않았고, 당시 어떤 사람은 명시할 것을 주장하였으나, 주석은 그의 이름을 명시하지 않는다는 것을 고수하였다. 이번에도 1954년 헌법제정 시 주석이 고수한 원칙에 의하여 처리한 것이라고 하였다.

(2) 헌법에 "공산주의 실현을 위하여 분투한다."를 기재하지 않은 것에 관하여, 토론 중 어떤 사람은 명시할 것을 주장하였다. 장춘교는, 중국은 8억 인구가 있고 공산당은 소수라 하였고, 상당히 많은 사람이 공산주의를 반드시 찬성하는 것은 아니므로, 앞으로 이 문제는 공산주의에 이르러 다시 생각하자고 설명하였다.

(3) 지방 각급인민대표대회 회의가 1년에 한 번 열리는 것이 상당한지에 대하여, 장춘교는 토론에서 어떤 사람은 매년 한 차례 개최하는 데 동의하지 않았다고 하고, 그러나 2년에 한 번이라고 하면 더욱 좋지 않으므로 명시하지 않는 것이 바람직하고, 인민대표대회상무위원회에서 규정토록 하자고 하였다.

(4) 지방인민대표대회상무위원회 설치의 필요여부에 관하여는, 지방혁명위원회가 본래 인민대표대회상무위원회이므로, 지방인민대표대회상무위원회는 장래에 다시 고려할 수 있고, 헌법에 기재할 필요가 없다고 하였다.

1975년 1월 13일부터 17일까지, 제4기 전국인민대표대회 제1차 회의가 북경에서 개최되었다. 장춘교는 당 중앙을 대표하여 헌법개정에 관한 보고를 하였다. 1월 17일 5년간의 역경을 거쳐 개정된 헌법은 표결을 거쳐 통과되었다.

1975년 헌법의 모든 개헌과정을 살펴보면, 1975년 헌법의 출현은 특정한 시대 특정한 조건하의 특수한 산물이다.

첫째, 그것은 문혁의 후기에 제정 통과된 것으로 필연적으로 문화대혁명의 영향을 받고 있고, 문화대혁명의 이론과 실천의 긍정과 총결산이다.

둘째, 그 협의와 개정은 시종 임표집단과 강청집단 사이의 탈권 음모의 투쟁 및 역량의 비교를 수반하였고, 이는 필연적으로 1975년 헌법에 반영되었다. 국가주석제의 취소는 바로 소극적인 야심방지의 방법이었다. 그러나 국무원 업무를 누가 주관하는가를 명확히 하지 않은 것은, 바로 강청집단의 음모인 국무원총리의 약화 내지 대체의 표현인 것이다.

셋째 1975년 헌법개정의 전 과정은 전국인민대표대회를 완전히 외면하고 당이 처리하였다. 당의 영수가 건의하고, 당의 회의에서 개헌을 결정하고, 당 중앙이 직접 개정을 주재하고, 마지막으로 초안을 전국인민대표대회에 상정하여 형식적으로 통과시킨 것이다.

넷째, 1975년 헌법의 통과는 떠들썩한 선전도 없었고, 인민의 헌법학습의 분위기도 없었다. 오히려 은밀히 통과되었다.

그것은 1962년 3월부터 1975년 1월까지 모두 4차례에 걸쳐 전국인민대표대회가 개최되었는데, 즉 제2기 3차 회의(1962.3.27~4.18), 제2기 4차 회의(1963.11.17~12.3), 제3기 1차 회의(1964.12.20~1965.1.4), 제4기 1차 회의(1975.3.13~3.17)가 개최되었고, 모두 비밀리에 거행되었기 때문이다. 그래서 당시 제4기 인민대표대회 개최 전 인민일보를 포함한 각 매체는 헌법개정에 대한 아무런 선전도 없었다. 제4기 인민대표대회 1차 회의기간 헌법개정초안에 대한 토론 역시 아무런 보도가 없었다. 제4기 인민대표대회의 3월 17일 폐막 이후 인민일보는 1975년 3월 20일자에 마침내 1975년 헌법을 공개하였다.

III. 개헌내용의 평가

1. 개헌의 주요 내용

1975년 헌법은 다섯 부분으로 구성되었으며 서언을 제1장으로, 총강은 제2장으로, 국가기구는 다섯 부분으로 나누어 전국인민대표대회, 국무원, 지방 각급인민대표대회와 지방 각급혁명위원회, 민족자치지방자치기관, 재판기관과 검찰기관을 제3장으로 하고, 공민의 권리와 의무를 제4장, 국기·국휘·수도에 관한 규정을 제5장으로 하여, 총 30조 약 4,000자로 되어 있다. 주요 내용은 다음과 같다.

(1) 1975년 헌법의 서언은 새로 쓴 것이다. 서언에서는 중국인민의 영웅적인 분투, 신민주주의 혁명의 취득, 사회주의 혁명과 사회주의 건설의 위대한 승리와 빛나는 역사가 서술되었고, 1954년 이래 20여 년 간의 정치, 경제, 문화와 국제관계의 중대변화에 대하여 개괄하였다. 중국의 새로운 경험과 승리의 성과는 바로 무산계급전정하의 계속혁명의 이론과 실천을 통하여 사회주의의 모순을 해결해 나가는 것이고, 이것이 바로 당의 기본노선을 고수하는 것이라고 하였다. "이 기본노선이 당의 생명선이며 또한 우리 국가의 생명선이다"라고 인식하였기 때문에, 장춘교는 헌법개정에 관한 보고에서 "또한 이번 헌법개정의 지도사상이다"라고 하였다.

(2) 당의 영도를 강조하였다. "중국공산당은 전국인민의 영도핵심이다" "마르크스 레닌주의, 모택동사상은 중국 지도사상의 이론적 기초이다." (제3조) 이것은 중국인민의 100여 년에 걸친 역사적 경험에서 나온 결론이다. 당의 국가기구에 대한 일원적인 영도의 강화를 위하여, 헌법은 "전국인민대표대회는 중국공산당 영도하의 최고국가권력기관이다."(제16조)

라 규정하였고, "중국공산당중앙위원회주석은 전국무장역량을 통솔한
다."(제15조)고 규정하였다.

(3) 국가조직체제를 규정하였다. 국가의 정권성질은 무산계급전정의
사회주의국가이고, 국가정권조직의 형식은 노동자·농민·군인대표를 주
체로 하는 각급 인민대표대회라고 명확히 규정하였다. 또한 무산계급전
정의 대상과 정책을 규정하였다. 동시에 "정사합일(政社合一)"의 농촌인
민공사와 문혁 중에 발생한 "삼결합"의 지방 각급혁명위원회를 지방의
정권형식으로 하였다. 국가주석의 설치에 관한 조문은 삭제하였다.

(4) 국가의 경제제도와 사회주의 건설에 대한 일련의 방침 정책을 규정
하였다. 생산자료 소유제의 사회주의 개조의 성취를 충분히 인정하였으
며, 현 단계의 경제제도는 주로 전민소유제와 노동군중집체소유제의 두
가지 형식임을 규정하였다. 국가는 비농업의 개체노동자와 농촌인민공사
의 사원이 조직을 갖추고 법률의 허가범위 내에서 타인의 개체노동을 착
취하지 않는 소규모의 개인소유의 땅, 개인소유의 가축 및 가정부업에 종
사하는 것을 허락하였다. 국가는 노동에 따른 분배의 원칙(按勞分配)을 실
행하고, 보다 높은 목표를 위해 힘쓰고, 더 빨리·더 절약하는 사회주의
건설 총 노선을 위하여 새롭게 열의를 북돋았다. 계속하여 계급투쟁, 생
산투쟁, 과학실험의 3대 혁명운동을 전개할 것을 규정하였다. 즉 자주독
립, 자력갱생, 간고분투, 근검절약하여 나라를 세우고, 혁명을 열심히 하
며, 생산을 촉진하고, 업무를 촉진하고, 전쟁에 대비할 것을 요구하였고,
농업을 기초로 공업을 주도로 삼아서 중앙과 지방의 양방향에서 적극성
을 발휘토록 하여 사회주의 경제를 균형 있게 발전토록 하는 일련의 경
제건설 방침과 정책을 요구한 것이다.

(5) 상부구조 영역의 각종 정책을 규정하였다. 국가기관과 업무인원은
반드시 마르크스 레닌주의, 모택동사상을 열심히 익히고, 군중과 긴밀히

연계하여 부정의 기풍을 바로잡고, 집체생산에 참가하고, 간소화 원칙과 노년·중년·청년이 결합한 영도기구를 만들어 나갈 것을 규정하였다. 무산계급은 반드시 상부구조에 위치하고, 그 중 각종 문화영역의 자산계급에 대한 전면적인 전정의 실행을 포함하여 상부구조 영역 내의 사회주의 혁명에도 주력할 것을 규정하였다.

(6) 중국은 초 강대국적인 대외정책을 취하지 않을 것을 규정하였다. 중국은 평화공존 5항 원칙의 기초 위에서 사회주의국가, 민족국가, 서로 다른 사회제도의 국가와 평화공존하고, 침략정책과 전쟁정책에 반대하고, 패권주의에 반대한다는 것을 규정하였다.

(7) 민주집중제와 공민의 기본 권리를 규정하였다. 국가기관은 모두 민주집중제를 실시한다는 것을 규정하였고, 소수민족 거주 지구에 민족구역자치제도의 실행을 규정하였으며, 공민의 각종 민주권리를 규정하였는데 주로 선거권, 노동권, 교육을 받을 권리, 휴식과 물질보조를 받을 권리, 고발의 권리, 언론·통신·출판·집회·결사·시위 등의 정치 권리에 한정되었다. 장춘교는 보고에서, 모 주석의 건의에 근거하여 제28조에서 공민이 파업의 자유를 갖는다는 내용을 추가시켰다는 구체적인 설명을 하였다.18)

2. 1975년 헌법의 사회주의적 성격

장춘교는 헌법개정에 관한 보고에서, 1975년 헌법과 1954년 헌법의 계승관계에 대하여 설명하였는 바, "1954년 헌법은 중국최초의 사회주의

---

18) 1970.12.18 毛澤東與斯諾的談話 참조. 국방대학연구실 편, 「文化大革命研究史料」 中冊, 498쪽.

유형의 헌법이다." "20년의 실천은 이 헌법이 정확하다는 것을 증명한다. 그 기본원칙을 오늘에도 여전히 적용된다." "부분적인 내용은 오늘날 적용되지 않는다." "현재 제출된 이 헌법개정초안은 1954년 헌법의 계승과 발전이다."고 하였다. 이 때문에 전체적인 틀과 기본원칙의 각도에서 보면, 1975년 헌법은 당연히 사회주의적 성격에 속하는 것이다.

이것은 주로 1975년 헌법이 1954년 헌법이 확립한 인민민주원칙과 사회주의 원칙을 고수하였고, 중화인민공화국은 노동자계급영도의 노동자농민연맹을 기초로 한 무산계급전정의 사회주의 국가임을 인정하고, 사회주의 개조의 성과와 사회주의 건설의 찬란한 성과를 인정하였으며, 사회주의공유제와 노동에 따른 분배원칙을 인정하였고, 국가기관 간소화의 원칙을 인정하고, 평화공존 5항 원칙의 준수와 침략과 전쟁을 반대하고 패권주의의 대외정책을 반대하고, 전국인민대표대회의 정권조직형식과 민주집중제의 원칙을 유지하였고, 소수민족 거주 지구에 민족구역자치의 제도를 실시하였으며, 공민 향유의 기본 권리를 유지시킨 점에서 나타나는 것이다.

3. 1975년 헌법의 결함과 그 심각성

1975년 헌법은 문화대혁명 기간에 만들어진 것이기 때문에 문혁 동안의 극좌사상이 헌법전문에 침투되었다. 헌법을 개정하는 자들이 순전히 당시의 정치적 필요에 따라 제정한 것이다. 헌법에 대한 기본이론과 기본지식은 없었고, 1975년 헌법은 정치구호, 개인어록을 정책화하기에 이르렀고, 법률의 규범성과 법률논리가 결여되어, 규범성을 갖는 헌법이 아니라 마치 정치선언과 같았다. 1975년 헌법의 심각한 결함은 주로 다음과 같다.

1) 형식과 구성으로 보면 조문이 조잡하고, 표현이 불충분하며 체제의 혼란이 있었다.

첫째, 문자 표현이 지나치게 간단하였고, 반드시 있어야할 것이 규정되지 않았다. 1954년 헌법은 106개 조항 약 9,000자, 1978년 헌법은 60조 약 7,000자, 1982년 헌법은 138조 약 20,000자이다. 통계에 의하면 세계 142개국 성문헌법 중 10개국 헌법은 36,000자를 초과하고, 24개국 헌법이 5,000자에 미치지 못하며, 평균 15,900자이다. 그러나 1975년 중국헌법은 단지 30조 4,000여자에 그칠 뿐만 아니라 많은 부분이 개인어록 등 비법률적인 언어로 되어 있었다. 당시 전국적으로 문화를 경시하고, 무식함이 가장 혁명적인 것처럼 보았으며, 그 문풍(文風) 역시 저속하고 간단하여 세밀하지 못하였다. 예컨대 9대 당장(黨章)은 겨우 12개조로 8대 당장 조문수의 1/5이었다. 1975년 헌법조문은 전체 30조, 그 중 총강이 15개조로 헌법조문의 반을 차지하여 균형을 상실하였다.

둘째, 체제의 혼란과 구성이 엄밀하지 못하였다. 1975년 헌법은 당·정 관계와 뒤섞여 당과 국가기관이 혼동되고, 마땅히 당장(黨章)으로 규정할 것을 국가제도·사회제도 관련 내용의 헌법에 규정하였다. 서언에서 중국 공산당의 영도로 취득한 사회주의 혁명과 사회주의 건설 승리의 경험을 총괄하기 위하여 "우리는 반드시 중국공산당의 전체 사회주의 역사단계의 기본노선과 정책을 고수하여야 한다."는 것 외에, 헌법 본문에서 다시금 전후 5차례에 걸쳐 중국공산당의 영도를 표시하였는데 즉 2조, 15조, 16조, 17조, 26조가 그러한 것이다. 이것은 당의 일원화 영도체제의 강화를 헌법조문형식으로 명확히 표현한 것이다.

셋째, 국가기구의 절(節) 명칭의 불일치 현상이다. 제1절에서 제3절은 기관의 명칭을 절의 명칭으로 하고, 제4절과 제5절은 다시 기관의 성질을 절의 명칭으로 하고, 특히 제5절은 인민법원과 인민검찰원으로 하지 않고 재판기관과 검찰기관을 절의 명칭으로 하였다. 이리하여 체제상의 불일치가 있었다. 이것은 아마 인민검찰원을 취소하고 검찰원의 직권만을 규정하려 하였기 때문이고, 따라서 재판기관과 검찰기관을 절의 명칭으로 사용한 것이다.

넷째, 공민의 기본 권리와 의무는 그 배열에 있어서 적절치 못하였다. 공민의 기본 권리와 의무는 민주제도의 중요한 구성부분이고 국가제도 및 사회제도와 밀접한 관계가 있고, 구성상 마땅히 총강의 연장과 계속이다. 1975년 헌법은 오히려 이 부분을 뒤로 배치하여 국가기구의 뒷부분에 두었다. 공민의 기본 권리와 의무의 내용 순서상 마땅히 권리를 먼저 규정하고 다음에 의무를 규정해야 한다. 1975년 헌법은 오히려 의무를 먼저 규정하고 그 다음에 권리를 규정하였고, 더 나아가 공민 권리의 규정 시 다시 공민의 정치적 권리와 자유권, 인신권, 경제·문화·사회 권리의 세 가지 권리를 뒤섞었다. 이것은 헌법개정자의 헌법에 대한 지식의 부족함을 충분히 나타내고 있다.

다섯째, 규범 누락과 법률의 과학성 부족이다. 1975년 헌법은 불필요한 부분이 많다. 서언과 총강 중에서 모택동의 어록은 수시로 찾아 볼 수 있고, 많은 부분에서 동일성을 갖지 못하는 내용을 함께 기술하여, 1975년 헌법을 더욱더 당의 정치적 강령처럼 만들었다. 어떤 부분은 제대로 규범하지 못하였고, 매우 불충분하였다. 예컨대 제10조의 "혁명을 강조하고, 생산을 촉진하고, 작업을 촉진하며, 전투준비를 다그치며"와 같다. 구체적으로 무엇을 가리키며 어떻게 실시하며 하는 것인지가 쉽게 이해되지 않고 실행 역시 어려웠다. 예컨대 제15조의 "중국인민해방군과 민병은 중국공산당이 영도하는 노동자와 농민의 아들", "영원한 전투대원임과 동시에 작업대원이며 또한 생산대원"등과 같다. 인민해방군은 노동자와 농민의 아들이라는 것은 간부·지식분자 등 가정의 비 노동자 및 비 농민 자제출신은 해방군에 참가할 수 없다는 것을 의미하는 것인가? 해방군이 또한 생산대원이라면 이는 인민공사의 생산대원과 무슨 구별이 있는가? 하는 등등 부지기수이다.

2) 헌법개정의 지도사상으로 보면, 계급투쟁강령을 국가의 기본노선으로 하였고, 무산계급전정하에 계속혁명의 이론과 실천을 확인하였다

장춘교는 헌법개정의 보고에서 "우리의 경험을 총결산하고, 우리의 새로운 승리를 공고히 하고, 우리 인민이 무산계급전정아래 계속혁명의 염원을 반영하는 것이 바로 이번 헌법개정의 주요 임무이다"고 하였다. 당의 사회주의 역사단계의 기본노선을 모두 인정하고 견지하는 것은, "바로 우리의 주요 경험이고, 또한 이번 헌법개정의 지도사상이다." 이러한 지도사상 아래, 1975년 헌법 서언에는 당의 기본노선을 명시하였다. 즉 "사회주의 사회는 상당 장기간의 역사단계이고, 이 역사단계에는 시종 계급모순과 계급투쟁이 존재하고, 사회주의와 자본주의 양 노선의 투쟁이 존재하고, 자본주의 부활의 위험성이 존재하고 제국주의의 전복과 침략의 위협이 존재한다. 이러한 모순은 단지 무산계급전정하의 계속혁명 이론과 실천으로 해결할 수 있다." 이 부분은 모택동이 1962년 제시한 사회주의 시기의 계급투쟁에 관한 견해를 쓴 것으로, 이 견해는 후일 중국 공산당의 전체사회주의 역사시기의 기본노선이 되었고, 또한 문화대혁명 발동의 이론적 근거가 되었다.

이러한 사상 아래 1975년 헌법은 더욱이 "무산계급은 반드시 상부구조에 각 문화영역을 포함하여, 자산계급에 대하여 전면적인 전정을 실행하여야 하고", "누구든 자기의 견해를 자유롭게 밝히고 대토론과 대자보는 인민군중이 창조한 사회주의 혁명의 새로운 형식이다."는 등을 규정하였다. 이처럼 문화대혁명중의 생각들은 하나하나 헌법에 배어들어 1975년 헌법이 개헌임무를 성공적으로 수행하였다는 것을 설명하였고, 헌법의 지도사상을 실현하였다. 그것은 문화대혁명의 합법성을 확인하였고 1957년 이래 계급투쟁의 확대, 극좌사조와 극좌착오에 대하여 헌법적 근거를 마련해 주었고, 이리하여 국가 전체를 투쟁, 혁명, 전쟁이 충만한 화약고로 만들었다.

3) 헌법의 내용으로 보면, 경제제도나 정치제도 또는 공민 권리의 규정
에 관계없이 문화대혁명의 영향을 받아 엄청난 극좌착오를 가져오게
하였다

첫째, 경제제도상 실제의 "과도적 빈곤"의 탈피를 인정하였고, 생산관
계와 상부구조 영역의 혁명을 통하여 사회 경제의 발전을 실현하려고만
하였다. 1975년 헌법은 사회주의경제 건설의 주요 임무를 명확하고 집중
적으로 제기하지 않았으며, 계급투쟁의 이론을 출발점으로 하여 "계속적
으로 계급투쟁을 하고, 생산투쟁과 과학실험의 3대 혁명운동을 전개 할
것을 요하고", "혁명을 강조하고, 생산을 촉진하고, 직업을 촉진하며, 전
투 준비를 다그치자"는 것을 제시하였다. 우선은 혁명을 강조하고, 그 후
생산을 투쟁으로 하여 3대 혁명의 하나로 병렬시킨 것은 경제건설의 규
율을 완전히 무시한 것이고, 과거 정치운동의 방식으로 경제를 처리하는
극좌 실천을 헌법에 규정하여 정치와 경제, 군중운동과 건설의 한계를 혼
란시켰다. 이것은 업무의 중점을 경제건설에 두는 것을 방해하였고, 국민
경제의 발전과 사회주의경제의 정상적인 발전을 방해하는 것이었다.

1975년 헌법은 중국의 생산발전의 수준을 고려하지 않았고, 순수한 사
회주의 생산자료 소유제, 전민소유제와 집체소유제의 두 가지 소유제형
식을 규정하였고, 기타 소유제형식에 대하여는 단지 개체경제의 합법적
인 존재를 인정하는 정도였고, 철저한 제한을 가할 것을 명확히 하였다.
예컨대, 통일적 배치와 타인의 노동을 착취하지 않는 조직으로, 단지 집
체경제의 발전을 보장하고 절대우세의 조건하에서, 개체경제의 발전은
반드시 사회주의 집체화를 필요로 한다는 등이다. 이러한 "일대이공(一大
二公)"의 소유제 형식과 상응하여 1975년 헌법은 "순수한" 사회주의의 분
배형식, 즉 "노동하지 않는 자는 먹을 수 없다", "각자 능력을 다하고 노
동에 따라 분배한다."고 규정하였다.

노동하지 않는 자는 먹을 수 없다고 규정한 것은 극히 부적당한 것이
다. 노동하지 않는 자는 먹을 수 없다는 것은 1918년 소련헌법의 분배원
칙에 대한 주요 내용으로서, 당시는 주로 착취계급을 겨냥한 것으로서 혁

명의 대상 즉 일하지 않고 소득하고 착취로 생활하는 자산계급에 대한 투쟁인 것이었다. 그러나 중국의 1970년대의 상황과 당시의 소련은 차이가 있는 것이었다. 혁명의 승리 후 신정권에 참가한 국가부주석 중에는 그들의 대표 즉 민주당파의 책임자도 있었다. 사회주의 개조 완성 이후 착취계급을 소멸시키고, 민족자산계급은 기본적으로 자기의 노력으로 생활하는 노동자로 개조되었으므로 그들의 불로소득은 존재하지 않는다.

노동하지 않는 자는 먹을 수 없다는 것이 만약 모든 노동능력 있는 자는 모두 일해야 하고, 노동하지 않으면 소비품을 분배받지 못하고 노동보수를 받을 수 없다고 한다면, 바로 노동에 따른 분배의 원칙과 중복된다. 노동하지 않는 자는 먹을 수 없다는 것은 헌법의 기타 규정과도 모순된다. 예컨대 제27조 제2관은 노동자는 노년, 질병 혹은 노동능력 상실의 경우 물질 보조를 받을 수 있는 권리가 있다고 규정하였다. 이것은 이러한 사람들이 노동하지 않더라도 먹고 살아야 한다는 것이다.[19]

둘째, 정권체제상 당의 일원화 영도를 강화하고, 당정의 구분이 없고, 당이 국가를 대표하며 당이 정부를 대표한다. 전국인민대표대회와 중국공산당의 관계에서 당 영도의 지위는 두드러지며, 국가기구와 국가정권의 직능을 약화시켰다. 예컨대, 전국인민대표대회는 중국공산당 영도하의 최고국가권력기관이다. 전국인민대표대회는 중국공산당중앙위원회의 제의에 근거하여 국무원총리와 국무원의 구성인원을 임면한다는 규정이다.

이러한 규정은 논리상의 모순이 명백하고, 한편으로는 전국인민대표대회는 국가의 최고권력기관이라고 하고 다른 한편으로 전국인민대표대회는 공산당의 영도하에 있다고 하여 마치 최고권력기관 위에 더 높은 권력기관이 있는 것이 되어 논리상 적합하지 않고 모순된 것이다. 또한 전국인민대표대회에 대한 규정은 단지 3개 조문으로 전국인민대표대회의 국가입법권, 결정권 및 임명권 등의 규정에 관하여 막연하게 규정하였고, 전국인민대표대회의 감독권, 전국인민대표대회전문위원회의 설치, 전국

---

19) 張友漁, 「憲政論叢(下)」, 群衆出版社, 1986년, 395-396쪽.

인민대표대회 대표의 선거 및 헌법개정절차 등 중대한 문제에 대한 규정이 없었으며, 전국인민대표대회의 임기와 개회에 관한 규정은 자의적이었다.

국가체제와 국가기관의 권력분담을 혼란케 하였다. 예컨대, 국가주석제의 취소는, 애초 국가주석의 직권 일부를 전국인민대표대회상무위원회가 행사하였고, 그러나 일부 국가주석의 직권에 속했던 즉 국가훈장수여와 영예칭호, 사면령과 특사령의 선포, 계엄령의 발포, 전쟁상태의 선포, 동원령의 발포 등은 어느 기관이 행하는지에 대한 구체적 규정이 없었다. 또한 중국공산당중앙위원회 주석은 전국무장역량을 통솔한다고 규정하였고, 검찰원의 설치를 취소하고, 검찰기관의 직권은 각급 공안기관이 행사한다고 규정하였다.

더욱이 국가기관의 조직계통상 국무원이 각부·각위원회와 전국 지방 각급 국가기관의 업무를 통일 영도함을 규정하였고, 이리하여 지방인민대표대회, 법원 등은 모두 국무원의 지휘를 주시하게 되었으나, 국무원의 성질과 업무형식에 대한 명확한 규정이 없었고, 국무원은 누가 업무를 주재한다는 규정이 삭제되었으며 비서장의 직위도 없어졌다. 지방기관의 설치도 변경되어, 문화대혁명 동안 구성된 혁명위원회가 원래의 인민위원회를 대신하고, 혁명위원회는 지방의 정부이며 또한 지방 각급 인민대표대회의 상설기관임을 규정하였다(제22조). 또한 인민공사의 정사합일(政社合一)체제를 규정하였다(제7조).

셋째, 사회주의 사법제도의 몇 가지 기본원칙을 취소하였다. 예컨대 공민의 법률상의 평등원칙, 법원의 재판독립원칙, 인민배심원제도, 공개심판제도, 피고인변호제도 등 모두 취소되고, 오히려 중대한 반혁명형사사건에 대해 군중토론과 비판의 발동을 규정하였다(제25조).

넷째, 공민의 권리를 제한하여 헌법의 기본정신을 위반하였다. 헌법은 반드시 양대 가치, 즉 하나는 공공권력의 제약 또 하나는 공민의 권리보장을 구체화해야 한다. 1975년 헌법은 공민의 기본 권리와 의무를 규정하면서, 의외로 공민의 의무를 먼저 규정하고 다음에 공민의 권리를 규정하였으며 공민의 권리와 자유의 범위를 최대한 축소하였다.

동시에 공민이 가지는 기본 권리에 대한 보장성 규정을 취소하고, 공민의 거주이전의 자유, 과학연구의 진행, 문예창작과 기타 문화 활동의 자유나 국가공무인원에 대한 배상청구권을 삭제하였다. 선거권과 피선거권·노동권, 휴식권, 물질적 보조 획득권, 교육을 받을 권리, 부녀의 남자와의 평등권 등 기본적 권리 규정이 크게 간소화되었다. 이처럼 공민의 기본 권리에 대한 규정은 열거방식을 취하여, 헌법의 근본취지에 크게 반하는 것이 되었다.

상술한 바를 종합하면, 1975년 헌법은 중대한 결함을 가진 헌법으로서 중국헌법사상 큰 후퇴라 할 수 있다. 1975년 하반기부터 강청 반혁명집단은 당권 찬탈의 활동을 개시하여, 1975년 헌법의 역할은 미미하게 되었고, 일종의 정책적인 구색을 맞추는 데 불과하였다.

Ⅳ. 1975년 헌법의 시행과 영향

1. 1975년 헌법은 근본적으로 시행되지 못함

1) 법제의 경시와 유린의 시대에서, 1975년 헌법은 시행될 수 없었다

1975년 헌법은 비밀리에 통과된 것이다. 1954년 헌법과 비교하면, 1975년 헌법은 체제와 내용상 변화가 매우 크다. 그러나 1975년 헌법의 통과가 있기 전에는 학계나 각 선전매체를 논할 것 없이 헌법개정에 대한 어떠한 선전도 하지 않았다. 제4기 인민대표대회에서 헌법개정초안을 토론하는 과정에서 토론상황에 대한 추호의 보도도 없었다. 단지 제4기 인민대표대회가 폐막된 후, 1975년 헌법이 이미 통과하고 3일 후인 1975년 3월 20일 인민일보를 통하여 비로소 공포되었다. 당시의 이러한 상황에 대

하여 아무도 반대 의견이 없다. 중국 역사 이래의 법제문화 결핍과 민중의 헌법의식 약화라는 의식수준과 문화적 분위기는 1975년 헌법의 시행에 적극적인 영향을 줄 수 없었던 것이다.

문혁기간 동안의 무법상황은 국가주석도 그 존엄을 유지할 수 없도록 하고 말았다.

"1958년에 이르러 한 차례 반우투쟁과 대약진운동을 거쳐, 당의 제8대 회의에서 확인한 사회주의 법제 확립의 정확한 방침과 모택동 본인이 가졌던 법제관은 폐기되었고, 공공연히 법제가 부인되고 인치가 찬양되었다."[20]

이러한 법제 멸시의 사상이 법제건설에 가져다 준 영향은 매우 심각하다. 당내, 사회 및 학계에서의 법제에 대한 멸시사조는 급속히 유행하여, 법제의 일부 기본원칙은 비판을 받게 되었고, 법제취소라는 일련의 결과를 낳기도 하였으며 법률허무주의가 광범위하게 일어났다.

당과 모택동의 법제경시와 장기간 존재한 계급투쟁의 관념은, 사회모순의 처리를 습관적으로 군중운동의 방식으로 하였고, 이는 개인이 모든 것을 결정하는 영도체제와 긴밀한 관계를 가진다. 그러나 공유제 기초하의 고도 계획경제체제에서는 객관적으로 인치나 정책적 지휘가 필요하고 법제는 필요치 않다는 것이다. 법제경시는 또한 1대 영도자와 모택동 개인에 국한된다. 법제전통문화의 토양이 없으면 법률적 소양이 높은 국가영도자가 성장해 나올 수 없다. 중국혁명은 법에 의한 것이 아니고 법제의 타파에 의지한 것이고, 인민군중의 혁명적 열정과 영수의 군중동원으로 혁명의 승리를 얻은 것이다.

사회주의 건설을 진행하는 새로운 과제를 앞에 두고 당은 본래 경험이 없었고, 모택동은 혁명전쟁시기에 얻은 권위를 바탕으로, 당과 인민군중의 그에 대한 적극적인 신임과 지지를 바탕으로, 군중의 사회주의 건설에 대한 높은 열정을 이용하여, 법을 고려하지 않고 경제의 약진과 제도의

---

20) 蔡定劍, 「歷史與變革」, 中國政法大學出版社, 1999년, 92쪽.

약진을 이루게 하였다. 1958년 그가 사회주의 건설계획을 고조시킬 때, 군중의 높은 열정과 지지를 받았고, 그의 낭만주의 정서는 승화되었다. 불(火)과 같고 차(茶)와 같은 군중운동과 엄청난 건설의 대 조류 앞에서 어떠한 법제도 무색해졌다. 그는 군중운동이 국가건설의 가장 좋은 방법 이라고 생각했다. 이것이 실질적으로는 그의 한계성이었고, 과거의 성공과 자신이 그로 하여금 그가 익숙하지 못한 민주법제치국의 길을 선택할 수 없게 하였고, 그로 하여금 익숙한 치국의 방법 계급투쟁과 군중운동을 선택하게 하였다.

그래서 오랜 중국의 유교문화, 일원화 영도의 정치체제, 계급투쟁에 종사하고 군중운동을 하는 국가영도자를 중시하는 등등의 조건은 중국으로 하여금 필연적으로 인치를 선택하게 하였고, 법치를 필요로 하지 않는 길을 선택하게 하였다.[21]

2) 그에 상응하는 법률의 제정이 없었고, 1975년 헌법규정은 시작과 동시에 한낱 백지로 되었다

1975년 헌법은 국가기구에 대한 새로운 규정을 많이 하였으나, 그와 상응하는 각종 조직법의 제정이 없었고, 1975년 헌법이 기능을 발휘할 수 있는 관련기구·제도·기능 등에 대하여 규정이 없었다. 제4기 전국인민대표대회상무위원회는 네 차례의 회의에 그쳤다. 그중 4인방 분쇄 전에 개최된 두 차례 회의는 모두 3일간 개최되었다. 전쟁범죄의 결정과 관련된 특사석방과 몇 가지 임명사항 외에 별다른 실질적 내용도 없었다. 동시에 국가의 중대 문제는 근본적으로 전국인민대표대회 및 상무위원회의 토론과 결정에 상정되지 않았다. 예컨대 1976년 2월 중공중앙의 통지 "위대한 영도자 모 주석의 제의를 거쳐, 중앙정치국의 만장일치로 화국봉(華國峰) 동지가 국무원총리를 대신한다."는 등이다.[22]

---

21) 蔡定劍, 「歷史與變革」, 中國政法大學出版社, 1999년, 92쪽.
22) 「中華人民共和國國史統監」 제3권, 重慶出版社, 1984년, 1269쪽.

1976년 4월 발생한 '천안문사건' 이후 중공중앙은 다시금 모택동의 제의에 근거하여, 화국봉을 중화인민공화국 국무원총리로 결정하는 동시에 등소평의 국무원부총리직과 당 내외 일체의 보직을 취소하였다. 헌법에서 정한 국무원 인원의 전국인민대표대회에 의한 임면 규정은 한낱 백지가 되었다.

1976년 발발된 4·5운동 및 그 진압은 헌법이 어떠한 권위나 실질적 효력을 갖지 못한다는 것을 표명한다.

1976년 1월 8일, 주은래 서거 이후 군중이 집회를 개최하며, 표어를 붙이고, 연설을 발표하는 등의 자발적인 추념의식은 4인방의 저지를 받았다. 3월 하순에 이르러 남경, 항주, 정주, 서안, 태원 등 도시의 군중은 청명절 조상에 대한 제사의 관습을 이용하여 4인방의 방해를 타파하고 주은래 총리 추념행사를 거행하였다. 북경에서는 3월 말에 시작하여 군중은 자발적으로 천안문광장에 운집하여 인민영웅기념비 앞에 헌화하고, 전단을 뿌리고 시를 낭송하였고, 연설을 발표하여 주은래를 추념하였으며, 등소평의 정확한 영도에 지지를 표시하고 4인방의 죄악을 통렬히 비난하였다. 4월 4일 추념활동은 고조되었고 수도와 외지에서 온 군중은 당시의 금지령에도 불구하고, 2만여 명이 천안문광장에 모여 격분하여 4인방 처분의 함성을 높였다. 동시에 전국의 여러 대도시에서는 수많은 군중이 주은래를 추념하고 4인방 성토의 위대한 투쟁장면이 연출되었다. 4월 4일 밤, 화국봉의 주재로 중앙정치국회의가 개최되었고, 천안문광장에서 발생한 사태를 토론하였다.

강청집단의 조종으로 회의에서는 천안문광장에서의 행동을 반혁명사건으로 규정짓고, 이를 반혁명을 선동하는 군중이 모 주석을 반대함으로써 당 중앙을 반대하고, 투쟁의 대방향을 교란하고 파괴시키는 것으로 인식했다. 당일 밤 조치를 취할 것을 결정하고, "반혁명"을 장악하고 천안문광장의 화단과 표어를 정리키로 하였다. 정치국과 모택동 사이의 연락을 맡은 모원신(毛遠新)은 이 회의에 대하여 모택동에게 보고하면서, 정치국은 "반혁명 성질의 반격", "하나의 비밀조직으로서 계획적인 조직 활동"으로 인정한다고 하였다. 모택동은 이 보고를 비준하였다. 4월 8일 밤, 수도에서 민병 10,000여 명, 공안 3,000여 명, 위수부대 5개 대대가 출동하여 광장을 포위하였다. 해산하지 않은 광장의 군중은 심하게 두들겨 맞고 일부는 체포되었다. 그 이후 다시 대규모의 추적조사를 통하여 1,984명이 입건되고 388명이 체포되었다. 이와 동시에 전국 각지에서 폭발한 주은래 총리 추념과 4인방 반대의 군중운동 역시 진압되었다.

1975년 헌법 제28조는, 공민은 언론, 통신, 출판, 집회, 결사, 시위, 파업의 자유가 있고, 공민의 인신자유와 주택은 침범되지 않는다. 모든 공민은 인민법원의 결정 또는 공안기관의 비준을 거치지 않고는 체포되지 않는다고 규정하였다. 4·5운동은 위대한 애국민주운동이고, 인민군중이 자발적으로 모여 각종 가능한 방식을 채택하여 자기의 의사를 표시한 것이고, 국가대사를 지적하고, 등소평을 대표로 하는 당의 정확한 영도의 지지를 표시하는 것으로서, 이는 1975년 헌법이 규정한 공민의 권리 행사의 원칙이고, 헌법이 인정한 것이었지만 오히려 불법으로 진압되었기에 사실상 중대한 위헌이었다.

2. 1975년 헌법의 영향

1) 1975년 헌법은 경험을 총결산하고 승리를 인정한 결과에 따라 개정된 것이고, 이는 필연적으로 헌법을 정치적인 목적 달성과 정당정책 실현의 도구로 하였고, 헌법을 일체 조직과 개인의 행위준칙임을 인정하지 않고 국가기관과 영도자의 권력을 구속하는 법률로만 보았다

1975년 헌법은 신 중국의 제1차 헌법개정의 산물이며 전면적인 개정으로서, 5년에 걸쳐 두 단계의 과정을 거쳤다. 처음 단계에서는 군중의 토론을 거쳤다. 이 때문에, 헌법을 이용한 정책인정과 경험을 결산하는 모델은 국가영도자와 전인민의 인식에 깊은 영향을 주었다. 바꾸어 말하면, 이러한 개헌 모델은, 헌법을 현실생활의 수요에 올바르게 적응시키고 헌

법의 종국적 가치를 양자의 관계로 향하도록 하지 못하였고, 헌법을 근본법의 지위로 올려 놓지 못하였으며, 오히려 헌법의 위신과 권위를 실추시키고, 법제건설이나 의헌치국(依憲治國)은 의사일정에 상정도 되지 못하였다. 그래서 1975년 헌법은 공포 이후 국가가 법제궤도로 올라가는데 있어 아무런 영향도 미치지 못하였고, 사회생활의 혼란과 무질서를 제지하지 못하였기에, 1975년 헌법을 빌어 국가권력을 제한하고 공민의 권리를 보장한다는 것은 두말할 필요도 없게 되었다.

2) 1975년 헌법의 이후 헌법에 대한 영향

우선은 개헌형식에 대한 영향이다. 개헌안의 제출에서 기초와 수정은 모택동의 구체적인 지시에 근거하여 정치국상무위원회의 토론으로 결정하였고, 제4기 인민대표대회는 단지 절차를 이행한 것에 불과하였다. 이것은 1978년 헌법 개정시, 전체정치국위원으로 개헌위원회를 구성하여 비밀리에 개정한 것에서 명백히 드러난다. 이로써 중공중앙이 우선적으로 헌법개정안을 제출하는 관례가 생겨났다.

다음은 개헌내용상의 영향이다. 1975년 헌법은 경제제도에 대한 규정을 지나치게 구체적이고 잡다하게 하여 탄력성과 포용성을 결하였고, 여러 가지 당의 단계적인 정책을 헌법에 명시하여 이 역시 차후 헌법의 경제제도 영역에 대한 부담 과중을 초래하였다. 경제는 사회생활에 있어서 가장 활발한 요소이므로 수시로 변화하고 발전하므로 헌법에 과다하게 경제제도의 내용을 규정하게 되면 헌법으로 하여금 경제변화의 요구에 적응할 수 없도록 하고, 필연적으로 헌법의 안정성을 파괴하게 된다. 그러나 이후의 1978년 헌법, 1982년 헌법 및 1982년 헌법에 대한 3차례 개정은 모두 과다하게 경제제도의 내용을 규정하였고 이리하여 빈번한 헌법개정을 초래하게 되었다.

제4장

곡절 중의 발전: 1978년 헌법

I. 변혁 중의 사회와 개헌의 배경

1. 역사적 승리와 정상회복

1975년 헌법 개정 1년 후, 중국의 정치상황에는 중대한 변화가 있었다. 1976년 1월에서 9월까지, 당과 국가의 중요한 영도자 주은래, 주덕, 모택동이 차례로 사망하였고, 비장의 4·5운동이 발발하였으며, 당산(唐山)에서는 세계를 놀라게 한 지진이 발생하였다. 이와 동시에, 1975년 등소평은 문화대혁명이 교육, 과학기술, 공업, 군대건설에 끼친 손해의 회복과 경제건설을 계급투쟁보다 중요한 위치에 두어야 한다는 것을 제시하였다. 이러한 문화대혁명에 대한 부정은 중국인민에게 희망을 안겨주었다.

1976년 주은래 사망 후, 4인방은 뜻을 이루지 못하였고, 모택동은 화국봉을 총리로 선택하였다. 9월 모택동 사망 후 4인방은 바로 당과 국가최고영도권을 찬탈하려고 하였다. 그들은 한편으로는 등소평 등 노장 무산계급혁명가를 공격하고 다른 한편으로는 화국봉에 대한 반대를 강화하였다. 10월 6일, 화국봉은 엽검영(葉劍英), 이선념 등의 지지 아래 당과 인민의 의지를 집행하는 단호한 조치를 취하여 4인방을 격리 조사하고 정권을 장악하였다. 10월 7일, 중공중앙정치국은 화국봉을 중공중앙주석과 중앙군사위주석에 임명하는 결의를 하였다. 10월 18일, 중공중앙은 각급 조직에 대해 왕홍문(王洪文), 장춘교(張春橋), 강청(江靑), 요문원(姚文元) 반당집단 사건에 관한 통지를 발하여 문화대혁명을 종결시켰고 정치생활, 사회생활과 인민의 생활 질서는 정상적인 회복을 시작하였다. 각종 업무는 정상궤도에 진입하였고 국가건설은 새로운 발전시기로 접어들게 되었다.

4인방 분쇄 이후 당과 정부는 정국의 정상회복 작업에 착수하였다. 1976년 10월부터 1978년 3월까지 1여 년의 정국 정상화작업은 성과를 보았다.

첫째, 전국적으로 4인방 파벌체제를 철저히 조사하였다. 철저한 조사와 조정을 통하여 당과 국가의 각급 영도그룹을 강화하고, 영도지위에 올라온 "3종인"[1])을 철저히 조사하여 파벌성의 무력투쟁과 혼선을 제지하였다.

둘째, 날조·오심사건을 시정하였다. 문화대혁명 중에 임표·강청 집단은 대량의 날조·오심사건을 만들었다. 통계에 의하면 국가기관 간부가 입건 조사된 것은 당시 국가간부인원의 17.5%를 점하였고, 특히 중앙국가기관의 부부장급 이상과 지방의 부성장급 이상 고급간부의 입건 조사 건수는 75%에 이른다. 이 외에도 문화대혁명 이전의 역대 정치운동 역시 많은 날조·오심사건을 만들었다. 4인방 분쇄 이후 날조·오심사건을 시정하려는 작업이 의사일정에 상정되었다. 1977년 1월 19일 인민일보에 발표된 "미해결된 사건을 철저히 조사하고, 당의 간부정책을 실현"등의 평론에서부터 1977년 7월에는 당의 13기 3중 전회에서 진운(陳雲)의 의견

---

1) 중공 12기 2중 전회에서 통과된 "중공중앙의 당 정리에 관한 결정"의 규정으로, '3종인'은 반역자, 파벌사상을 가진 자, 폭행·파괴분자를 가리킨다.

을 접수하여 등소평의 직무회복에 관하여 정식으로 결의하기까지, 또한
1977년 10월 7일 인민일보의 "4인방이 전도시킨 간부노선을 아직 바로
잡지 못하였다"는 문장의 발표에 이르기까지, 점진적으로 날조·오심사
건을 시정하는 작업은 명분을 얻게 되었다. 1977년 12월 중공중앙은 호요
방(胡耀邦)을 중공중앙조직부부장으로 임명하고, 문화대혁명 및 역대정치
운동이 남겨놓은 문제에 대하여 철저한 조사를 하도록 하여 누명을 벗기
도록 하였다. 이리하여 날조·오심사건의 시정은 큰 진전을 보았고, 많은
간부의 적극성을 동원하여 전국적인 안정과 단결을 촉진하였다.

셋째, 과학·교육·문화 영역에서 좌경의 교정을 극대화하였다. 등소평
이 다시 등장한 후 분산 관리되어온 과학교육에는 상당히 많은 노력이
기울여졌다. 등소평은 반드시 당내에 지식을 존중하고 인재를 존중하는
분위기를 조성해야 한다. 지식분자를 존중하지 않는 착오적인 생각에 반
대해야 한다는 호소를 하였다. 등소평 주재하에, 수년간의 지식분자에 대
한 좌경정책은 전환되어 문화대혁명이전 17년의 과학교육 성과를 현실적
으로 인정하고, 지식분자의 신상에 대한 정신적 속박을 완전히 타파하였
다. 1977년 말에서 1978년 초에 이르기까지 대학입시제도를 부활시켰고,
전국의 대학은 이때부터 통일된 시험을 통하여 신입생을 선발하였다.

넷째, 국민경제의 회복이 시작되었다. 1978년 농업생산은 대풍년으로,
식량은 6,000억 근을 돌파하여 역대 최고수준을 초과하였다. 1977년 공업
총생산은 전년도에 비하여 14.3%성장하였고, 1978년에는 다시 13.5% 성
장하였다. 1977년 재정수입은 전년도에 비하여 12.6% 성장하였고 1978년
에는 다시 28.2% 성장하였다. 인민의 생활수준은 제고되어 1977년 전국
60%의 직공이 10여 년 이래 가장 높은 정도로 수입이 증가하였고, 1978년
전국의 도시와 농촌주민의 소비수준은 전년도에 비하여 5.1% 높아졌다.

상술한 각종의 성과는 비록 회복성에 불과하지만 1978년 헌법의 출현
을 위하여 양호한 정치·경제·문화적 조건을 제공하였다.

2. 정치상의 배회와 경제상의 무분별한 전진

4인방 분쇄의 역사적 승리에서 당의 11기 3중전회의 역사적 전환에 이르기까지, 2년 남짓한 기간은 사회주의 중국 신·구시기의 교체시기이고, 정치에서 경제에 이르기까지 모두 과도적 특징이 뚜렷이 나타났다.

당시 당 중앙이 직면한 중대한 문제는, 당의 지도사상에 있어 계급투쟁을 강령으로 계속 고수하느냐 아니면 경제건설을 중심으로 하여 생산력을 해방·발전시키느냐 하는 것이었다. "두 가지 진리(兩個凡是)"를 고수하느냐 아니면 "실사구시(實事求是)"를 고수할 것인가 하는 문제에 대하여는 논쟁이 매우 극렬하였다. 화국봉은 모택동의 제청으로, 당 중앙 제1부주석과 국무원총리를 담임하여, 과감하게 4인방을 분쇄하였고, 그 공적은 결코 과소평가될 수 없다. 그러나 그 후 2년 간 일련의 중대 문제에 있어서 좌경착오를 범하였다.

첫째, 모택동 및 모택동사상을 어떻게 대할 것인가 하는 문제에 있어, "두 가지 진리"를 추진하고 견지하였다. 일찍이 1976년 10월 26일 화국봉은 중공선전부에 대하여, 모택동이 승인한 모든 것과 강연에 대한 비판을 할 수 없도록 요구하였다. 이것은 모택동의 발언에 대하여 교조주의적인 태도를 취한 것으로 모택동이 말한 것, 모택동이 결정한 것은 쉽게 변경할 수 없는 진리로서, 단지 그것에 따라서 일을 처리할 수 있을 뿐 의혹을 가질 수 없다는 것이다. "두 가지 진리"[2]의 해로움은 바로 모택동을 신격화한 것으로서, 모택동 만년의 좌경착오를 견지한 것이며, 문화대혁명의 이론과 실천을 고수한 것으로, 지도사상의 정상회복에 금지구역을 설정하여 2년간의 배회를 불러왔다.

둘째, 노장간부의 업무와 날조·오심사건의 시정을 방해하고 지연시켰

---

2) 인민일보는 1977년 2월 7일자 사설에서 "무릇 모 주석이 결정한 정책은 것은 우리가 굳건히 옹호하여야 하며, 무릇 모 주석이 한 지시는 우리가 항상 변함없이 따라야 한다."고 하였음.

다. 당시 전국을 뒤흔드는 적지 않은 원죄 날조 · 오심사건이 시정을 기다
리고 있었지만, 화국봉은 오히려 적극성이 전혀 없었다. 그는 만약 유소
기, 도주(陶鑄), 팽진(彭眞), 박일파(薄一波), 양상곤(楊尙昆), 팽덕회(彭德懷),
황극성(黃克誠), 습중훈(習仲勳), 홍학지(洪學智) 등 이들 사건을 번복하면,
문화혁명은 무슨 다른 성과가 있겠는가? 라고 인식하였고, 이러한 사건
은 모두 모택동이 결정한 것으로 이들 사건을 시정하게 되면 모택동을
부정하는 것이라고 인식하였다. 모택동은 "사건을 번복하는 것은 인심을
얻을 수 없다"고 하였다. 그러므로 화국봉은 모택동이 한 일과 천안문사
건의 시정을 적극 반대하였다.

셋째, 경제상 근대적 약진을 꾀하고 정치우선, 군중운동, 대약진의 사
상을 채택하여 국민경제의 심각한 불균형 상태를 초래하였다. 1977년과
1978년, 화국봉은 경제건설에 있어 현실에 부합되지 않고 서둘러 성과를
구하는 좌경구호를 제기하였고, 20세기 말 많은 성급 지역의 공업발전은
유럽의 선진 국가를 따라잡을 것이며, 농업발전은 기계화 · 전기화가 실현
될 것이며, 각종 주요지표는 세계선진국수준을 초과할 것이라 하였다. 고
지표, 고 속도로 추진하여 본 세기 말 원유생산량은 25억 톤에 달하게 되
고, 10개의 대규모 강철기지, 10개의 대규모 유전기지, 30개의 발전소, 6
개 간선철로 등의 새로운 건설이 필요하게 될 것이라 하였다. 냉철하지
못한 생각으로 인하여 1978년 말에 이르러서는 국가의 물가 · 재정 · 신탁
과 외화지출에 있어서 모두 불균형상태가 심각하였다.

3. 당의 11대는 지도사상에서 정상회복의 역사적 사명을
  완성하지 못함

당의 업무방침을 확정하기 위하여 새로운 중앙위원회를 선거하고,
1977년 8월 12일부터 18일까지, 당의 11차 전국대표대회는 1년을 앞당겨
북경에서 개최되었다.

　이 대회의 성공은 문화대혁명의 종결을 명확히 선포한 점과, 국민경제 건설을 중요한 위치로 격상시키고, 민주집중제의 고수와 건설을 강조하고, 당의 우량전통을 회복하고 찬양하였으며, 문화혁명 동안 타격과 박해를 받은 많은 사람들이 중앙위원회에 선거를 통해 되돌아왔고 새로이 업무를 맡은 점에 있다.

　그러나 회의의 전체 기조와 작용에서 보면, 이 회의는 정상회복의 역사적 사명을 완성하지 못하였다. 주로 무산계급전정하 계속혁명의 이론을 계속하여 고수하고, 문화대혁명은 필요한 것이었고 매우 시기 적절한 것으로 하며, 반우를 견지하며 반좌를 반대하고, 실제에서 이탈된 경제건설과 근대적 약진계획을 고수하면서, 민주를 요할 뿐만 아니라 특히 집중을 요한다는 것으로 표현되었다.

　당의 11대는 비록 문화대혁명 기간 동안 개최된 10대에 비하여 다소의 진보가 있었지만 지도사상과 이론체계상 정상회복의 임무를 충분히 완성하지 못하였고, 사람들은 여전히 좌경의 사상적 금고상태에서 해방될 방법이 없었고, 경직된 사상으로 인하여 역사발전에 장애가 되었다.

　1978년 헌법은 바로 상술한 특정의 역사적 조건에서 만들어진 것으로서 반드시 신·구 교체의 과도적 특성을 갖게 되었고, 배회 중에 전진하는 모순적 특색을 갖게 되었으며 필연적으로 문화대혁명의 영향을 받게 되었다.

II. 개헌과정의 분석

1. 개헌건의 제출

당의 11대 회의에서는 당과 국가의 새로운 시기의 총 임무, 즉 금세기

이내에 국가를 4개 현대화의 위대한 사회주의 강국으로 건설한다는 임무를 제시하였다. 새로운 시기의 총임무를 완수하기 위하여 당 내외에서는 정치상·조직상 4인방의 영향을 깨끗이 말소하자는 요구가 강렬하였고 국가제도와 사회제도의 개선과 완성의 강렬한 요구가 있었다. 1975년 헌법을 문화대혁명의 산물이라 하면, 당연히 제거대상의 선두에 위치하게 된다. 1977년 중공중앙은 제5기 인민대표대회의 개최 및 1975년 헌법개정의 문제를 생각하였다.

1977년 10월 23일, 제4기 전국인민대표대회 제4차 상무위원회회의가 개최되었고, 화국봉은 회의에서 중공중앙을 대표하여 제5기 전국인민대표대회의 개최와 헌법개정의 건의를 하였다. 중공중앙은 개헌 건의에서 헌법개정의 필요성을 집중적으로 설명하였다. 건의에서, 지난해 당과 국가는 비상사건을 경험하였고 4인방 분쇄라는 위대한 승리를 거두어, 국가로 하여금 사회주의 혁명과 사회주의 건설의 새로운 역사 발전시기에 진입하게 되었다고 말하였다.

4인방이 국가정권에 끼친 해독과 영향을 더 말끔히 제거하고, 정치상 및 조직상 무산계급 문화대혁명의 공고와 발전 특히 4인방 분쇄투쟁의 성과를 발전시킨다. 당의 11대 노선을 관철 집행하고, 강령을 강조하여 치국한다는 정책전략을 실현하기 위하여 무산계급전정을 더욱더 공고히 하고 강화한다. 사회주의 경제건설과 문화건설의 고조를 맞이하기 위하여, 사전에 5기 전국인민대표대회를 개최하여 헌법을 개정하는 것이 필요하다고 중공중앙은 인식하였다.

2. 개정초안의 제출

중공중앙은 인민대표대회에 헌법개정의 건의를 제출하기 전에 이미 헌법개정위원회의 조직을 결정하였다. 1978년 헌법개정위원회의 조직인원은 바로 중공중앙정치국 조직인원으로 모두 26명이었으며, 중공중앙주석 겸 정치국상무위원회위원인 화국봉이 주임을 맡았고, 중공중앙 부주석 겸 정치국상무위원회위원인 엽검영, 등소평, 이선념, 왕동흥이 부주임을 맡았으며 전체 정치국위원과 후보위원이 모두 구성원이 되었다.

이 개정위원회의 명단은 중공중앙이 독자적으로 결정한 것이다. 헌법개정위원회의 조직을 선포한 후, 중공중앙정치국은 다시 구체적으로 기초할 조를 지정하였다. 헌법개정초안은 전국인민대표대회에 개헌건의를 제출하기 전에 이미 완성되었고, 헌법개정의 토론은 말하자면 정치국회의의 토론이었다. 이 때문에 1978년 개헌은 중공중앙정치국이 단독으로 수행한 것이었고 직접 영도한 것이었다.

3. 개헌초안의 통과

헌법초안의 기초가 완성된 후, 정치국의 토론을 거쳐 1977년 10월 15일 중공중앙은 통지의 형식으로, 각 성·자치구·직할시와 인민해방군에 대하여 적당한 형식으로 당 내외 군중의 헌법개정에 대한 의견을 파악토록 하였다.

1977년 11월 상순 이흠(李鑫)은 옥천산에서 북경시의 각계 대표인사가 참여한 좌담회를 개최하여 헌법개정에 대한 의견을 청취하였다. 또한 각 성, 자치구, 시, 각 대군구(大軍區) 및 중앙의 각 부문에서 제출한 개헌의견을 취합토록 하였다.

1977년 12월, 중앙은 다시 한 차례 8개 성, 시, 자치구, 양대 군구, 32개 중앙부문의 헌법개정 초고에 대한 의견을 수렴하였다.

1978년 2월, 중앙은 헌법개정 초안을 각 성, 시, 자치구, 각 대 군구, 성 군구(省軍區)에 내려 보냈고, 당 내외 관련 대표인사 좌담회를 조직토록 하였다.[3]

---

3) 文正邦 등 저, 「共和國憲政曆程」, 河南人民出版社, 1994년, 128-129쪽.

1978년 2월 18일에서 23일까지 당의 11기 2중 전회가 개최되었고, 회의는 제5기 인민대표대회의 개최를 위하여 정치, 사상 및 조직상의 준비, 헌법개정초안의 토론과 통과 및 제5기 인민대표대회 1차 회의의 심의에 상정할 것을 결정하였다. 1978년 2월 26일부터 3월 5일까지, 제5기 전국 인민대표대회 제1차 회의는 북경에서 개최되었다. 회의에서 엽검영은 헌법개정에 관한 보고를 하였다. 대회에서는 헌법개정에 대한 진지한 토론이 이루어졌고, 일부 대표는 수정의견을 제시하였다. 회의에서는 이러한 의견에 근거하여 최종적으로 내용과 자구에 대한 수정을 하였다. 1978년 3월 5일 5기 인민대표대회에 참가한 전제대표는 만장일치로 1978년 헌법을 통과시켰다.

4. 개헌과정의 특징

1978년 개헌이 1975년 개헌과 공통점이 있다면, 이는 중공중앙이 구체적 의견을 제출하고, 개정내용을 입안하여 당의 중앙전회에서[4] 헌법개정초안을 직접 만들었고, 헌법개정에 관한 보고를 한 후 직접 전국인민대표대회의 심의에 상정하여 통과시킨 점이다. 다만 1978년의 개헌과정은 1975년 개헌에 비하여 더욱 비밀리에 이루어진 것이다. 헌법개정위원회는 중공중앙정치국 전체인원으로 조직되었고, 구체적인 개정상황은 중공중앙정치국이 직접 장악하였다.

중공중앙이 당연한 것처럼 직접 개헌을 주도한 이러한 특징은 당시의 역사적 상황이 만들어 낸 것이고 당의 일원화 영도를 강조한 것으로서, 당·정 불분리와 당이 정부를 대신한 필연적 산물이다. 그동안 당의 일원화 영도를 강조하였고, 당·정의 불분리와 당이 정부를 대신함으로써, 당의 조직이 응당 국가권력기관이 행사해야 할 권력을 허다하게 행사하였

---

4) 1975년 개헌은 당의 10기 2중 전회에서, 1978년 개헌은 당의 11기 2중 전회에서.

고, 응당 국가권력기관이 이행하여야 할 국가관리 직능을 사실상 당 조직이 이행하였던 것이다.

1975년 헌법은 자체의 개정문제에 대하여 불명확하고 구체적이지 못하였다. 1975년 헌법은 단지 전국인민대표대회의 직권규정에 "헌법개정"이라는 이 4자를 규정하는데 그침으로써, 어느 기관·조직·인원이 헌법개정의 의견을 발의하고, 개헌의 건의 및 개헌의 구체적 절차와 통과조건 등 일련의 문제에 대하여 규정하지 않았다. 이리하여 당시 권력이 당 중앙에 고도 집중된 상황에서 헌법개정절차의 발의 및 구체적인 개헌작업은 사실상의 정치권력 중심인 중공중앙만이 완성할 수 있었다.

1975년 개헌에서 1978년 개헌에 이르기까지, 중공중앙이 개헌건의권을 행사하는 관례가 형성되었고, 이로 말미암아 객관적으로 중국공산당의 집권당의 지위와 영도핵심의 지위가 구체화되었다는 데는 의심할 여지가 없는 것이다. 그러나 1978년 개헌은 중공중앙이 단독으로 처리한 것으로써, 개헌의 원인과 내용의 제기뿐만 아니라 구체적인 개헌조항, 구체적 개헌초안을 직접 제출하였으며, 이 과정에서 여러 가지 폐단이 발생되었다.

첫째, 중국공산당은 집권당으로서 결코 국가권력기관의 직권을 행사하는 것은 아니고, 그 정당적 성질과 기능 때문에 개헌에 따른 일련의 기술적 문제 즉 헌법규범을 어떻게 표현하고 헌법규범의 사회관계에 대한 조정의 한계를 어떻게 장악토록 할 것인가, 개헌 후의 헌법규범과 전체헌법의 원칙이나 정신과 어떻게 조화를 이루도록 할 것인가 하는 문제가 명확하지 않았다. 이 때문에 오히려 당의 정치적 영도를 구체적인 사무에 대한 간섭과 구체적인 문제의 해결에 빠져들도록 하였다.

둘째, 헌법규정의 전국인민대표대회의 개헌권한을 중공중앙의 개헌초안에 대한 비준권으로 이해하게 되는 형세로 인하여 전국인민대표대회로 하여금 개헌의 발의권, 기초권 및 심의권을 상실토록 하였다.

셋째, 전국인민대표대회의 성질과 지위의 약화를 가져오게 되었고, 진정 최고권력기관으로서 기능을 발휘하지 못하였으며, 전국 각 민족의 인민이 주인이 되는 권력기관이 되지 못하였다.

III. 개헌내용의 평가

1. 개헌의 주요 내용

1978년 헌법은 1975년 헌법과 마찬가지로 다섯 부분으로 구성되었는데, 즉 서언과 4개장으로 모두 60조항 약 7,000자로 이루어졌다. 주요 내용은 다음과 같다.

첫째, 1978년 헌법의 서언은 다시 작성되었으나 근본적으로는 큰 변화가 없었다. 1978년 헌법 서언에서는 중국이 이미 초보적인 번영을 이룬 사회주의국가가 되었음을 인정하였고, 당의 11대 노선과 강령을 중점으로 치국(治國)하는 전략정책을 행하고, 모택동의 위대한 기치를 드높일 것을 인정하였으며, 무산계급전정하 계속혁명이라는 위대한 학설과 당이 전체 사회주의 역사단계에서 기본노선을 고수할 것을 인정하였다.

둘째, 전국인민의 새로운 시기에 있어서의 총 임무를 규정하였다. 즉, "무산계급전정하의 계속혁명을 고수하고, 계급투쟁·생산투쟁과 과학실험 등 3대 혁명운동을 전개하여 금세기 내에 국가를 농업·공업·국방과 과학기술 현대화의 위대한 사회주의 강국으로 만든다."고 하여 처음으로 4개 현대화 건설목표를 헌법에서 확립하였다.

셋째, 국가제도의 규정에 관하여는, 전체적으로 1954년 헌법을 기초로 하였고, 구체적인 조문은 대부분 1975년 헌법을 답습한 것이다. 예컨대, 당의 영도와 마르크스 레닌주의, 모택동사상의 지도를 직접 규정하였고(제2조), 생산수단 공유제 형식과 분배원칙에 관하여(제5조, 10조), 사회주의 건설의 총 노선과 계획경제 방침에 관하여(제11조), 농촌인민공사의 실행과 "3급(級)소유, 대(隊)를 기초로 하는"체제(제7조) 등을 직접 규정하였다.

넷째, 국가기구의 규정에 관하여는, 대체적으로 1954년 헌법의 국가기관에 관한 규정을 회복시켰고, 1975년 헌법이 약화시킨 국가기관을 변화시켰다. 예컨대 국가기관의 조직·직권을 비교적 전면적으로 규정하였는 바, 인민검찰원을 회복시켰고, 사법재판에 대한 감독제도를 규정하는 등이 있었지만 여전히 1954년 헌법 규정에는 미치지 못하였다. 동시에 지방 각급혁명위원회를 지방의 정권형식으로 여전히 인정하였다.

다섯째, 과학, 교육, 문화정책 영역의 규정을 증가시켰다. 예컨대, 총강에 단독적으로 "국가는 과학사업 발전에 적극 노력하고", 국가는 교육사업 발전에 적극 노력한다는 노력조항을 두었고(제12조, 13조), "쌍백(雙百) 방침"을 명확히 규정하여(제14조) 경제건설의 조류에 적응하는 동시에 문화건설의 조류에 적응토록 하였다. "전면전정"의 조항을 취소하였으나 여전히 많은 부분에 문화대혁명의 좌경적인 영향이 존재하고 있었다.

여섯째, 사회주의 민주의 충분한 발휘를 강조하였다. 이것은 엽검영이 헌법개정에 관한 보고에서 조문의 수정을 가장 먼저 설명한 것이다. 예컨대 총강에 "국가는 사회주의 민주원칙을 고수하고, 인민이 관리에 참가하는 것을 보장하고, 각종 경제사업과 문화 사업을 관리하고, 국가기관 공작인원을 감독함을 보장한다(제17조)."를 증설 규정하였고, 동시에 선거제도, 인민대표대회의 직능, 공민의 민주권리 방면에 모두 구체적으로 규정을 증설하여 민주발휘에 이롭게 하였다. 그러나 여전히 공민의 "대명, 대방, 대변론, 대자보"의 권리를 인정하였고, 공민의 권리에 대한 규정은 1954년 비하여 전면적이지 못하였고 보장조치 역시 구체적이지 못하였다.

일곱째, 혁명통일전선의 범위를 구체적으로 표현하였고, 각 민족 인민의 대단결을 강조하였다. 중요한 것으로는 평화공존 5항 원칙을 명확히 하였고, 모택동의 세계구분에 관한 이론, 제3세계와의 단결 강화와 반 제국, 반 패권 연합의 외교정책 등을 명확히 기술하였다.

2. 1978년 헌법은 1954년 헌법을 기본으로 한 과도적인 헌법이다

4인방 타도 이후, 1975년 헌법은 당시의 형세에 적응하지 못하였고, 당과 국가의 지도사상은 여전히 정상회복을 철저히 하지는 못하였다. 이러한 성숙되지 못한 상황 아래 개정된 1978년 헌법은 과도적 성격이 뚜렷하였다. 다만 1975년 헌법에 비하여 다소 진보한 것이었다. 긍정적인 부분은 아래와 같다.

첫째, 1978년 헌법은 1949년 10월 건국 이래 취득한 위대한 성과를 인정하고, 4인방에 의해 전도된 역사를 바로 잡았다. 1978년 헌법은 임표, 강청집단을 분쇄한 승리의 성과를 공고히 하였고, 4인방의 타도와 인민의 승리를 표명하였다.

둘째, 1978년 헌법은 전국인민의 4개 현대화 사회주의 강국 건설의 염원을 명확히 반영하였다. 1978년 헌법은 4개 현대화건설이라는 새로운 시기의 총 임무를 법정의 목표로 규정하였고, "국민경제를 고속 발전시키고, 사회생산력을 부단히 제고시킨다(제11조)."고 규정하였다. 일찍이 1956년 9월, 중국의 사회주의 개조가 완성될 즈음, 당의 8대에서는 중점 업무의 변경을 가하여, "당과 인민의 주요 임무는 바로…, …국가를 가능한 빨리 낙후된 농업국에서 선진의 공업국으로 변화시키는 것이다"라고 하였다.

후에 주은래는 제3기, 제4기 전국인민대표대회의 제1차 회의에서 거듭 금세기 내에 4개 현대화의 위대한 청사진을 실현시킬 것을 주장하였으나, 1975년 헌법은 오히려 이를 법정목표로 규정하지 않았다. 1978년 헌법은 1975년 헌법의 이러한 결점을 바로잡았고, 전국 각 민족의 인민이 그동안 품어온 국민경제발전, 사회생산력 발전, 중국 진흥의 강렬한 염원으로 반영하였다.

셋째, 사회주의 민주와 사회주의 법제의 회복과 강화를 위하여 몇 가지 구체적인 조치를 규정하였고, 문화대혁명이 민주를 짓밟은 교훈에 대하여 기초적인 결산을 하였다.

엽검영은 '헌법개정에 관한보고'에서 "전국 각 민족 인민의 사회주의적인 적극성을 동원하여, 새로운 시기의 총 임무 실현을 위하여 분투하는 데는 반드시 사회주의 민주의 충분한 발휘가 필요하다"고 지적하였다. 1978년 헌법은 상부구조 영역에서 전면적인 전정실행의 조항을 삭제하였고, 원 선거단위와 선민의 대표에 대한 감독권과 파면권을 회복시켜 규정하였고, 제17조 "국가는 사회주의의 민주원칙을 견지하고, 인민의 국가관리 참가와 각종 경제사업과 문화 사업을 관리하고 국가기관과 업무인원의 감독을 보장한다."를 증설 규정하였다. 이로써 인민군중의 국가에 대한 민주관리와 국가기관 및 업무인원에 대한 민주감독을 보장하였다. 사회주의 민주는 바로 인민이 주인으로서의 권리를 향유하는 것이다.

그것은 한편으로는 인민이 국가권력기관을 선거하여 간접적으로 국가사무에 참여하고 각종 경제문화사업의 관리에 참여하는 것이고, 다른 한편으로는 기층에 있어서의 직접 관리를 실행함을 표현하는 것이다. 후자에 대하여 엽검영은 헌법개정에 관한 보고에서 전적인 설명을 하였는 바, "우리는 반드시 모든 기층단위에서부터 진지하게 인민군중이 참여하는 민주관리를 실행하여야 한다. 기층단위의 진정한 민주관리 유무는 인민민주권리의 진정한 보장 여부와 관련된 매우 중요한 부분이다"고 하였다.

1978년 헌법의 공민의 기본 권리와 의무에 대한 규정은 1975년 헌법에 비하여 비교적 확대되었다. 1954년 헌법은 19개 조문, 1975년 헌법은 겨우 4개 조문, 1978년 헌법은 16개 조문으로 증가되었고, 1975년 헌법이 본말을 전도하고 공민기본권을 무시했던 작태를 바꾸어 1954년 헌법에서 규정했던 공민의 권리에 관한 구체적 규정들을 회복시켰으며 개별적으로 증가시키기도 하였다. 예컨대 제50조 제2항과 같이 "국가는 혁명 상이군인, 혁명열사와 가족의 생활을 배려하고 보장한다."는 규정은 새로 증설한 것이다. 이 모두는 사회주의 민주의 광범위함을 비교적 양호하게 표현한 것이다.

1978년 헌법은 또한 검찰원의 설치를 회복시켰고, 사법재판에 대한 감독제도를 엄격히 하였다. 검찰기관의 설치에 대한 취소와 회복은 아래와 같은 과정을 거쳤다. 1970년 2월 12일의 헌법개정소조회의에서 강생(康生)은 우선 두 번 다시 검찰기관을 설치하지 말 것을 주장하였고 장춘교(張春橋), 이작붕(李作鵬)이 동의하였다. 2월 15일 강생은 헌법개정소조회의에서 검찰기관의 직권을 공안기관으로 하여금 행사토록 할 것을 제의하였다. 그는 현재의 입법, 사법, 행정은 분립되어 있지만 실제로는 통일된 것으로서 이는 최대의 모순이라고 말하고, 이를 해결하는 방법은 입법·사법을 합일하고 공안기관으로 하여금 검찰원의 직권을 행사토록 하는 것이라 하였다.

3월 16일 헌법개헌소조는 개헌의 지도사상과 몇 가지 원칙성 문제에 대하여 중공중앙정치국에 질의와 보고를 하였고, 보고에서 정식으로 검찰기관을 설치하지 않는다는 의견을 제시하였으며, 모택동은 이 보고 내용에 원칙적으로 동의하였다. 이리하여 1970년의 헌법초안은 1975년에 이르러 정식으로 통과되었고 검찰원에 관한 규정은 변동사항이 없었다.

1978년 헌법 개정에서는, 전국적으로 광범위하게 의견을 구하였는 바, 전국의 19개성, 자치구·직할시와 인민해방군 8대 군구, 35개 중앙직속기관, 국가기관 및 군사기관이 인민검찰원을 다시금 설립할 것을 건의하였다.5)

1978년 헌법 통과 시에 정식으로 건의하여 제43조에 인민검찰원의 설립을 규정하였다. 엽검영은 개헌보고에서, 국가의 각급 검찰기관은 헌법과 법률의 규정범위 내에서 국가기관, 국가기관 업무인원 및 공민의 헌법 및 법률준수 여부에 대하여 검찰권을 행사한다고 하였고, "우리는 반드시 4인방이 파괴한 공검법(公檢法)의 죄행을 철저히 청산하고 경험과 교훈을 총결산하여 사회주의 법제를 강화해야 한다. 폭행, 파괴, 약탈행위를 엄금한다. 구인과 체포는 반드시 법률에 의하고, 재판제도를 엄격히 시행하여야 한다. 사건의 심리는 반드시 증거에 의하고 조사와 연구를 중시해야 하고, 증거 없이 자백에 의존하는 것은 엄금한다."는 것을 강조하였다. 공안과 검찰의 사법기관은 상호배합, 상호제약을 요하였고, 이는 문화대혁명의 비통한 교훈에 대한 결산이었다.

넷째, 과학, 교육, 문화 사업을 적극 발전시키는 기본방침 정책을 명확히 규정하였다. 총강의 제12조, 제13조, 제14조에서 과학연구의 강화, 기술혁신과 기술혁명의 전개를 전적으로 규정하여 생산력의 신속한 발전을

---

5) 孫琬仲 편저, 「中華人民共和國法律大事典」, 中國政法大學出版社, 1993년, 283-284쪽.

촉진토록 하였고, 교육사업을 적극 발전시켜 전체 민족의 문화수준과 과학기술수준을 제고토록 하였으며, "백화제방, 백가쟁명(百花齊放, 百家爭鳴)"의 방침을 실행하여 예술발전과 과학진보를 촉진하고 사회주의 문화의 번영을 촉진토록 하였다. 이들 규정은 1982년 헌법을 위한 기초가 되었다.

종합하면, 1978년 헌법은 기본적으로 1954년 헌법의 주요 내용을 회복시켰고, 건국 이래의 성과와 경험을 종합하고, 국가의 총 임무와 정치·경제·문화영역의 기본제도와 원칙을 규정하였다. 법적 형식에서도 1975년 헌법에 비하여 비교적 개선되었고, 중국의 법제건설에 헌법적 기초를 제공하였으며, 1979년 입법의 신국면을 전개하는 역할을 하였다. 그러나 과도적 특징은 1978년 헌법으로 하여금 역사적 한계성을 명백히 드러내도록 하고 있다.

3. 1978년 헌법의 역사적 한계

1978년 헌법은 제11기 3중 전회 개최이전의 정치적 배회기에 이루어진 것으로서, 당시에 비록 4인방에 대한 비판이 고조되었지만 많은 지도자 특히 화국봉을 선두로 하는 당의 고급 영도간부들의 사상은 매우 경직되어 있었고 두 가지 진리(兩個凡是)는 여전히 주도적 지위를 차지하고 있었으며, 모든 사상체계와 관념은 여전히 문화대혁명 시기의 것이었다. 이것이 바로 건국 이래 사회주의 혁명과 사회주의 건설의 경험교훈을 전면적으로 결산할 수 없었고, 강령으로써 국가를 통치한다는 헌법에 대한 극좌파사상을 철저히 일소할 수 없게 한 것이었다. 그리하여 1978년 헌법이 비록 4인방은 부정하였지만, 오히려 문화대혁명은 부정하지 않았고, 이것이 1978년 헌법으로 하여금 명백한 역사적 한계를 갖도록 하였고, 문혁의 깊은 상처를 가지게 한 것이다.

1) 지도사상에서 문화대혁명을 충분히 긍정하였다

첫째, 서언에 계급투쟁을 기본노선으로 하고, 무산계급전정하 계속혁명의 이론을 새로운 시기의 총 임무의 내용의 하나로 하여, 단지 두 개 계급, 두 가지 노선의 투쟁만이 사회주의 제도를 공고히 할 수 있고 4개 현대화를 실현할 수 있다는 착오적인 인식을 하게 되었다. 헌법이 정식 통과된 다음날 인민일보, 해방군보, 홍기 등에서 명확히 지적한 바, "총 임무의 완성을 위하여, 계급투쟁의 강령을 시종 단단히 거머쥐어야 한다."6)에서 잘 나타난다.

둘째, 헌법에서 제1차 무산계급 문화대혁명의 승리는 중국의 사회주의 혁명과 사회주의 건설을 새로운 발전시기로 진입시켰다고 공개적으로 선포하였다. 이것은 중국에 다시 제2차, 제3차의 문화대혁명이 존재할 것이라는 것을 의미하는 것인가? 제1차 문화대혁명은 중국의 민주와 법제를 상실시키고 국민경제는 붕괴에 이르도록 하여 수많은 간부와 군중을 도탄에 빠뜨리게 하였는 바, 만약 다시 제2차, 제3차 문화대혁명이 있게 되면 4개 현대화의 실현은 공허한 말로 그치게 되고 중국은 빈곤과 낙후를 맞이하는 운명이 있을 뿐인 것이다.

셋째, 헌법은 전정의 내용에 대하여 지나치게 강조하여, 예컨대 반혁명·신생자산계급분자 및 파괴분자의 진압과 징벌을 규정하였고, 개조되지 않는 지주, 부자와 반동자산가의 정치권리 박탈을 규정하였다.

2) 국가기구의 규정에서 여러 가지로 미비하였다

첫째, 개인의 작용과 당의 일원화 영도를 지나치게 강조하였다. 예컨대 모 주석과 공산당, 이 두 가지 어휘는 서언과 총강 중에 적어도 각각 10차례는 나타냈고, 1975년 헌법의 규정을 모방하여 국무원총리의 인선은 직접 중공중앙이 전국인민대표대회에 제청하고(제22조), 인민해방군은 중국공산당 영도하의 노동자나 농민의 자제 병사이고, 무장역량은 중공중앙

---

6) 人民日報, 1978년 1월 6일자.

주석이 통솔하는(제19조) 등이었다. 당의 영도, 마르크스 레닌주의, 모택동사상은 당연히 고수할 것으로서, 문제는 어떻게 고수하느냐 하는 것이다. 마르크스 레닌주의, 모택동사상은 정치사상의 측면에서 지도토록 하고 법률에 의지하여 집행을 강제할 수 없다. 당의 영도는 정치영도이고, 정확한 노선·방침·정책을 통하여 실현하는 것으로서, 만약 당의 영도가 협박과 명령을 통하여 실현된다면 그 결과는 반발을 초래하게 될 것이다. 이 때문에 헌법의 구체적 조문으로는 규정하지 말아야 하는 것이다.[7]

동시에 1978년 헌법은 당정관계에 관한 규정 역시 부적합하였다. 당은 정권의 중견역량과 핵심이다. 그러나 당은 정권을 대신할 수 없다. 모택동이 일찍이 '정강산(井崗山)의 전투'라는 문장에서, 중국공산당은 국민당처럼 정부에 대하여 명령을 발할 수 없는 것이고 당은 정부를 통하여 그 영도를 실현해야 한다고 지적하였다.

둘째, 국가주석직의 설치에 대한 회복이 없었다. 이론상으로 국가주석의 설치가 없으면 헌법에 마땅히 누가 국가원수의 직권을 행사하는지를 규정해야 한다. 명문규정이 없으면 누구도 행사할 수 없든지 누구나 행사할 수 있는 상황으로 된다. 다만 보고서에서 알 수 있는 것은, 전국인민대표대회상무위원회 위원장 또는 부위원장이 외국 사절이 전달하는 외교문서를 접수하는 것은 국가원수의 직권이지만 법률적 근거를 찾아 볼 수 없다. 동시에 전국인민대표대회 및 그 상무위원회와 국무원의 직권에 대한 규정은 1954년 헌법의 정도에도 이르지 못하였다.

셋째, 전국인민대표대회의 회의제도는 1975년 헌법의 규정을 답습하여, 전국인민대표대회의 회의는 매년 한 차례 거행한다고 규정하였다. 필요한 경우에는 사전에 또는 연기하여 개최할 수 있다고 하여 1954년 헌법의 명확성과 세밀함과는 거리가 있었다. 1954년 헌법은 전국인민대표대회 회의는 매년 한 차례 거행하고, 전국인민대표대회상무위원회가 소집한다. 만약 전국인민대표대회상무위원회가 필요하다고 인정하거나 대표의 5분

---

7) 張友漁, 「憲政論叢(下)」, 群衆出版社, 1986년, 327-328쪽.

의 1이상의 제의가 있으면 전국인민대표대회를 임시 소집할 수 있다고 규정하였다. 1978년 헌법은 누가 필요하다고 인정하는지 어떠한 상황이 필요한 상황인지, 사전 또는 연기의 근거 및 사전 혹은 연기의 어느 시기에 인민대표대회를 개최하는지에 대한 명확한 규정이 없었다. 이 때문에 인민대표대회가 여러 해 동안 개최되지 않았지만 모두 합법화되었다.

넷째, 1978년 헌법은 전국인민대표대회 대표의 인신보호와 전국인민대표대회대표의 각종 회의상의 발언과 표결에 대하여 법적인 책임추궁을 받지 않을 권리에 대한 명확한 규정이 없었다.

다섯째, 문화대혁명이 만들어 놓은 정권형식 즉, 혁명위원회를 유지하였다.

3) 경제체제 가운데 대부분의 조항은 기본적으로 1975년 헌법을 답습하였다

예컨대 사회주의 생산자료의 소유제 형식, 분배원칙, 사회주의 건설의 총노선과 전면적인 계획경제체제 등과 같은 것이다. 다만 아래와 같은 미세한 변화가 있었을 뿐이다. 제6조에서, 1975년 헌법은 국가는 법률규정의 조건에 의하여 도시와 농촌의 토지와 기타 생산자료에 대하여 징발, 징용 또는 국가에 귀속시킬 수 있다고 규정하였다. 1978년 헌법은 "도시와 농촌"과 "기타 생산수단"을 삭제하였다. 제7조에서는, 1978년 헌법은 생산대대는 조건이 성숙하는 때에, 대대를 기본채산사업단위로 할 수 있다는 규정을 추가하였다. 제9조에서는, 1975년 헌법은 국가는 공민의 노동수입, 저축, 주택과 각종 생활수단의 소유권을 보호한다고 규정하였고, 1978년 헌법은 노동을 합법으로 각종을 기타로 변경하였다. 제10조에서는, 1978년 헌법은 국민경제의 "고 속도"발전을 추가하였고, 국가는 환경과 자연자원을 보호하고 오염과 기타 공해를 방지할 것을 추가시켰다.

상술의 내용을 종합하면, 1978년 헌법은 경제건설 영역에서 4개 현대화건설이 4인방 분쇄 이후의 총임무로 되었음을 명확히 하였으나, 중국이 처한 사회적 역사발전의 단계에 대한 인식의 부족으로, 중국이 처하고 있는 사회주의 초급단계의 시작단계를 인식하지 못하고 여전히 문화대혁명의 극좌관념을 유지하였고 실제와 이탈되었다. 이 때문에 개체경제에 대한 과도한 제한으로 사유재산상속권의 보호규정이 없었고, 소유제 형식과 분배형식은 소위 순수함만 추구하고 전면계획 등을 주장하였다. 이 모두 1978년 헌법에 존재하는 결함이다.

4) 사회주의 법제원칙이 결여되었다

문화대혁명 시기에 유행한 "군중전정" 즉 중대사건은 군중토론과 처리의견의 제출을 필요로 한다는 것을 유지하였다. 1954년 헌법에서 이미 확립된 중요 법제원칙 예컨대 법원의 재판권의 독립행사, 인민검찰원의 검찰권독립행사, 공민의 법률상 평등원칙에 대한 회복이 없었다.

5) 공민의 기본 권리에 대한 규정이 불명확하였다

예컨대 공민의 통신의 자유에 대하여, 1954년 헌법은 제90조에서 공민의 통신비밀은 법률의 보호를 받는다고 명확히 규정하였다. 그러나 1978년 헌법은 1975년 헌법을 답습하여 매우 모호하게 규정하였고, 1954년 헌법의 "비밀"이라는 두 자를 삭제하였다. 헌법학원리와 세계 각국의 관례에 따르면, 공민의 통신의 자유의 중요한 내용은 비밀원칙이고, 비밀이 법률의 보호를 받지 못하면 무엇에 근거하여 통신의 자유를 보장한다는 것인가 하는 것이다. 문화대혁명 동안 공민의 통신비밀의 자유는 확실히 보장받지 못하였고, 1978년 헌법 역시 여전히 동일하게 규정하여, 문화대혁명 시기의 구체적 표현을 인정하는 것이 되었다.

또한 공민의 권리침해에 대하여는, 각급 국가기관에 소를 제기할 권리가 있었다. 1975년 헌법은 규정이 없었고, 1978년 헌법은 제55조에서 규정하였지만 1954년 헌법만큼 구체적이지 못하였다. 1954년 헌법은 제97조에서 국가기관 업무인원이 공민의 권리를 침범하여 손실을 입은 자는 배상을 받을 권리를 가진다고 규정하였다. 이러한 배상청구권은 매우 중요한 것으로, 배상을 받을 수 있을 때 비로소 침해된 권리가 회복될 수 있는 것이다.

어떤 것은 구체적이지 않아야 함에도 지나치게 구체적이었다. 예컨대 종교 신앙의 자유에서는, 1954년 헌법 제88조는 공민은 종교 신앙의 자유를 가진다고 규정하였고, 이는 매우 합리적인 것이었다. 1978년 헌법은 1975년 헌법을 그대로 답습하여 공민은 종교를 가지는 자유와 종교를 가지지 않을 자유 및 무신론을 선전할 자유를 가진다고 규정하였고, 이러한 문자표현은 사족에 불과하였고 실제로 많은 혼란을 일으키게 하였다. 특히 4인방 타도 이후, 종교정책이 정착되고 종교계 인사는 이 조항에 매우 민감하게 반응하여, 외국의 어떤 사람은 심지어 중국에 진정한 종교의 자유가 있는지 의문을 제기하였다.

특히 제45조에서, 1975년 헌법이 규정한 공민은 파업자유와 "대명, 대방, 대변론, 대자보"의 권리를 가진다는 것을 그대로 유지하여, 당시로서 매우 부적당한 것이었다. 그것은 1975년 헌법이 총강에서 이 "4대"에 관하여 내린 불확실한 규정을 구체적으로 공민의 권리로 발전시킨 것으로서 폐해가 매우 컸다.

6) 절차와 형식상 1978년 헌법 역시 결함이 존재하였다

첫째, 1978년 헌법의 개정은 매우 조급히 이루어진 것으로서, 민주적이지 못하였고 반복적인 연구도 없었으며, 깊이 있는 헌법이론의 기초는 더욱 없었고 모든 기초, 토론, 통과의 과정이 비교적 경솔하게 이루어졌다.

둘째, 1978년 헌법의 안정성과 권위성에 관련된 개정절차는 제기되지 않았다.

셋째, 문자의 표현은 엄격, 구체, 명확하지 못하여 응당 갖추어야 할 법적 규범성을 결하였다. 이것은 헌법조문에 부적당하게 사용한 영수어록과 정치어록에서 잘 나타나 있고, 이 역시 문혁이 남긴 표현으로서, 인민으로 하여금 영도자의 말이 법이라는 착각을 하도록 하여 헌법지상과 법제강화의 사회의식을 확립시키는 데 도움이 되지 못하였다.

IV. 1978년 헌법의 시행과 영향

1. 진리표준의 토론과 역사적 전환

1978년 헌법은 과도적 특성이 뚜렷하고, 1954년 헌법의 회복에 대한 노력이 있었지만 오히려 문화대혁명의 이론과 실천의 심각한 영향을 받았다. 이와 동시에 1978년 헌법 수정을 전후하여, 중국의 진리표준에 대한 대토론 및 1978년 개최된 당의 11기 3중 전회는 중국의 각 영역에 있어 많은 영향을 미쳤다. 이 때문에 1978년 헌법의 시행과 영향을 논하는 데는 진리표준의 토론과 11기 3중 전회를 논하지 않을 수 없다.

1977년을 시작으로 두 가지 진리(兩個凡是)의 문제에 있어서 당의 고급 영도자층에서는 격렬한 논쟁이 전개되었다. 1978년 5월 11일 호요방(胡耀邦)의 심사결정을 거쳐 광명일보는 특별평론가 명의로 '실천은 진리를 검증하는 유일한 표준'이라는 문장을 발표하였고, 당일 신화사는 이 문장을 보도하였다. 다음날 인민일보, 해방군보는 동시에 이를 전재하였다. 이 문장은 이론상 두 가지 진리(兩個凡是)를 부정하였고, 진리표준의 문제에 관한 전국적 대토론을 불러일으키게 되었다. 이리하여 두 가지 진리의 금구를 타파하였고, 당의 실사구시적인 사상노선을 다시금 확립 발전시켰다. 이로써 인민의 사상을 크게 해방시켰고, 지도사상에 있어 정상을 회복하고 개혁개방의 대문을 활짝 열게 되었으며, 당의 11기 3중 전회 개최와 역사적 전환의 실현을 위한 이론적 기초를 마련하게 되었다.

1978년 12월 18일, 당의 11기 3중 전회가 개최되었다. 이때 회의에서는 두 가지 진리(兩個凡是)의 착오적 방침을 결연히 비판하였고, 완전하고 정확하게 모택동사상의 과학적 체계를 장악할 것을 인정하고, 진리표준의 문제에 관한 토론을 높이 평가하였으며, 사상적 해방과 유연한 사고, 실사구시를 통하여 앞을 내다보는 지도방침을 향하여 일치단결할 것을 확정하였다. 사회주의 사회에 적응하지 못하는 "계급투쟁을 강령으로 한다."라는 구호의 사용을 과감하게 정지시키고, 업무의 중점을 사회주의 현대화건설의 전략정책으로 이전시켰다. 정확한 경제건설의 지도방침과 농업정책을 확정하였으며, 현대화건설의 수요에 적응토록 개혁개방을 실행하는 전략방침을 제시하였고, 사회주의 민주의 완비와 사회주의 법제 강화의 임무를 집중 제기하였다.

이 전회에서는 문화대혁명 동안 발생한 몇 가지 중대한 정치사건과 문화대혁명 이전에 남아 있던 역사문제에 대하여 진지하게 토론하였고, 팽덕회(彭德懷), 도주(陶鑄), 박일파(薄一波), 양상곤(楊尙昆) 등의 착오적인 결론을 심사하고 바로잡은 동시에 천안문사건, 61인 반역집단사건 등 영향력 있는 대사건에 대한 누명을 벗겼다. 당의 11기 3중 전회는 마침내 4인방 분쇄 이후 2년간의 정치상의 배회, 경제상의 무모한 추진, 사상적인 보수 경직의 국면을 종식시키고, 당에 있어 심원한 의의를 갖는 위대한 전환을 시작하게 하였고, 당과 국가역사의 새로운 장을 마련하였으며 개혁개방으로 나아가는 새로운 시대를 열게 하였다.

2. 1978년 헌법의 선전학습과 법제건설에 대한 인식의 제고

엽검영은 헌법개정에 관한 보고에서, 헌법 통과 이후, 헌법의 원칙에서 부터 구체적 조문의 규정에 이르기까지 전면적 실시의 보증을 요한다고 하였다. 어느 누구를 막론하고 헌법을 위반하는 것은 용납되지 않는다. 사회주의 법제의 파괴, 국가와 인민의 이익을 해하고 인민의 권리를 침해하는 행위에 대하여는 반드시 엄격하게 처리하고 사안이 중대한 것은 의법 제재가 필요하다. 사회주의 법제는, 위법·범법자에 대하여는 압력과 속박을, 사회주의 혁명과 건설을 파괴하는 적에 대하여는 무정한 압제자이며, 모든 인민군중에 대하여는 자각 준수의 행위준칙이다. 우리는 또한 법률에 의하여 인민의 권리를 보호하여야 한다. 우리는 일체의 사회주의를 옹호하는 사람이 헌법규정의 인식자유, 민주권리, 합법의 경제이익은 모두 반드시 보장된다고 느끼도록 해야 한다고 하였다. 상술한 엽검영의 표명은, 1978년 헌법의 사회주의 법제건설의 촉진과 강화에 대한 중요한 역할을 의미하는 것이다.

1978년 5월 3일, 인민일보는 사설 '신헌법의 학습·신헌법의 선전·신헌법의 준수'를 발표하였다. 사설에서, 법제건설의 강화, 사회주의 법제 관념의 확립, 간부의 솔선적인 준수, 군중의 자각적인 준법, 영도기관과 사법부문의 엄격한 법집행을 강조하였다. 5월 초 인민일보 편집부는 수도에 있는 정치·법조계 인사들을 초청하여 "적극적인 헌법선전의 전개, 사회주의 법제의 강화"에 관한 좌담회를 개최하였다. 전국에 걸쳐 신헌법의 학습 선전, 사회주의 법제에 대한 인식의 제고, 사회주의 법제건설의 촉진을 중심으로 광범위한 학습과 토론을 전개하였으며, 광범위한 관심을 불러 가져오게 하였다.

7월 13일 인민일보는 특별평론가의 문장 '민주와 법제'를 발표하였다. 이 평론에서 "오늘날 우리들은 이러한 사회주의적인 형법과 민법이 절실히 필요한 것이며, 이는 사법부문이 양형의 기준을 가지게 하고 법집행의 근거를 가지게 하는 것이다. 동시에 우리는 또한 사회주의의 소송법이 절실히 필요하며, 억울함이 있는 인민이 능히 소를 제기하고, 근거에 의하여 판단하고, 법률의 규정에 의하여 소송을 행하여 자기의 합법권리를 보호하도록 하는 것이다"라 하였다.

1978년 7월 25일 인민일보가 게재한 '헌법에 피육(皮肉)교육, 이 조항이 있는가?', 11월 3일 인민일보가 게재한 '진정한 헌법의 집행, 반드시 사적인 처리를 배척한다', 11월 30일 인민일보가 게재한 '현위(縣委)가 대단한 것인가 아니면 헌법이 대단한 것인가?'등 이들 보도는 헌법과 법제가 점차 인민의 관심을 모으고 있었다는 것을 생동감 있게 표현하는 것이었다.

등소평은 1978년 12월 13일 중공중앙업무회의 폐막식에서 '사상해방, 실사구시, 일치단결하여 앞을 내다보자'는 중요한 연설을 하였다. 연설에서 사회주의 법제에 대한 문제를 논하면서, 그는 "인민민주의 보장을 위하여, 반드시 법제를 강화하여야 한다. 반드시 민주제도화, 법률화하도록 하여 이러한 제도와 법률이 영도자의 변동으로 변경되지 않도록 하고, 영도자의 견해와 관심에 따라 변경되지 않도록 하여야 한다. 현재의 문제는 법률이 완비되지 못하고, 많은 법률이 아직 제정되지 않은 것이다. 종종 영도자의 지시를 법이라 하고, 영도자의 말에 찬성하지 않으면 위법으로 간주되고 영도자의 말이 바뀌면 법이 바뀌는 것이 되었다. 따라서 사회주의의 민주제도와 사회주의 법제의 진정한 수립이 요구된다. 이렇게 할 때에만 비로소 문제를 해결할 수 있다."고 하였다.

이어서 당의 11기 3중 전회에서 사회주의 민주와 법제의 강화를 요구하여, 헌법이 규정한 공민의 권리는 반드시 보장토록 하고, 누구도 침해하지 못한다. 인민민주의 보장을 위하여 반드시 사회주의 법제를 강화하고, 민주제도화·법제화하도록 하여 이러한 제도와 법률이 안정성·연속성과 권위를 가지도록 하여, 법이 있고 이 법에 의하여 엄숙히 법을 집행하고 위법은 반드시 책임을 묻도록 한다. 이제부터 마땅히 입법업무를 전국인민대표대회 및 그 상무위원회의 중요 임무로 하여야 한다. 검찰기관과 사법기관은 상응하는 독립성을 가질 것이 요구되고, 법률과 제도에 충실하고 인민이익에 충실하고 사실진상에 충실하며, 인민의 법률 앞에서의 평등을 보장하고 누구에 대하여도 법률을 초월한 특권을 인정하지 않도록 한다고 하였다.

1978년 헌법 통과와 당의 11기 3중 전회 개최에서부터 1982년 헌법의 탄생에 이르기까지, 당과 국가 영도자층의 법제건설에 대한 인식은 매우 각별하였고, 법제건설은 국가의 근본임무이며 현대화건설의 중요한 목표로 인식하였으며, 헌법과 법률은 사람들의 행위의 최고준칙으로 당은 반드시 헌법과 법률의 규범 내에서 활동할 것으로 인식하였으며, 민주는 반드시 제도화·법률화하여, 법률제도는 영도자보다 위에 위치하여 제도는 영도자에 비하여 더욱 의지할 수 있고 더 안정된 것이라는 것을 인식하게 되었다. 이러한 사상은 중국의 사회주의 법제건설을 지도하고 추진하였다.

3. 입법작업의 촉진

당의 11기 3중 전회는 바로 1978년 헌법으로 하여금 법제건설의 핵심과 기초가 되게 하였으며, 1979년의 입법에 신국면을 열게 하였다.

1957년부터 1976년까지 20년 동안 유일하게 입법권을 향유한 전국인민대표대회는, '1958년에서 1967년의 전국농업발전요강'과 1975년 헌법을 통과시킨 이외에 다른 법률 제정이 없었다. 법률의 제정권을 가진 전국인민대표대회상무위원회 역시 1957년에서 1958년에 이르기까지 치안관리처리조례 등 7개의 문건을 겨우 통과시키는 데 불과하였다. 지방입법에 대하여는 1954년 헌법의 변경으로 민족자치지방 이외 기타 지방은 모두 입법권이 없었다. 이 단계에서는 단지 국무원 및 그 소속부위가 공포한 몇 가지 문건이 고작이었다. 당연히 문화대혁명의 기간에는 정책성 문건과 일부 영도자의 연설이 주요한 사법근거가 되었다. 엽검영은 헌법개정에 관한 보고에서 "우리는 새 헌법에 의거하여 각종 법률 법령과 각 영역의 업무조례 및 규장제도를 제정 개정하여야 한다."고 하였다.

당의 11기 3중 전회 결의에서 명확히 지적한 것은, 입법업무를 전국인민대표대회 및 그 상무위원회의 중요 사안으로 한다는 것이었다. 이에 근거하여, 1979년 2월 5기 전국인민대표대회상무위원회 제6차 회의에서 80명으로 구성되는 방대한 법제위원회의 성립을 결정하였으며, 이를 전국인민대표대회상무위원회의 입법책임 전문기관으로 하였다. 당시 법제위원회 주임은 팽진(彭眞), 부주임은 효교목(胡喬木), 담정(譚政), 왕수도(王首道), 사량(史良), 안자문(安子文), 양수봉(楊秀峰), 고극림(高克林), 무신우(武新宇), 도희진(陶希晋), 사천리(沙千里)였으며, 뇌결(雷潔) 등 69명을 위원으로 하였다. 법제위원회는 1979년 3월부터 정식으로 업무를 시작하여 4개월 만에 전국인민대표대회상무위원회에 7건의 법률초안을 제출하였다.

1979년 7월 1일 제5기 인민대표대회 2차 회의에서 헌법개정안과 형법, 형사소송법 및 수정을 거친 전국인민대표대회와 지방각급인민대표대회 선거법, 지방각급인민대표대회와 지방각급인민정부조직법, 인민법원조직법, 인민검찰원조직법, 중외합자경영기업법 등 7가지 중요한 법률을 통과 시켰다. 이때부터 매년 많은 법률과 법규가 나오게 되었다. 1978년 말에는, 제정된 법률 법규가 약 300건에 이르렀고, 법률체계의 발전이 급진전하는 추세에 이르게 되었다.

4. 사법기구의 성립과 사법대오의 발전

1) 각급 인민법원의 정돈과 회복

1980년에 이르러 전국각지에는 이미 3,100여 개소의 각급 인민법원이 설립되었고, 일부 기층인민법원은 변경지구와 공장·광산지구, 농·목장지구에 인민법정을 파출하여, 전국에 1만 8천여 개소의 법정이 설립되었다. 이리하여 각급 법원은 기본적인 회복을 하게 된 것이다. 예컨대, 심양시의 인민법원은 헌법과 인민법원조직법규정에 따라 1978년부터 공개재판, 변호, 배심, 합의 등의 재판제도를 실행하였다. 1978년 12월 3일에 이르러 이미 848건의 형사·민사사건을 공개 재판하여 사회주의 법제의 영향을 확대하고 법률의 존엄을 옹호하였다.

2) 검찰기관의 재건

검찰업무를 원활히 수행하는 것은 사회주의 법제를 강화하는 중요한 부분이다. 1978년 헌법규정에 근거하여 국가는 검찰기관을 다시 설립하였다. 1978년 6월 1일 최고인민검찰원이 정식으로 업무를 개시하였다. 1978년 9월 말에 이르러 전국의 29개 성, 시, 자치구에 모두 검찰장 또는 책임자를 지정하였다. 각 성, 시, 자치구 소속의 지구법원, 시 검찰원은 60% 정도 검찰장 또는 부검찰장을 임명하였다. 현급에서는 40% 정도 검찰장과 부검찰장을 임명하였다.

3) 사법행정기구의 재건과 변호사제도, 공증제도, 화해제도의 제정과 반포

1979년 9월 13일 제5기 전국인민대표대회상무위원회 제11차 회의는 국무원의 제의에 근거하여 사법부의 중건을 결정하고 위문백(魏文伯)을 사법부장으로 임명하였다. 1980년 말에 이르러 전국적으로 설립할 사법행정기관 2,941개 기관 중 1,917개 기관을 이미 설립하여 총 62%의 설립을 달성하였고 전국 대부분의 현 이상 행정단위에 사법행정기구를 설립하게 되었다.

1979년 하반기에 변호사제도의 재건을 시작하였다. 1980년 8월 전국인민대표대회상무위원회는 변호사잠행조례를 제정하였다. 1981년 말에는 변호사업무기구, 법률고문처가 1,400여 개소로 발전하였고, 전문 또는 겸직변호사가 6,800여 명에 이르렀고, 11개 성(省)에 변호사협회가 성립되었다.

1980년 2월 사법부가 '국내 공증업무의 점진적 회복에 관한 통지'를 공포함으로써 공증기구가 신속히 설립되었다. 1980년 말에 이르러 전국에 253개소의 공증처가 설립되었고, 공증처가 설립되지 않은 시와 현에서는 인민법원이 처리하였다. 1982년 4월 국무원이 공포한 중화인민공화국공증잠행조례는 공증업무를 규범화하였다.

1978년 화해제도의 회복이 시작되었고, 1980년에 인민화해위원회잠행조직조례를 새로이 반포하였다. 1980년 말에 이르러 전국에 68만여 개의 인민화해위원회가 설립되었고 화해업무를 겸하는 인원이 460만 명에 달하였고 아울러 제1차 전국화해업무회의가 개최되었다.

1980년 1월 중공중앙은 중앙정법위원회를 회복시켰다. 중앙정법위는 중공중앙이 영도하고 주로 전국인민대표대회, 최고인민법원, 최고인민검찰원, 공안부, 사법부, 민정부, 국가안전부 등의 책임자들로 구성되었고, 주요 직책은 정법(政法)업무지도방침의 통일, 정법업무의 주요 임무의 확정, 각 입법 사법부문 업무의 협조, 전국 정법업무중의 중대 문제에 대한 통일적인 연구처리였다. 이는 중앙에 대하여 책임을 지고 정법방면의 건의를 제출하는 정법영도기구다.

5. 헌법학연구의 부흥과 법학교육 및 연구기구의 설립

1) 헌법학연구의 부흥

1978년부터 법학자들은 법학이론과 헌법학이론에 대하여 깊이 있는 토의를 하였고, 몇 차례의 토론회를 개최하였는데, 이것이 1978년의 '법률 앞에서 모든 사람은 평등'의 토론, 1979년 초에 시작한 '민주와 법제' '법의 연속성'의 토론과 1979년 말 시작된 '인치와 법치'의 대토론이다.

헌법학회 역시 적극적으로 토론에 참여하였고, 1978년 헌법의 학습과 선전을 중심으로 하여, 1979년과 1980년의 두 차례 헌법개정 특히 1980년 8월 제5기 인민대표대회 3차 회의에서 결정된 전면개정에 대한 대대적인 토론이 있었다. 완전한 통계는 아니지만 1979년 하반기부터 1982년 말에 이르기까지 전국적으로 발표된 헌법학 논문은 모두 293편이었고, 내용은 헌법학의 각 부문에 걸친 것이었다. 동시에 32종의 외국헌법 관련 저작이 국내에 출판되었다. 헌법학자의 이론연구에서 제기된 많은 가치 있는 의견은 1982년 헌법에서 채택하였다. 예컨대 헌법의 지도사상, 헌법 서언의 법률효력, 공민의 기본 권리와 의무의 헌법상의 위치문제 등은 헌법학 토론과정에서 나온 것을 채택한 것이다.

2) 법학교육과 법학연구기구의 재건과 법학연구진의 구축

법학교육에 있어는, 1980년에 이르러 서남, 북경, 화동, 서북의 4개 정법대학이 회복되었고, 전국 14개 대학에 법률계 또는 법률전공과정을 신설 내지 회복시켜 모집인원은 2,828명에 이르렀다. 법학연구 간행물은, 1980년에 이르러 국외법학, 법학역총, 법학연구, 민주와 법제, 법학, 서남정법학원학보 등 학술간행물이 창간되었다. 법학관련 학술연구단체의 성립은 1982년 7월 중국법학회가 성립되었고, 그 후 북경, 상해 등지에서 지방법학회가 성립되었다.

V. 1978년 헌법에 대한 두 차례의 개정

1978년 헌법의 과도성은, 제정 이후 2년 만에 두 차례의 개정이 있었다는 점에서 나타난다. 당의 11기 3중 전회 개최와 더불어 국가는 새로운 발전의 시기에 진입하게 되었고, 1978년 헌법의 한계성은 명백히 드러나게 되었다. 어떤 규정은 사회현실 발전의 수요에 현저히 적응하지 못하였고, 일부 착오적인 내용은 개헌의 필요성을 강조하는 계기가 되었다.

1. 1979년의 헌법개정

1979년 6월 26일 중공중앙의 건의에 근거하여, 전국인민대표대회상무위원회는 제5기 인민대표대회 2차 회의에 헌법의 몇 가지 규정에 대한 개정안을 제시하였다. 1979년 7월 1일 제5기 인민대표대회 2차 회의에서 헌법의 개정에 관한 의안을 통과시켰다. 이때의 개정은 주로 국가기구의 강화를 위한 것이었고, 그 내용은 1978년 헌법 관련의 제34조, 제35조, 제36조, 제37조, 제38조, 제42조, 제43조 등 모두 7개 조문으로 제2장 제3절에 관련된 것이다.

이는 주로 네 가지 내용을 포함하는 것이었다. 첫째 현과 현급 이상의 지방 각급인민대표대회에 상무위원회를 설립하는 것, 둘째 지방 각급혁명위원회를 지방각급정부로 고치고, 셋째 현급 인민대표대회의 대표를 인민이 직접 선거토록 하고, 넷째 인민검찰원의 상하관계를 원래의 감독관계에서 영도관계로 변경하는 것이었다. 중공중앙은 헌법개정의 필요성에 대하여 네 가지 점에서 설명하였다.

(1) 국가업무집중의 전환으로, 지방 각급 특히 현급 이상의 지방 각급 정권기관은 사회주의 현대화건설의 여러 임무를 부담함에 따라, 국가권력기관과 행정기관의 분리가 필요하고, 현과 현급 이상의 지방 각급인민

대표대회에 상무위원회를 설치하는 것이 필요하다. 인민대표대회의 폐회 기간에는 상무위원회가 본 현의 인민대표대회 상설기관의 직권을 행사한 다. 이것은 인민민주의 확대와 사회주의 법제의 강화, 인민대표대회제도 의 완비, 사회주의현대화사업의 순조로운 진행의 보장과 촉진에 유리한 것이다.

(2) 문화대혁명 중에 성립된 혁명위원회는 임시권력기구로서, 이미 중 국의 사회주의 현대화건설의 새로운 시기의 수요에 적응하지 못한다. 지 방 각급혁명위원회를 지방 각급인민정부로 바꾸는 것은 민주와 법제의 강화, 안정 단결의 정치국면 발전, 현대화건설의 보장과 촉진에 유리할 뿐만 아니라 인민정부와 인민군중 간의 밀접한 관계를 선명하게 나타낼 수 있고, 이는 또한 간부와 인민군중의 공동염원을 확대하는 것이다.

(3) 1953년 공포된 전국인민대표대회 및 지방인민대표대회선거법은 현 이상의 인민대표대회의 대표는 모두 간접선거를 실시하되, 각기 하급인 민대표대회의 선거에 의한다고 규정한다. 1954년 헌법은 이러한 간접선 거를 확정하였고, 이를 현급 인민대표대회의 대표에 대하여 직접선거를 실시하는 것으로 변경하는 것이다. 이는 20여 년 동안 국가의 실제 상황 은 많은 변화가 있었고, 인민의 정치 문화수준도 매우 높아졌음을 고려한 것이다.

인민민주의 확대와 선거제도의 점진적인 완비를 위하여, 인민직접선거 의 정권단위를 현급으로 확대 실행하는 것은 시급하고 또한 가능한 상태 에 이르렀다. 그러므로 현급 인민대표대회 대표의 선거를 간접선거에서 직접선거로 바꾸는 것이다.

(4) 검찰기관의 독립성을 보장하는 것은 검찰임무의 집행에 이로우며, 각급 인민검찰원의 현재의 감독관계를, 최고인민검찰원이 지방의 각급인 민검찰원과 전문인민검찰원 업무를 영도하는 것으로 변경하는 것이다.

상급인민검찰원의 하급인민검찰원에 대한 업무의 영도는 필요한 것이다. 이러한 개정은 지방정권건설에 있어서 기층직접민주의 범위를 보다 더 확대한 것이고, 검찰원의 전국이고 통일적인 법률감독의 보장은 사회주의 민주발전과 사회주의 법제의 완비에도 필요한 것이다.

2. 1980년의 헌법개정

1980년 9월 10일 제5기 전국인민대표대회 제3차 회의에서 헌법 제45조를 개정하는 결의가 통과되었다. 이는 등소평의 제의에 근거하여 중공중앙이 제시한 것으로 전국인민대표대회상무위원회의 동의를 거쳐 제5기 전국인민대표대회 제3차 회의에 상정된 것이다. 결의에서 사회주의 민주의 충분한 발휘와 사회주의 법제의 완비, 안정단결의 정치국면의 옹호를 위하고, 사회주의 현대화건설의 순조로운 진행을 위하여, 헌법 제45조 중의 "공민은 대명(大鳴), 대방(大放), 대변론(大辯論), 대자보(大字報)의 권리를 가진다."는 규정의 취소를 결정하였다. 이 네 가지를 취소한 것은 문화대혁명의 교훈을 종합한 것이고, 문화대혁명에 대한 일종의 부정이었다.

역사를 돌이켜보면, 이 4대는 대체적으로 1957년 반우투쟁의 과정에서 점차 형성된 것이다. 1957년 4월 중공중앙은 당내 정풍운동을 전개하였고, 당 내외 군중의 "명(鳴)" "방(放)"(즉 백화제방, 백가쟁명의 약어)을 확대하였다. 명(鳴)·방(放)의 형식에는 대변론과 대자보가 포함되었다. 1957년 10월 9일 당의 8기 3중 전회에서 모택동은 4대를 완전한 형식으로 종합하였고, 그는 "금년 한 해는 군중이 일종의 혁명형식, 즉 군중투쟁의 형식인 대명, 대방, 대변론, 대자보를 창조한 것이다"라 하였다. "많은 문제를 해결하는 데 있어 법률에만 의지할 수 없는 것이다.

법률은 죽은 조문이며 누구도 두려워하지 않고, 대자보를 붙이면 군중이 비판하고 투쟁을 할 수 있어 어떤 법률보다 더욱 효과가 있다." 그러므로 "이 형식을 잘 활용하면 앞으로 사정은 상당히 좋아질 것이다. 큰 문제라도 좋고 작은 문제라도 좋고, 혁명의 문제도 좋고 건설의 문제라도 모두 이 방법을 이용하여 해결할 수 있고 또한 비교적 잘 해결될 것이다." "우리의 이러한 대명, 대방, 대변론, 대자보의 방법을 이용하면, 헝가리 사태와 같은 것은 피할 수 있고, 또한 현재 발생하고 있는 폴란드 사태와 같은 것도 피할 수 있는 것이다."

모택동의 권위로써 행한 4대에 대한 높은 평가는, 이를 공민의 실질적인 권리가 되도록 하였다. 문화대혁명의 시기에 이르러 대자보는 천지를 뒤덮는 동란의 도구가 되었다. 당의 문건에서 명확히 4대의 합법성을 규정하였고, 1975년 헌법에서 다시 4대를 근본형식으로 공고히 하였고, 1978년 헌법에서는 더 나아가 4대를 공민의 기본 권리로 구체화하였다.

4대를 기능적 측면에서 보면, 이는 전체적으로 보아 정치운동을 하는 것이고 사람을 괴롭히고 일부분 사람에 대하여 언론자유의 남용을 허락하는 것이다. 단지 대자보 한 장으로 상대방을 간첩이라고 하면, 그는 어떠한 항변도 할 수 없는 것이다. 대변론은 다만 상대를 비판하는 것을 허락하는 것이고, 항변은 허락하지 않는 것이다. 이 때문에 4대는 민주와 법제에 대하여 엄청난 파괴력을 가진 것이고, 일종의 원시적이고 무책임하고 아무런 거리낌 없는 "절대적 민주"이며, 그것은 제도와 법률의 구속을 받지 않으며, 다른 속셈이 있는 사람이 쉽게 이용할 수 있고, 인심을 현혹시키고 혼란을 야기하며 군중을 속이고 사단을 일으키고 불만분자를 선동하는 데 이용하여 민주생활과 사회질서를 파괴하여 사회혼란을 일으키기 쉬운 것이다.

법률의 측면에서 보면, 4대는 정치운동의 산물이며 헌법의 필요적 내용은 아닌 것이다. 4대가 1975헌법과 1978헌법에 들어간 것은 문화대혁명에 대한 긍정의 표현이다. 동시에 4대의 개념은 본래 법률적인 용어가 아니고, 헌법적 권리로서는 적절하지 못한 것이고 헌법이 규정한 기타 공민의 권리와 내용상 혼란을 가져오게 한다.

당연히 헌법이 4대를 취소하는 것은 실제로 4대 가운데 어느 한 방법이라도 완전히 사용을 금지한 것은 아니다. 헌법이 규정하지 않은 사항이 반드시 금지되는 것은 아니기 때문이다. 바꾸어 말하면 금지하지 않는 사항이라도 헌법상 반드시 규정을 요하는 것은 아니다. 헌법의 4대에 대한 삭제는 국가가 이를 제창하지 않는 것이고 더욱이 4대를 보장하지 않는 것으로서, 다만 4대에 대하여 사전에 일률적으로 금지가 필요한 것은 아니고 사후에 4대의 내용에 근거하여 개별로 처리하는 것이다. 모든 위법한 범죄행위는 법에 따라 징계하는 것이다.

그러므로 1979년 7월 1일 5기 인민대표대회 2차 회의에서 통과한 형법은 제145조에서 폭력 또는 기타 방법으로, 대자보와 소자보를 포함하여 타인을 공연히 모욕하거나 사실을 날조하여 타인을 비방하는 등 사정이 중한 것은 3년 이상의 유기징역, 금고 또는 정치적 권리를 박탈한다고 규정하였다. 이 규정은 비록 1978년 헌법이 확인한 4대의 권리를 근본적으로 부정한 것은 아니지만 4대의 권리행사에 법적 제한을 가한 것이고, 어느 정도 4대의 영향력을 약화시킨 것이다. 1980년 1월 6일 등소평은 '현재의 형세와 임무'라는 담화에서 4대에 대하여 철저히 부정하였다. 그는 "우리가 민주와 법제의 발전을 고수하는 것은 우리당의 움직일 수 없는 방침이다. 단 민주와 법제를 실현하는 데는 4개 현대화 실현과 마찬가지로 대약진의 방법을 쓸 수는 없고 대명과 대방의 방법을 이용할 수 없는 것이다. 바로 단계가 필요하고 영도가 필요한 것이다.

그렇지 않으면 혼란을 조장할 뿐이고 4개 현대화를 방해할 뿐이며 민주와 법제를 방해할 뿐이다. 4대 즉 대명·대방·대자보·대변론은 헌법에 명기된 것이다. 현재 역사의 경험을 종합하면 이 4대를 승인하지 않을 수 없는 것이고, 전체적으로 보면 어떠한 적극적인 작용은 없었다는 것이다" 라 하였다. 비록 중공중앙이 이미 1978년 헌법의 전면 개정을 고려하고 있었지만, 1980년 2월에 개최된 당의 11기 5중 전회에서는 인민대표대회에서 4대를 헌법에서 삭제토록 하는 결의를 하였고 이 조항을 사전에 개정하였던 것이다. 이것은 당시 헌법상의 문화대혁명의 착오를 일소하여야 하는 긴박함을 잘 표현하는 것이다.

3. 헌법개정 형식의 합리성

1979년과 1980년의 두 차례의 헌법개정은 헌법이론의 연구를 새로이
하고 헌법학 이론의 금구를 파괴한 것일 뿐만 아니라, 합리적인 헌법개정
형식을 채택하였는데, 즉 신 중국의 제헌과 개헌 역사상 최초로 부분적인
헌법조문 개정의 형식으로 헌법을 개정한 것이다.

1979년 헌법개정의 토론 시에, 어떠한 방식을 채택하여 헌법을 개정할
것인가에 대하여 토론을 하였다. 처음에는 헌법개정을 책임진 오란부(烏
蘭夫), 희붕비(姬鵬飛), 팽진(彭眞), 호승(胡繩) 등은 전국인민대표대회의 결
의안 형식으로 채택할 수 있을 것으로 인식하였는데, 즉 헌법개정의 내용
은 전국인민대표대회가 결의의 형식으로 헌법에 대한 보충을 하는 것으
로 하였고, 헌법조문에 대한 개정은 아니라고 하였다.

이러한 의견에 근거하여 결의초안을 기초하였고, 이 초안은 결의와 헌
법의 관계에 관하여 "본 결의와 중화인민공화국헌법이 저촉되는 규정은
본 결의에 따라 집행한다."고 규정하였다. 결의초안은 중앙정치국의 동의
를 거쳤다. 후에, 헌법개정 결의안이 5기 전국인민대표대회 제2차 회의에
상정되어 토론 시에 대표들은 초안에 동의하였으나 일부 대표는 직접 헌
법조문을 개정하자는 건의를 하였고, 달리 별다른 결의를 할 필요 없이
이것이 간편하다고 하였다. 동시에, 어떤 헌법학자는 원래의 결의 초안에
서 "본 결의와 헌법이 저촉되는 규정은 본 결의에 의하여 집행한다."는
규정에 대하여 이견을 제시하였고 이러한 규정은 위헌의 가능성이 있다
고 하였다. 헌법의 법적 효력은 일체의 법률이나 결의보다 높은 것이기
때문이고 그 반대는 아닌 것이다.

전문가들의 의견은 절차를 거쳐 대회주석단에 반영되었다. 최후로 주
석단은 대표, 전문가의 의견에 대하여 연구를 거듭하여 이들 의견이 합리
적이라 판단하여 결의로써 헌법을 보충하는 형식에서 직접 헌법조문을
개정하는 형식으로 고치고, 헌법개정의 내용을 직접 헌법에 반영하였다.
중국의 1975년 헌법과 1978년 헌법은 모두 구헌법을 폐지하고 신헌법을

반포하는 전면개정의 형식을 취하였지만 1979년 헌법과 1980년 헌법개
정은 1978년 헌법에 대하여 부분적이고 개별조문에 대한 개정의 형식으
로 한 것이다. 이는 당시 헌법개정의 필요에 적절한 것이었고 새로운 헌
법개정 형식을 도입하여 이후의 헌법개정에 중요한 시사점이 되었다. 다
만 1978년 헌법의 과도적 특성으로 인하여 최종적으로는 역사에 의한 도
태를 맞이할 수밖에 없었다.

제5장

개혁개방과 1982년 헌법

I. 사회의 발전과 헌법가치의 회복

1978년 헌법 공포 이후 특히 중국공산당이 1978년 말에 11기 3중 전회를 개최한 이후, 중국사회는 정치, 경제, 문화 등 영역에서 많은 변화가 있었다. 이러한 변화는 1978년 헌법의 통과 시에는 예상하지 못한 것이었다.

1. 당과 국가의 업무중점의 변화

제5기 전국인민대표대회 1차 회의 이래, 특히 중국공산당 11기 3중 전회 이래 등소평의 중국공산당 내 지위가 확립되었고, 그를 대표로 하는 중국의 객관적 상황에 부합하는 마르크스주의 노선이 확립되기 시작하였다. 그 중에서 두드러진 것은 당과 국가의 업무중점이 계급투쟁에서 사회주의 현대화건설로 변화되기 시작한 것이다.

극좌사상의 지도 아래 중국사회의 주요모순은 무산계급과 자산계급

간의 결사적인 투쟁이고, 전체 사회주의 역사단계에서 시종일관 계급과 계급모순과 계급투쟁이 존재하고, 사회주의와 자본주의 양 노선의 투쟁이 존재하고 자본주의 부활의 위험성이 존재하며, 제국주의와 사회제국주의의 전복 및 침략의 위협이 존재한다고 인식하였다. 이 때문에 계급투쟁은 반드시 "해마다 이야기하고, 매달 이야기하고, 매일 이야기하고, 심지어 시시각각으로 되뇌어야 한다."고 하였고, 무산계급은 반드시 상부구조의 영역에서 자산계급에 대하여 전면적인 전정을 실행하고 반드시 무산계급전정하에 혁명을 계속하여야 한다는 이론을 고수해야 한다고 하였다.

11기 3중 전회 이후 장기간 존재했던 극좌노선을 바로 잡았고, 중국사회의 주요모순에 대하여 다시금 인식하게 되었다. 중국사회의 주요모순은 계급투쟁이 아니고 점점 증가하는 인민군중의 물질생활이나 문화생활의 요구와 생산력 수준 간의 모순으로 인식하였다. 이 때문에 반드시 생산력의 수준을 전력으로 제고하여 인민군중의 이러한 요구를 만족시켜야 하는 것이었다. 이러한 인식과 판단아래 11기 3중 전회에서 당과 국가의 업무중점을 사회주의 현대화건설의 중대 전략정책으로 변경하게 된 것이다.

이리하여 중국은 새로운 역사의 시기에 접어들었다. 당과 국가의 업무중점의 전이는 다시 사상노선, 정치, 경제, 문화 군사 등 각 영역에 있어서 많은 변화를 가져 왔고, 또한 새로운 특징과 문제점을 가져오게 되었다.

이러한 변화의 주요 내용은 ①사상노선에 있어서 장기간 존재한 교조주의와 개인숭배의 속박을 탈피하였고, 마르크스주의적 실사구시의 사상노선을 다시금 확립하였고, 모택동사상의 진면목을 회복시키고, 새로운 역사적 조건 아래 모택동사상을 지속적으로 발전시켰다. ②정치적 측면에서는 장기간의 사회혼란이 종결되었고, 당과 국가 각급 조직의 영도권은 이미 당과 인민간부의 수중에 장악되어 건국 이래 가장 안정되고 생기 넘치는 정치적 국면을 맞게 되었다. ③경제적 측면에서는 과감하게 당과 국가의 업무중점을 경제건설로 변경시켜 경제적 영역에 장기간 존재한 좌경착오를 확실히 제거하였고 조정, 개혁, 정돈, 제고의 정확한 경제

방침을 진지하게 관철 집행하였다. ④기타영역, 즉 교육과 과학 및 문화업무는 이미 초기적인 발전을 시작하였으며, 당과 지식분자의 관계는 크게 개선되었고, 노동자 농민과 지식분자로 이루어진 3대 기본 사회역량은 상호 단결하는 양호한 관계로´ 변화되었다.

2. 중공중앙의 국내 계급상황에 대한 과학적 분석

1956년 생산자료공유제로의 사회주의 개조가 완성된 이후, 국내의 계급상황은 많은 변화가 있었고, 이에 대하여 1956년 개최된 당의 8대에서 정확한 판단을 내렸다. 단, 1957년 이후 특히 문화대혁명 개시 이후 극좌사상의 영향으로 인하여 계급투쟁의 확대와 계급투쟁을 강령으로 하여 이를 지도사상으로 하였고, 소위 당의 사회주의 단계의 기본노선을 제정하였다. "계급투쟁을 강령으로 한다."는 기본노선은 1975년 헌법과 1978년 헌법에 명기되었다.

11기 3중전이래, 중국공산당은 국내의 계급상황을 정확히 판단한 바, 생산수단공유제로의 사회주의 개조를 완성한 이후, 국내의 주요모순은 결코 계급투쟁이 아니며, 현재 중국의 착취계급은 이미 소멸되었고, 계급이라 할 수 있는 지주계급·부농계급은 이미 소멸되었으며, 자본가 계급 역시 다시는 존재하지 않는다고 하였다. 비교적 장기간의 투쟁과 교육을 거쳐 그들 중 노동능력이 있는 절대 다수는 이미 자기 힘으로 생활하는 노동자로 변하였다. 그러므로 금후 두 번 다시 대규모의 폭풍우식 군중계급투쟁은 진행할 필요가 없고, 계급투쟁의 확대 또는 계급투쟁의 재연을 방지하는 것이 필요하였다. 이러한 판단에 기초하여 당 중앙은 사회주의 현 단계에 맞지 않는 "계급투쟁을 강령으로 한다."는 구호의 사용을 과감하게 정지토록 하였다.

지식분자의 성질에 대하여는, 1956년 1월 당 중앙은 지식분자문제를 논의하는 회의를 개최하였다. 주은래는 '지식분자문제에 관한보고'에서,

구시대의 지식분자는 일련의 자아개조의 단계를 거쳐, 그들 가운데 절대 다수는 이미 국가의 업무인원으로 되었고, 이미 사회주의를 위하여 일하고 있으며 노동자계급의 일부분이 되었음을 강조하여 설명하였다. 그러나 1957년 이후 좌경사상의 영향을 받아 반 우파투쟁은 확대되었고, 일부 지식분자는 우파분자로 몰렸고, 문화대혁명 동안 임표와 4인방은 "지식분자의 노동자화"와 소위 "지식사유 반대", "지식이 많을수록 반동"등의 구호를 이용하여, 지식분자는 "구린내 나는 자"로 인식되었고 일체의 지식분자는 자산계급의 지식분자로 불렸으며 나아가 자산계급의 지식분자와 자산계급을 동등하게 취급되었다.

등소평은 1977년 5월 24일 '지식존중, 인재존중'의 담화를 발표하여, "당내에 반드시 지식을 존중하고 인재를 존중하는 분위기를 조성해야 하고, 지식분자를 존중하지 않는 착오사상을 반대하여야 한다." "과학기술을 발전시키고, 교육을 철저히 하지 않으면 아니 된다. 헛된 구호에 의지하면 현대화를 실현할 수 없고, 반드시 지식과 인재를 확보해야 한다."고 하였다. 뒤이어 당과 국가는 1956년의 지식분자에 대한 판단을 회복시킨 바, 즉 지식분자는 노동자계급의 일부분이라 한 것이다.

3. 민주화의 요구

1979년 이후, 사회주의 민주의 앙양과 사회주의 법제강화의 대 전제아래, 국가는 민주와 법제건설의 발걸음을 재촉하였다. 예컨대 1979년 5기 전국인민대표대회 2차 회의는 1953년의 선거법에 대하여 다시 개정을 가한 바, 직접선거의 범위를 원래의 향(鄕)급에서 현(縣)급으로, 단일 후보선거를 복수후보자 선거로, 거수선거를 무기명투표로 바꾸었다. 이 회의에서는 지방 각급인민대표대회와 인민정부조직법의 개정안을 통과시켜 현급 이상 인민대표대회상무위원회의 설치를 하였고 혁명위원회를 인민정부로 바꾸었다. 법제건설에서는 1979년 형법, 형사소송법, 중외합자경영기업법, 환경보호법, 인민법원조직법, 인민검찰원조직법, 삼림법, 체포구류조례를 제정하였다.

1980년 국가는 학위조례, 변호사잠행조례, 국적법, 혼인법, 중외합자경영기업소득세법, 개인소득세법을 제정하였다. 1981년에는 국가는 경제계약법, 외국기업소득세법, 군인직무위반죄처벌잠정조례를 제정하였다. 1982년에는 민사소송법, 해양환경보호법, 상표법, 문물보호법, 식품위생법, 전국인민대표대회조직법, 국무원조직법 등을 제정하였다. 이 시기에 전국인민대표대회와 전국인민대표대회상무위원회는 국가생활 가운데 중대한 문제에 관하여 많은 결정과 결의를 통과시켰다. 사회의 발전에 따라 필연적으로 각종 민주화의 요구가 제기되었고 이러한 요구는 모두 헌법을 통한 법률의 형식으로 확인하였다.

4. 국가영도체제와 국민경제체제에 대한 중대개혁의 필요

사회의 발전에 따라 원래의 국가영도체제는 그 폐단이 노출되었다. 등소평은 1980년 중공 중앙정치국 확대회의에서 '당과 국가영도제도의 개혁'이라는 중요한 연설문을 발표하였다. 발표에서는, 당과 국가의 영도제도와 간부제도에 대하여, 주요폐단은 관료주의 현상, 권력의 과다 집중현상, 가장제 현상, 간부직무영도의 종신제 현상과 형형색색의 특권현상이라 하였다. 등소평은 연설 중 수차례 이러한 현상을 표현하였다. 현행 체제는 일에 비해 사람이 많고, 기구가 방대하며, 효율은 낮고, 서로 알력을 갖는 등 새로운 형세의 요구에 적응할 수 없어 중대개혁이 필요하다고 하였다.

1982년 3월 5기 전국인민대표대회상무위원회 22차 회의는 국무원의 건의에 근거하여 '국무원기구개혁문제에 관한 결의'를 작성하여, 5월에는 5기 전국인민대표대회상무위원회 23차 회의에서 '국무원부위기구개혁 실시방안에 관한 결의'를 통과시켰고, 8월에 5기 전국인민대표대회상무위원회 24차 회의에서 '국무원직속기구 개혁 실시의 비준에 관한 결의'를 통과시켜 국무원의 영도체제와 각부, 위 직속기구의 설치 등에 대하여 중대한 개혁을 하게 되었다.

동시에 당과 국가의 업무의 중점도 이전되어 경제체제개혁을 진행하였다. 경제체제개혁은 우선 농촌에서 큰 성과를 거두었고, 농민은 가정생산청부를 주요형식으로 하는 책임제를 실행하였고, 뒤이어 도시의 경제체제개혁 역시 탐색단계에 진입하여, 예컨대 기업자주권의 확대, 기업내부의 책임경영의 실행, 기업의 민주관리 강화, 개체경제의 존재와 적당한 발전을 허용하게 되었다.

5. 지도사상에서 정상회복의 임무를 완성함

중국에서는 1950년대 후기부터 "좌"경 착오가 출현하였다. 10년의 내란시기에 교조주의적 개인숭배는 극히 위험한 수위에 이르렀고, 사회에 지극한 해악을 조성하였다. 좌경착오가 비교적 긴 시간동안 광범위하게 영향을 미친 관계로, 지도사상의 정립은 어려운 고비를 거치게 되었다. 좌경사상은 모택동사상의 기치를 타도하는 것이기 때문에 사상영역에서의 정상회복은 우선 모택동사상의 정확한 인식이 필요하다.

1977년 등소평은 중국공산당 10기 3중 전회에서 발표한 담화에서 "모택동사상을 완전하고 정확하게 이해해야 한다"고 지적하였다. 그는 " 우리는 모택동 동지의 어느 시간, 동일한 조건에서 하나의 특정한 문제에 대한 담화는 정확하다는 것을 알 수 있고, 다른 어느 시간, 별도의 조건에서 행한 같은 문제에 대한 담화 역시 적절한 것임을 알 수 있다. 그러나 서로 다른 시간과 조건에서, 같은 문제에 대하여 행한 담화는 어떤 때에는 그 잣대가 다르고, 착안점이 다르며, 심지에 문제제기의 방법도 다르다는 것을 알 수 있다. 그러므로 우리는 개별적인 어휘만으로 모택동사상을 충분히 이해할 수 없고, 반드시 모택동사상의 전체적인 체계 속에서 정확한 이해하여야 한다."고 하였다. 이어서 중공중앙의 명의로, 모택동 사상의 과학체계를 완전하고 정확하게 이해하고 운용할 것을 제의하였다.

1978년 5월부터 전국적 범위로 전개된, '실천은 진리를 검증하는 유일한 표준'에 관한 토론은 인민의 사상해방을 촉진하였다. 같은 해 12월 개최된 당의 11기 3중 전회는 중국공산당 역사상 위대한 역사적 전환점이 되었다.

그것은 전면적으로 군중에 의지하여 정상회복을 심사한 것이었다. 이 회의는 근본적으로 장기간의 좌경착오적인 속박을 타파한 것이고 지도사상을 바로잡고 마르크스주의 사상노선·정치노선·조직노선을 다시금 확립시킨 것이다. 전회는 국가업무 중점의 이전, 국내계급 상황의 분석, 경제문화 건설의 방침·임무 등 중대한 문제에 대하여 마르크스주의적인 새로운 논단을 하였다. 1979년 등소평은 4항 기본원칙을 다시금 고수하고 자산계급 자유화 경향을 시의적절하게 비판하고 제지하였다.

1981년, 당의 11기 6중 전회에서 통과된 '건국 이래 당의 약간의 역사 문제에 관한 결의'는 당이 지도사상에서 원상회복을 성공리에 완성하였다는 것을 나타낸다. 이 결의는 모택동의 중국혁명 중의 역사적 지위를 실사구시의 태도로 평가하였으며, 중대한 사상이론 시비와 역사적 사건에 대하여 정확한 결론을 내린 것이고, 전 당과 전국인민의 사상을 통일하였다. 1982년 9월 개최된 당의 12대는 상술한 성과를 한 걸음 더 공고히 하였다.

6. 인민민주전정의 공고화

국가는 장기간의 국가동란을 종결한 후 점진적인 조정과 정리를 통하여 당과 국가의 영도자 층에 대한 강화작업을 하였다. 전국에 걸쳐 대량의 누명사건과 억울하게 우파분자로 몰아 부친 사건을 바로잡고 원래의 공상업자는 이미 노동자로 개조되었음을 선포하였다. 원래 노동자였던 소상인과 수공업자를 원래의 자산계급 공상업자와 구별하였다. 이 외에 이미 노동자로 개조된 절대다수의 원 지주인 부농분자에 대한 "땅 부자"의 모자를 벗겼다. 이러한 작업은 인민내부의 모순을 타당성 있게 해결하였다. 일련의 정책들이 제자리를 잡아 감에 따라 지식분자의 상황도 많은 개선이 있었고, 국내 각 민족 간 우애와 단결을 강화하고 상호평등의 관계를 유지하였으며, 애국통일전선은 공고히 되고 발전을 이루게 되었다. 국제관계에서는 자주독립의 대외정책을 유지하고, 세계인민과 함께 세계평화와 인류발전의 숭고한 사업을 촉진하기 위한 공헌을 하였다.

7. 사회주의 건설이 취득한 새로운 성과

당의 11기 3중 전회에서 과감하게 당과 국가의 업무중점을 사회주의 현대화건설로 전화시키는 정책을 결정한 이후부터 경제건설은 새로운 상황을 맞이하였다. 1979년 4월 개최된 중앙업무회의에서는 모든 국민경제에 "조정, 개혁, 정돈, 제고"의 8자 방침을 제시하였고, 경제부문에 장기간 존재한 좌경착오를 결연히 제거토록 하였다.

1980년 중공중앙은 '농업생산책임제의 강화와 완비에 관한 몇 가지 문제'의 통지와 1981년 전달한 '농촌 다종경영의 적극적인 발전에 관한보고' 등의 문건을 통하여, 농촌사대(農村社隊)의 자주권을 회복·확대하고, 농민의 자류지, 가정의 부업, 집체부업과 집시무역(集市貿易)을 회복시켰으며, 각종 형식의 독립채산적인 생산책임제를 점진적으로 진행시키고 농촌 다종경영방침 문제를 해결하였으며, 농업의 면모를 현저히 변화시켰다. 농업상황의 개선에 따라 다시 공업의 내부구조에 대한 조정을 하였고, 특히 중공업의 발전방향을 조정하고 경공업의 불균형을 해결하여 국가경공업은 신속한 발전을 하게 되었다. 또한 저축과 소비의 비례관계를 조정하여 국민경제의 내부비례와 인민생활은 동시에 개선되었다. 이 외에 자주독립·자력갱생의 기초를 유지하면서 국가는 대외 경제 합작과 기술교류를 적극적으로 확대하였다.

8. 사회주의 민주의 앙양과 사회주의 법제의 강화

10년의 내란기간 동안 사회주의 민주와 법제는 심각하게 파괴되었다. 4인방 분쇄 후 여러 가지 사업을 통하여 사회주의 민주와 사회주의 법제는 회복과 발전을 하게 되었다. 1978년 12월 개최된 당의 11기 3중 전회에서 "충분한 민주가 반드시 있어야만 정확한 집중이 가능하다"는 것이 지적되었다. 다시 "인민민주의의 보장을 위하여 반드시 사회주의 법제를 강화하고 민주제도화, 법제화를 이룩해야 한다."고 지적하였다. 민주집중제의 원칙에 근거하여 인민대표대회제도와 선거제도를 이룩하고 발전시켰으며, 각급 국가기관의 설치의 강화와 기층에 있어서 직접민주형식을 발전시켰다.

경제조직에 있어서는 노동군중의 기업에 대한 민주적 관리를 행하여 사회주의 민주를 점차 정치생활·경제생활·문화생활과 사회생활의 각 영역으로 확대하였다. 이와 동시에 최고국가권력기관의 입법업무를 강화하여 법률이 가능한 한 안정성, 연속성과 권위를 가지도록 하여, 의거할 법이 있고 법이 있으면 반드시 이에 의하도록 하여 공민의 법 앞의 평등을 보장하고, 누구에게도 법률을 초월하는 특권을 인정하지 않도록 하였다. 사회주의 민주의 발전과 사회주의 법제의 강화는 객관적으로 하나의 새로운 헌법의 제정을 요구하게 되었고, 동시에 헌법의 개정을 위한 조건을 만들었다.

사회주의 법제건설의 강화와 동시에 법학연구 분야 역시 전례 없는 발전이 있었다. 일부 학교에는 법률계를 회복하고, 일부 학교에서는 법률계를 신설하여 많은 법학연구 인원이 이미 제자리로 돌아옴으로써 법학교육과 연구는 이전에 비하여 훨씬 활발해졌다. 원래 법학연구의 금구(禁區)

였던 것들은 하나하나 파괴되어, 법학연구영역은 사회발전의 수요에 따라 점차 확대되었고, 연구의 깊이도 깊어졌다. 외국의 법리학이론과 법률제도의 연구도 점점 성숙되었다. 법학과 법학연구의 발전 역시 헌법의 개정을 위하여 이론적 기반을 제공하였다.

종합하면, 당과 국가가 사회주의 경제건설을 업무의 중심으로 삼아, 사상을 해방하고, 대담한 혁신, 계급투쟁을 강령으로 하는 정치노선을 포기함에 따라 전국의 면모가 일신되었다. 1978년 헌법은 이미 이러한 형세에 적응할 수 없었다. 이러한 변화와 발전은, 한편으로는 1978년 헌법의 내용을 이미 사회현실과 적응하기 어렵게 하였고, 다른 한편으로는 새로운 상황·새로운 문제·새로운 발전이 이미 제기되었음을 반영하였고, 변화와 발전된 사회현실과 적응하는 새로운 헌법을 제정하여 사회의 안정과 발전을 촉진하도록 하였다.

앞서 서술한 바와 같이 1978년 헌법은 역사적 한계성으로 인하여 그 지도사상, 헌법으로서의 규범성 및 내용 등에 있어 결함이 존재하였다. 비록 1979년과 1980년에는 헌법 가운데 사회현실과 극히 부적당한 내용에 대하여 두 차례의 개정을 하였으나, 이 헌법과 개혁개방의 사회현실 사이에는 괴리가 현저하였다. 이 때문에, 반드시 헌법에 대한 전체적인 개정을 실시하여, 헌법으로 하여금 변화된 사회현실에 전면적으로 적응할 수 있도록 하여야 했다.

중국사회의 발전 및 역사상의 정·반 방향의 경험과 교훈은, 특히 문화대혁명과 같은 전례 없는 큰 재앙은 중국인민으로 하여금 사회의 운행과 발전을 법제궤도에 올려놓고, 법제의 보장에 의지할 때 비로소 정상적인 사회질서를 가질 수 있고 사회발전도 비로소 정상적으로 유지될 수 있으며, 인민의 권리와 자유도 비로소 진정한 보장이 될 수 있다고 인식하도록 하였다. 바로 이러한 사회적 배경하에서, 중국인민은 마침내 사회주의 민주의 앙양을 갈망하게 되었고 사회주의 법제를 강화하였다. 그러나 민주의 앙양과 법제강화의 기본전제는, 중국의 객관현실을 반영하고 전국인민의 공동의지를 반영하고 전국인민의 공동이익을 구체화시킨 근본법을 가져야 하는 것이다. 오직 이러한 기반 위에서, 비로소 사회주의 법률 체계를 수립할 수 있고, 사회주의 민주를 그 속에 반영할 수 있으며, 인민 이 주인이 되는 권리의 진정한 보장이 있는 것이다.

II. 개헌과정의 실증분석

헌법은 전체 인민의 공동의지이고, 공동이익의 반영과 구체화인 동시에 국가의 근본법이며 최고의 법적 효력을 가진다. 이러한 점에서 개헌의 과정에서 어떻게 전체 인민의 참여를 도모하고 그 가운데서도 인민의 헌법에 대한 의견과 건의를 어떻게 수렴할 것인가 하는 것은 중요한 관건이다. 중국은 1954년 헌법의 제정과정에서는 영도계급과 군중을 결합하고 이론과 실제를 서로 결합하는 방법을 채택하였다. 실제로 유효함이 증명되었다. 1982년 헌법 개정과정에서는 1954년 헌법 제정과정에서 얻은 좋은 경험들을 채택하였다.

1. 헌법개정위원회의 성립

1978년 헌법 제22조는, 전국인민대표대회의 직권에서, 전국인민대표대회는 헌법개정의 권리를 가진다고 규정하였다. 그러나 이 헌법에서는 어느 국가기관 또는 정당조직이 전국인민대표대회에 대하여 헌법개정의 건의를 할 수 있는지에 대하여 명확한 규정이 없었고, 전국인민대표대회는 어떤 기구를 조직하여 헌법개정작업을 할 것인지에 대해 규정하지 않았다.

1) 중국공산당의 헌법개정 건의

제5기 전국인민대표대회 제3차 회의가 1980년 8월 30일부터 9월 10일까지 북경에서 개최되었다. 회의 개막 당일, 즉 8월 30일 중국공산당중앙위원회는 회의주석단에 '헌법개정과 헌법개정위원회 성립에 관한 결의'를 제출하였다. 이 결의에서 1978년 제5기 전국인민대표대회 제1차 회의에서 통과된 중화인민공화국헌법은 당시의 역사적 조건의 제약과 그 이후 상황의 커다란 변화 때문에 대부분이 현재의 정치·경제생활과 인민의 현대화 국가건설의 요구에 적응하지 못함을 지적하였다. 무산계급전정의 국가제도를 완비하고, 사회주의 민주의 앙양, 사회주의 법제의 수립, 국가근본제도의 공고와 수립, 각 민족 인민의 확실한 권리보장, 안정단결과 생기발랄한 정치국면의 공고화, 일체 적극요소의 충분한 발휘, 사회주의 제도의 우월성의 발휘, 4개 현대화건설사업 발전의 가속화 등을 위하여 비교적 체계적인 개헌이 필요한 것이었다.

이 때문에 결의에서는 중국공산당중앙위원회는 전국인민대표대회가 헌법개정위원회를 구성시켜 헌법의 개정을 주도할 것과 1981년 상반기에 헌법개정초안을 발표하고, 전체인민의 토론에 부쳐 본기 전국인민대표대회 제4차 회의에서 통과시킬 수 있도록 하고, 제6기 전국인민대표대회가 개정된 헌법에 의하여 구성되고 업무를 수행하도록 하는 것을 제시하였다. 중공중앙의 건의에는 중화인민공화국헌법개정위원회 위원의 명단이 첨부되었다.

1978년 헌법은 헌법개정의 건의주체에 대하여 명확한 규정이 없는 상황에서, 집권당인 중국공산당이 당연히 전국인민대표대회에 헌법개정의 건의를 제출할 자격이 있는 것이라 할 수 있다.

2) 헌법개정위원회의 성립

제5기 전국인민대표대회 제3차 회의는 중국공산당중앙위원회의 '헌법개정과 헌법개정위원회의 성립에 관한 결의'를 중요한 의안으로 삼았고, 회의대표들은 여기에 대하여 충분한 토론을 하였다. 이 회의의 최종일인 9월 10일, 전체회의에서 '헌법개정과 헌법개정위원회의 성립에 관한 결의'가 통과되었다. 결의에서 중화인민공화국 제5기 전국인민대표대회 제

3차 회의는 중국공산당중앙위원회의 헌법개정과 헌법개정위원회의 성립에 관한 건의와 중국공산당중앙위원회가 제출한 중화인민공화국헌법개정위원회 명단에 동의하고, 헌법개정위원회가 주재하여 1978년 제5기 전국인민대표대회 회의에서 제정한 중화인민공화국헌법을 개정하여, 중화인민공화국헌법개정초안을 제출할 것을 결정하였고, 전국인민대표대회 상무위원회가 공포하고 전국 각 민족 인민의 토론에 부치며, 다시 헌법개정위원회가 토론된 의견에 근거하여 수정을 한 후 본기 전국인민대표대회 제4차 회의의 심의에 상정할 것을 결정하였다.

1978년 헌법은 헌법개정절차에 관한 규정이 극히 간단하였기 때문에 이 결의는 1978년 헌법의 헌법개정절차에 관한 해석이라고도 할 수 있고, 아울러 1978년 헌법이 규정한 헌법개정절차를 구체화하고 더욱 실효성을 갖도록 한 것이라 할 수 있다.

결의에서는 또한 중공중앙이 제출한 106명의 헌법개정위원회 명단을 통과시켰다. 헌법개정위원회의 주임위원으로는 엽검영(葉劍英), 부주임위원으로는 송경령(宋慶齡), 팽진(彭眞)이었으며, 위원으로는 정광훈(丁光訓) 등 103명이었다.

2. 헌법개정위원회의 제1단계 기초

헌법개정위원회 성립 후 곧바로 헌법개정초안의 기초에 들어갔다. 헌법개정위원회의 기초 작업은 주로 두 가지로 나누어졌다. 첫 단계는 헌법개정위원회의 성립에서부터 전국인민대표대회상무위원회가 헌법개정초안을 통과시켜 전민토론에 교부하는 것으로, 기간은 1980년 9월 15일부터 1982년 4월 26일로 하였다. 두 번째 단계는 헌법개정초안의 전민토론 종결에서부터 헌법개정위원회가 헌법개정초안의 수정본을 심의하고 비준하는 것으로 하여 기간은 1982년 8월 31일부터 1982년 11월 23일로 하였다.

1) 헌법개정위원회의 제1차 회의

헌법개정위원회는 1980년 9월 15일 오후 북경에서 제1차 전체회의를 개최하고 정식으로 성립을 선포하였다. 헌법개정위원회 주임위원 엽검영이 회의를 주재하였고, 회의에서 연설을 하였다.

엽검영은 회의에서 우선 헌법개정의 의의를 명확히 밝혔다. 그는 중공중앙의 건의, 제5기 전국인민대표대회 3차 회의에서 내린 현행 헌법에 대한 체계적 개정의 결정, 헌법개정위원회의 성립에 관한 결정에 근거하여 헌법개정작업을 주관할 것을 제시하였다. 이것은 국가의 정치생활에 있어서 하나의 대사이고, 이는 중국의 사회주의 민주와 사회주의 법제건설이 크게 진전함을 나타내는 것이라 하였다.

이어서 그는 1978년 헌법의 개정에 대한 필요성에 대한 견해를 발표하였다. 중국의 현행 헌법은 기본적으로 본기 인민대표대회 제1차 회의에서 수정 통과된 것이다. 본기 인민대표대회 2차 회의, 3차 회의 모두 헌법의 개별적인 조문에 대한 개정을 하였다. 그러나 본기 인민대표대회 1차 회의의 헌법개정작업은 4인방 분쇄 이후 오래가지 못하였다. 당시 역사조건의 제한 때문에 건국 이래 30년의 사회주의 혁명과 사회주의 건설 중의 경험교훈을 전면적으로 종합하지 못하였고, 10년 동란 중의 좌경사상이 헌법조문에 미친 영향을 철저히 제거하고 정리하지 못하였기 때문에, 현행 헌법에는 아직도 일부 이미 지나간 정치이론적 관점과 현실의 객관적 상황에 부합하지 않는 규정이 있다.

더욱 중요한 것은 본기 인민대표대회 1차 회의이래 국가의 정치생활, 경제생활과 문화생활은 모두 큰 변화가 있었고, 특히 당과 국가업무의 중점이 이전되어, 즉 중공중앙의 국내계급 상황에 대하여 내린 새로운 과학적 분석, 국가민주화의 중대한 진전과 한층 진보된 민주화의 요구, 국가영도체제와 국민경제체제의 진행과 장차 진행에 따른 중대개혁, 민족구역자치권의 명확한 규정 등 모두 헌법에 반영하지 않을 수 없게 되었다. 또한 국가의 근본법으로서 현행 헌법의 많은 규정이 구체적이고 명확히 완비되지 못한 점이다. 결국 현행의 헌법은 이미 중국의 사회주의 현대화건설의 객관적인 요구에 적응하지 못하여 전면개정의 착수가 필요한 것이었다.

엽검영은 다시 헌법개정의 목표에 대하여 명확히 하였다. 그는 이번 헌법개정은 건국 이래 중국의 사회주의 혁명과 사회주의 건설 경험의 기초 위에서 종결되어야 한다고 하였다. 개정된 헌법을 통하여 마땅히 사회주의의 정치제도, 경제제도와 문화제도의 개혁과 완비를 이룩하여야 한다. 새로운 헌법과 법률의 보장하에서 전국 각 민족 인민은 충분히 국가를 관리하고, 경제를 관리하고, 문화와 기타 사회사무에 관한 권력을 행사할 수 있도록 하여야 한다. 법제의 민주원칙, 평등원칙, 사법독립원칙은 충분히 구체화되도록 하여야 한다. 전국인민대표대회의 지방 각급인민대표대회의 권력과 업무를 포함한 인민대표대회 제도하의 상무위원회의 권력과 업무는, 마땅히 더 강화하여야 하고, 또한 개정된 헌법에 적절한 조문으로 규정되어야 한다. 결국 우리는 개정된 헌법을 통하여 국가의 사회주의 발전의 새로운 시기에 있어서 전국인민의 이익과 염원을 충분히 구체화하도록 많은 노력을 하여야 한다고 하였다.

엽검영은 헌법개정의 구체적인 방법에 대하여 명확히 하였다. 그는, 이번 헌법개정은 반드시 영도자와 군중의 상하결합의 방법을 유지하여야 하고, 각종의 형식을 채택하여 인민군중의 적극적인 참여를 유도하고, 내년 상반기에 헌법개정초안을 공포하여 전민토론에 부칠 것을 강조하였다. 이번 헌법개정은 건국 이래의 헌법개정과 제정의 역사적 경험을 충분히 반영하고 종합할 것이 요청된다. 반드시 국가의 실제적 현실에서 출발하여, 우리 자신의 경험을 기초로 하고, 동시에 현대의 외국헌법 특히 여러 사회주의국가의 헌법을 참고하고 그 중에서 장점을 참고하여야 한다고 하였다.

하나는 영도자와 군중의 결합, 다른 하나는 본국경험과 국제경험의 결합으로서, 이는 모택동이 영도한 1954년 헌법제정 당시에 종합된 두 가지 입헌경험이다. 그러므로 이 두 가지 경험을 중시해야 하는 것이다. 헌법개정 작업의 보다나은 진행을 위하여, 헌법개정위원회 제1차 회의에서 헌법개정위원회비서처의 설립을 결정하였고, 비서장과 부비서장의 명단을 통과시켰다. 호교목(胡喬木)을 비서장으로, 오냉서(吳冷西), 호승(胡繩), 감사삼(甘祠森), 장우어(張友漁), 엽독의(葉篤義), 형역민(邢亦民), 왕한빈(王漢斌) 등을 부비서장으로 하였다.

2) 헌법개정초안의 토론안(초고)

1980년 9월에서 1981년 6월까지 헌법개정위원회비서처는 주로 두 가지의 업무를 하였다. 하나는, 당 중앙의 각 부문, 국무원의 각 부문, 최고인민법원, 최고인민검찰원, 각 민주당파, 각 인민단체와 각 성·자치구·직할시에 대하여 1978년 헌법의 개정에 대한 의견을 요청하였다. 1980년 10월부터 1981년 2월까지, 상술의 각 부문, 각 단위와 각 지방은 각종 좌담회를 개최하였고, 일부 성(省), 직할시에서는 헌법개정좌담회를 개최하였으며, 군중과 간부 및 각계 대표의 헌법개정에 대한 의견을 광범위하게 청취하였고, 비서처는 다량의 서면의견을 접수하였다.

다른 하나는, 비서처가 북경에서 전후 10여 차례의 헌법개정에 관한 좌담회를 개최하여 각계 대표와 전문가의 의견을 직접 청취한 것이다. 좌담회에는 중앙 각 부문, 각 민주당파와 각 인민단체의 대표, 북경과 일부 성·직할시·자치구의 이론가와 법학·경제학·정치학·철학·사회학 등 각 영역의 학자와 전문가가 참가하였다.

헌법개정위원회비서처는 중앙의 78개 부문과 지방의 29개성·자치구·직할시에서 보내온 의견과 좌담회의 결과를 근거로 하여 신 중국의 제3부 헌법 및 기타 관련문건을 연구하였다. 구 중국의 헌법과 세계 각국의 현행 헌법과 일부국가의 과거헌법도 연구하여, 이를 기초로 전후 5차례의 헌법개정토론안(초고)을 입안하였다.

3) 전국인민대표대회의 헌법개정초안에 대한 심의기간 연장

1980년 9월 제5기 전국인민대표대회 제3차 회의에서 통과된 '헌법개정과 헌법개정위원회의 성립에 관한 결의'가 예정한 헌법개정의 절차와 일정에 따라, 헌법개정위원회는 헌법개정초안을 제출하고, 전민토론을 거친 후 제5기 전국인민대표대회 제4차 회의의 심의에 상정하였다.

제5기 전국인민대표대회 제4차 회의는 1981년 11월 30일부터 12월 13일까지 북경에서 거행되었다. 그러나 이때에는 헌법개정위원회가 비교적 완비된 헌법개정초안을 제출하지 못하였다. 이에 대하여 헌법개정위원회 부주임 팽진은 헌법개정위원회를 대표하여 제5기 전국인민대표대회 제4차 회의에서 헌법개정 완성기간 연장의 건의에 관한 설명을 하였다. 팽진 부주임은 설명에서, 일 년 남짓한 기간 동안 헌법개정위원회비서처가 많은 준비를 하였음을 지적하였다. 헌법개정작업은 매우 중대한 문제이고, 각 영역에 관련된 복잡한 문제이기 때문에, 대량의 연구조사가 필요하고 각 지구 각 영역의 광범위한 의견수렴이 필요한 것이다. 동시에 국가는 현재 체제개혁을 진행하고 있고, 일부 중대한 문제는 현재 실천, 연구 및 해결과정에 있는 것이었다.

원래 이러한 사정에 대한 충분한 고려가 부족하였고, 정해진 기간이 매우 촉박하여 기한에 맞추어 완성할 수 없는 것이었다. 헌법개정작업을 신중하게 진행하고, 헌법개정을 가능한 한 완벽히 하기 위하여 헌법개정의 완성기간을 적당히 연기시키는 것이 필요한 것이었다. 이에 헌법개정위원회비서처가 제출한 헌법개정초안의 초고를 기초로 하여, 헌법개정위원회의 심의를 거쳐 수정한 후, 여전히 원래의 결정단계를 밟아서, 전국인민대표대회상무위원회가 공포하고 전국 각 인민의 토론에 부친 후, 다시 헌법개정위원회가 토론하여 그 의견을 근거로 수정한 후, 1982년 제5기 전국인민대표대회 제5차 회의에 상정하여 심의하고, 제5기 전국인민대표대회 제4차 회의에서 이러한 계획에 대한 동의를 건의하여 상응하는 결의를 하도록 하자는 것이었다.

제5기 전국인민대표대회 제4차 회의는 토론을 거쳐 1981년 12월 13일, 즉 회의의 마지막 날 전체 회의에서 헌법개정초안 심의의 연기에 대한 결의를 통과시켰고, 헌법개정위원회의 헌법개정에 관한 일정계획에 동의하였다. 이 결의는 중화인민공화국헌법개정초안의 심의작업을 제5기 전국인민대표대회 제5차 회의까지 연기할 것을 결정하였다.

4) 헌법개정초안 토론고(討論稿)

1981년 7월부터 1982년 2월까지 팽진 부주임위원의 주재 아래 헌법개정위원회비서처는 다시 대량의 업무를 행하였다. 원래의 헌법개정초안 토론고(초고)를 기초로 1982년 2월에 중화인민공화국헌법개정초안 토론고를 제출하였다. 이 토론고는 중공중앙서기처의 상세한 토론과 수정을 거쳐 다시 중앙정치국에서 비준되었고, 비서처는 다시 이 토론고를 중앙 각 부문과 군사영도기관 및 각 성·자치구·직할시에 보내어 의견을 요청하였으며, 전문가, 학자 및 어문학자의 의견을 요청하였다. 이것이 제2차 전국범위의 의견청취와 수렴이었다.[1]

1982년 2월 27일 오후, 헌법개정위원회는 인민대회당에서 제2차 전체회의를 개최하여, 헌법개정위원회비서처가 입안한 중화인민공화국헌법개정초안 토론고를 토론 심의하였다. 헌법개정위원회의 부주임위원인 팽진이 회의를 주재하였다. 그는, 헌법개정위원회비서처는 1980년 9월 17일 성립 이래 많은 작업을 하였고 각 지구, 각 부문 및 각계의 의견을 광범위하게 수렴하여, 중화인민공화국헌법개정초안 토론고를 입안하여 위원여러분의 헌법개정초안 토론고에 대한 충분한 토론과 심의를 요청한다고 하였다.

헌법개정위원회비서처 비서장 호교목은 비서처를 대표하여 회의에서 헌법개정초안 토론고에 대한 설명을 하였다. 위원들은 토론과 심의과정에서 많은 의견을 제시하였다. 이와 동시에 전국인민대표대회상무위원회 위원, 전국정협위원, 중앙 각 부문과 각 성·자치구·직할시에서도 많은 의견을 제출하였다. 이 회의에서는, 토론고의 기초는 제대로 입안된 것으로서, 비서처는 마땅히 이 토론고를 기초로 하여 각계의 의견을 근거로 하여 수정을 해야 할 것으로 의견을 모았다.

---

1) 人民日報, 1982년 5월 21일자.

5) 헌법개정초안 수정고(修訂稿)

헌법개정위원회비서처는 각계에서 제출된 의견을 상세하게 연구하여, 헌법개정초안 토론고에 대한 내용과 자구상의 대폭적인 수정을 가하여 헌법개정초안 수정고를 만들었다. 수정고는 다시 중공중앙서기처를 거쳐 비준되었다.[2]

6) 헌법개정초안

1982년 4월 12일 헌법개정위원회는 제3차 전체회의를 거행하였다. 회의에서는 호교목이 비서처를 대표하여 헌법개정초안 수정고에 대하여 설명을 하였고, 7일간의 계속된 열띤 토론을 진행하여 헌법개정초안 수정고에 대한 심의를 하였다. 이때의 심의는 매우 진지하여 장이나 조문뿐만 아니라 자구나 어휘에 이르기까지 퇴고를 행하여, 중화인민공화국헌법개정초안을 완성하였다. 이 헌법개정초안은 서언, 총강, 공민의 기본 권리와 의무, 국가기구, 국기·국휘·수도의 5개 부분으로 구성되었고, 서언을 제외하고 모두 140개 조문으로 이루어졌다. 회의에서는 4월 21일 전국인민대표대회상무위원회가 중화인민공화국헌법개정초안을 공포하여 전국 각 인민의 토론에 부칠 것으로 하는 결의를 통과시켰다.

7) 전국인민대표대회상무위원회의 헌법개정초안 통과

제5기 전국인민대표대회상무위원회 제23차 회의는 1982년 4월 22일부터 5월 4일까지 거행되었다. 회의 첫날 헌법개정위원회 부주임위원인 팽진은 주임위원인 엽검영의 위임을 받아 헌법개정위원회를 대표하여 회의에서 중화인민공화국헌법개정초안에 관한 설명을 하였다.

팽진 부주임위원은 우선, 이 헌법개정초안은 헌법개정위원회가 제5기 전국인민대표대회 3차 회의의 헌법개정과 헌법개정위원회의 성립에 관한 결의에 근거하여 1년 반 동안의 작업을 거쳐 입안한 것임을 밝혔다.

---

2) 肖蔚雲, 「我國現行憲法的誕生」, 北京大學出版社, 1986년, 6쪽.

팽진은 이하 8가지 내용으로 헌법개정초안에 대한 설명을 하였다. 즉 (1) 헌법개정초안의 전체적인 지도사상은 즉 4항 기본원칙이다. (2)중국의 국가성격은 즉 인민민주전정이다. (3)사회주의 제도는 국가의 근본제도이다. (4)사회주의 사회의 발전은 고도로 발달된 생산력을 물질적 기초로 한다. (5)물질문명을 고도화시키는 동시에 정신문명을 고도화시키는 것은 장기간에 걸친 임무이다. (6)전체 인민의 문화·과학·기술 수준의 제고는 사회주의 물질문명과 정신문명의 건설에 있어서 불가결한 조건이다. (7) 공민의 기본권리에 관하여 설명하였고, (8)국가기구는 민주집중제를 실행한다고 하였다.

팽진 부주임위원은 끝으로 헌법개정초안은 이미 헌법개정위원회 제3차 전체회의에서 통과되어 전국인민대표대회상무위원회에 그 공포를 요청하였고 전국 각 인민의 토론에 부칠 것을 요청하였음을 설명하였다. 헌법개정위원회는 장차 전민토론의 의견에 근거하여 재차 수정을 가하여 제5기 전국인민대표대회 제5차 회의에 상정할 것임을 제시하였다.

전국인민대표대회상무위원회는 헌법개정초안에 대하여 이틀간의 조별 토론을 거쳐, 1982년 4월 26일 전체회의에서 이 초안을 통과시켰다.

3. 헌법개정초안의 전민토론

중공중앙의 헌법개정과 헌법개정위원회의 성립에 관한 건의 및 전국인민대표대회 제3차 회의 헌법개정과 헌법개정위원회의 성립에 관한 결의에서 명확히 규정하는 바는, 우선 헌법개정위원회가 전국인민대표대회상무위원회에 대하여 헌법개정초안을 제출하고, 다시 전국인민대표대회상무위원회가 공포하여 전국 각 인민의 토론에 부친 다음 다시 전민토론에서 제출된 의견에 근거하여 헌법개정위원회가 헌법개정초안에 대하여 최종적인 수정을 하는 것이다.

1) 헌법개정초안의 공포

제5기 전국인민대표대회상무위원회 제23차 회의는 1982년 4월 26일 중화인민공화국헌법개정초안 공포에 관한 결의를 통과시켰다. 이 결의는 전민토론에 대한 명확한 요구를 담았고, 의견에 대한 보고방법을 계획하였다. 이 결의의 내용은 다음과 같다.

(1) 제5기 전국인민대표대회상무위원회 제23차 회의는 중화인민공화국헌법개정위원회의 건의에 동의하여, 중화인민공화국헌법개정초안의 공포를 결정하고 전국적으로 각 인민의 토론에 부친다.

(2) 전국 각급 국가기관, 군인, 정당조직, 인민단체 및 학교, 기업·사업조직과 가도(街道), 농촌사대 등의 기층단위는 1982년 5월에서 1982년 8월의 기간에 시간을 적절히 할애하여 중화인민공화국헌법개정초안의 토론회를 조직하여 개정에 관한 의견을 제출하고 상급기관에 보고한다.

(3) 전국의 각 인민이 중화인민공화국헌법개정초안의 토론에서 제기한 개정의견은 각 성·자치구·직할시 인민대표대회상무위원회 및 인민해방군 총 정치부, 중앙국가기관 각 부문, 각 정당 및 각 인민단체가 1982년 8월 말 이전까지 헌법개정위원회에 통보하고, 헌법개정위원회는 제기된 의견을 근거로 하여, 중화인민공화국헌법개정초안에 대하여 수정을 가한 후 제5기 전국인민대표대회 제5차 회의의 심의를 요청한다.

2) 전민토론의 동원

헌법개정초안 공포 이후, 전국적 범위에서 전민토론의 열기를 불러일으키도록 하기 위하여, 인민일보, 홍기 등 전국에서 가장 영향력 있는 잡지·신문 등은 이에 대한 사설을 게재하였다.

인민일보는 1982년 4월 29일 '헌법초안의 전민토론'이라는 사설을 발표하였다. 사설에서는, 헌법개정초안의 공포와 전민토론은 중국의 인민의 정치생활에 있어 하나의 대사다. 전국의 각 인민은 즉시 행동으로써 헌법개정초안의 전민토론에 적극적으로 참여하여야 한다고 하였다. 사설은 전민토론의 의의에 대하여, 전국의 각 인민을 동원하여 헌법개정초안의 토론을 전개하는 것은 또한 전체인민에 대하여 사회주의 민주와 법제교육을 진행할 수 있는 절호의 기회라 하였다. 헌법개정초안의 토론은 바로 인민이 국가사무, 경제와 문화사업, 사회사업의 관리를 행하는 하나의 경로이며 방식이다. 토론을 통하여 전체인민은 더욱 명확히 헌법을 이해할 수 있고, 중국의 헌법과 법률은 노동자계급이 전체인민을 영도하여, 자기의 권력기관 즉 전국인민대표대회를 통하여 제정하는 것으로, 이는 인민의 의지와 이익의 집중표현이다. 이번 헌법초안의 전민토론은 인민이 주인으로서의 권리를 행사하는 것이고, 또한 인민이 사회주의 민주와 법제를 학습하는 한 차례 좋은 실천이라 할 수 있다고 하였다.

인민일보 사설은 다시 각급 당위와 전 당원에게 헌법개정초안의 토론에 많은 관심을 갖도록 요구한 바, 영도의 강화와 적극적인 토론참가를 주문하였다. 당위는 각 관련 부문과 밀접히 연계하여 여론선전부문을 조직하여, 헌법개정초안의 기본정신과 내용에 대하여, 지도사상 및 공민의 기본 권리와 의무, 국가의 정치 경제제도의 중요한 규정 등에 관하여 알기 쉽게 해설하여 소개하였고, 그 초안의 내용을 누구나 쉽게 이해할 수 있도록 하였다. 토론은 민주를 충분히 앙양시킬 것을 요구하였고, 각계 군중으로 하여금 생각한 바를 거리낌 없이 말하도록 하였다.

홍기(紅旗) 잡지 1982년 제9기에서는 '국가정치 생활 중의 일건 대사'라는 표제의 사설을 발표하였다. 사설에서는 이번 헌법개정초안의 전민토론 작업은 매우 중요한 의의를 갖는다고 하였다. 우선 전민토론은 새로운 헌법제정에 있어 더욱 완벽을 기하기 위한 것이고, 다음으로는 헌법개정초안에 대한 전민토론은 또 한 차례 전국범위의 국가근본법에 대한 학습과 교육이며, 끝으로 전민토론은 그 자체가 전체인민의 민주권리를 정확히 행사하고 민주생활의 확대를 또 한 차례 학습하고 훈련하는 것이라고 하였다. 결국 헌법개정초안의 토론을 잘 행하는 것은 국가의 앞날에 있어서 중요한 의의를 가진다. 따라서 마땅히 이 작업을 매우 중요시하고, 당의 영도하에서 전민토론에 적극 참여하여 국가의 근본대법을 개정하고 제정해야 한다고 하였다.

1982년 5월 전국인민대표대회상무위원회 부위원장·헌법개정위원회 부주임위원 팽진은 헌법개정초안의 전민토론에 대한 기자회견을 가졌다. 팽진은 전민토론 가운데 우선 개정초안의 내용을 충분히 이해할 것을 지적하였고, 민주의 충분한 발휘와 모든 사람이 거리낌 없이 의견을 나타내도록 하였다. 문화대혁명의 경험·교훈이 없었다면 개정초안의 많은 조문들은 나오지 못하였을 것이다. 이 헌법개정초안의 최대 특징은 일관된 원칙으로서 최대한 인민의 이익을 위하여 기여한다는 것이다. 전체인민이 헌법을 준수한다고 하면 반드시 사회주의 민주를 충분히 발휘토록 하고, 개정초안을 반드시 전민토론에 부치도록 하여야 한다. 팽진은 전민토론의 과정은 바로 전체인민의 반복적인 협상의 과정이고, 또한 당과 군중의 반복적인 협상의 과정임을 특히 강조하였다. 이것은 결코 형식적이고 일시적인 것이 아니다.

전민토론 역시 전국인민의 의견을 통일하는 좋은 방식이다. 그러므로 헌법개정초안의 전민토론을 조직하는 것은 중대한 사안이다. 토론과 수정을 거쳐 헌법은 더욱 완비되는 것이다.

1982년 7월 16일 팽진은 전국인민대표대회상무위원회 부위원장과 헌법개정위원회 부주임의 자격으로 담화를 발표한 바, 대만동포, 홍콩·마카오 동포, 해외교포의 헌법개정초안에 대한 토론의 참여를 호소하였다. 담화에서 그는 인민의 이익은 그 무엇보다 높은 위치에 있는 것이고, 일체의 권력은 인민에 속하며 대만동포, 홍콩·마카오 동포, 해외교포는 모두 중화민족 대 가정 내의 성원이며 모두가 국가의 주인임을 지적하였다. 우리는 모두가 자기의 신성한 권리를 행사할 것을 소망하며, 각종 방법과 각종 경로를 통하여, 조국대륙의 각 인민과 함께 헌법개정초안을 깊이 있게 검토하고 국시를 의논할 것을 바란다고 하였다.

중공중앙선전부는 이 전민토론과 함께 중화인민공화국헌법개정초안의 선전요강을 발표하였다. 이 요강은 모두 여섯 부분으로, (1)국가 정치생활 중의 대사, (2)서언에 관한 부분, (3)총강에 관한 부분, (4)공민의 기본 권리와 의무에 관한 부분, (5)국가기구에 관한 부분, (6)헌법의 존엄을 수호하고, 헌법의 실시를 보장하는 등이었다. 선전요강은 이 초안은 전국토론과 면밀한 수정을 거친 후, 전국인민대표대회에서 정식 통과된 후 장차 새로운 역사적 시기에 있어서 중국인민의 근본법이 되고, 전국 각 인민, 일체국가기관과 인민무장역량, 각 정당과 각 인민단체, 각 기업 사업조직의 활동준칙이 되며, 중국의 사회주의 민주의 제도화 실현과 사회주의 법제건설을 진행하는 기초가 되는 것임을 강조하였다. 그러므로 이번 헌법개정은 중국의 국가정치생활 중의 중대사안인 것이다. 전국 각 인민은 당의 영도 아래 초안의 전민토론에 적극참여하고, 함께 국가의 근본법을 개정토록 해야 한다는 것이다.

이 이외에도, 전국인민대표대회상무위원회사무청연구실은 '헌법개정 초안과 현행 헌법의 약간 대비'를 편찬하였고,3) 북경대학 법률계 초울운(肖蔚云) 교수는 '헌법초안과 이전 헌법의 비교연구'4)를 발표하였다. 이러한 자료는 전민토론의 참고자료로 제공되었다.

3) 전민토론의 기본적인 상황

헌법개정초안에 대한 전민토론은 1982년 4월 말부터 모두 4개월의 기간이 소요되었다. 이 헌법초안에 대한 전민토론은 조직적이고 계속적으로 진행되었다. 전국의 각급 국가기관, 군대, 정당조직, 인민단체 및 학교, 기업 사업조직과 가도(街道), 농촌사대(農村社隊) 등의 기층단위는 모두 충분한 시간을 가지고 진지한 토론을 하였다. 전국인민이 광범위하게 토론에 참가하였고 중요한 의견을 적극적으로 제출하였다. 어떤 성에서는 토론에 참가한 인원수가 성년 인구의 90%, 어떤 곳에서는 80%에 달하였다.5)

---

3) 中國靑年, 1982년 제6기.
4) 北京大學學報, 1982년 제4기.

전국적으로는 수억에 이르는 사람이 토론에 참여하였다. 이때의 전민토론 기간은 1954년 헌법의 전민토론 기간에 비하여 1개월이 더 소요되었다. 강좌의 규모, 인원수, 영향의 범위 모두 전례가 없는 것이었다. 바로 헌법개정위원회 부주임위원 팽진이 제5기 전국인민대표대회 제5차 회의에서 헌법위원회를 대표하여 행한 중화인민공화국헌법개정초안에 관한 보고에서 지적한 바와 같이, 이때의 전민토론은 전국의 노동자, 농민, 지식분자와 기타 각계인사의 국가사무에 대한 정치적 열정을 고무시키기에 충분하였다.

전민토론에서 인민은 적극성을 발휘하였다. 예컨대 귀주성과 같은 비교적 외진 성에서도 통산 42,600여 명의 전문가, 학자 및 사회의 각계 인사가 참여하는 조직을 형성하여 2,286차례의 전문적인 헌법개정토론회를 개최하였다. 전국교련(全國僑聯)이 개최한 헌법개정초안토론회에서는, 북경열대의학연구소 소장인 82세의 종혜란(鐘惠瀾) 선생은 서독에 강연 차 나서던 중에도 짐을 챙겨지고 지팡이를 짚고 회의장에 나와서 헌법개정에 대한 의견을 남겼다. 제5기 전국인민대표대회 제5차 회의의 토론과정 중에 인민군중은 여러 가지 형식으로 자기의 의견을 표시하였다. 대회기간, 매일 같이 전국각지로부터 대량의 서신과 전화가 있었는데, 단 일주일 동안에 4,300여 통의 서신이 도착하여 헌법개정에 대한 보충의견을 제출하였다. 예컨대 내몽고의 호화호특시(呼和浩特市), 쐐기공장의 왕은상(王銀祥), 길림성 석유화공설계원의 부총공정사 하유화(何潤華)는 대회에 전보서신을 통하여 헌법개정에 대한 구체적인 개정의견을 제출하였다.[6]

각지의 토론에서, 이 헌법개정초안은 중국의 현실상황에 부합할 뿐만 아니라 비교적 장기적인 비전을 제시하였고, 전국인민의 근본이익을 반영한 것이라는데 인식을 같이 하였다. 이 초안은 전국인민대표대회의 심의를 거친 후, 중국의 입법사에 있어 비교적 완벽한 근본법이 될 것이고,

5) 肖蔚云,「我國現行憲法的誕生」, 北京大學出版社, 1986년, 8쪽.
6) 文正邦 등 저,「共和國憲政歷程」, 河南人民出版社, 1994년, 189-190쪽.

전국의 각 인민이 국가를 사회주의현대화의 강국으로 건설시키기 위하여 분투 노력토록 이끌 것이었다. 각지 군중은 헌법초안 관련의 정치제도와 경제제도의 중요규정을 심의함에 있어서, 이 초안은 건국 이래 30년의 정·반(正·反) 양방향의 경험을 기초로 4항 기본원칙을 입국의 기본으로 삼아 서언에 명시하고 모든 조문에 관철시킴과 아울러, 금후 중국인민의 근본임무는 역량을 집중하여 사회주의 현대화건설을 진행한다는 것을 명확히 규정하는 것을 전제로 하였다.

이것은 바로 인민에게 명확한 방향을 제시하는 것이고, 국가가 금후 사회주의 노선을 따라 전진하는데 있어 중요한 의의를 갖는 것이다. 모두는 헌법개정초안에서 국가영도자 직무의 임기, 기구 축소, 사회주의 민주의 확대, 인민민주권리의 존중, 인민대표대회제도 및 국무원의 총리책임제 실행 등에 대한 규정은 마르크스주의 국가학설의 기본원리에 부합할 뿐만 아니라 중국의 국정에 적합하고 각 민족 인민의 공동염원과 근본이익을 충분히 반영한 것이라고 지적하였다. 인민군중은 개정초안에서 국가주석직의 회복과 중앙군사위원회가 전국무장역량을 영도한다는 규정은, 국가제도의 보다 나은 완성을 표명하는 것으로 인식하였다. 또한 헌법개정초안 규정은 공민의 권리 의무와 불가분의 관계에 있고, 이것은 문화대혁명에서 출현한 무정부주의 또는 권리만 있고 의무는 이행하지 않는 현상의 재연을 방지하는 데 적극적인 작용을 하는 것이다.7) 동시에 각지의 전민토론에서는 헌법개정초안에 대한 의견이 많이 제출되었다.

29개 성, 자치구, 직할시와 중앙기관, 인민해방군 총 정치부는 토론의 상황과 개정의견을 헌법개정위원회비서처로 이송하였다. 해외의 화교와 홍콩, 마카오 동포 역시 각자 그들의 헌법개정초안에 대한 의견을 보내왔다. 전민토론의 기간에 헌법개정위원회비서처는 2,000여 통의 헌법개정초안에 대한 의견과 건의서신을 접수하였다.

---

7) 人民日報, 1982년 9월 6일자 제1면.

4) 전민토론에 대한 학자의 적극적인 참여

이때의 전민토론 과정에서, 법학연구자 특히 헌법학 연구자와 정치학 연구자는 적극적인 역할을 하였다. 이러한 전문가와 학자의 역할은 주로 세 가지 면에서 나타났다.

첫째는, 북경 및 전국 각지의 법학계에서는 모두 관련학자와 전문가로 조직되어 헌법개정초안에 대하여 여러 차례 전문적인 토론회를 거행하였다. 예컨대, 헌법개정초안의 공포 후 중국법학회주비위원회와 북경시법학회는 연합하여 수도법학계의 동지를 초청하여 좌담회를 개최하였다. 좌담회에 출석한 저명한 법학자는, 전단승(錢端升), 장우어(張友漁), 엽독의(葉篤義), 왕비연(王斐然), 한유동(韓幽桐), 가잠(賈潛) 및 중국법학회주비위회의 책임자인 왕일부(王一夫), 양문영(梁文英), 감중두(甘重斗)였다.

좌담회에서는, 이 헌법개정초안은 1975년 헌법과 1978년 헌법에 비하여 보다 개선된 것이고, 1954년 헌법에 비하여 더욱 진전이 있었으며, 건국 이후 제3부 헌법의 계속이며, 비교적 완전한 헌법개정초안이라는 데 인식을 같이 하였다. 좌담회에서는 각자 소신껏 의견을 제시하였고, 초안의 내용과 특징을 중심으로 열띤 토론을 벌였다. 모두 공통된 인식의 기초 위에서 초안에 대한 수정 및 보충의견을 제시하였다. 좌담회 종료 시에 양수봉(楊秀峰)은, "전민토론이 막 시작되었고 우리의 토론도 막 개시되었기에 이 활동의 종료 후 법학계는 마땅히 학습과 토론을 강화하여 전민토론을 위한 공헌을 하자"는 제의를 하였다. 수도법학계의 헌법개정초안좌담회에는 북경시법학회 상무이사 및 이사, 최고인민법원, 공안부, 중국사회과학원법학연구소, 중국법제보, 북경대학법률계, 중국인민대학법률계, 북경정법학원(현 중국정법대학) 등 단위의 책임자, 법학이론가 및 헌법학연구원 등 40여 명이 참가하였다.

두 번째는, 각종 헌법개정초안의 강좌나 보고회의 개최였다. 각지의 각급 당위원회, 인민대표대회상무위원회, 인민정부, 인민법원, 인민검찰원, 정협, 각 민주당파, 각 인민단체, 기업 사업조직, 학교, 인민해방군 등의 요청에 의하여, 학계 특히 헌법연구자는 각각 별도로 군중에 대하여 헌법

개정초안 관련의 강좌와 보고를 하였다. 중국인민대학 법률계의 허숭덕
(許崇德) 교수는 이미 헌법개정위원회비서처의 일원으로 헌법개정초안의
기초에 참여하였다. 그는 1983년 2월 절강성 인민출판사에서 출판된「신
헌법강화(新憲法講話)」중의 작자 소기(小記)에서, "1982년의 초여름을 돌
이켜 보면, 헌법개정초안이 전민토론에 교부되어 나는 틈틈이 북경, 천진,
상해, 낙양, 정주 등지에서 강의를 하였고, 6월 초에는 항주에 이르러, 전
후하여 절강성 인민대회상무위원회, 성 직할기관, 성과 시의 고급 및
중급 인민법원, 항주대학, 성 공안학교의 요청을 받아 헌법초안에 대한
지도를 하였다." "내가 도착한 곳은 군중과 간부 모두가 헌법초안에 대한
토론 학습으로 열기가 뜨거웠고, 폐부를 뭉클하게 하였다"고 회고하였다.

　당시의 상황을 추론하면, 허숭덕 교수를 초청한 단위는 부지기수였지
만, 허숭덕 교수는 헌법개정위원회비서처의 업무에 참가하는 동시에 헌
법개정관련의 논문과 저서의 집필을 하여야 하였고, 항주에서 귀경한 이
후에는 뇌졸중의 증세로 정신이 때때로 혼미하여 일일이 요청에 응할 수
없었다. 그 외 헌법개정개정위원회비서처의 업무에 참가한 법학자들이
전국각지에서 행한 보고와 강좌의 상황은 허숭덕 교수의 경우와 비슷한
상황이었다. 비록 헌법개정위원회비서처의 작업에는 참여하지 못하였지
만 기타 많은 헌법학연구자들이 전국에서 행한 헌법개정과 관련된 보고
와 강좌의 횟수는 부지기수였다.

　셋째는, 논문의 저술이었다. 전민토론 과정에서 전문가와 학자가 저술
한 논문은 주로 두 가지 종류였다. 하나는 헌법개정초안의 지도사상, 기
본원칙, 기본정신 및 주요 내용에 대하여 명확히 하여, 전민학습과 헌법
개정초안의 토론에 참고가 되도록 하였다. 그 중에서도 특히 헌법개정위
원회 위원인 장우어(張友漁) 교수의 논문은 전형적인 것이었다. 장우어 교
수는 중국의 저명한 법학자로서, 당시 중국사회과학원 부원장 겸 법학연
구소 소장을 겸하고 있었다.

　1982년 제3기「법학연구(法學研究)」에 발표한 '헌법개정에 관한 몇 가
지 문제'에서, 헌법개정의 기본사상문제, 4항 기본원칙의 고수에 대한 문

제, 중국인민정치협상회의의 지위와 역할의 문제, 인민민주 강화의 문제, 인민대표대회상무위원회의 권력 확대 문제, 국가주석의 회복문제, 국무원의 직권문제, 중앙군사위원회의 설치문제와 지방정권과 민족구역자치 제문제에 관하여 자기의 견해를 발표하였다. 또한 1982년 5월 17일 인민일보에 발표한 「헌법초안의 기본정신」(장우어, 허숭덕 공동발표) 및 중국사회과학원 법학연구소에서 개최한 헌법개정초안관련 좌담회에서의 「실제에서 출발한 진지한 토론」 등의 논문이 있다.[8] 이 이외에도 '헌법개정초안은 어떠한 특징이 있는가?'라는 제목으로 북경일보 기자의 취재에 응하였고,[9] '헌법개정초안에 관한 몇 가지 문제'를 제목으로 중국법제보 기자의 취재에도 응하였다.[10]

기타 법학자 특히 그 중에서도 헌법학자들은 대량으로 이러한 종류의 논문을 발표하였다. 인민일보, 광명일보, 홍기(紅旗), 중국법제보 및 전문법학지는 헌법개정초안 관련의 논문을 전문적으로 게재하였다. 그 중에서도 가장 영향력 있는 논문은 장우어 교수 등이 저술한 두 논문집, 즉 군중출판사가 1982년 출판한 헌법논문집과 헌법논문집 속편이었다. 이 두 권의 논문집은 모두 30여 편의 헌법개정관련의 보고와 논문을 실었다. 이러한 보고와 논문은 헌법학에 연구가 깊은 전문가와 학자가 쓴 것이었으므로 상당한 수준의 것이었다.

다른 하나는, 헌법개정초안의 내용에 대하여 의견과 건의를 제시한 것이다. 이러한 부류의 논문은 헌법개정초안 관련의 모든 문장에 있어서 상당한 분량을 차지하였고, 이는 법학자들이 헌법개정초안에 관한 전민토론에 적극적으로 참여하는 열정을 나타내는 것이다. 예컨대 1982년 제2기 「민주와 법제」에는 조사원(曹思源)의 논문 「헌법개정에 관한 10가지 건의」가 발표되었는데, 여기에는 즉 (1)30년의 경험과 교훈을 기초로 각

---

8) 張友漁 등 저, 「憲法論文集」(속편), 群衆出版社, 1982년.
9) 北京日報, 1982년 4월 30일자.
10) 中國法制報, 1982년 5월 14일자.

국의 헌법의 참고로 하였고, (2)헌법내용의 충실과 조항의 치밀함, (3)헌법
의 개정과 효력정지의 절차는 특별히 엄격해야 하고, (4)중화인민공화국
의 구호는 인민의 이익이 일체에 우선하여야 하고, (5)당의 영도와 일체
권력은 인민에 속하고, (6)헌법에는 마땅히 어떠한 사람의 이름을 명기하
여서는 아니 된다는 것, (7)다종경제성분의 지위 확립, (8)국가주석의 설
치, (9)전국인민대표대회는 마땅히 전국업무의 전략적인 정책결정권을 장
악해야 한다는 것, (10)인민대표대회상무위원회는 업무를 일상적으로 집
행할 것 등을 내용으로 하였다.

　　1982년 제3기「민주와 법제」에 발표한 허숭덕(許崇德) 교수의 논문「憲
法改正十議(헌법개정10의)」에서는 헌법개정의 지도사상, 헌법의 체계와
구조, 국가의 기본제도, 최고국가권력기관, 국가행정기관, 법원과 검찰기
관, 인민대표 및 국가기관의 업무인원, 공민의 기본권리, 헌법의 감독과
실시 등에 관하여 자신의 견해를 발표하였다.「민주와 법제」1982년 제4
기에서는 반염지(潘念之)의 논문「헌법개정에 관한 몇 가지 의견」을 실었
는데 헌법 서언, 총강, 공민의 기본 권리와 기본의무, 국가기구 및 헌법의
최고 법률지위, 헌법의 해석권, 헌법의 개정절차 문제에 대하여 자신의
견해를 발표하였다.

　　「민주와 법제」는 월간지로서 헌법개정초안은 1982년 4월 26일 공포되
었기 때문에 조사원, 허숭덕, 반염지의 논문은 헌법개정초안 토론고의 형
성과정에 발표한 것으로서 헌법개정초안 토론고의 형성에 어느 정도 기
여하였다.「서남정법학원학보」는 1981년 제3기에 요등괴(姚登魁), 정전함
(鄭全咸)의 논문「우리 헌법구조의 개정의견」에서 공민의 권리와 의무를
현행 헌법에서는 국가기구 뒤에 제3장으로 두고 있는 데, 이러한 구조는
국체와 정체의 정신에 부합하지 않는다는 것을 주장하였다. 이 관점은 후
에 헌법개정초안에서 반영하였다. 이 논문은 또한 헌법의 체제에 대하여
도 논하였다. 상술한 장우어 교수 등이 저술한 두 논문집에 실린 많은 논
문들이 모두 헌법개정초안의 규정에 대하여 각자의 견해를 제시하였다.

4. 헌법개정위원회의 제2단계 기초

헌법개정위원회비서처는 1982년 8월 말부터 3개월간에 걸쳐, 전민토론에서 제기된 각계의 의견을 모아 책으로 엮었고, 전민토론에서 제기된 의견을 진지하게 분석하여, 다시 헌법개정초안에 대하여 반복적인 토론과 수정을 거쳐 헌법개정초안개정원고를 만들었다. 개정고와 전민토론에 부쳐졌던 초안을 비교하면 내용과 자구에 있어서 약간의 개정이 있었다.

1982년 11월 4일에서 9일까지, 헌법개정위원회는 제4차 전체회의를 개최하였다. 5일간의 기간에 헌법개정위원회는 다시 헌법개정초안에 대하여 각 장·절·조문에 이르기까지 치밀한 토론을 하였고 약간의 수정을 요한다는 의견을 제시하였다.

헌법개정위원회비서처는 헌법개정위원회 제4차 전체회의에서 각 위원이 제출한 의견에 근거하여 헌법개정초안에 대하여 반복적인 수정을 거쳐 개정원고를 완성하였다. 1982년 11월 23일 헌법개정위원회는 제5차 전체회의를 개최하여 비서처에서 제출한 개정원고에 대하여 마지막 토론을 진행하였다. 회의에서는 개정원고를 비준하였고, 아울러 제5기 전국인민대표대회 제5차 회의에 상정할 것을 결정하였다.

5. 1982년 헌법의 탄생

제5기 전국인민대표대회 제5차 회의가 1982년 11월 26일부터 12월 10일까지 북경에서 개최되었다. 11월 25일 오전에 개최된 주석단회의에 헌법개정위원회가 헌법개정초안을 제출함으로써 헌법개정위원회는 그 사명을 다하였고, 주석단회의는 제5기 전국인민대표대회 제5차 회의기간에 주석단의 영도 아래 헌법공작소조를 구성할 것을 결정하고, 대표들이 토론에서 제기된 의견을 근거로 헌법개정초안에 대한 필요한 수정을 진행하여 다시 주석단에 업무보고를 하도록 결정하였다. 주석단회의에서는 호승담(胡繩擔)을 헌법공작소조의 조장으로 결정하였다.

제5기 전국인민대표대회 제5차 회의가 거행된 첫날인 11월 26일 헌법개정위원회 부주임위원 팽진은 엽검영 주임위원을 대리하여 헌법개정위원회를 대표하여, 중화인민공화국헌법개정초안에 관한 보고를 하였다. 보고에서는 우선 헌법개정초안의 기초과정에 대하여 회고하고, 헌법개정의 지도사상에 대하여 밝혔다. 이어서 팽진은 헌법개정초안의 기본내용, 전민토론에서 제시된 의견과 문제에 대하여 6개 부분으로 나누어 설명하였다.

즉, (1)인민민주전정제도에 관하여, (2)사회주의 경제제도에 관하여, (3)사회주의 정신문명에 관하여, (4)국가기구에 관하여, (5)국가의 통일전선과 민족의 단결에 관하여, (6)자주 독립적인 대외정책에 관하여 설명하였다. 팽진은 마지막으로 헌법개정초안은 이번 대회에 심의와 정식통과를 거쳐 최고의 권위와 최고의 법률효력을 갖는 국가의 근본법으로서 시행되어야 할 것임을 강조하였다. 그것은 장차 중국의 새로운 역사에 있어 치국안방(治國安邦)의 헌장이 되는 것이다. 팽진의 보고는 열렬한 박수를 받았다.

제5기 전국인민대표대회 제5차 회의에 참가한 전국인민대표대회의 대표는 팽진의 헌법개정초안에 관한 보고를 들은 후 헌법개정초안의 내용에 대하여 조별토론을 진행하였다. 1982년 12월 4일 제5기 전국인민대표대회 제5차 회의에서 헌법개정초안에 대한 표결을 하였다. 제5기 전국인민대표대회의 대표는 3,421명, 이날 표결에 출석한 대표는 3,040명으로서 법정인원을 충족하였다. 1978년 헌법에는 헌법개정안의 통과절차에 대한 규정이 없었기 때문에 대회에서는 우선 본회의에서 '헌법통과의 방법'을 우선적으로 통과시켰다. 이 '방법'에서 헌법은 무기명투표의 표결방식을 통하여 전체대표의 3분의 2이상 다수로 통과하는 것으로 하였다. 1954년 헌법 제29조 제1항은, 헌법의 개정은 전국인민대표대회 전체 대표의 3분의 2의 다수로 통과한다고 규정하였다. 이 규정은 1954년 헌법의 규정과 일치하고, 1954년 헌법규정을 그대로 본뜬 것이다. 이 규정은 또한 세계 각국의 헌법개정방식과 일치하는 것이다.

12월 4일의 회의에서는 우선 중화인민공화국헌법개정초안의 전문을 낭독하였다. 헌법개정초안은 서문을 제외하고 모두 4장으로 나뉘어 졌고 138개 조문이었다. 대회에서는 진지빈(陳志彬), 두체화(杜棣華)를 개표 총감독으로 하여 62명의 개표감독인 명단을 통과시켰다. 개표인원은 대회에 출석한 대표의 인원수를 확인하였고 감독인은 투표함은 검사하였다. 오후 5시부터 투표를 실시하였다. 투표용지는 분홍색으로 상면에 한족, 몽고족, 장족, 위구르족, 하사크족, 조선족 등 6개 민족의 문자로 중화인민공화국헌법표결표라고 인쇄되어 있었다. 대표들은 대회장 내의 30개 투표함에 각기 자신의 장엄한 한 표를 투입하였다. 대회에서는 따로 노령의 대표를 위하여 이동식 투표함을 설치하였다.

엽검영, 담진림 등의 대표는 이동 투표함을 이용하였다. 투표완료 후 감독인은 투표함을 열어 표수를 확인하였다. 총감독인의 보고에 의하면, 투표용지 3,040장 발급, 투표 3,040장, 투표와 발급의 수가 일치하므로 본 투표는 유효하였다. 오후 5시 45분, 대회집행주석 습중훈(習仲勛)은, 총감독인의 보고에 근거하여 유효표 3,040표, 그 가운에 동의표가 3,037표, 반대표 없음, 기권표가 3표임을 선포하였고, 중화인민공화국헌법이 본 회의에서 통과되었음을 선포하였다. 이 때 휘황찬란한 인민대회당 내에는 우렁찬 박수소리가 울렸다.

제5기 전국인민대표대회 5차 회의에서 신헌법이 통과되는 당일, 회의 주석단은 즉시 중화인민공화국헌법이 1982년 12월 4일 중화인민공화국 제5기 전국인민대표대회 제5차 회의에서 통과되어 공포 시행함을 선포하였다.

인민일보는 이 헌법의 공포와 실시에 따라 세 개의 사설을 발표하였다. 신헌법이 통과된 다음날 인민일보는 '새로운 시기의 치국안방(治國安邦)의 총 장정(章程)'이라는 제하의 사설을 발표하였다. 사설에서는 "무법무천(無法無天)"의 십 년 내란을 거친 후 세상을 바로잡는 역사적인 임무를 완성하였고, 전국인민이 협력하여 사회주의 현대화건설의 신국면을 창조하는 시기에, 이 헌법의 통과와 실시는 모든 국가의 장기적 치안과 각 민족과 인민의 안녕과 공업, 농업, 국방과 과학기술의 현대화에 있어서, 국가를 고도문명 및 고도민주의 사회주의국가로 건설하는 데 필수 불가결한 법적 보장이라고 서술하였다.

사설에서는, 중국은 10억 인구의 대국으로서, 국가를 잘 다스리고 잘 건설하려면 법 없이는 아니 되는 것이고 헌법이 없이는 더욱 아니 되는 것이라 하였다. 이 때문에 신헌법의 반포가 있었고, 엄숙하고 진지한 실시와 의법행사가 요구된다고 하였다. 그러나 헌법의 실시를 보증하기 위하여서는 국가기관, 각 정당과 각 사회단체와 헌법의 관계, 특히 중국공산당과 헌법의 관계에 대한 해결이 요망되고, 또한 개인과 헌법관계의 관계, 특히 각급 당정영도간부와 헌법의 관계가 해결되어야 한다고 하였다. 헌법의 실시를 보증하기 위하여서는 반드시 대대적인 헌법선전과 간부와 군중조직의 광범위한 헌법학습을 통하여 헌법을 누구나 명명백백하게 잘 알 수 있도록 하여야 한다고 하였다.

12월 24일 인민일보는 '모두다 헌법을 학습하고, 모두다 헌법을 장악하자'는 사설을 발표하였다. 사설에서는 10년의 내란을 겪는 동안 중국 각 민족 인민은 "무법무천"의 괴로움을 겪었음을 지적하였고, 이제 완전한 헌법을 제정하였음을 알렸다. 모든 사람이 헌법을 장악하고 헌법이 부여한 주인의 권리를 향유하는 것은 자기의 명운을 장악하는 것이고 국가의 명운을 장악하는 것이라고 하였다.

1983년 1월 24일 인민일보는 '당원은 헌법준수의 모범이 되어야 한다.'는 사설을 발표하였다. 사설은 일부 당원의 사상 중에 존재하는 "당이 헌법보다 앞선다."는 착오적인 인식에 초점을 맞추어, "모든 공산당원은 스스로 각성하여 헌법의 존엄을 수호하고 헌법실시를 보증하는 모범이 될 것이 요구된다. 헌법이 규정한 것은 반드시 실행하고, 헌법이 금지하는 것은 반드시 하지 말아야 하는 것이다. 헌법을 위반하고 파괴하는 사람에 대하여 결연히 투쟁할 것이 요구된다. 공산당원이 엄숙히 헌법을 대하고 헌법을 진지하게 집행하고 헌법을 옹호하는가는 결코 작은 일이 아니다.

이것은 비단 법제관념이 있는지의 문제뿐만 아니고 당성의 강약 여부가 문제가 된다. 당장(黨章)은 국가의 법률을 준수하는 것이 공산당원의 임무임을 명확히 규정하고 있다. 그러므로 우리가 헌법을 집행하는 것은 바로 당장을 준수하는 것이고 또한 당 중앙의 정치상의 유지와 일치하는 것이다'라고 하였다.

홍기(紅旗) 잡지는 1982년 제24기에서 '헌법의 존엄을 수호하고, 헌법의 실시를 보증하자'는 제목의 사설을 실었다. 사설에서는 신헌법의 관철과 실시를 절실히 보증하고 반드시 지(知), 수(守), 호(護)의 세 가지를 잘 이해할 것을 지적하였다. 지(知)는 곧 계획적이고 단계적으로 체계적인 대량의 선전공작을 행하여 군중으로 하여금 법을 알도록 하는 것이다. 수(守)는 곧 모든 사람이 모두 헌법을 준수하고 이것은 모든 공민의 신성한 의무이며, 당과 국가의 간부 특히 당원 간부는 직위의 고하를 막론하고 결코 자기를 특수한 공민으로 생각하여 헌법과 법률을 초월하는 예외가 될 수 없다는 것이다. 호(護)는 헌법의 존엄을 수호하고 일체의 위법 범죄 행위에 대하여 투쟁을 한다는 것이다.

권위 있는 법제전문지인 「중국법제보(현재의 법제일보)」 역시 신헌법이 통과된 다음날 '10억 인민 모두 헌법을 장악할 것이 요구된다.'는 사설을 발표하였다. 사설에서는, 정법전선은 인민민주전정인 국가정권의 중요 부분으로서, 헌법을 선전하고 집행할 중임을 맡고 있다고 하였다. 엄격히 법에 의하여 일을 처리하는 것이 곧 헌법에 대한 일종의 실질적이고 효과적인 선전인 것이다. 이러한 문제를 고려할 때 당과 국가, 인민군중은 우리에게 고도의 요구와 장대한 희망을 걸고 있으며, 우리는 이러한 요구와 희망을 결코 헛되이 져버려서는 아니 된다고 하였다.

신헌법 통과 후 전국적으로 신헌법의 학습열풍이 일어났다. 인민일보, 광명일보, 중국법제보 및 법학 전문 간행물에는 전문가와 학자들이 신헌법의 기본내용, 기본정신에 관하여 발표하고 명확히 그 내용을 제시하였다. 인민일보의 예를 들면 헌법관련의 많은 논문을 발표함과 동시에 1982년 12월 중순부터 전면을 할애하여 연속적으로 중화인민공화국헌법 강좌를 게재하여 신헌법을 체계적으로 선전하였다. 이 강좌는 연속 40차례에 걸쳤고, 중국인민대학의 일부 교수가 원고를 준비하여 기본적으로는 신헌법의 순서에 따라 중점적이고 간결하게 강좌를 진행하였다. 1983년 3월 전체강좌의 일관성 확보와 보존과 열람의 편리를 위하여 인민일보에서는 이를 종합한 책자를 만들어 많은 독자들이 신헌법의 학습에 참고가 되도록 제공하였다.

1983년에는 각지에서 출판된 신헌법 관련의 논문집, 연설, 해설 등은 백여 종에 이르렀다. 그 중에서 특히 영향력이 있었던 것으로는, 장우어(張友漁)·왕숙문(王叔文)·초울운(肖蔚云)·허숭덕(許崇德) 공저의 「중화인민공화국헌법강좌」이다.

이 강좌는 모두 16강으로 원래는 중앙인민방송사의 전문 방송용원고로 사용된 것이었으며, 주로 중국인민대학 법률계 교수들이 작성한 원고를 허숭덕 교수가 편저한 것이고, 절강성인민출판사의 「신헌법강좌」는 오걸(吳杰), 염희성(廉希聖), 위정인(魏定仁)이 편저하였고, 법률출판사의 「중화인민공화국헌법해설」은 중국법학회가 편저하였으며, 법률출판사의 「헌법논문선」(憲法論文選)은 동성미(董成美)가 편저하였고, 상해인민출판사의 「중국헌법개론」 등도 영향력이 있었다.

III. 1982년 헌법의 지도사상과 기본 특징

1982년 헌법은 신 중국 성립 이후의 제4부 헌법이다. 이 헌법은 1954년 헌법의 기본원칙을 계승하고, 1975년 헌법과 1978년 헌법의 결함을 극복한 것으로, 30여 년 간의 중국 사회주의의 풍부한 경험을 결산하고 전국 각 민족 인민의 의지를 집중하였으며, 당시의 실제 상황을 고려하고 장래의 발전 전망을 고려한, 새로운 시기에 있어서의 사회주의 현대화건설의 수요에 적응하는 안정적인 헌법이며, 또한 건국 이래 가장 완비된 헌법이다.

1. 1982년 헌법의 지도사상

서로 다른 지도사상은 서로 다른 헌법을 탄생시키며, 국가의 정치생활에서도 서로 다른 결과와 영향을 발생시킨다. 1954년 헌법은 4항 기본원칙을 비교적 잘 구체화시켰으며, 중국특색의 사회주의 노선을 잘 규정하였고, 공·농업과 전체 국민경제의 발전을 촉진하였으며, 중국이 오늘날 진행하는 현대화건설의 물질적인 기초를 마련해 주었다. 문화대혁명 동안에 공포한 1975년 헌법은 1954년 헌법의 일부 기본원칙을 포기하였고, 소위 무산계급전정 아래 계속혁명의 지도사상을 구체화하였다. 1978년 헌법은 비록 4인방 분쇄 이후 제정된 것이지만, 당시의 역사적 조건의 제약으로 인하여, 1975년 헌법의 착오적 이론, 정책과 구호를 완전히 포기할 수 없었다. 지도사상에서 비록 일부 4개 현대화 실현의 내용을 추가하였지만 그 기본은 여전히 무산계급전정하 계속혁명의 이론이었다.

1982년 헌법은 서언 중에 명확히, "중국 각 민족 인민은 앞으로 계속하여 중국공산당 영도 아래, 마르크스 레닌주의와 모택동사상의 지도 아래, 인민민주전정을 고수하고, 사회주의 노선을 고수한다."고 규정한다. 팽진이 중화인민공화국헌법개정초안에 관한 보고에서 지적한 바, "헌법개정초안의 총체적인 지도사상은 4항 기본원칙이고, 이것은 바로 사회주의 노선의 고수, 인민민주전정의 고수, 중국공산당 영도의 고수, 마르크스 레닌주의와 모택동사상의 고수이다. 이 4항 기본원칙은 전국 각 민족 인민이 단결 전진하는 공동의 정치적 기초이며, 또한 사회주의현대화를 순조롭게 진행시키는 근본적인 보증이다"와 같은 것이다.

1) 1982년 헌법은 왜 4항 기본원칙을 지도사상으로 하는가?
20세기 중국에서는 천지를 뒤엎는 위대한 역사적 변혁이 발생하였는

데 그 중에는 4가지의 중대한 역사적 사건이 있다. 제1사건은 손중산 선생이 영도한 신해혁명으로서, 봉건체제를 타파하고 중화민국을 창립하였다. 이 이후로 황제가 되려고 생각하는 사람은 없어졌다. 그러나 이때의 혁명은 반동세력에 의하여 찬탈되었고, 제국주의와 봉건주의의 압박과 착취를 전복시키는 역사적 임무를 완성하지 못하여 중국은 여전히 반봉건, 반식민지의 상태를 탈피하지 못하였다.

제2사건은 중국의 인민이 모택동 주석을 영수로 하는 중국공산당 영도 아래 제국주의, 봉건주의, 관료자본주의의 통치를 타파하고 중화인민공화국을 건립한 것이다. 100여 년이래 많은 선진의 중국인이 국가의 독립과 부강을 위하여 각종의 구국방안을 제시하였지만 결과는 모두 실패였다.

중국공산당 성립이후 장기간의 혁명투쟁에서 마르크스 레닌주의의 보편적 원리와 중국혁명의 구체적 상황을 결합한 모택동사상을 형성시킴으로써 비로소 혁명의 승리를 취득할 수 있었다. 이리하여 구중국의 사분오열의 국면을 종결하고 중국인민이 국가권력을 장악하고 국가의 주인이 되었다.

제3사건은 중국과 같은 하나의 대 국가에서 3년의 기간 안에 장기간 전쟁으로 파괴된 국민경제를 회복하고 민주혁명의 임무를 계속 완성하였다. 1956년에는 순조롭게 생산자료 공유제의 사회주의 개조를 기본적으로 완성하고 수천 년의 착취제도를 소멸하고 사회주의 제도를 수립하였다.

제4사건은 경제건설이 중대한 성과를 거둔 것이다. 중국의 경제발전 수준은 선진 국가와 비교하면 여전히 비교적 낙후되었고, 건국 32년 이래 착오와 곡절도 있었지만, 경제발전의 속도는 과거와 비교할 수 없는 것은 말할 것도 없고 외국과 비교하여도 매우 빠른 것이었다. 이미 기본적으로는 외국에 의존하지 않는 독립적이고 비교적 완전한 사회주의적 공업체계와 국민경제체계를 형성하였다. 농업에 있어도 많은 발전이 있었고, 기본적인 의식주 문제를 해결하였다. 공업과 농업생산 발전의 기반 위에서 인민의 물질생활과 문화생활은 크게 개선되었다. 중국의 사회주의 강국 건설은 이미 견실한 물질적 기초를 가지게 되었다.

이러한 위대한 역사적 변혁 속에서 중국의 인민이 얻은 가장 기본적인 결론은 중국공산당이 없으면 신 중국이 없는 것이고, 오직 사회주의만이 중국을 구할 수 있다는 것이다. 4항 기본원칙의 고수는 인민의 의지를 역사발전규율로 삼지 않는다는 것을 반영하는 것이고, 이는 장기간의 실천 경험을 통한 진리이며 또한 중국의 억만 인민이 장기간의 투쟁에서 얻은 결정적인 선택이다. 헌법이 4항 기본원칙을 총체적인 지도사상으로 하는 것은 국가의 각종 제도의 완비를 위한 총 원칙을 규정한 것이고, 앞으로의 국가발전에 있어서 정확한 방향을 제시하는 것이다.

2) 4항 기본원칙의 구체화

4항 기본원칙이 1982년 헌법에서 구체화된 예는 주로 세 가지 측면에서 나타난다.

첫째, 헌법 서언에서 4항 기본원칙을 집중적이고 완전하게 표현하고 있다. 헌법 서언은 우선 100여 년 이래의 중국혁명의 역사를 회고하고, 아울러 20세기 중국에서 발생한 중대한 역사적 사건을 상세하게 기술하고 있다. 이를 기초로 하여, 헌법 서언에서는, "중국 신민주주의의 승리와 사회주의사업의 성취는 모두 중국공산당이 각 민족 인민을 영도하여, 마르크스 레닌주의와 모택동사상의 지도하에서 진리를 고수하고 착오를 수정하여, 많은 험한 난관을 극복하고 취득한 것이다"라고 결론을 도출하였으며, 아울러 "중국 각 민족 인민은 앞으로 계속하여 중국공산당의 영도 아래 마르크스 레닌주의와 모택동사상의 지도하에 인민민주전정을 고수하고, 사회주의 노선을 고수하고, …"라고 명확히 규정한다.

둘째, 헌법 총강 제1조 제1항은 "중화인민공화국은 노동자계급이 영도하고 노동자와 농민을 기초로 하는 인민민주전정의 사회주의 국가"라 규정한다. 제2항은 "사회주의 제도는 중화인민공화국의 근본제도이다. 어떠한 조직과 개인도 사회주의 제도를 파괴할 수 없다"고 규정한다. 이 조문은 중국의 국가성질이 인민민주전정임을 명확히 규정한다. 이러한 전정의 국가에서 노동자계급은 영도계급이며, 농민계급은 노동자 계급의 동맹자이다. 헌법 서언에서는 다시 "사회주의 건설사업은 반드시 노동자, 농민과 지식분자에 의지하여, 일체의 단결 가능한 역량을 결집하여야 한다. 장기간의 혁명과 건설과정에서 이미 중국공산당이 영도하여 각 민주당파와 각 인민단체가 참가하는, 전체사회주의 노동자와 사회주의를 옹호하는 애국자와 조국통일을 수호하는 광범위한 애국통일전선이 결성되었고, 이 통일전선은 장차 계속하여 발전되고 공고히 될 것이다"라고 규정하였다. 이 때문에 인민민주전정은 강한 영도자를 갖추었을 뿐만 아니라 광범위한 계급기초를 가진다.

셋째, 헌법의 모든 부분에 걸쳐 4항 기본원칙의 정신을 구체화하였고, 4항 기본원칙은 하나의 붉은 선과 같이 헌법의 전체를 꿰뚫고 있다. 그 중에 가장 중요한 표현으로는,

(1) 헌법 서언은 국가의 근본임무를 사회주의 현대화건설에 역량을 집중하고, 점차 공업 농업 국방과 과학기술의 현대화를 실현하고, 국가를 고도문명 고도민주(1993년의 헌법개정안은 문명, 민주, 부강으로 고쳤다)의 사회주의국가로 건설시킨다는 것으로 하였다.

(2) 헌법 제2조는, "중화인민공화국의 일체권력은 인민에 속한다. 인민의 국가권력 행사기관은 전국인민대표대회와 지방 각급인민대표대회이다"고 규정한다. 헌법 제3장의 국가기구에 관한 규정은 인민대표대회제도를 더욱 명확하고 구체적으로 규정하였다. 이들 규정은 중국 사회주의의 기본 정치제도는 민주집중제를 실행하는 인민대표대회임을 확립시킨 것이다.

(3) 헌법 제6조는, "중화인민공화국의 사회주의 경제제도의 기초는 생산자료의 사회주의공유제, 즉 전민소유제와 노동군중집체소유제이다"고 규정한다. 헌법은 총강에서 많은 조문을 할애하여 중국의 사회주의 경제제도와 경제정책을 매우 구체적으로 규정하였다.

(4) 헌법은 제19조에서 제24조에 이르기까지 사회주의 정신문명, 즉 문화건설과 사상건설의 구체적인 내용을 규정하였다.

(5) 헌법은 제1장 총강 및 제2장 공민의 기본 권리와 의무에서, 사회주의 민주제도의 기본내용에 대하여 구체적인 규정을 하였다.

(6) 헌법 제1장 총강 및 기타 각 장은 사회주의 법제의 기본내용에 대하여 구체적인 규정을 하였다.

(7) 헌법은 제2장 공민의 기본 권리와 의무에서, 공민의 기본 권리와 자유를 보장하고 또한 의무의 이행을 요구하였다.

(8) 헌법은 민족관계의 규정에 있어서, 국가의 통일을 강조하였고, 또한 소수민족 집거지구를 기초로 성립된 민족자치지방의 자치권을 보호하고, 대 민족주의를 반대하고 또한 지방민족주의에 반대한다는 것을 규정하였다.

4항 기본원칙 고수의 핵심은 중국공산당의 영도와 사회주의 제도의 고수이다. 헌법은 당이 인민을 영도하여 제정한 것으로, 헌법의 규정은 인민의 의지를 표현하였고 당의 의지를 구체화하였으며, 당의 의지와 인민의지의 통일이다. 그러므로 헌법의 엄격한 실시, 헌법의 권위와 존엄의 수호, 특히 당원의 헌법준수는 사실상 당의 영도를 구체화시키는 것이다. 사회주의 제도의 구체적인 내용은 헌법에 이미 명확히 규정되었고, 이러한 구체적인 제도를 고수하고 실행하는 것은 바로 사회주의 제도의 고수이다.

1975년 헌법과 1978년 헌법(특히 1975년 헌법)의 구체적 조항 가운데, 비록 적지 않은 규정이 당의 영도와 사회주의에 관한 어휘를 명기하고 있었지만, 이 두 헌법은 착오적 지도사상을 출발점으로 하기 때문에, 무산계급전정 아래 계속혁명의 착오적 이론으로 일관하여, 실질적으로 당의 영도와 사회주의 제도에 해를 끼쳤고, 결코 당의 영도와 사회주의 제도를 강화시킨 것은 아니다. 예컨대, 1978년 헌법 제2조는 "중국공산당은 전 중국인민의 영도 핵심이다. 노동자계급은 자신의 선봉대를 통하여 중국공산당의 국가에 대한 영도를 실현하였다. 중화인민공화국의 지도사상은 마르크스주의·레닌주의, 모택동사상이다."고 규정하였다. 헌법 제56조는, "공민은 반드시 중국공산당의 영도를 수호하고, 사회주의 제도를 옹호하고,…"라 규정하였다. 현행 헌법은 4항 기본원칙에 대하여 1975년 헌법과 1978년 헌법과는 다른 규정을 채택하여, 한편으로는 4항 기본원칙의 고수는 중국 각 민족 인민의 역사적인 선택이며 결코 공민의 일종의 의무가 아니라는 것을 고려하였고, 다른 한편으로는 중국사회가 처한 특정한 역사단계를 근거로 사회주의 제도를 객관적이고 구체화하여 더욱 전면적으로 당의 영도와 사회주의 제도를 고수할 수 있도록 하였다.

2. 1982년 헌법의 기본 특징

1982년 헌법은 4항 기본원칙의 지도 아래 제정된 것이며, 동시에 새로운 역사적 조건하에서 제정된 것이다. 그러므로 앞선 헌법과 비교하면 또 다른 특징을 가지고 있다.

1) 영도와 군중의 결합

1954년 헌법이 국가의 실제상황에 부합될 수 있었던 것은, 당시 사회의 객관적인 실상을 반영한 것이다. 또 하나의 중요한 원인은 헌법제정의 과정에서 영도와 군중을 서로 결합시킨 것이다. 1980년 전국인민대표대회가 헌법개정과 헌법개정위원회의 성립에 관한 결정에서, 헌법개정초안을 장차 전민토론에 교부한다고 명확히 규정한 것이 바로 이것이다. 1982년 헌법개정초안의 형성과정에서 헌법개정위원회 주임위원인 엽검영 및 헌법개정위원회 부주임위원인 팽진이 반복적으로 요구한 바는, 비서처가 헌법개정초안을 기초할 때 각계 군중의 의견을 적극적으로 수용하도록 요구한 것이다.

전술한 바와 같이, 1982년 헌법의 개정초안을 기초하기 전에 각 정당, 각 국가기관, 인민해방군의 의견을 수용하였고, 각 인민단체, 각 군중단체, 기업 사업조직 학교 등의 의견을 수용하였으며, 중앙국가기관의 의견과 지방 국가기관의 의견을 수렴하고, 각 영역에서 군중의 의견과 전문가의 의견을 주의 깊게 흡수하였다. 초고가 형성된 이후 각종 토론회가 개최되어 의견을 청취하였다. 특히 1982년 4월부터 8월까지의 4개월의 기간 동안 헌법개정초안은 전국범위에서 대규모의 전민토론을 실시하였다. 이 전민토론은 전국 각 민족 인민의 헌법개정초안에 대한 형식구성에서 내용에 이르기까지 성숙된 의견을 청취하는 기회였고, 또한 여러 계층의 인민이 자기의 이익과 의지를 반영하는 중요한 과정이었다. 실천에서 증명하는 바, 이 전민토론은 상당히 좋은 효과를 가져왔다. 1982년 헌법을 형식 구성에서 내용에 이르기까지 감히 건국 이래 가장 양호한 헌법이라 부를 수 있는 것은, 헌법개정의 과정에서 시종 개방적으로 군중의 의견을 흡수하였기 때문이다.

정식으로 통과된 1982년의 헌법과 전국인민대표대회상무위원회가 전민토론에 교부한 헌법개정초안을 비교할 때, 조문의 수가 140조에서 138조로 감소된 것 이외에 내용과 자구에 있어서 약간의 조정이 있었다. 이러한 조정은 주로 전민토론 과정에서 각계에서 제출된 의견을 헌법개정위원회가 흡수한 결과이다. 예컨대, 헌법개정초안 서언에서 인민민주전정을 논할 때, 인민민주전정은 즉 무산계급전정이라는 어법을 사용하였다. 이 때 "즉(卽)"은 한어의 어의로 "말하자면(也就是)"이다. 인민민주전정이 말하자면 무산계급전정이라 한다면, 중국에서 인민민주전정의 개념과 상응한 이론을 제기할 필요가 없는 것이다. 사실상 인민민주전정과 무산계급전정은 상통하는 일면도 있고 중국의 특징을 갖는 일면도 있다. 이 때문에 양자는 결코 동일한 것이 아니다. 전민토론에서 일부는 이러한 문제를 제기하였다.

정식의 헌법에서 그것을 고쳐 "인민민주전정은 사실상 즉 무산계급전정"으로 하였고, 이는 양자의 관계를 완전하게 표현한 것이 되었다. 다시 예를 들면, 지식분자의 지위문제에 관하여 헌법초안은 지식분자를 노동자계급의 일부분이라는 인식과 판단아래 지식분자의 지위에 대한 전문규정을 두지 않았다. 전민토론의 과정에서 누군가가 사회주의 사업건설에서 노동자 농민 지식분자는 세 가지 기본적인 사회역량이라고 지적하였다. 헌법개정위원회는 이 의견에 근거하여 헌법 서언에 개괄적으로 명기하였는 바, "사회주의 건설사업은 반드시 노동자, 농민과 지식분자에 의하여 일체의 단결 가능한 역량을 결집해야한다"고 하였다.

다시 전민토론의 과정에서 누군가가 헌법초안은 전국인민대표대회상무위원회의 직권을 대대적으로 확대하였고, 그렇다면 동시에 전국인민대표대회의 최고국가권력기관으로서의 지위문제를 어떻게 보증하는가 하는 것을 고려하여야 한다는 지적을 하였다. 이 의견에 근거하여 두 개항의 규정을 증가시켰는데, 하나는 전국인민대표대회의 폐회기간 동안 전국인민대표대회상무위원회는 전국인민대표대회가 제정한 법률에 대하여 부분적인 보충과 개정을 행하고, 단 동 법률의 기본원칙과 저촉할 수 없고, 다른 하나는 전국인민대표대회는 전국인민대표대회상무위원회의 부적당한 결정을 변경 또는 취소할 수 있는 권한이 있다는 것이다.

2) 실제에서 출발하고 실사구시의 원칙을 고수함

헌법개정위원회 제1차 회의에서 헌법개정위원회의 주임위원인 엽검영은, 헌법개정에 대하여 "반드시 중국의 실제상황에서 출발"할 것을 강조하였다. 헌법개정초안의 기초과정에서 팽진은 수차에 걸쳐 비서처로 하여금 반드시 중국의 실제상황에서 출발하여 업무를 추진할 것을 요구하였다. 헌법개정초안 공포 이후, 한 기자는 헌법개정위원회 부주임위원 팽진에게 이 헌법개정초안의 가장 큰 특징은 무엇이냐고 물었고, 팽진은 "그것은 중국의 실제상황에서 출발하였다. 중국은 960만 평방킬로미터가

넘는 영토, 10억의 인구, 각지의 정치 경제 문화 풍속 습관 등 각 영역의 상황이 불균형하다. 이러한 실제에서 출발하여, 중국의 역사적 경험과 외국의 경험교훈을 흡수하여, 우리의 현재의 실제상황에 부합하고 우리의 현재의 수요에 유익한 것들을 흡수한 것이다"고 대답하였다.

실사구시원칙을 고수하고, 중국의 실제상황에서 출발한 이러한 특징은 헌법의 모든 규정을 통하여 나타난다. 예컨대, 헌법 서언과 총강의 인민민주전정의 규정은, 1975년 헌법과 1978년 헌법은 국가성질에 대하여 모두 무산계급전정으로 규정하고, 1982년 헌법은 인민민주전정으로 바꾸어, 인민민주전정은 실질적으로 즉 무산계급전정이라고 규정하였다. 인민민주전정은 무산계급전정의 중국의 구체적 상황에서의 한 형식으로서, 중국의 구체적 상황에서 정권의 광범위한 계급기초와 인민범위를 반영하였고, 이는 동시에 인민이 이러한 정권 하에서 민주와 전정의 정확한 관계를 인식하는데 더욱 유리한 것이다.

헌법 제5조 제4항의 사회주의 법제에 관한 규정은, 세계 각국의 헌법 중 가장 특색 있는 것으로서 유일무이한 것이다. 이것은 중국이 2천 여년 봉건전제통치를 실행하였고 장기간의 인치를 실행한 전통이 있는 국가임을 고려하면 법치 실행의 임무는 지극히 어렵고도 막중하지만, 그러나 우선적으로 헌법상 사회주의 법제에 대한 명확한 규정은 반드시 필요하다는 것을 고려한 것이다.

헌법 제31조의 "국가는 필요시 특별행정구를 설치할 수 있다. 특별행정구에서 실행하는 제도는 구체적 상황에 따라 전국인민대표대회가 법률로써 규정한다."는 규정은, 중국의 대만, 홍콩, 마카오의 특별한 상황을 고려하여 규정한 것이 명백하다. 헌법 제49조의 "부부 쌍방은 계획생육의 의무를 진다."는 규정 역시 중국 인구의 실상에서 출발한 것이다. 헌법은 국가기구 부분에서 국무원 및 지방 각급행정기관 모두 수장(首長)책임제를 실행한다는 규정을 두고 있는 데, 이는 행정기관의 업무특성과 아울러 국가행정기관의 업무효율 및 책임제에서 출발한 것이다.

3) 건국 이래의 정·반 양방향의 역사적 경험을 종합함

1982년 이전까지 중국은 모두 4개의 헌법성 문건이 있었다. 즉 1949년의 공동강령, 1954년 헌법, 1975년 헌법과 1978년 헌법이다. 이 4개의 헌법성 문건 가운데, 앞의 두 문건은 국가적 상황을 객관적으로 반영하였지만, 뒤의 둘은 극좌사상의 영향을 받아 중국의 국정에 부합하지 않는 많은 규정을 가지고 있었다. 특히, 문화대혁명 중에는 무법천지가 되어 헌법과 법률은 어떠한 작용도 하지 못하였고, 사회질서는 매우 혼란스럽게 되어 공민의 권리와 자유는 보장되지 못하고 국가기관도 정상적으로 운영되지 못하였다. 1982년 헌법은 정·반 양방향의 경험과 교훈, 특히 문화대혁명의 교훈을 반영하였다.

헌법 서언에서는 금후 국가의 근본임무는 사회주의 현대화건설을 진행하는 데 역량을 집중하고 점진적으로 공업, 농업, 국방과 과학기술의 현대화를 실현하고, 국가를 고도문명 고도민주의 사회주의 강국으로 건설시킨다고 규정한다.11)

1982년 헌법은 국가의 근본임무에 관한 규정에서 "좌"의 내용을 삭제하였다. 헌법과 법률의 실생활상의 지위를 고려하여, 헌법 서언의 마지막 단락에서, "본 헌법은 법률의 형식으로 중국 각 민족 인민의 분투의 성과를 확인하고, 국가의 근본제도와 근본임무를 규정하였으며, 이는 국가의 근본법으로서 최고의 법률효력을 가진다. 전국 각 민족 인민, 일체의 국가기관과 무장역량, 각 정당과 사회단체, 각 기업 사업조직 모두는 반드시 헌법을 근본적인 행동준칙으로 삼고, 아울러 헌법의 존엄을 수호하고 헌법실시를 보증할 책임을 진다"고 규정한다.

동시에, 헌법 제5조는 헌법과 법률의 지위에 관하여 명확히 규정한다. 1978년 헌법이 규정한 공민의 정치권리 중에는 "대명, 대방, 대변론, 대자보(大鳴, 大放, 大辯論, 大字報)" 즉 소위 4대가 있고, 1980년 5기 전국인민대

---

11) 1993년의 헌법개정안 제3조는 국가발전의 목표를 "문명, 민주, 부강의 사회주의 국가"로 변경하였다.

표대회 3차 회의는 이를 폐지하였고, 1982년 헌법은 1980년 전국인민대
표대회의 결정을 승인한 것이다. 1982년 헌법은 문화대혁명 과정에서 공
민의 인격이 존중되고 보장되지 못한 교훈을 반영하여, 공민의 기본권리
가운데 1개 조문을 증설하여, 즉 제38조에서, 중화인민공화국 공민의 인
격존엄은 침해되지 아니한다. 모든 방법의 공민에 대한 모욕, 비방과 무
고를 금지한다고 규정한다.

4) 외국의 유익한 경험 흡수에 주의함

본국의 경험을 기반으로 하는 동시에 외국 헌법 중의 유익한 경험을
흡수하는 데 주의를 기울인 것은 1954년 헌법이 이룩한 좋은 입헌경험이
다. 1982년 헌법의 개정과정에서 헌법개정위원회 역시 이러한 입법경험
을 채택하였다.

헌법은 서언을 필요로 하는가? 기초과정에서 두 가지 견해가 존재하였
다. 비서처는 두 가지 초안을 기초하였는데, 즉 서언이 있는 초안과 없는
초안이다. 한편으로는 서언이 없는 것을 고려하였는데, 일부내용은 조문
에 명기할 수 없게 되었고, 세계의 대다수 국가의 헌법이 모두 서언이 있
음을 고려하였다. 이리하여, 마지막으로 서언이 있는 구조를 채택하였다.

헌법 서언 또는 조문에 헌법의 지위를 명확히 규정하는 것은 각국 헌
법의 일반적인 형태이다. 자본주의국가도 그렇고 사회주의국가 역시 마
찬가지이다. 동시에 중국의 특정한 조건하에서 서언을 규정하는 것은 필
요한 것이다. 그러므로 헌법 서언의 마지막 단락에서 헌법의 근본법 지위
와 최고법적 효력을 명확히 규정하였다. 헌법 제5조는 헌법이 가진 최고
법적 효력의 구체적인 표현을 다시 규정하고 있다.

1975년 헌법과 1978년 헌법은 모두 제3장 공민의 기본 권리와 의무 부
분의 마지막 조문에서, "중화인민공화국은 정의로운 사업을 옹호하고, 혁
명운동의 참가, 과학업무의 진행으로 인하여 박해를 받는 어떠한 외국인
에 대하여도 거류의 권리를 부여한다."고 규정한다. 1982년 헌법개정초안
제31조는, "중화인민공화국은 인류 진보의 쟁취, 평화사업의 옹호, 과학

업무의 수행으로 인하여 박해를 받는 외국인에 대하여 거류의 권리를 부여한다."고 규정한다.

국제적으로 통용되는 방법과 규정을 고려하여, 1982년 헌법 제32조 제2항은, "중화인민공화국은 정치원인으로 인하여 피난을 요구하는 외국인에 대하여 비호를 받을 권리를 부여할 수 있다"고 규정한다. 이 규정과 원래의 규정을 비교하면, 아래와 같은 차이점이 있다. 첫째는 헌법상의 위치가 다르다. 원래 공민의 기본 권리와 의무 부분에 두었던 것을 현재는 총강에 두었다. 둘째는 원인이 다르다. 원래는 정의사업의 옹호, 혁명운동의 참가, 과학업무의 수행 또는 인류 진보의 쟁취, 평화사업의 옹호를 정치원인으로 변경하였다. 셋째는 권리의 내용이 다르다. 원래는 거류권이지만 현재는 비호를 받을 권리이다.

헌법성 문건의 제정 시 전통적인 사회주의이론에 따르면, 자본주의헌법은 공민의 권리와 자유를 규정하는 동시에, 다시 헌법 또는 법률에서 공민의 권리와 자유를 제한하지만, 사회주의 헌법의 다른 점은 헌법이 규정한 공민의 권리와 자유는 제한을 받지 않는다고 인식하였다. 이러한 인식에 기초하여, 중국의 헌법에는 공민의 권리와 자유에 대한 어떠한 제한도 없다. 사실상 마르크스주의적인 관점에 근거하면, 어떠한 권리와 자유도 모두 제한적인 것이고, 내재적인 제한과 외재의 사회적인 제한을 포함하여, 세상에는 절대의 권리와 자유는 존재하지 않는다. 1982년 헌법 제51조는, "중화인민공화국 공민은 자유와 권리를 행사할 경우 국가적, 사회적, 단체의 이익과 기타 공민의 합법적인 자유와 권리를 침해할 수 없다"고 규정한다.

5) 상대적 안정성의 강조와 개혁 및 발전의 중시

헌법은 국가의 근본법으로 당연히 안정성을 가진다. 신 중국 성립이래, 1982년 헌법을 포함하여, 30년이라는 기간 동안 중국은 이미 5부의 헌법성 문건을 가졌다. 헌법변동의 빈도는 세계적인 추세라 할 수 있다. 헌법에 대한 빈번한 개정은 필연적으로 헌법의 숭고한 존엄과 권위를 해치게 된다. 이 때문에 1982년 헌법의 기초과정에서, 헌법의 안정성을 고려하게 되었다.

헌법안정성의 기초는 그 내용이 객관적 실제에 부합하는 데 있다. 앞서 서술한 바와 같이, 1982년 헌법은 내용과 객관적 실제의 관계상 다음의 세 부분에서 주의를 기울였다.

(1) 사회주의 중국의 근본제도와 기본제도를 헌법에 규정하였다. 사회주의의 기본정치제도, 경제제도, 문화제도, 사법제도 등을 포함한 이러한 제도는 모두 장기간의 사회주의 실천에서 그 효용성이 증명된 것이다. 예컨대, 헌법에 인민민주전정제도, 인민대표대회제도, 사회주의 경제제도, 사회주의 정신문명 등을 규정한 것과 같다.

(2) 공민의 기본권리와 의무를 헌법에 규정하였다. 이러한 기본 권리와 의무는 사회주의적 조건하에서 필수적인 것이고, 동시에 국가가 충분하고도 당연히 보장해야 하는 것이다. 1982년 헌법이 보장한 공민의 기본권리 의무와 이전의 헌법규정을 비교하면, 내용상의 풍부함뿐만 아니라 종류에서도 크게 확대되었다.

(3) 개혁개방의 성과에 대하여 확인하였다. 1978년 말 당의 11기 3중전회 개최 이후, 중국은 이미 경제체제의 개혁과 정치체제개혁을 개시하였고, 아울러 대외개방을 진행하여 1982년에 이르러서는 이미 많은 성과가 있었다. 예컨대, 정치체제상 인민대표대회제도는 전국인민대표대회와 지방 각급인민대표대회를 포함하여 많은 발전이 있었고 조직, 계통, 활동방식과 기타 국가기관과의 관계 등 모든 면에서 많은 개선과 발전이 있었고, 이러한 개혁의 성과는 모두 1982년 헌법에서 확인되었다. 이러한 내용은 비교적 안정적이고 성숙된 사회관계를 나타낸 것이고, 또한 사회발전 추세와 개혁의 방향을 대표한 것이다. 이 때문에 이들 내용은 상당기간 동안 사회에 실질적으로 적응될 수 있었으며, 헌법의 안정성을 보증

한 것이다.

　이 헌법은 개혁개방의 성과를 확인한 것 이외에, 중국사회가 중대한 개혁과 전환의 시기에 처해 있다는 것을 예견한 것이고, 헌법규정을 통하여 개혁의 사상과 정신을 구체화 한 것이다. 예컨대, 헌법 서언 중의 "사회주의의 각 제도를 부단히 완비하고, 사회주의 민주를 발전시키고, 사회주의 법제를 수립하고, …"의 규정과 같다. 또한 헌법 제27조의, "일체 국가기관은 간소화의 원칙을 실행하고, 업무책임제를 실시하고, 업무인원의 훈련과 평가 제도를 실시하며, 부단히 업무의 질과 업무효율을 제고하며, 관료주의를 반대한다."는 규정도 마찬가지이다. 헌법의 많은 규정들이 개혁개방의 기본정신을 내포하고 있는 것이다.12)

　행위규범으로서의 헌법은 반드시 사회의 변화와 발전에 따라 개정되고 발전되는 것이며, 고정불변의 것은 아니다. 헌법의 변화와 발전의 방식은 매우 다양하다. 1982년 헌법과 이전의 헌법과 비교하면, 헌법규범의 사회적 적응방식의 규정에서 더욱 구체적이고 명확하며, 기능성을 가지고 있다. 예컨대, 헌법개정의 절차에 관하여 1982년 헌법은 제64조에서, "헌법의 개정은, 전국인민대표대회상무위원회 또는 5분의 1이상의 전국인민대표대회대표의 제의에 의하여, 전국인민대표대회 전체대표의 3분의 2이상의 다수로 통과한다."고 규정한다. 이 조항은 헌법개정의 주체, 헌법개정권의 주체 및 헌법개정 시 통과가 가능한 법정인원수에 대하여 명확한 규정을 하였다.

　이 외에, 1982년 헌법은 다시 전국인민대표대회와 전국인민대표대회상무위원회의 헌법실시 감독권을 규정하였고, 전국인민대표대회상무위원회가 헌법의 해석권을 가진다고 규정한다. 이 때문에 전국인민대표대회 및 전국인민대표대회상무위원회는 헌법개정, 헌법해석 및 헌법실시의 감독을 통하여, 헌법규범으로 하여금 사회적 실제와 적응토록 하거나 헌법

---

12) 1993년 헌법개정안 제3조는 "개혁개방의 고수"라는 자구를 추가하였다.

의 기본정신에 부합하도록 한다. 1982년 이후 중국의 정치, 경제, 문화 등 각 영역에서는 엄청난 사회적 진보와 발전을 이룩하였고, 실제로 사회는 엄청난 변화가 있었다. 한편, 1982년 헌법 개정 시에는 이미 이러한 변화와 발전을 예견하였다. 다른 한편으로는, 전국인민대표대회 및 전국인민대표대회상무위원회는 상술한 방식을 통하여, 주로 헌법개정절차를 통하여, 헌법규범과 실사회가 일치성을 유지토록 하였다.[13]

6) 원칙성과 융통성의 결합

1982년 헌법은 국가의 기본 지도사상인 4항 기본원칙(중국공산당의 영도, 마르크스 레닌주의와 모택동사상,[14] 인민민주전정제도, 사회주의 제도), 중국의 근본정치제도 즉 인민대표대회제도, 국가경제제도 기초로서의 사회주의공유제 즉 전민소유제와 노동군중집체소유제, 사회주의 정신문명, 공민의 기본 권리와 의무 등 원칙성문제에 대하여 상당히 명확한 규정을 하였다.

그러나 헌법은 일부 특수한 상황을 고려하여 이러한 특수상황에 대응한 융통성 있는 규정을 하였다. 예컨대, 헌법 제31조는, "국가는 필요시 특별행정구를 설치할 수 있다. 특별행정구에서 실행하는 제도는 구체적 상황에 따라 전국인민대표대회가 법률로써 정한다."고 규정한다. 이는 1982년 헌법이 규정한 가장 융통성 있는 규정이라 할 수 있다. 이것은 대만, 홍콩, 마카오가 역사적 원인으로 장기간 분리되었기 때문에, 국가의 통일을 실현하기 위하여 이러한 지구에 특수한 제도의 실행이 필요하게 된 것이다.

이러한 특수한 제도가 헌법상 근거를 가지고 합법성을 가질 수 있도록

---

13) 전국인민대표대회는 각각 1988년, 1993년과 1999년 3차례에 걸쳐 헌법개정의 형식을 통하여 실사회에 적응하지 못하는 헌법의 내용을 개정하거나, 개혁개방의 새로운 형세에서 필요한 내용에 대하여, 모두 17개 조문의 헌법개정안을 통과시켰다.

14) 1999년의 헌법개정안은 지도사상에 등소평이론을 추가하였다.

상응한 헌법상의 규정이 필요한 것이다. 이 때문에 헌법 제31조는 헌법의 기타 조항과는 상대적으로 차이가 있는 특별조항이다. 법리상으로 말하면, 헌법은 모든 중화인민공화국 영역 내에서 유효한 것이고, 헌법이 4항 기본원칙을 기본적 지도사상으로 한다면 모든 중화인민공화국 범위 내에서는 마땅히 사회주의 제도를 실행하여야 한다. 그러나 전국인민대표대회는 헌법 제31조의 규정에 근거하여 필요시 특정지구에 특별행정구를 설치할 권한을 가지고, 특별행정구에 어떤 제도를 실시할 것인가를 결정할 권한을 가진다. 사실상 전국인민대표대회는 헌법의 이러한 규정에 근거하여 각기 1990년과 1993년에 홍콩기본법과 마카오기본법을 제정하였다. 이 두 기본법의 규정에 근거하여, 홍콩은 1997년 7월 1일 이후, 마카오는 1999년 12월 20일 이후 특별행정구가 되었고, 특별행정구에서는 원래의 자본주의 제도와 생활방식을 유지하게 되었다.

헌법의 융통성은 다른 측면에서도 표현된다. 예컨대, 전국인민대표대회 및 전국인민대표대회상무위원회는 국가입법권이 있지만, 지방의 일정한 급 이상의 인민대표대회와 인민대표대회상무위원회는 헌법, 법률 및 행정법규에 저촉되지 않는 전제하에서 지방성법규를 제정할 권한이 있다는 규정, 중국은 하나의 통일된 다민족국가이고, 소수민족 집거의 지구는 민족구역자치제도를 실행하고, 민족자치지방은 헌법과 민족구역자치법 규정의 자치권을 향유하고, 그 중에는 본 민족의 정치 경제 문화적 특징에 근거하여 자치조례와 단행조례를 제정할 권리를 가지는 것을 포함하며, 사회주의공유제의 고수는 사회주의 경제제도 기초의 전제하에서, 개체경제의 발전15)을 장려한다는 규정 등이다.

---

15) 1988년 헌법개정안은 사영경제의 법률지위에 관한 규정을 추가하였고, 1999년의 헌법개정안은 다시 "개체경제, 사영경제 등 비공유제경제는 사회주의 시장경제의 중요한 구성부분이다"라고 규정하였다.

IV. 1982년 헌법의 발전

헌법은 법의 특성을 가지며 또한 강한 정치성을 가진다. 헌법의 정치성은 법의 각종 표현형식에서 가장 잘 나타난다. 1954년 헌법은 형식에 있어서 정치적인 용어를 비교적 적게 사용하였지만, 사실상 이 헌법은 객관적으로는 중국의 구체적 상황을 반영하였기 때문에 인민정권의 공고화와 국가의 발전에 적극적인 촉진작용을 불러 일으켰다. 1975년 헌법과 1978년 헌법에는, 대량의 정치적 술어와 정치적 용어를 사용하여 헌법조문을 조합하였거나, 모택동의 어록을 헌법조문에 직접 인용하였고, 그렇게 하는 것이 마치 헌법의 정치성을 충분히 나타내는 것으로 여겼다. 사실 이와는 반대로, 이 두 헌법은 정치상으로는 결코 어떤 기대에도 미치지 못하였다. 1982년 헌법은 1954년 헌법의 특징을 계승하였고, 1975년 헌법과 1978년 헌법의 교훈을 반영하였으며, 정치적 술어를 비교적 적게 사용하였지만, 사실상 정치성은 매우 강한 것이다.

1982년 헌법은 사회주의 민주의 앙양과, 사회주의 법제의 강화를 배경으로 제정된 것이다. 그러므로 이 헌법의 법적 특성은 가장 명확하고 충분하다. 그간의 헌법 중에서 가장 뛰어난 것이라고 할 수 있다. 이러한 면에서 이전의 헌법과 비교하면 아래와 같은 발전이 있었다.

1. 헌법구조의 발전

1982년 헌법은 구조상 이전의 헌법과 비교할 때 세 가지 측면에서 발전과 변화가 있었다.

1) 공민의 기본 권리와 의무를 국가기구 앞에 둠

1954년 헌법, 1975년 헌법, 1978년 헌법의 구조는 모두 서언, 제1장 총강, 제2장 국가기구, 제3장 공민의 기본 권리와 의무, 제4장은 국기 국장

수도로 이루어졌다.

1982년 헌법은 공민의 기본 권리와 의무의 장을 국가기구의 장 앞에 두어, 서언, 제1장 총강, 제2장 공민의 기본 권리와 의무, 제3장 국가기구, 제4장 국기·국휘·수도의 순으로 하였다. 헌법구조상 이처럼 변경을 가한 것은 두 가지 점을 고려한 것이다. 그 하나는 공민의 지위이다. 헌법이 조정을 필요로 하는 관계는 주로 국가와 공민의 관계이고, 공민은 서로 다른 상황에서 서로 다른 지위에 있게 되지만 공민의 지위의 중요한 근거는 공민의 기본 권리와 의무이다. 공민이 선거권, 피선거권 등의 정치참여의 권리를 행사할 때, 정치의지의 형성을 촉진하게 되며, 공민이 개인으로서 권리를 행사하면 일종의 권리주체가 되고 국가는 의무주체의 지위에 서게 되며, 공민이 의무를 이행할 때는 의무의 주체가 되고 국가는 권리주체의 지위에 서게 된다.

그러므로 공민은 국가 중에서 적극적이고 능동적 지위에 서게 된다. 국가는 법률상 국가기구의 형태로 외부에 모습을 나타낸다. 국가기구 및 그 업무인원이 행사하는 권력의 근원은 인민의 위탁과 수여에서 나오는 것이고, 인민은 공민 가운데 주체적 부분이다. 공민의 기본 권리와 의무의 장을 국가기구의 장 앞에 위치시킨 것은 국가가 공민의 기본 권리와 의무를 더욱 중시한다는 것을 표명한다. 중국의 특정한 역사적 배경하에서, 이러한 변화는 매우 중요한 현실적 의의와 역사적 의의를 갖는 것이다. 다른 하나는 대다수 국가의 헌법구조는 모두 공민의 기본 권리와 의무를 앞에 두고 국가기구는 뒤에 두고 있으며, 특히 2차 세계대전 이후에 제정된 헌법은 더욱 그러하다.

2) 국가주석제도의 회복

1954년 헌법은 국가기구부분 제2절에서 모두 8개 조문으로 중화인민공화국 주석을 규정하였다. 이 절에서, 국가주석은 전국인민대표대회 및 전국인민대표대회상무위원회의 결정에 의하여 직권을 행사하고, 대외적으로는 중화인민공화국을 대표하며, 전국무장역량을 통솔하고, 국방위원회주석을 담임하며, 필요시 최고국무회의를 소집하고, 아울러 최고국무회의주석을 담임한다고 규정한다. 1975년 헌법과 1978년 헌법은 국가주석의 설치를 삭제하였다. 원래 국가주석이 행사하던 직권은 중공중앙주석, 전국인민대표대회상무위원회위원장이 행사하였다. 1982년 헌법은 국가주석에 관한 규정을 회복시켰다.

1982년 헌법이 국가주석을 설치한 기본적 고려는, 첫째 국가주석의 설치는 중국인에게 있어서는 이미 일종의 익숙한 제도이고, 둘째 국가주석제도는 인민대표대회제도에 있어서 비교적 양호한 제도이며, 셋째는 국가주석을 설치하지 않으면 국가주석이 행사해야 하는 일부 직권이 적절치 못하게 배정되어, 1975년 헌법과 1978년 헌법과 같은 상황, 또는 당과 정부의 불분명, 또는 행사자의 신분과 부합되지 않는 상황이 발생되는 것이다.

1982년 헌법의 국가주석에 관한 규정은, 1954년 헌법에 대한 상대적 회복이며 또한 새로운 형세하의 발전이다. 1954년 헌법과 같은 점은, 국가주석은 반드시 전국인민대표대회와 전국인민대표대회상무위원회의 결정에 따라 직권을 행사하고, 대외적으로 중화인민공화국을 대표한다. 차이점은 1982년 헌법의 국가주석은 전국무장역량의 통솔, 국방위원회주석의 담임 및 필요시 최고국무회의를 소집하고 최고국무회의의 주석을 담임할 수 없게 된 점이다. 대체적으로, 1982년 헌법이 규정한 국가주석은 허세라 할 수 있지만 1954년 헌법이 규정한 국가주석은 실세이다.

3) 중앙군사위원회의 증설

1982년 헌법은 국가기구 중 제4절에서 두 개 조문으로 중앙군사위원회를 설치하였다. 헌법 제93조는, "중앙군사위원회는 전국무장역량을 영도한다."고 규정한다. 1954년 헌법, 1975년 헌법과 1978년 헌법은 이러한 기구의 설치에 관한 규정을 두지 않았다. 1954년 헌법 규정은 국가주석이 무장역량을 통솔하는 것으로 규정하였고, 1975년 헌법과 1978년 헌법은 중공중앙주석이 무장역량을 통솔하도록 규정하였다. 전술한 바와 같이,

1982년 헌법이 설치한 국가주석은 무장역량을 통솔할 수 없었지만, 중공 중앙주석이 무장역량을 통솔하면 다시 당정의 불분명이 발생되는 것이다. 그러므로 하나의 전문적인 무장역량의 통솔기관이 필요하게 되었고, 중앙군사위원회는 여기에 맞추어 생긴 것이다.

2. 헌법규범의 발전

1954년 헌법은 정상적인 국가발전의 시기에 제정된 것이다. 그러므로 이 헌법의 규범성은 매우 강하다. 그러나 앞에서 서술한 바와 같이, 1975년 헌법과 1978년 헌법은 문화대혁명과 좌경착오가 아직 숙청되지 않은 비상시기에 제정되어, 그 속에는 대량의 정치적인 술어와 정치용어 또는 모택동의 어록이 인용되었고 규범성도 매우 뒤떨어 졌다. 1982년 헌법은 사회주의 법제 강화의 요구와 배경 아래 제정되었기 때문에 그 규범성은 이전의 헌법과 비교할 때 특히 1975년 헌법 및 1978년 헌법과 비교하면 크게 강화되었다고 할 수 있다.

1) 조문 수량의 대폭적인 증가

1954년 헌법은 106개 조문, 1975년 헌법은 30개 조문, 1978년 헌법은 60개 조문으로 되었다. 이들 헌법의 실질적인 작용을 보면, 1954년 헌법이 가장 양호하고 1978년 헌법이 그 다음이며 1975년 헌법이 가장 뒤떨어진다. 헌법의 조문과 헌법의 실질적인 작용 양자 사이의 일치성도 알 수 있다. 극단적으로 말할 수 없지만, 헌법의 조문이 많을수록 헌법의 작용은 크고 실제효과도 좋다. 헌법은 국가의 근본법이고, 국가의 성질, 국가의 근본제도와 이로 인하여 결정되는 정치 경제 문화 각 영역의 기본제도에 대하여 거시적이고 총괄적인 규정이 필요하고, 이로써 일반 법률의 제정에 근거와 기초를 제공할 수 있도록 하는 것이다.

헌법이 이러한 사명을 완수하려면 조문 수가 너무 적으면 곤란한 것이다. 일정의 조문 수는 헌법이 이러한 사명을 완수하는 데 기초와 전제가 되는 것이다. 동시에 헌법조문의 과다는, 여러 가지 요인에 의하여 결정된다. 1987년 미국헌법은 모두 7개 조문, 이후 통과된 27개 헌법수정안을 더하면 미국헌법은 모두 34개 조문이다. 그러나 미국은 연방제국가이고, 연방헌법 이외에 연방을 구성하는 각 주는 다시 자기의 헌법을 가지고 있다. 그밖에, 미국헌법의 각 조항은 사실상 하나의 장의 내용에 해당한다. 중국은 자체의 국가적 상황이 있고, 단일제 국가이며 동시에 국가의 법률관습과 전통에 근거하여, 각 조문 규정은 상대적으로 독립된 내용을 규정하고, 미국헌법과 같은 장의 내용에 해당하는 것은 아니다.

1982년 헌법은 모두 138개 조문으로, 1954년 헌법에 비하여 32개 조문이 증가되었고, 1975년 헌법에 비하여 108개 조문, 1978년 헌법에 비하여 78개 조문이 증가되었다. 1982년 헌법의 이러한 조문 수는 비교적 적당한 것이다. 제정 시에는 첫째, 헌법규정이 필요로 하는 내용을 상세하고 간략하게 규정하는 것이 필요하였고, 둘째는 중국은 단일제 국가로서 동시에 다민족의 국가이므로 이는 바로 단일제하에서의 중앙과 지방의 관계, 중앙 및 지방의 국가기관 등에 관하여 비교적 명확한 규정을 필요로 하였으며, 또한 각 민족 간의 관계 및 상응의 제도에 대한 규정이 필요하였기 때문이고, 셋째는 중국헌법의 각 조문의 내용은 과도하게 집중될 수 없고, 어떤 내용은 몇 개의 조문으로 분리되어 이해와 집행에 편리하도록 요구되었기 때문이다.

2) 조문구성의 합리성

헌법의 조문은 상대적으로 독립된 문제를 규정하고, 말하자면 헌법은 비교적 전면적인 규정을 하여야 한다. 1982년 헌법의 규정은 바로 이러한 관점에서 설정된 것이다.

예컨대, 헌법 제5조는 사회주의 법제에 관한 규정이다. 이 조문은 모두 5개항으로, 제1항은 중화인민공화국은 의법치국과 사회주의 법치국가의 건설을, 제2항은 사회주의 법제에 관한 거시적이고 총체적인 규정으로서,

"국가는 사회주의 법제의 통일과 존엄을 수호한다."고 규정한다. 이하 각 항은 국가의 사회주의 법제의 통일과 존엄의 구체적 표현과 요구에 관하여 규정하는 것으로, 제3항은 규범성법률문건에 대하여, "일체의 법률, 행정법규와 지방성법규는 모두 헌법에 저촉될 수 없다"고 규정한다. 제4항은 국가기관과 기타 사회조직에 대하여, "일체의 국가기관과 무장역량, 각 정당과 사회단체, 각 기업 사업조직은 반드시 헌법과 법률을 준수하여야 한다. 일체의 헌법과 법률을 위반하는 행위는 반드시 책임을 추궁한다."고 규정한다. 제5항은 헌법과 법률의 권위를 강조하여, "어떠한 조직 또는 개인도 헌법과 법률을 초월하여 특권을 가질 수 없다"고 규정하였다.

또한, 헌법 제36조는 종교와 신앙의 자유에 대하여 규정한다. 이 조문은 모두 4개항으로 되어 있고, 제1항은 종교와 신앙에 관한 총체적 규정으로, "중화인민공화국 공민은 종교 신앙의 자유를 가진다."고 규정하였고, 이하 각 항은 국가의 종교와 신앙의 자유에 대한 구체적인 정책을 규정한다. 제2항은 종교 신앙의 자유의 특성에 관한 규정으로, 즉 종교와 신앙의 자유는 공민 개인의 사생활로서, "어떠한 국가기관, 사회단체나 개인도 공민의 종교 신앙 및 불신앙의 자유를 강요할 수 없고, 종교를 신봉하거나 신봉하지 않는 공민을 멸시할 수 없다"고 규정한다. 제3항은 종교활동의 한계에 대한 규정으로, "국가는 정상적인 종교활동을 보장한다. 어떠한 사람도 종교를 이용하여 사회질서를 파괴하거나, 공민의 신체 건강을 해하거나 국가교육제도를 방해하는 활동을 진행할 수 없다"고 규정한다. 제4항은 종교조직과 국외 종교기구와의 관계 규정으로, "종교단체와 종교사무는 외국세력의 지배를 받지 않는다."고 규정하여 즉 국가가 종교자치의 원칙을 보장함을 나타낸다.

3) 조문에 대한 표현의 신중함

헌법은 법의 표현형식으로서, 법의 일반적 특성을 가지며, 법의 범주 내에서 국가 근본법으로서 작용한다. 그러므로 헌법조문의 서술 역시 마땅히 일반 법률과 같이 신중함이 필요하다. 이전의 헌법과 비교하면 1982

년 헌법은 가장 잘 제정된 것이다.

예컨대 1954년 헌법 제24조는, 전국인민대표대회상무위원회는 전국인민대표대회 임기 만료 2개월 전에 반드시 차기 전국인민대표대회 대표의 선거를 완료하여야 한다고 규정한다. 만약 선거를 진행할 수 없는 비상상황을 맞은 경우에는, 전국인민대표대회의 임기는 차기 전국인민대표대회 제1차 회의까지 임기를 연장할 수 있다. 1975년 헌법 제16조는, 전국인민대표대회의 매기 임기는 5년, 특수한 상황하에서 임기를 연장할 수 있다고 규정한다. 전국인민대표대회의 회의는 매년 1차례 거행하고, 필요한 경우에는 사전에 개최하거나 연기할 수 있다. 1978년 헌법 제21조는, 전국인민대표대회의 임기는 5년, 만약 특수한 상황을 맞은 경우에는 전국인민대표대회의 임기를 연기할 수 있고, 또는 사전에 차기 전국인민대표대회를 개최할 수 있다고 규정한다.

이 세 헌법의 공통적 결함은, (1)어떤 주체가 연기를 제의하는가 하는 규정이 없고, (2)어떤 주체가 연기를 결정하는가 하는 규정이 없고, (3)불가항력적인 특수상황의 출현으로 연기하지만, 특수상황의 소멸 후 어느 기간 내에 차기회의를 반드시 거행하여야 하는가 하는 규정이 없고, (4) 심지어 전국인민대표대회의 회의는 사전에 개최할 수 있다고 규정하는 바, 전국인민대표대회가 정해진 시기에 회의를 거행할 수 없는 원인은 불가항력적 특수상황의 출현이라고 한다면 이러한 상황은 사전에 예측하기 어려운 것이므로 사전에 개최한다는 것은 문제가 있는 것이다.

1966년 7월 7일 전국인민대표대회상무위원회 제33차 회의는 1954년 헌법 제24조의 규정에 근거하여, 제3기 전국인민대표대회 제2차 회의 개최일정의 변경을 결정하였다. 이 변경은 후에 지켜지지 못하였고 1975년 1월에야 비로소 제4기 전국인민대표대회 1차 회의를 거행하였다. 1982년 헌법 제60조는 이러한 역사적 경험을 고려하여 이에 대하여 비교적 완비된 규정을 한 바, 전국인민대표대회 임기 만료 2개월 전에 전국인민대표대회상무위원회는 반드시 차기 전국인민대표대회대표의 선거를 완료한다. 만약 선거를 진행할 수 없는 비상상황을 맞은 경우에는, 전국인민대

표대회상무위원회 전체구성인원의 3분의 2 이상의 다수로써 전국인민대
표대회의 임기를 연기할 수 있다. 비상상황 종료 후 일년 이내에 반드시
차기 전국인민대표대회 대표의 선거를 완료한다고 규정한다.

다시 종교 신앙의 자유에 대하여 예를 들면, 1975년 헌법과 1978년 헌
법은 공민이 종교 신앙의 자유와 종교 불신앙의 자유를 가짐과 무신론을
선전할 자유를 가진다고 규정하였다. 사실상 종교 신앙의 자유 속에는 이
미 종교의 신앙과 불신앙의 자유를 내포하고 있는 것이다. 그러므로 공민
은 종교를 불신앙할 자유와 무신론을 선전할 자유가 있음을 다시 기술할
필요는 없는 것이다. 동시에 헌법의 공민의 기본 권리와 의무의 표제 하
에서 규정한 기본적인 출발점은 공민이 모종의 행위를 진행하도록 하는
자유를 보장하기 위한 것이지, 이러한 행위를 진행할 자유를 막기 위한
것은 아니다. 1982년 헌법은 이전 헌법의 규정을 개정하여 헌법이 규정한
권리와 자유의 의미 및 종교 신앙의 자유의 의미에 더욱 부합하도록 하
였다.

다시 예를 들면, 1978년 헌법은 제45조에서 공민의 정치적 자유를 규
정한 바, "공민은 언론, 통신, 출판, 집회, 결사, 데모, 시위, 파업의 자유를
가지고, 대명·대방·대변론·대자보(大鳴 大放 大辯論 大字報)를 이용할 권
리를 가진다."고 규정한다. 우선 대명·대방·대변론·대자보(大鳴 大放 大
辯論 大字報)는 엄격한 의미의 법률용어가 아니고 법률상 정확한 정의를
내리기도 어렵다. 둘째, 통신의 자유는 결코 정치적 권리의 범주에 속하
는 것이 아니고 인신자유의 범주에 속하는 것이고, 어떤 공민이 법원에
의하여 정치적 권리를 박탈당할 때에는 인간으로서 마땅히 통신의 자유
를 가지는 것이고, 단지 통신의 내용 즉 통신비밀은 일정한 제약을 받는
것이다. 이러한 고려에 따라 1982년 헌법이 규정한 공민의 정치적 자유는
언론, 출판, 집회, 결사, 데모, 시위로 하였다.

전술한 1982년 헌법은 헌법개정절차, 외국인의 비호를 받을 권리 등의
규정에서 이전의 세 헌법과 비교하여 조문의 기술상 더욱 신중을 기하였다.

4) 용어의 법률화를 강화함

헌법은 법의 표현형식으로서, 법률용어를 사용하여야 한다. 앞에서 서술한 바와 같이, 1975년 헌법과 1978년 헌법은 많은 정치적 용어를 사용하였고, 혹은 모택동의 어록을 직접 사용한 관계로 그 법률 규범성은 매우 낮았다. 1982년 헌법은 법률용어의 사용을 강조하여, 법적 규범성을 갖도록 하였고 내용상 더욱 명확히 하였다. 예컨대 헌법 조문 중에 "금지…", "국가는… 을 보장", "국가는… 옹호", "… 할 수 없다", "반드시…", "국가는… 보호", "국가는 법률규정에 의하여", "법률규정에 의하여", "법률규정의 범위 내", "… 침범을 받지 않는다.", "중화인민공화국 공민은… 권리를 가진다.", "마땅히…" 등의 용어를 사용하였다.

이들 용어의 가장 큰 특징은 무엇을 하게하고, 무엇은 금지하고, 권리는 무엇이며, 의무는 무엇인가가 명확하고 일목요연하다는 것이다. 1982년 헌법에서는 1975년 헌법과 1978년 헌법에서 채용한 비유성의 용어를 채용하지 않았다. 예컨대 중국인민해방군은 "생산대", "노동자 농민의 자제병", "기둥", "선전대"이고, 사회제국주의, 제국주의 및 그 "주구(走狗)"의 전복과 침략을 방지한다는 등이다.

이 외에도, 1982년 헌법에서는 비교적 긍정적인 자구를 많이 사용하였는데, 예를 들면, "사회주의 제도는 중화인민공화국의 기본제도", "중화인민공화국의 국가기구는 민주집중제의 원칙을 실행하고", "중화인민공화국의 국적을 가진 모든 사람은 중화인민공화국 공민이다"는 등이다.

3. 헌법내용의 발전

헌법내용의 발전은 모택동이 말한 "헌법을 하는 것은 과학을 하는 것이다"는 표현을 구체화한데서 나타난다. 대체로 1982년 헌법이 규정한 내용은 매우 풍부하고 중국의 구체적 상황에 맞으며 시대에 적응하는 큰 발전이 있었다.

1) 헌법 서언에 대하여

1982년 헌법은 13개의 단락으로 구성되었는데, 그 주요 내용은, (1)20년 이래 중국에서 발생한 엄청난 변혁중의 4대 사건을 회고하였고, (2)4항 기본원칙과 향후 국가의 근본임무를 규정하였고, (3)국가의 몇 가지 기본방침 정책, 예컨대 대만의 회귀문제, 애국통일전선문제, 민족관계문제, 대외관계문제 등을 규정하였고, (4)헌법의 법적 지위를 확립하였다.

1978년 헌법과 비교하면, 1982년 헌법 서언은 문자 자수에서의 증가만이 아니라 내용상에 있어서도 많은 변화가 있었다. 그 주요한 변화는, (1)1978년 헌법의 "좌"의 내용, 일부 착오적인 구호와 표현방식을 제거하였고, (2)4항 기본원칙을 완벽하게 헌법 서언에 명기하였고, (3)금후 국가의 근본임무를 헌법 서언에 정확하게 명기하였으며, (4)중국인민정치협상회의의 법적 지위와 역할을 헌법 서언에 명기하였고, (5)헌법의 근본법적인 지위를 명시하였다.

2) 총강에 관하여

1982년 헌법의 총강은 모두 32개 조문으로, 1978년 헌법과 비교하면, 13개 조문이 많다. 1982년 헌법 총강의 주요 내용은, (1)국가의 성질과 근본제도, (2)인민대표대회제도, (3)민족관계와 민족구역자치제도, (4)사회주의 제도, (5)경제제도와 경제정책, (6)사회주의 정신문명, (7)계획생육, (8)환경보호, (9)국가기관의 활동요지, (10)범죄처벌, (11)국방, (12)행정구획, (13)특별행정구제도, (14)외국인의 합법권익 보호 등이다.

1978년 헌법의 총강과 비교할 때, 1982년 헌법의 주요변화는, (1)무산계급전정을 인민민주전정으로 고쳤고, (2)민주집중제 원칙과 관련된 구체적인 내용을 추가시켰으며, (3)사회주의 법제에 관한 내용의 증가, (4)경제제도와 경제정책부문은 개혁개방의 새로운 상황과 새로운 요구에 근거하여, 비교적 많은 변화가 있었는데, 예컨대 집체소유제경제의 표현방식, 개체경제, 토지소유권, 외국기업과 기타 외국경제조직 등에 관한 문제의 규정을 추가하였다. (5)사회주의 정신문명과 관련된 규정의 추가, (6)행정구역과 특별행정구에 관한 규정의 추가, (7)외국인이 비호권을 받을 권리를 공민의 기본 권리와 의무부분에서 총강으로 옮겼다. 동시에 1982년 헌법은 1978년 헌법의 어록 또는 구호 등 형식의 규정을 삭제하였다.

3) 공민의 기본 권리와 의무에 관하여

1982년 헌법은 공민의 기본 권리와 의무에 관하여 24개 조항으로 규정하여, 1978년 헌법에 비하여 8개 조문이 추가되었다. 전술한 바와 같이, 이 부분의 내용은 국가기구의 장 앞에 두어 규정하였다. 동시에 내용상으로도 많이 증가되었다. 그 주요 내용은, (1)중화인민공화국 공민 기준의 확정, (2)평등권, (3)정치적 권리와 자유, (4)종교 신앙의 자유, (5)인신의 자유, (6)사회경제적 권리, (7)문화교육의 권리, (8)특수주체의 권리보호, (9)공민의 기본의무 등이다.

1982년 헌법이 규정한 공민의 권리와 자유는 1978년 헌법에 비하여 종류의 증가뿐만 아니라 내용상으로도 더욱 풍부하다. 즉 (1)공민의 법률 앞의 평등 규정을 추가하였는데, 1954년 헌법의 "법률상"을 "법률 앞"으로 바꾸었고, (2)권리와 의무의 일치성 규정을 추가하였고, (3)공민의 선거권, 피선거권 행사에 관하여 더욱 구체적으로 규정하고, (4)공민의 정치자유를 더욱 정확히 규정하고, (5)종교 신앙의 자유에 대하여 더욱 구체적이고 정확하게 규정하였으며, (6)인신의 자유에 대하여도 더욱 구체적으로 규정하고, (7)공민의 인격존엄이 침해받지 않음을 규정하였으며, (8)공민의 통신의 자유와 통신비밀이 법률의 보호를 받고, (9)공민의 노동권에 대하여 구체적으로 규정하였고, 노동 역시 의무의 하나로 규정하였다. (10)퇴직인원이 생활보장을 받는 규정이 추가되고, (11)공민의 국가배상을 청구할 권리가 규정되었으며, (12)공민의 권리와 자유의 행사에 대한 제한성 규정이 증가되었다.

1982년 헌법의 기본의무에 관한 규정의 주요 변화는, (1)공민이 노동의 의무가 있다는 규정, (2)공민은 교육을 받을 의무가 있다는 규정, (3)공민은 헌법과 법률을 준수할 의무가 있다는 규정, (4)공민은 조국의 안전, 영예와 이익을 수호할 의무가 있다는 규정, (5)공민은 법에 따른 납세의 의무가 있다는 규정이 추가되었다. 또한 (6)공민은 반드시 중국공산당의 영도를 옹호하고, 사회주의 제도를 옹호할 의무가 있음은 삭제하였다.

4) 국가기구에 관하여

1982년 헌법의 국가기구에 관한 규정은 모두 79개 조항으로서, 1978년 헌법과 비교하면 55개 조항이 추가되어 전체 헌법조문 중에서 가장 많은 증가가 있었다. 절의 수에서 비교하면, 1982년 헌법은 1978년 헌법에 비하여 2개절이 추가되었고, 즉 제2절 국가주석과 제4절 중앙군사위원회 부분이다. 전체적으로 보면, 1982년 헌법의 내용은 더욱 구체적이다.

제1절 전국인민대표대회 부분의 주요한 변화는, (1)전국인민대표대회의 임기와 회기에 관한 규정의 구체화, (2)전국인민대표대회의 직권에 대한 구체화, (3)전국인민대표대회상무위원회의 직권을 확대하여, 입법권과 헌법실시 감독의 권한을 포함시켰는데 이는 1982년 헌법의 국가기구 부분에 관한 가장 두드러진 발전과 변화이다. (4)전국인민대표대회 아래에 상설의 전문위원회를 설립하여 전국인민대표대회 및 그 상무위원회의 직권행사에 협조토록 하였고, (5)전국인민대표대회 대표의 법적 보호에 관한 규정을 추가시킨 바, 예컨대 인신자유의 특별한 보호와 각종 회의상의 발언면책권 등이다.

제2절 국가주석에 관한 규정은 1978년 헌법에 비하면 새로 추가된 부분이다. 1954년 헌법의 국가주석에 관한 규정과 비교하면 그 주요 변화는, (1)국가주석의 자격조건 중 연령의 규정을 열 살 올려, 즉 35세에서 45세로 하였고, (2)국가주석의 실질적 권리를 삭제하였는데, 예컨대 무장역량의 통솔, 최고국무회의 개최의 권리를 삭제하였다. (3)국가주석, 부주석 모두 궐위될 경우의 대리에 관한 규정을 추가시켰다.

제3절 국무원 부분의 주요 발전은, (1)국무원의 영도체제를 총리책임제로 규정하였고, (2)국무원의 직권 중 헌법과 법률의 규정에 근거하여 행정법규를 제정할 권한을 부여하였으며, (3)국무원 각 부, 각 위원회에 부

장, 주임책임제를 실시하고, 각 부, 위원회는 법률, 행정법규에 근거하여 규장을 제정할 수 있도록 규정하였고, (4)국무원에 심계기관을 설치토록 하였다.

제4절 중앙군사위원회의 규정은 새로 추가된 내용이다. 본 절은 모두 두 개 조문으로서 주로 중앙군사위의 성질, 지위, 구성, 영도체제에 대하여 규정하였다.

제5절 지방 각급인민대표대회와 지방정부부분에서는, 행정기관의 명칭을 문혁의 색채가 농후한 혁명위원회에서 인민정부로 바꾸었고, 그에 대한 조직과 직권의 규정을 더욱 구체화시킨 이외에도, (1)현급 이상 지방 각급인민대표대회에 상무위원회를 설립하였고, (2)성, 자치구, 직할시 인민대표대회 및 그 상무위원회는 헌법, 법률, 행정법규와 저촉되지 않는 전제하에 지방성법규를 제정할 권한이 있음을 추가 규정하였고, (3)현급 이상 지방 각급인민정부의 수장개인책임제를 추가하여 규정하였으며, (4)현급 이상 각급인민정부에 심계기관을 설립하는 규정을 추가시켰으며, (5)거민위원회와 촌민위원회의 성질 및 주요 임무에 관한 규정을 새로이 규정하였다.

제6절 민족자치지방의 자치기관 부분의 주요한 발전은, (1)민족구역자치제도의 중요한 구성부분으로, 1982년 헌법은 민족자치기관조직에 관한 규정을 신설하여, 즉 민족자치지방의 인민대표대회상무위원회 중에는 마땅히 구역자치지역 민족의 공민이 주임과 부주임을 맡도록 하고, 자치구의 주석, 자치주의 주장, 자치현의 현장은 구역자치 민족의 공민이 담임토록 하였다. (2)당초 민족자치지방의 인민대표대회가 가졌던 자치조례와 단행조례의 제정권 외에, 기타 여러 항목의 자치권을 규정하였다.

제7절 인민법원과 인민검찰원 관련 부분의 주요 변화는, (1)인민법원의 재판원칙의 규정, (2)인민법원의 상·하급 법원 간의 관계를 재판감독관계로 규정하고, (3)인민검찰원의 검찰공작원칙의 규정하고, (4)상·하급 인민검찰원 간의 관계를 영도관계로 규정하였으며, (5)공안, 검찰, 법원 세 기관 사이의 형사사건 처리에 대한 업무분담과 책임, 상호협조, 상호제약

의 관계규정을 신설한 것이다.

이 외에도, 1982년 헌법은 국가 영도자의 사실상의 종신제를 방지하고, 이로 인하여 일어나는 국가정책의 중단을 피하기 위하여, 다른 나라 헌법의 규정을 참고로 하여, 일정한 범위의 영도자가 연속하여 2기를 초과하여 담임할 수 없도록 명확히 규정하였는데, 여기에는 전국인민대회상무위원회위원장, 부위원장, 중화인민공화국 주석, 부주석, 국무원총리, 부총리, 국무위원, 최고인민법원 원장, 최고인민검찰원 검찰장이 포함되었다.

V. 헌법운영의 기제와 기능

1982년 헌법은 중국공산당과 국가가 법제를 중시하면서 사회주의 법제를 크게 강화하고, 사회주의 민주를 앙양하며, 사회 구성원의 권리의식, 민주의식, 주체의식, 공민의식을 대대적으로 증강한다는 배경하에 제정된 것이다. 그러므로 이 헌법은 실시에 있어서 양호한 사회적 기초와 환경을 지니고 있다. 동시에, 앞서 서술한 바와 같이 이 헌법은 내용상으로는 비교적 객관적으로 중국의 사회현실을 반영하였고, 시행에 있어 정당성을 구비하였다. 헌법의 규범성은 곧 헌법으로 하여금 시행에 있어 규범적 기초를 갖도록 하였다. 전반적으로 이 헌법 공포 이후의 실시상황은 매우 양호하다고 할 수 있다.

1. 헌법에 상응하는 국가기관의 설치

1982년 헌법은 1982년 12월 4일 5기 전국인민대표대회 5차 주석단이 헌법을 공포한 날로부터 발효되었다. 이론상으로는, 헌법이 규정한 국가기관은 즉시에 설치되고 운영되어야 하였다. 그러나 중앙의 일부 국가기

관은 헌법이 통과될 당시에도 설치되지 않고 있었는데, 예컨대 국가주석,
중앙군사위원회 등으로, 헌법이 규정한 국가기관과 현실상 국가기관의
직권에 관한 문제의 해결이 요구되었고, 또는 1982년 헌법과 1978년 헌
법의 효력의 연관성에 대한 해결이 요구되었다. 이러한 문제를 해결하기
위하여, 1982년 헌법이 통과되던 날 5기 전국인민대표대회 5차 회의는
'본기 전국인민대표대회상무위원회의 직권에 관한 결의'를 통과 시켰다.

이 결의는 제6기 전국인민대표대회 제1차 회의에서 헌법을 근거로 하여
중화인민공화국 주석, 부주석과 차기 전국인민대표대회상무위원회를 선
출하기 전에는, 본회기 전국인민대표대회상무위원회와 전국인민대표대회
상무위원회 위원장, 부위원장은 계속하여 각각 1978년 제5기 전국인민대
표대회 제1차 회의에서 통과된 헌법 제25조와 제26조의 규정에 의하여
직권을 행사한다고 규정하였다. 1978년 헌법 제25조에 규정된 것은 전국
인민대표대회상무위원회의 직권이고, 제26조에 규정된 것은 전국인민대
표대회상무위원회 위원장의 직권이다. 전국인민대표대회의 이러한 결의
는 국가주석을 선출하기 전에, 1982년 헌법에 의하여, 국가주석이 행사할
직권의 행사주체에 관한 문제를 해결하기 위한 것이다. 1978년 헌법 제19
조의 규정에 따르면, 중화인민공화국무장역량은 중공중앙주석이 통솔한
다. 그러나 1982년 헌법의 규정에 의하면 중화인민공화국중앙군사위원회
가 전국의 무장역량을 영도한다. 결의에서는 중앙군사위원회의 설치 이전
에 있어 무장역량의 통솔권의 귀속문제에 대하여는 다루지 않았다. 추론
할 수 있는 것은, 중화인민공화국중앙군사위원회 설치이전 무장역량의 통
솔권은 사실상 중국공산당중앙군사위원회가 행사하는 것이다.

6기 전국인민대표대회 1차 회의는 1983년 6월 6일부터 21일까지 개최
되었다. 이 회의에서는, 1982년 헌법에 따라 새로운 국가기관이 선거로
선출되었고, 그 중에는 새로 설치된 국가주석과 중앙군사위원회가 포함
되었다. 회의에서는 이선념(李先念)을 국가주석, 오란부(烏蘭夫)를 국가부
주석으로 선거하고, 등소평(鄧小平)을 중앙군사위원회주석으로, 엽검영(葉
劍英) 등을 부주석으로 하였다. 기존의 국가기관은 헌법의 규정에 따라

더욱 완벽을 기하였는데, 예컨대 전국인민대표대회는 이 회의에서 전국
인민대표대회와 전국인민대표대회상무위원회의 업무에 협조할 8개의 전
문위원회를 설치하였다. 이리하여 1982년 헌법이 규정한 중앙국가기관은
완전히 확립되었고, 1982년 헌법이 운영될 수 있는 조직적인 기반을 갖추
게 되었다.

지방의 국가기구는 1982년 헌법 통과 이전에 기본적으로 완비되었다.
1979년 7월 1일 5기 전국인민대표대회 2차 회의에서 '중화인민공화국헌
법의 몇 가지 규정의 개정에 관한 결의'를 통과시켜, 이 결의와 실질적인
필요에 근거하여, 전국인민대표대회는 같은 날 새로운 「중화인민공화국
지방 각급인민대표대회와 지방각급인민정부조직법」을 통과시켰다. 이
지방조직법은 지방 각급인민대표대회, 인민대표대회상무위원회와 지방
각급인민정부의 조직, 직권 등에 대하여 구체적인 규정을 하였다.

같은 날, 전국인민대표대회는 「중화인민공화국인민법원조직법」과 「중
화인민공화국인민검찰원조직법」을 통과시켰다. 1979년 7월 1일 전국인
민대표대회가 새로 개정한 선거법에 따라, 1980년과 1981년 전국 범위에
서, 현급 이하에서는 직접선거를 현급 이상에서는 간접선거를 실시하였
다. 선거를 통하여 새로운 지방 각급인민대표대회, 인민대표대회상무위
원회, 인민정부, 인민법원과 인민검찰원이 탄생되었다. 5기 전국인민대표
대회 5차 회의는 다시 1982년 헌법에 근거하여 1982년 12월 10일 지방조
직법을 개정하였다. 이리하여 1982년 헌법의 통과당시 지방의 국가기구
는 기본적으로 완비되었고, 신헌법과 지방조직법, 인민법원조직법, 인민
검찰원조직법이 규정한 직권에 직접 근거하여 업무를 수행할 수 있었다.

2. 헌법에 의한 국가기관의 운영

1982년 헌법은 중앙과 지방 각급 국가기관의 직권에 대하여 규정하였
다. 이들 국가기관은 헌법규정의 절차에 따라 엄격히 직권을 행사하여,

헌법으로 하여금 국가의 정치생활, 경제생활, 문화생활, 사회생활 등 각 영역에서 이전의 헌법에 비할 수 없는 적극적인 역할을 하도록 하였다.

조직상으로도, 중앙과 지방의 각 국가기관은 헌법에 따라 조직과 활동을 하였다. 예컨대 헌법의 규정에 따라, 전국인민대표대회는 임기 5년, 지방 각급인민대표대회의 임기는 5년 또는 3년으로 하였다. 1982년 헌법의 시행 이래 전국인민대표대회와 지방각급인민대표대회는 헌법의 규정에 따라 선거와 회의를 진행하였다. 전국인민대표대회를 예로 들면, 1982년 헌법의 통과 이래 1983년 6기 전국인민대표대회 1차 회의를 거행하였고, 1988년 7기 전국인민대표대회 1차 회의, 1993년 8기 전국인민대표대회 1차 회의, 1998년 9기 전국인민대표대회 1차 회의를 거행하였다. 헌법의 규정에 따라 전국인민대표대회 및 지방각급인민대표대회는 매년 적어도 한 차례 이상의 회의를 개최하였다. 1982년 헌법의 통과 이래 각급인민대표대회는 모두 이 규정에 의하여 회의를 진행할 수 있었다. 헌법의 규정에 따라 전국인민대표대회상무위원회와 지방의 현급 이상의 인민대표대회상무위원회는 적어도 2개월에 한 차례의 회의를 거행하였다. 이들 인민대표대회상무위원회 역시 모두 헌법의 규정에 따라 회의를 거행하였다. 전국인민대표대회 및 지방각급인민대표대회는 행정기관, 재판기관과 검찰기관을 포함하는 국가기관을 아울러 조직하였다.

그동안 장기간에 걸쳐 국가권력기관의 지위는 그리 높지 않았으며, "고무도장"으로 불리기도 하였다. 1982년 헌법의 통과 이후 이러한 상황에는 많은 변화가 있었고, 전국인민대표대회와 지방각급인민대표대회는 국가권력기관으로서 진정한 작용을 하였고, 상응하는 권력을 행사하였다. 전국인민대표대회 및 그 상무위원회를 예로 들면, 법정절차에 따라 중앙의 각 국가기관의 주요 영도자를 임면하였고, 기타 각 국가기관을 조직하였다. 국가생활의 중대한 문제에 대한 정책결정을 하였고, 예컨대 국가의 예산과 결산문제, 국민경제발전계획과 사회발전계획을 수립하고, 중경시를 직할시로 비준하였고, 홍콩과 마카오에 대한 특별행정구 성립을 결정하고, 홍콩기본법과 마카오기본법을 통과시켰으며, 기본법은 두 특별행정구가 가진 원래의 자본주의 제도와 생활방식을 유지하도록 규정하였다.

아울러 1988년, 1993년, 1999년의 헌법개정을 통하여, 기존의 헌법규범과 사회 현실과의 괴리를 해소하였다. 법률해석을 통하여 법률이 사회의 실생활에 적용되도록 하였고 국무원, 중앙군사위원회, 최고인민법원, 최고인민검찰원의 업무에 대하여 감독을 실시하고, 업무보고의 청취와 심의를 진행하였다. 전국인민대표대회상무위원회는 감독반을 조직하여 이미 제정된 법률의 시행상황에 대한 감독을 실시하기도 하였다. 지방각급 인민대표대회 및 그 상무위원회 역시 헌법의 규정에 따라 직권을 행사하였고, 본 지구의 특성에 근거하여 간부의 업무보고와 평가제도 등 간부의 업무에 대한 적극적이고 실효성 있는 감독을 진행하였다. 이 외에도, 각급 행정기관과 사법기관은 헌법의 규정에 근거하여 그 직권을 행사하였다.

3. 헌법에 의한 규범성법률문건의 제정

1982년 헌법이 이전의 헌법에 비하여 가지는 가장 큰 차이는, 이 헌법이 사회주의 법제를 더욱 강화하였다는 것이다. 헌법이 국가근본법이고 최고의 법률효력을 가지는 외에, 또 하나의 새로운 입법체제를 확립하였다. 전국인민대표대회는 형사, 민사, 국가기구와 관련된 기본법률을 제정 또는 개정하고, 전국인민대표대회상무위원회는 전국인민대표대회가 제정한 기본법률 이외의 기타 법률을 제정 또는 개정하며, 전국인민대표대회의 폐회기간 동안에는 전국인민대표대회가 제정한 기본법률을 개정한다.

국무원은 헌법과 법률에 근거하여 행정법규를 제정하고, 성 자치구 직할시의 인민대표대회와 인민대표대회상무위원회, 성 자치구 인민정부 소재의 시 인민대표대회와 인민대표대회상무위원회, 국무원이 비준한 대도시의 인민대표대회와 상무위원회는 헌법, 법률 및 행정법규와 저촉되지 않는다는 전제아래 지방성법규를 제정한다. 국무원 각 부문, 성, 자치구,

직할시인민정부, 성·자치구 인민정부 소재의 시 인민정부, 국무원 비준의 대도시 인민정부는 법률·행정법규 또는 지방성법규에 근거하여 규장을 제정한다. 자치구, 자치주, 자치현의 인민대표대회는 본 민족의 특징에 의거하여 자치조례와 단행조례를 제정한다.

1982년 헌법이 확립한 입법체제를 근거로, 국가의 입법에는 큰 진전이 있었다. 전국인민대표대회와 전국인민대표대회상무위원회를 예로 들면, 1982년 헌법의 통과 이래 수차에 걸친 회의를 통하여 이미 사회주의시장경제에 적응할 수 있는 초보적인 법률체계를 마련하였다.

첫째, 국가기구에 관한 입법에 있어서 전국인민대표대회조직법, 지방각급인민대표대회와 지방각급인민정부조직법, 국무원조직법, 인민법원조직법, 인민검찰원조직법, 선거법, 전국인민대표대회의사규칙, 전국인민대표대회상무위원회의사규칙, 인민대표법, 민족구역자치법, 국기법, 국휘법, 홍콩기본법, 마카오기본법 및 촌민위원회조직법, 거민위원회조직법 등을 제정하였다.

둘째, 민·상사 입법에서는 민법총칙, 계약법, 상표법, 보험법, 회사법, 수표법, 증권법, 해상법 등을 제정하였다.

셋째, 경제입법에서는 전민소유제공업기업법, 집체소유제기업법, 사영기업법, 기업파산법, 중외합자경영기업법, 외자기업법, 중외합작경영기업법, 대만동포투자보호법, 부당경쟁방지법, 광고법, 개인소득세법, 중외합자경영기업소득세법, 외상투자기업과 외국기업소득세법, 대외무역법, 예산법, 회계사등기법, 심계법, 중재법, 동업기업법, 공산품품질법, 가격법, 세수징수관리법, 중국인민은행법, 상업은행법, 토지관리법 등이 제정되었다.

넷째, 형사입법에서는 1997년에 형법에 대한 대폭적인 개정을 하였다.

다섯째, 행정관리입법에서는 삼림법, 초원법, 어업법, 광산자원법, 수법, 수토보존법, 환경보호법, 야생동물보호법, 해양환경보호법, 대기오염방지법, 물오염방지법, 고체폐기물오염환경방지법, 교육법, 의무교육법, 고등교육법, 교사법, 약품관리법, 식품위생법, 전염병방지법, 체육법, 병역법, 군사시설보호법, 국방법, 치안관리처벌조례, 중국공민출입국관리법, 외국인출입국관리법, 노동교양의 보충에 관한 규정, 관세법, 당안법, 비밀보호법, 철로법, 항공법, 전력법, 국적법, 변호사법, 통계법, 회계법, 우정법, 수출입상품검사법, 수출입동물검역법, 계량법, 표준화법, 기술감독법, 도시부동산관리법, 광산안전법, 미성년보호법, 부녀권익보호법, 모자보건법, 잔질인보장법, 수양법(양자법), 해상교통안전법, 문물보호법, 연초전매법, 국가배상법, 행정처벌법, 행정심판법 등을 제정하였다.

여섯째, 사법절차입법에서는 형사소송법, 민사소송법 및 행정소송법을 제정하였다.

일곱째, 공민의 기본 권리와 의무에 관한 입법에서는 집회데모시위법, 선거법, 특허법, 상속법, 저작권법, 노동법, 소비자권리보호법 등이 제정되었다.

이 외에도 상술한 법률에 근거하여 국무원 및 기타 규범성문건의 제정권한이 있는 국가기관은 대량의 행정법규, 지방성법규, 행정규장과 자치조례 및 단행조례를 제정하였다.

4. 개혁개방과 헌법의 새로운 발전

현행 헌법은 1982년에 제정된 것이지만, 1982년은 개혁개방의 초기로서 경제체제개혁은 물론이고 정치체제개혁 및 대외개방 모두 시작의 단계에 처해 있었다. 전체적으로 보면 계획경제체제에서 사회주의시장경제로 전환하는 초기단계에 있었다. 이와 함께 중국의 사회는 정치, 경제, 문화 등 각 영역에서 전환이 이루어지고 있었다. 예컨대, 사회주의 법제는 1982년 당시는 중국사회가 한편으로는 문화대혁명 중의 극좌적 방법에 대하여 반성하고 정상회복을 진행하는 상태였고, 다른 한편으로는 사회주의 민주의 앙양과 사회주의 법제 강화의 중요성을 인식하기 시작하였으나, 어떻게 민주를 앙양하고 법제를 강화할 것인가에 대하여, 또한 제도의 혁신을 어떻게 잘 마무리 할 것인가 하는 탐색의 단계에 있었다. 이 때문에 헌법의 일부규정은 당시 중국사회의 발전단계와 잘 부응하였고, 또한 당시의 여러 현상의 인식수준과 잘 적응하였다. 그 중에서도 헌법의 경제제도, 경제정책에 관한 규정은 가장 두드러진 것이고 전형적이다. 다시 말하면 1982년 헌법은 내용상으로 뿐만 아니라 헌법의 규범에 있어서도 사회발전에 대한 기록으로 존재하게 되었다.

중국사회는 1982년 이후 정치, 경제, 문화 등 영역에서 엄청난 역사적 변화가 일어났다. 어떤 사람은 "사회형식의 전환"이라고까지 표현하였는데 이는 매우 적당한 표현이다. 사회의 이러한 거대한 변화는 반드시 헌법규범의 변화를 가져오게 하거나 헌법규범의 발전을 위한 사회적 기초를 제공하게 된다. 앞서 서술한 바와 같이, 이 헌법은 한편으로는 중국의 당시의 실제상황을 반영하였고, 다른 한편으로는 개혁개방의 정신을 반영하였으며, 이는 결코 헌법규범의 발전을 배척한 것이 아니고, 헌법규범이 장차 사회실제의 변화에 따라 발전할 추세를 예견한 것이다.

VI. 사회변혁과 헌법의 부단한 발전

1. 1988년의 헌법개정안

중국의 경제체제개혁이 어떤 목표 모델로 확정되느냐 하는 것은 사회주의 현대화건설 전체에 걸친 중대한 문제이다. 이 문제의 핵심은 계획과 시장의 관계를 어떻게 인식하고 처리하느냐 하는 것이다. 전통적 관념으로 시장경제는 자본주의의 특유한 것이고, 계획경제는 사회주의경제의 기본적인 특징이 된다. 당의 11기 3중 전회 이래 개혁의 부단한 진전에 따라 전통적 관념은 점차 변화되어 새로운 인식이 형성되었고, 이러한 인식의 변화는 개혁과 발전에 대하여 중요한 역할을 하였다. 1982년 헌법은 건국 30여 년의 사회주의 건설의 경험과 교훈을 종합하여, 계획경제에 대하여 기본적으로는 인정을 하면서, 사회주의 경제제도개혁의 수요에 적응하기 위하여, 다시 시장수단의 중요성을 표명하게 되었다. 헌법 제15조는, "국가는 사회주의공유제의 기초 위에서 계획경제를 실시한다. 국가는 경제계획의 종합적인 균형과 시장조절의 보조적 작용을 통하여 국민경제를 균형 있게 발전시킨다."고 규정하였다.

경제체제개혁의 진전에 따라 시장기제의 작용은 날로 중시되었다. 당의 12대에서는 계획경제를 위주로 하고 시장조절을 보조로 한다는 것을 제기하였다. 당의 12기 3중 전회는, 상품경제는 사회경제발전이 넘을 수 없는 단계라는 것을 지적하였고, 중국의 사회주의경제는 공유제를 기초한 계획상품경제라 하였다. 당의 13대에서는 사회주의 계획상품경제체제는 마땅히 계획과 시장이 내재 통일의 체제가 되어야 함을 지적하였다. 당의 13대 회의의 정신에 근거하여, 경제체제개혁의 수요에 적응하도록, 헌법은 헌법 실시중의 경험을 적절히 종합하여, 시장경제발전을 촉진하는 사영경제의 보충작용에 대하여 인정하였다.

1987년부터 1989년까지 부동산 활기와 개발에 관한 활기가 일어났다. 토지매매의 합법적 성립을 위하여 1988년 2월 중공중앙은 정식으로 헌법개정에 대한 건의를 하였다. 1982년 헌법은 경제제도의 규정에 있어서 중대한 결함이 있었는 바, 이는 헌법의 제6조 규정으로서, 이 조항은 "중화인민공화국의 사회주의 경제제도의 기초는 생산자료의 공유제, 즉 전민소유제와 노동군중집체소유제이다. 사회주의공유제는 착취제도를 소멸하고, 각자의 능력을 다하도록 하여, 노동에 따른 분배의 원칙을 실행한다."고 하였다. 이 조항은 오직 전민소유제와 노동군중집체소유제 만이 합법적이라고 하여, 헌법은 단지 공유제경제의 합법성만을 인정하였다.

1988년 3월 31일, 제7기 전국인민대표대회 제1차 회의에서 헌법개정안 초안을 심의하였고 12일 후에 통과되었다. 1988년 4월 12일 제7기 전국인민대표대회 제1차 회의에서 두 개 조문의 개정안이 통과되었는데, 그 중 제1조 개정안은 "국가는 사영경제가 법률규정의 범위 내에서 존재하고 발전함을 허용한다. 사영경제는 사회주의공유제경제의 보충이다. 국가는 사영경제의 합법적인 권리와 이익을 보호하고, 사영경제에 대하여 지도 감독과 관리를 실시한다."고 규정하였다.

이 규정은 사영경제의 헌법상 지위를 명확히 하였고, 사회주의시장경제체제의 수립을 위한 법적근거를 마련해 주었다. 제2조 개정안은 헌법 제10조 제4항의 "어떠한 조직 또는 개인도 무단점유, 매매, 대여 또는 기타 방법으로 토지를 불법적으로 이전할 수 없다"는 것을 개정하여, "어떠한 조직 또는 개인도 무단점유, 매매 또는 기타의 형식으로 토지를 불법적으로 이전할 수 없다. 토지의 사용권은 법률의 규정에 의하여 이전할 수 있다'로 변경하였다. 이에 의하여, 헌법은 처음으로 토지사용권의 상품화를 인정하였다. 그 후 1990년 5월 19일 국무원 55호령으로 반포 실시된 「중화인민공화국성진국유토지사용권이전잠행조례」는 즉 토지사용권이 시장에서 거래될 수 있도록 한 구체적인 규정이다.

2. 1993년의 헌법개정안

1992년 초, 등소평은 남순담화(南巡談話)에서 계획경제는 사회주의와 동일한 것이 아니고 자본주의 역시 계획이 있다는 것을 지적하면서, 또한 시장경제는 자본주의와 같은 것이 아니고 사회주의 역시 시장이 있다는 것을 지적하였다. 계획과 시장은 모두 경제수단이다. 계획이 조금 많은지 혹은 시장이 조금 많은지는 사회주의와 자본주의의 본질을 구분하는 것이 아니라는 점을 지적하였다. 이러한 논단은 계획경제와 시장경제를 사회기본제도의 범주로 보는 사상적 속박을 근본적으로 해체시켰고, 계획과 시장관계의 문제에 대한 인식에 새로운 돌파구를 마련해 주었다.

당의 14대는 사회주의시장경제 수립의 이론을 명확히 제기하였고, 사회주의시장경제체제가 사회주의기본제도와 합치된다는 것을 지적하였다.

사회주의시장경제를 수립 완성시키는 것은 하나의 장기적인 발전의 과정이고, 하나의 거대하고 복잡한 사회체계의 공정이다. 지속적인 노력이 요구되고 심리적 긴장감이 요구되는 것이다. 방향을 정확히 확정하여 실제에서 출발하여 여러 가지 상황을 정확히 구별하여 적극적으로 추진할 것이 요구되는 것이다.

사회주의시장경제체제의 수립을 보장하고 촉진하기 위하여, 현행 헌법은 경제체제개혁에서 취득한 최신의 경험과 인식을 바탕으로 하여 사회주의시장경제의 법적 지위를 때맞추어 인정하였다. 11년간 헌법 시행의 경험에서 1993년 3월 28일 제8기 전국인민대표대회 제1차 회의에서는 헌법개정안을 통과시켰다. 헌법 제15조의 "국가는 사회주의공유제의 기초 위에서 계획경제를 실행한다."를 개정하여 "국가는 사회주의시장경제를 실행한다."로 변경하였다. 이를 기초로 헌법개정안은 사회주의시장경제체제의 수립, 완비와 보증에 관련된 몇 가지 규정을 하였다.

헌법개정안의 상술규정은 중대한 의의를 가진다. 그것은 헌법조문의 단순한 개정과 변동만이 아니고 헌법의 시행을 위한 진실한 반영이다. 헌법은 국가의 근본법이고 그것은 국가의 근본제도와 근본임무를 규정하고, 최고의 법적 효력을 가진다. 국가의 경제체제개혁 역시 헌법의 국가경제제도와 경제활동원칙에 관한 규정의 기초 위에서 진행되는 것이다.

그러므로 중국의 경제체제개혁은 일종의 합법적인 개혁활동이고 불법적인 개혁활동이 아니다. 경제체제개혁의 지도사상과 각종 구체적인 경제체제개혁조치는 모두 헌법과 법률의 관련규정에 따라 진행되는 것이다. 헌법개정안이 "국가는 사회주의공유제의 기초 위에서 계획경제를 실행한다."를 "국가는 사회주의시장경제를 실행한다."로 개정하는 것은, 헌법실시의 과정에서 "국가는 사회주의공유제의 기초 위에서 계획경제를 실행한다."는 규정이 사회주의경제체제 개혁의 수요에 완전하게 적용하지 못한다는 것을 인식하게 된 때문이다.

그러므로 사회주의경제체제 개혁의 구체적 사정에 적합하도록, 시장경제체제를 실행하는 일부 법치국가의 헌법규정을 참조하여 현행 헌법은 적절한 시기에 사회주의시장경제의 법적지위를 인정하였다. 만약 헌법이 적기에 사회주의경제체제 개혁의 성과를 인정하지 못하면, 사회주의시장경제의 법적 지위는 불명확하게 되고, 사회주의시장경제체제의 수립은 합법적인 근거를 얻을 수 없고, 사회주의경제체제 개혁의 진행은 모순으로 가득 차게 되는 것이다. 그러므로 헌법개정안의 상술규정은 헌법 시행의 실천에서 나오는 것이고, 동시에 헌법의 시행, 헌법존엄을 수호한다는 요구에 적절하게 적응한 것이며, 헌법의 유효한 시행과 사회주의시장경제체제 개혁의 순조로운 진행을 위하여 가장 기본적인 법적 근거를 제공하였다.

사회주의시장경제의 중요한 특징은 시장경제가 엄격한 규범 및 건전한 법치의 기초 위에서 수립된다는 것이다. 시장경제의 운행은 반드시 시장경제가 가진 객관적인 규율에 엄격히 부합해야 하고, 그 중에서 가치규율은 자원에 대한 시장조절을 통하여 유효하고 정확하고 적기에 또한 합리적으로 배치하는 것이다. 주관적이고 시장경제의 요구에 부합하지 않는 행동은 모두 시장경제체제의 정상운행을 방해하는 것이고, 인치는 반드시 시장경제발전의 정지를 초래하게 된다. 이것은 시장경제의 수립과 발전에 있어 필연적인 규율이다. 그러므로 법치를 존중하지 않거나, 헌법과 법률의 사회주의시장경제체제 수립 중의 법적 권위를 무시하게 되면, 사회주의시장경제체제의 수립은 불가능하게 되고, 동시에 경제체제 개혁의 부단한 진전과 발전은 불가능하게 된다.

현행 헌법이 적기에 사회주의시장경제의 법적 지위를 인정하였기 때문에, 헌법의 규정에 근거한 경제체제의 개혁과 사회주의시장경제체제의 수립이 이루어졌고, 시장경제체제의 수립과 발전이 충분한 헌법적인 근거를 가지게 되었을 뿐만 아니라, 헌법 본연의 법적권위를 강화할 수 있었다. 사회주의시장경제체제의 수립과정에서 헌법의 관련규정을 이탈함이 없이 시장경제체제를 운영할 법률과 법규를 제정하여야 한다. 시장경제체제를 운영하는 법률 규범체계는 마땅히 헌법이 허용하는 범위 내로 제한되고, 입법의 한계를 넘거나 "대담입법"의 사상은 시장경제법률규칙

의 탄생에 해를 끼치고, 사회주의 법제통일의 원칙을 파괴하고, 헌법의
국가 근본법으로서의 권위를 약화시키게 된다. 그러므로 헌법을 진지하
게 시행하고, 헌법의 규정에 의하여 경제체제의 개혁을 심화시키는 것은
사회주의법치원칙의 준수를 보장하는 것이고 또한 사회주의시장경제의
법률체계를 유효히 확립할 수 있는 것이며, 사회주의시장경제의 안정적
이고 유효한 전진과 발전을 촉진하는 것이다.

　1993년의 헌법개정안은 사회주의시장경제의 법적 지위를 확립시킨 것
이외에도, 사회주의 민주와 법제건설의 구체적 상황에 근거하여 일부 기
본적인 제도에 대하여 개정을 하였다. 헌법개정안 제3조는 헌법 서언 제7
단의 두 구절 "금후 국가의 근본임무는 사회주의 현대화건설 진행에 역
량을 집중한다. 중국 각 민족 인민은 계속하여 중국공산당 영도하 마르크
스 레닌주의, 모택동사상의 지도하에 인민민주전정을 고수하고, 사회주
의 노선을 고수하며, 사회주의의 각종 제도를 부단히 완성시키고, 사회주
의 민주를 발전시키고, 사회주의 법제의 수립, 자력갱생, 간고분투, 점진
적으로 공업 농업 국방과 과학기술의 현대화를 실현시키고, 국가를 고도
문명, 고도의 민주적 사회주의국가로 건설한다."를 개정하여, "우리 국가
는 현재 사회주의 초급단계에 처해 있다. 국가의 근본임무는, 중국 특색
의 사회주의 건설의 이론에 근거하여, 사회주의 현대화건설 진행에 역량
을 집중한다. 중국 각 민족 인민은 계속하여 중국공산당의 영도와 마르크
스 레닌주의, 모택동사상의 지도하에 인민민주전정을 고수하고, 사회주
의 노선을 고수하며, 개혁개방을 견지하고, 사회주의의 각종 제도를 부단
히 완성시키고, 사회주의 민주를 발전시키고, 사회주의 법제의 수립, 자력
갱생, 간고분투, 점진적으로 공업 농업 국방과 과학기술의 현대화를 실현
시키고, 국가를 부강 민주 문명의 사회주의국가로 건설한다."로 하였다.

　이 개정안은 특히 중국특색의 사회주의 이론의 중요한 역사적 지위를
강조하였다. 이 규정은 1999년 헌법개정은 등소평이론을 헌법에 명기할
수 있도록 한 좋은 이론적 발판이 되었다.

　헌법개정안 제4조는 중국공산당 영도하의 다당합작과 정치협상제도를

인정하였다. 즉 현행 헌법 서언 제10단 말미에 "중국공산당 영도의 다당합작과 정치협상제도는 앞으로 장기간 존재 발전한다."는 것을 추가하였다.

　사회주의시장경제체제의 합법성을 전면적으로 확립하기 위하여, "국가는 사회주의시장경제를 실행한다."는 규정을 중심으로, 1993년의 헌법개정안은 중국의 경제제도 중의 몇 가지 규정의 내용에 대하여 사회주의시장경제의 요구에 맞는 조정과 변화를 기하였고, 주요한 특징은 여전히 국유경제가 국민경제에서 주도적인 지위를 차지하는 것으로 하였고, 국유기업과 집체기업의 민주적인 관리를 강조하고 경제입법과 거시적인 조절작용을 중요시하였다. 상술 내용의 주요한 표현은 헌법개정안 제5조, 제7조, 제8조, 제9조와 제10조에서 나타난다. 예컨대 개정안 제5조 규정은, 헌법 제7조의 "국영경제는 사회주의전민소유제 경제이며, 국민경제의 주도적 역량이다. 국가는 국영경제의 공고와 발전을 보장한다."를 개정하여, "국유경제, 즉 사회주의전민소유제 경제는, 국민경제의 주도역량이다. 국가는 국유경제의 공고와 발전을 보장한다."로 하였다.

　헌법개정안 제7조는, 헌법 제15조의 "국가는 사회주의공유제의 기초 위에서 계획경제를 실행한다. 국가는 경제계획의 종합적인 균형과 시장조절의 보조적 작용을 통하여, 국민경제의 균형 있는 협조발전을 보증한다." "어떠한 조직이나 개인의 사회경제질서 교란을 금지하고, 국가경제계획의 파괴를 금지한다."를 개정하여, "국가는 사회주의시장경제를 실행한다." "국가는 경제입법을 강화하고, 거시적인 조정을 완성한다." "국가는 법에 의하여 어떠한 조직이나 개인의 사회경제질서 교란을 금지한다."로 하였다.

　헌법개정안 제8조는, 헌법 제16조의 "국영기업은 국가의 통일적인 영도의 복종과 국가계획 전면완성의 전제아래, 법률규정의 범위 내에서, 경영관리의 자주권을 가진다." "국영기업은 법률의 규정에 의하여, 직공대표대회와 기타 형식을 통하여 민주적 관리를 실행한다."를 개정하여, "국유기업은 법률규정의 범위 내에서 자주경영의 권리를 가진다." "국유기업은 법률의 규정에 의하여, 직공대표대회와 기타 형식을 통하여 민주관리를 실행한다."고 하였다.

헌법개정안 제9조는, 헌법 제17조의 "집체경제조직은 국가의 계획과 지도를 접수하고 관련 법률을 준수하는 전제하에서, 경제활동의 자주권을 가진다." "집체경제조직은 법률의 규정에 의하여 민주관리를 실행하고, 그 전체노동자에 의하여 관리인원을 선거하고 파면하며, 경영관리상의 중요문제를 결정한다."를 개정하여, "집체경제조직은 관련 법률을 준수하는 전제하에, 경제활동의 자주권을 가진다." "집체경제조직은 민주관리를 실행하고, 법률의 규정에 의하여 관리인원을 선거하고 파면하며, 경영관리의 중대 문제를 결정한다."로 하였다.

헌법개정안 제10조는, 헌법 제42조 제3항의 "노동은 일체 노동능력 있는 공민의 영광된 직무이다. 국영기업과 성향 집체경제 조직의 노동자는 모두 국가의 주인으로서의 자세로 자기의 노동을 대하여야 한다. 국가는 사회주의 노동경쟁을 제창하고, 노동모범과 선진공작자를 장려한다."를 개정하여, "노동은 일체 노동능력 있는 공민의 영광된 직책이다. 국유기업과 성향집체경영조직의 노동자는 모두 국가의 주인으로서의 자세로 자기의 노동을 대하여야 한다. 국가는 사회주의 노동경쟁을 제창하고, 모범과 선진공작자를 장려한다. 국가는 공민의 의무노동 종사를 제창한다."고 하였다.

1993년의 헌법개정안은 다시금 농촌에 있어서 농가생산청부제의 합법성에 대하여 인정하였고, 광범위한 농촌의 경제적 번영과 안정, 많은 농민이 농촌경제체제 개혁 이래 획득한 각종의 합법적인 권익을 위하여 헌법상의 보장을 하게 되었다. 이 정책은 헌법개정안 제6조에서 표현되는 바, 이 헌법개정안 규정은 헌법 제8조 제1항의 "농촌인민공사, 농촌생산합작사와 기타 생산 판매 신용 등 각종 형식의 합작경제는 사회주의 노동군중집체소유제경제이다. 농촌집체경제의 조직에 참가하는 노동자는 법률규정의 범위 내에서 자류지, 자류산, 가정부업의 경영과 가축사육의 권리를 가진다."는 규정을 개정하여, "농촌의 농가생산청부제 위주의 책임제와 생산 판매 신용 소비 등 각종 형식의 합작경제는 사회주의 노동군중집체소유제 경제이다. 농촌집체경제의 조직에 참가하는 노동자는 법률이 규정한 범위 내에서 자류지, 자류산, 가정부업의 경영과 가축사육의 권리를 가진다."로 하였다.

이 외에도, 1993년의 헌법개정에서, 헌법개정안 제11조는 다시 지방인민대표대회의 임기에 대하여 중국의 상황에 부합하는 현실적인 조정을 하였는 바, 이 개정안의 조항은, 헌법 제98조의 "성, 직할시, 구를 설치한 시의 인민대표대회의 매기 임기는 5년으로 한다. 현, 구를 설치하지 않은 시, 시 관할의 구, 향, 민족향, 진의 인민대표대회의 매기 임기는 3년으로 한다."를 개정하여, "성, 직할시, 현, 시, 시 관할의 구의 인민대표대회의 매기 임기는 5년으로 한다. 향, 민족향, 진의 인민대표대회의 매기 임기는 3년으로 한다."로 하였다.

실천이 증명하듯, 1988년과 1993년의 두 차례에 걸친 헌법개정은 중국의 개혁개방과 현대화건설에 중요한 촉진작용을 하였다.

3. 1999년 헌법개정안

1) 1999년 헌법개정안의 형성과정

1997년 9월, 중국공산당 제15차 전국대표대회가 북경에서 개최되었다. 대회의 주제는, 등소평이론의 위대한 기치를 드높이고, 21세기에는 중국 특색의 사회주의 건설사업을 전면 추진한다는 것이었다. 이 회의가 주목을 받는 것은 세기를 넘어선다는 의의를 가지는 회의에서 등소평이론의 지위를 확립하였을 뿐만 아니라 의법치국, 사회주의 법치국가건설의 치국방책을 확립하였고, 중국의 현 단계에서의 소유제구조와 분배형식에 대한 새로운 인식을 확립하였다는 것이다. 15대 보고에서는, 공유제를 주체로 한 다종소유제 경제의 공동발전이 사회주의 초급단계에서의 기본임무라는 것을 지적하였다. 비공유제경제는 중국 사회주의시장경제의 중요한 구성부분이다. 개체, 사영 등 비공유제경제에 대하여 계속적인 격려와 지도가 요구되고, 건전하게 발전시킬 것이 요구된다. 노동에 따른 분배를 주로 하여, 다종 분배형식이 병존하는 제도를 유지한다.

이와 동시에, 15대 보고에서는 다시 농업을 경제업무의 전면에 둘 것을 강조하였다. 이렇게 함으로써 장기적인 안정은 마땅히 농가생산청부위주의 책임제로서 통분결합의 이중경영체제를 완성하여 점차 집체경제의 실력을 강화하는 것이다. 주지하다시피 당의 15대의 상술 문제에 대한 기본적인 인식은, 사회주의 현대화건설의 실천에 기초하여 얻은 경험의 결집으로서, 중국공산당이 전국인민을 영도하여 사회주의시장경제를 건설하는 과정에서 형성된 사회주의시장경제의 요구에 부합하는 참신한 인식이며, 또한 중국의 사회주의 현대화건설의 각종 사업의 방침과 행동을 이끌어 가는 것이다. 이러한 인식은 현행 헌법에서 결코 실현될 수 없기 때문에, 어떻게 당의 15대에서 확립한 기본정신을 적기에 근본법의 형식으로 확립하여 그것을 중국의 21세기의 기본 국가정책으로 할 것인가 하는, 이러한 문제에서 헌법개정의 주장이 제기된 것이다.

(1) 당의 15대 이후 사회 각계에서는 헌법의 개정에 대한 검토와 건의가 있었다

15대 개최 이후 사회 각계에서는 15대 보고의 정신을 진지하게 학습하면서, 의법치국의 요구를 결합하여, 계속적으로 헌법개정을 제기하였다. 그 초점은 어떻게 15대 보고에서 확립한 중국의 현 단계에 있어서의 기본경제제도와 분배형식, 농촌집체경제 경영기제, 특히 등소평이론의 역사적 지위와 지도사상 작용의 새로운 인식을 헌법의 형식으로 확립하고, 또한 헌법을 보장하는 기본제도와 법률원칙이 되도록 하는데 있었다.

1997년 중공중앙 15대 회의 개최 이후, 무한대학 관리학원 이숭회(李崇淮) 교수는 중공중앙에 헌법개정의 건의를 하였다. 80고령의 이숭회는 일찍이 민주건국회 중앙 부주석과 두 차례 전국인민대표대회의 대표를 역임하였으며, 그는 자기의 구체적인 건의내용을 건의안으로 작성하여 민주건국회 중앙에 제출하였다. 1997년 12월, 민건중앙 주석 성사위(成思危)의 주재하에, 민건중앙은 반복적인 연구를 거쳐 4개조의 헌법개정건의를

제출하고, 민건중앙의 명의로 관련부문에 제출하였는 바, 등소평이론을 헌법에 명확히 명기하는 것으로, 15대에서 확정한 의법치국의 방침을 헌법에 명기하고, 15대에서 제기한 다종경제형식이 공동 발전하는 기본경제제도를 헌법에 명기하며, 개체사유경제는 사회주의공유제경제의 보충이라는 내용으로, 비공유제경제는 사회주의시장경제의 중요한 구성부분으로 하는 것을 내용으로 하였다.

1998년 전국정협 9기 1차 회의에서 소작기(蕭灼基) 위원은 위원명의로 1178호 제안을 제출하였다. 즉, '15대 정신에 근거한 헌법개정의 건의'이다. 이 건의는 네 가지로서 등소평이론의 명기, 초급단계의 기본경제제도와 비공유제경제는 "중요한 구성부분"이라는 것을 명기하는 것, 생산요소에 의하여 분배를 하는 것, 사유재산을 보장하는 것이었다. 왕희(王曦) 위원이 건의한 3개 조문은, 등소평이론의 명기, 의법치국과 사회주의 법치국가건설의 명기, 비공유제경제는 "중요한 구성부분"임을 명기하는 것으로 하였다(제안 제1284호). 서창풍(徐創風) 위원은 4건의 제안을 하였는데, 그 중 2건은 개헌건의안이었다(제879호, 제880호). 즉 한 건은 초급단계의 기본경제제도를 명기하자는 건의이고, 다른 한 건은 헌법 제89조의 부분적인 개정 건의였다.

이와 동시에, 헌법학계의 전문가들 역시 헌법개정의 문제에 대하여 열띤 토론을 전개하였다. 황혜붕(黃慧鵬)은 1998년 6월 9일 심천법제보에 '15대 보고와 현행 헌법의 차이 및 개헌 건의'를 주제로 한 논문을 발표하였다. 황혜붕은, 1982년 헌법이 구체화한 당의 "하나의 중심, 두 가지 기본"의 기본노선은 변경할 수 없는 것이지만, 개혁개방의 진행과 현실상황의 변화에 따라 헌법의 일부규정이 역사적 한계성을 나타내기 때문에, 현실상황의 변화와 15대 정신에 근거하여 헌법의 개정이 필요한 것으로 인식하였다.

사곤아(史坤娥)는 1998년 제2기「산동법학」에 게재된 '헌법의 경제제도 개정에 관한 약간의 건의'에서, 헌법규정과 당의 15대 보고에서 제출된 내용의 차이점을 비교하고, 헌법은 마땅히 사회주의시장경제제도가 포함하는 경제체제, 분배제도와 경제정책 등에서 개정을 하여야 할 것으로 인식하였다. 조첩운(曹疊云)은 1998년 6월 9일 「심천법제보」에 '시대가 헌법의 새로운 개정을 부름'이라는 논문을 발표하였다. 그는, 헌법의 권위는 헌법의 과학성에서 나오는 것이고, 안정성은 상대적이라고 인식하였다. 만약 사회의 발전이 이미 헌법의 규범을 초과하였다면 그것은 간과할 수 없는 것이며, 헌법으로 하여금 사회발전을 후퇴하게 할 수 없다는 것이다.

그는 15대 정신에 근거하여, 마땅히 등소평이론을 헌법에 명기하여 그것을 지도사상의 정도로 상승시켜야 할 것으로 인식하였다. 다른 일부학자들은 중국의 현행 헌법은 현 상태에서도 매우 양호한 헌법이고, 현재의 중요한 문제는 헌법규정의 불완전함이 아니고 헌법이 현실에서 충분히 시행되지 못하고 있는 것이라는 것을 주장하였다. 그러므로 정치체제의 큰 개혁을 하기 전에 과도하게 빈번한 헌법개정을 실시하는 것은 적당치 않으며 마땅히 헌법의 권위를 존중하여 헌법의 안정성을 확보하여야 한다고 하였다. 또 다른 일부 학자는 헌법개정은 마땅히 사유재산 신성불가침원칙을 헌법에 명시하여야 한다고 주장하였다. 그러나 많은 학자들은 이러한 견해에 반대하였다.

전문가와 학자들이 헌법개정에 대한 견해와 의견을 각기 발표하는 때를 맞추어, 중국사회과학원 법학연구소에서는 다시 유해년(劉海年) 소장 주재하에 헌법개정연구소조를 결성하고, 어떻게 중앙관련부문에 헌법개정의 건의를 제출할 것인가를 연구하였다. 저명한 헌법학자 장경복(張慶福)과 이충(李忠)은 1997년 12월분 「사과요보(社科要報)」를 통하여 중앙의 관련부문에 '헌법에 대한 적절한 개정에 관한 건의'를 제출하였고, 그 내용은 등소평이론, 기본경제제도와 분배형식, 의법치국 등에 관련되는 것으로서, 헌법개정의 방식을 통하여 헌법에 명기함으로써 헌법의 완벽을 기하고자 하였다.

당의 15대 회의 개최 이후부터 중공중앙이 전국인민대표대회상무위원회에 헌법개정의 건의를 제출하기까지, 헌법을 당의 15대 기본정신에 의거하여 반드시 개정을 하여야 한다는 것이 사회각계의 관심의 초점이 되었다고 할 수 있다.

(2) 중공중앙은 헌법개정에 대하여 의견을 수집하였다

1997년에 개최된 중국공산당 제15차 전국대표대회에서는, 등소평이론의 위대한 기치를 높이 들고, 중국의 개혁과 건설의 새로운 경험을 종합하여, 중국특색의 사회주의 사업건설의 세기적인 발전에 대하여 전면적인 배치를 하였다. 중공중앙은 당의 15대 보고를 근거로 하여 헌법의 부분적인 내용에 대하여 적당한 개정을 하여야 할 것을 제기하였고, 헌법의 개정원칙 즉 단지 개정이 필요하고 또한 이미 성숙된 문제에 대하여 개정을 할 것과, 개정하여도 되고 하지 않아도 되는 문제에 대하여는 개정을 하지 않도록 하였다. 이리하여 중공중앙은 헌법개정소조를 성립시키고 이붕(李鵬)을 조장으로 하여 헌법의 부분적인 내용의 개정에 대한 초보적인 의견을 입안하였다.

중공중앙정치국상위의 심사와 중앙정치국회의를 거쳐 원칙적인 통과가 된 후, 1998년 12월 5일 각 성, 자치구 직할시당위, 중앙 각 부위, 국가기관 각 부위 당조(당위), 군위총정치부, 각 인민단체 당조와 중앙위원, 중앙후보위원회에 의견을 구하였다. 12월 21일 강택민(江澤民)은 중공중앙이 개최한 당 외의 인사에 대한 좌담회를 주재하여, 당 중앙이 제시한 헌법개정 부분의 내용에 대한 초보의견에 대하여 각 민주당파 중앙, 전국공산연합책임자와 무당파민주인사대표의 의견을 구하였다. 12월 22일과 24일 이붕이 주재한 중공중앙 헌법개정소조가 개최한 법률전문가와 경제전문가 좌담회에서도 헌법개정문제에 대한 의견을 구하였다. 중공중앙은 각계의 의견을 진지하게 연구하고, 수집된 의견을 기초로 하여 다시 수정을 가하여 중공중앙정치국상무위원회 회의와 정치국의 토론을 거쳐 통과시켜, 중공중앙의 '중화인민공화국헌법 부분내용 개정에 관한 건의'를 완성하였다.

1999년 1월 22일 중공중앙은 전국인민대표대회상무위원회에 중화인민공화국헌법의 부분내용 개정에 관한 건의를 제출하였다. 9기 전국인민대표대회상무위원회 제7차 회의는 중공중앙의 건의를 토론한 뒤, 중화인민공화국헌법 제64조의 규정에 의하여 중화인민공화국헌법개정안(초안)을 9기 전국인민대표대회 2차 회의의 심의에 상정하였다.

당외 인사의 좌담회에서, 각 민주당파 중앙, 전국공상연합책임자와 무당파 인사의 헌법 부분내용 개정에 관한 의견을 구하였다. 중공중앙총서기 겸 국가주석 강택민은 좌담회를 주재하고 중요담화를 발표하였다.

강택민은, "헌법은 국가의 근본법이고, 국가생활에서 극히 중요한 작용을 한다. 1982년 제정된 현행 헌법은 국가의 근본제도와 근본임무를 규정하였고, 4항 기본원칙과 개혁개방의 기본방침을 확정하였으며, 이는 새로운 시기에 있어서 치국안정의 총장정이다. 헌법은 최대의 권위와 최고의 법률효력을 가진다. 전국 각 민족 인민, 일체의 국가기관과 무장역량, 각 정당과 사회단체, 각 기업 사업조직은 모두 반드시 헌법을 근본적인 활동준칙으로 삼고, 헌법의 존엄을 수호하고 헌법의 실시를 보증할 책임을 진다. 헌법은 법률체계의 핵심과 기초이며, 의법치국의 근본적인 근거이다"라고 지적하였다.

강택민은, "우리는 의법치국을 중시하고, 사회주의 법치국가를 건설하고, 우선은 헌법에 의거하여 국가를 다스리고 국가를 건설한다. 개혁개방 이래 중국의 경제건설과 각종 사업의 발전은 모두 헌법의 보증 및 추진과 분리될 수 없다. 중국의 사회주의 민주법제건설이 취득한 중대한 진전과 성취 역시 헌법정신의 발로인 것이다. 최근 몇 해 동안의 실천이 증명하듯, 현행 헌법은 우리의 사회주의 민주법제건설의 강화, 국가의 안정단결 수호, 개혁개방과 현대화건설의 순조로운 진행의 보장을 위하여 매우 중요한 작용을 하였고, 이는 중국의 국정에 부합하는 헌법이다"라고 하였다.

강택민은, "객관적인 현실의 변화에 따라, 헌법 자체도 발전을 필요로 한다. 우리의 정치, 경제와 사회생활 등 각 영역의 발전적 필요에 근거하여, 개혁개방과 사회주의 현대화건설 발전의 실천경험을 종합하여, 현실과 맞지 않는 부분에 대한 개별적인 개정이 필요한 것이다. 이러한 개정은 헌법을 더욱더 완벽히 하는 것이고, 실제에 부합하도록 하는 것이며, 이는 헌법의 권위를 수호하고 헌법작용의 발휘에 더욱 유리하게 하는 것이다. 이점은 이미 1988년과 1993년 두 차례의 헌법개정에서 이미 증명되었다"라고 하였다.

이붕은 경제계의 전문가와 학자들의 헌법개정에 관한 의견을 듣고, "헌법은 국가의 근본법이며, 최고의 법적 효력을 가진다. 의법치국의 우선은 의헌치국이다. 이번의 부분적인 헌법 개정을 통하여 많은 간부, 군중으로 하여금 가일층 15대 정신을 관철시키고 정착시키도록 하여야 할 뿐만 아니라, 전체사회에 있어서 확실히 헌법의 권위를 확립토록 하고, 헌법을 근본적인 활동의 준칙으로 하여, 헌법의 존엄을 수호하고 헌법의 실시를 보증토록 하여야 한다"고 지적하였다.

(3) 제9기 전국인민대표대회 제2차 회의에서 헌법개정안을 통과시켰다

1999년 3월 5일, 제9기 전국인민대표대회 제2차 회의가 북경에서 개최되었다. 3월 10일 전기운(田紀云) 부위원장은 헌법개정안 초안에 대하여 설명하였다. 이어서, 인민대표대회의 대표는 헌법개정안 초안에 대하여 충분한 토론을 전개하였다. 3월 14일 오전, 9기 전국인민대표대회 2차 회의의 주석단은 인민대회당에서 제3차 회의를 거행하였다. 회의에서 헌법개정안 초안을 통과시켰고, 헌법개정안 초안을 각 대표단에 배포하여 심의할 것을 결정한 후, 대회에 표결을 제청하였다. 주석단의 상무주석 이붕이 회의를 주재하였다.

제9기 전국인민대표대회 제2차 회의 기간에 대표들은 전국인민대표대회상무위원회가 제출한 중화인민공화국헌법개정초안에 대하여 진지하게 토론하였고, 헌법개정의 필요성과 중요성을 충분히 인정하였다. 주석단 회의에서는 대표들의 심의의견에 근거하여 대회의 표결에 상정할 헌법개정초안을 제시하고 대표들에게 설명하였다. 주석단 상무주석회의의 토론을 거쳐, 전국인민대표대회법률위원회로하여금 대회주석단의 헌법개정초안에 관한 심의 설명안을 기초토록 위탁하였다.

　회의에서는 전국인민대표대회법률위원회가 입안한 중화인민공화국헌법개정초안에 대한 심의상황의 설명이 있었다. 대표들은 심의과정에서 중공중앙의 건의에 근거하여 전국인민대표대회상무위원회가 중화인민공화국헌법개정초안을 제출하였고, 헌법의 부분적인 내용에 대하여 적당한 개정을 함으로써 개혁개방과 사회주의 현대화건설의 새로운 경험을 헌법에 반영하는 것이 필요하며, 이는 매우 적절한 것으로 인식하였다. 대표들은 헌법개정의 원칙에 동의하였고, 개정이 필요하거나 이미 성숙된 문제에 대하여만 개정할 것을 인식하였다. 개정하여도 되고 혹은 하지 않아도 되는 문제에 대하여는 개정을 하지 않는 것이 헌법의 안정성과 권위를 유지하는 데 이로운 것으로 인식하였다. 대표들은 대체로 헌법개정초안에 대하여 찬성을 표시하였고, 본 대회의 전체회의에서 표결에 부쳐 통과시킬 것에 동의하였다.

　이어서, 주석단의 설명은 전체대표에게 인쇄되어 배포되었다. 회의의 표결을 거쳐 중화인민공화국헌법개정안초안이 통과되었다.

　1999년 3월 15일 15시 40분, 인민대회당에서는 많은 사람이 동시에 일어섰다. 제9기 전국인민대표대회 2차 회의 폐막대회의 마지막 의정인 중화인민공화국헌법개정초안의 표결이 개시되는 시간이었다. 15시 50분 경, 2,862장의 오렌지색 중화인민공화국헌법개정안 표결 용지가 장내의 대표에게 배포되었다. 16시 5분, 총 감표인과 감표인이 먼저 투표를 하고 나서 투표상자를 감시하고, 회의를 주재한 이붕 위원장이 각 대표에게 투표를 요청하였다. 이어서 음악소리가 시작되었고, 중공중앙총서기 국가주석 강택민이 투표용지를 지참하고 솔선하여 주석단의 전면에 있는 붉은색 투표상자로 걸어 나가 신성한 한 표를 행사하였다. 강택민은 투표 후 총 감표인인 마안산시(馬鞍山市) 중학교 교사 호평평(胡平平) 대표를 향하여 고개를 끄덕이며 치하하였다. 그의 뒤를 이어 전국인민대표대회상무위원회 위원장 겸 중공중앙헌법개정영도소조 조장 이붕 역시 투표상자 앞으로 나아갔다.

　음악 소리가 울려 퍼지는 가운데 대회장의 대표들은 구분된 투표구에 따라 투표를 하였다. 제5호 투표함에서는 칠순의 노인이 투표를 하였는데, 그는 산서성 장치시(長治市)인민대표대회상무위원회 부주임 신기란(申紀蘭) 대표였다. 1945년부터 이미 45년 간 대표로 참여하였고 헌법개정의 산 증인이었다. 자리로 돌아온 그녀는 감격하여, "1954년 신 중국 헌법의 제정부터 투표에 참여하였다. 당시 나는 단지 24세였고 매우 기뻤다. 신생의 공화국은 그리하여 마침내 자신의 헌법을 가지게 되었다." "개혁개방의 진전에 따라, 사회는 많은 변화가 있었고 이제 실제상황에 근거하여 헌법을 개정하는 것은 매우 적절한 것이다"고 하였고, 신기란은 또한 "헌법은 국가, 인민 및 사회와 밀접한 관계가 있으므로 매회 투표 때마다 엄숙함과 뜨거운 열정을 느끼게 되고, 이는 나의 한 표가 대표한 사람에 그치는 것이 아니기 때문이다. 인민의 법률을 인민이 제정하고, 인민의 법률을 인민이 개정한다는 것은 우리 당과 국가가 더욱 민주적으로 되어간다는 것을 충분히 설명하는 것이다"고 하였다.

16시 30분, 이붕 위원장은, 2,862장의 투표지를 발급하여 2,858장의 투표지를 회수하였고 회수된 표의 수가 발급한 표의 수에 미달하므로 투표의 유효를 선포하였다. 17시 정각, 대회 업무인원은 대표들에게 투표결과를 보고하였는 바 2,858장의 투표 중 유효표가 2,856표, 찬성표가 2,811표, 반대 21표, 기권 24표로 집계되었다. 이붕 위원장은 즉시 중화인민공화국 헌법개정안의 통과를 선포하였다.

이리하여 현행 헌법의 제3차 개정이 정식으로 이루어졌다.

2) 1999년 헌법개정안의 목적과 의의

이때 헌법개정의 전체적인 지도사상은 당의 15대 정신과 실천의 발전이며, 개정이 필요한 것과 이미 성숙된 부분에 대한 것으로서, 개정이 시급하지 않는 부분에 대하여는 개정을 하지 않았다. 중공중앙의 헌법의 부분적인 내용 개정에 관한 건의에 근거하여, 전국인민대표대회상무위원회가 제출한 헌법개정안 초안은 비록 6개 조문에 그치지만 그 의의는 매우 중요하다.

(1) 헌법권위의 강화는 등소평이론을 널리 앙양하는 중요한 조치이다.

1999년의 헌법개정에서, 헌법개정안 제12조에서는, 헌법 서언이 규정한 "중국 신민주주의 혁명의 승리와 사회주의사업의 성취는 모두 중국공산당이 중국 각 민족 인민을 영도하여, 마르크스 레닌주의, 모택동사상의 지도하에서, 진리를 견지하고 착오를 수정하면서 많은 고난을 극복하고 취득한 것이다. 중국은 현재 사회주의 초급단계에 처해 있다. 국가의 근본임무는 중국특색의 사회주의 건설의 이론에 근거하여 사회주의 현대화건설에 역량을 집중한다. 중국의 각 민족 인민은 앞으로 계속하여 중국공산당 영도와 마르크스 레닌주의, 모택동사상의 지도하에, 인민민주전정을 고수하고, 사회주의 노선을 고수하며, 개혁개방을 고수하고, 사회주의 각종 제도를 부단히 완비하고, 사회주의 민주를 발전시키며, 사회주의 법제를 수립하고, 자력갱생, 간고 분투하며 공업, 농업, 국방과 과학기술의 현대화를 점진적으로 실현하여 국가를 부강, 민주, 문명의 사회주의국가로 건설시킨다."는 내용을 개정하여, "중국 신민주주의 혁명의 승리와 사회주의사업의 성취는 중국공산당이 중국 각 민족 인민을 영도하여, 마르크스 레닌주의, 모택동사상의 지도하에, 진리를 견지하고 착오를 수정하면서, 많은 고난을 극복하고 취득한 것이다. 중국은 앞으로 장기간 사회주의 초급단계에 처하게 된다. 국가의 근본임무는 중국특색의 사회주의 건설의 노선을 따라, 사회주의 현대화건설에 역량을 집중한다. 중국 각 민족 인민은 앞으로 계속하여 중국공산당 영도와 마르크스 레닌주의, 모택동사상, 등소평이론의 지도하에서, 인민민주전정을 고수하고, 사회주의 노선을 고수하며, 개혁개방을 고수하고, 사회주의 각종 제도를 부단히 완비하고, 사회주의시장경제를 발전시키며, 사회주의 민주를 발전시키고, 사회주의 법제를 수립하고, 자력갱생, 간고 분투하며, 공업, 농업, 국방과 과학기술의 현대화를 점진적으로 실현하여 국가를 부강, 민주, 문명의 사회주의 국가로 건설시킨다."로 규정하였다.

상술의 규정에 근거하여, 등소평이론은 마르크스 레닌주의, 모택동사상과 나란히 사회주의 현대화건설의 진행을 지도하는 헌법원칙으로서 다음과 같은 매우 중요한 의의를 가지게 되었다.

첫째, 등소평이론은 헌법시행의 중요한 지도원칙이다. 헌법은 국가의 근본법으로, 국가의 근본제도와 근본임무를 규정하고, 모든 국가기관과 공민의 기본적인 행위준칙을 규정한다. 현행 헌법은 중국의 국체, 정체, 국가권력구조와 사회주의 민주와 법제건설의 기본내용 및 새로운 역사적 시기에 있어서의 근본임무를 규정함에 있어서, 헌법 서언에서 확정한 4항 기본원칙이라는 이러한 지도사상을 중심으로 전개하였고, 이는 바로 사회주의 초급단계의 구체적 국가상황에 적합한 사회주의 성질의 근본법이다. 4항 기본원칙은 사회주의 혁명과 사회주의 건설사업이 성취한 행동지침이며, 중국의 사회주의 현대화건설을 승리로 부단히 이끌어 갈 근본적인 강령이다.

마르크스 레닌주의는 실천을 통하여 증명을 거친 중국의 사회주의 혁명과 사회주의 건설의 구체적 요구에 부합하는 지도사상이다. 이는 중국의 실제와 결합과정에서 두 차례의 역사적 도약을 거쳐 이론적 성과를 가져온 것이다. 첫 번째 도약의 이론적 성과는 실천으로 증명된 중국혁명과 건설의 정확한 이론원칙과 경험의 종합에 관한 것으로서, 그 중요한 창시자가 모택동이기 때문에 이 이론을 모택동사상으로 부른다. 두 번째 도약의 이론적 성과는 중국특색의 사회주의 건설이론으로서 그 중요한 창시자는 등소평이기 때문에 이 이론은 등소평이론이라 부른다. 이 양대 이론의 성과는 모두 당과 인민의 실천경험과 집체적 지혜의 결정이다.

강택민이 당의 15대 보고에서 명확히 지적한 바, 사회주의 개혁개방과 현대화건설의 새로운 시기와 세기를 넘어가는 새로운 과정에서, 반드시 등소평이론의 위대한 기치를 높이 들고, 등소평이론으로써 모든 사업과 각종 업무를 지도하여야 한다고 하였다. 이는 역사와 실천에서 얻은 변할 수 없는 결론이다. 등소평이론은 현대 중국의 마르크스주의이며, 마르크스주의 발전의 새로운 단계이다.

헌법개정에서 등소평이론을 헌법에 명기하고 등소평이론을 헌법시행의 중요한 지도사상으로 하게 된 것은, 헌법으로 하여금 국가의 근본제도

와 근본임무의 규정에 대하여 시대적 특색을 확실히 갖도록 하였고, 개혁
개방과 사회주의 현대화건설의 요구에 더욱 부합하도록 한 것이다.

둘째, 등소평이론은 중국 현행 헌법의 이론적 기초이다. 헌법시행의 중
요한 지도사상으로서 등소평이론은 하나의 완전한 사상체계이다. 그 기
본적인 출발점은 사상해방, 실사구시로서 중국적 특색의 사회주의 정치,
경제, 문화 등 영역의 사상적 주장은 등소평이론의 구성부분이며, 개혁개
방은 등소평이론의 핵심정신이다. 등소평이론의 기본정신은 현행 헌법에
서 전면적이고 완전하게 구체화되었으며, 중국 현행 헌법의 이론적 기초
가 된다.

먼저, 현행 헌법은 정상회복과 개혁개방의 산물이며, 등소평이론의 제
도화와 법률화의 집중적인 표현이다. 건국 이래 중국은 모두 4부의 헌법
을 반포하였는데, 즉 1954년 헌법, 1975년 헌법, 1978년 헌법과 1982년 헌
법이다.

현행 헌법 즉 1982년 헌법은 정상회복과 개혁개방의 대배경하에서 나
온 것이다. 1978년 등소평의 '사상해방, 실사구시로 일치단결하여 앞으로
향하자'는 담화는, 문화대혁명의 종료 이후 국가의 방향을 정하는 역사적
전환기에 있어서, 두 가지 진리(兩個凡是)의 구속을 타파하고, 새로운 시
기에 중국적 특색의 사회주의 건설의 신이론을 선언한 것이었다. 그 후,
당의 11기 3중 전회에서 정상회복과 개혁개방을 실행하는 총체적 지도사
상을 확립하였고, 사회주의 민주와 법제원칙은 충분한 인정을 얻게 되었
다. 이를 기점으로 하여 등소평이론은 성숙된 중국 특색의 사회주의 이론
으로서 면모를 갖추어 나가게 되었다.

이러한 상황에서 수년 동안의 개혁개방의 실천을 통하여, 특히 농촌경
제체제개혁의 경험을 종합하여 전국인민의 일치된 구호아래, 1982년 12
월 4일 제5기 전국인민대표대회 5차 회의에서 현행 헌법을 통과시켰다.
이 헌법은 등소평이론의 기본정신을 충분히 구현하였고, 4항 기본원칙의
헌법적 지위와 헌법 시행상의 지도적 역할을 확립하였다. 또한 4개 현대
화를 중국의 신시기에 있어서 근본임무로 하여 헌법의 형식으로 인정하

였고, 이리하여 사회주의 초급단계의 새로운 역사시기에 있어서 국가의 모든 업무의 중점은 사회주의 4개 현대화건설의 근본목표를 중심으로 진행하고, 무산계급전정하에 혁명을 계속한다는 이론을 헌법의 지도원칙으로 하는 극좌적 착오사상을 철저히 제거하였다.

다음, 등소평이론은 헌법개정을 지도하는 이론적 기초이다. 현행 헌법은 1982년 공포 이래 이미 세 차례의 개정을 쳤고, 즉 1988년 4월 12일 제7기 전국인민대표대회 제1차 회의를 거쳐 개정한 것, 1993년 3월 29일 제8기 전국인민대표대회 제1차 회의를 거친 개정과 1999년 3월 15일 제9기 전국인민대표대회 제2차 회의를 거쳐 개정한 것 등이다. 3차례에 걸친 개헌은 등소평이론이 점차 성숙되고 완벽해 지는 징표이며, 또한 현행 헌법이 등소평이론을 지도로 삼아 사회주의 현대화건설의 수요에 부단히 적응하기 위한 자아완성을 나타내는 것이다. 1993년의 헌법개정을 예로 들면, 이는 바로 등소평이 1992년 남순(南巡)담화에서 제시한 사회주의시장경제의 수립과 완성이라는 이론적 기초에서 연유한 것이다. 등소평이 제시한 "3가지 표준", 즉 사회주의 사회의 생산력 발전에 유리한지의 여부, 사회주의 국가의 종합적 국력증강에 유리한지의 여부, 인민의 생활수준 향상에 유리한지의 여부는 중국 헌법개정의 직접적인 이론적 근거가 되었다.

등소평이론을 헌법개정의 이론적 기초로 삼는 것은 사회주의 헌법의 본질적 요구와도 부합하는 것이다. 마르크스 경전의 이론가들은 모두 법률과 현실 간의 일치를 매우 강조한다. 마르크스가 나폴레옹 법전을 논할 때 이미 지적한, "법전이 일단 사회관계에 적응하지 못하면 그것은 바로 아무 가치 없는 휴지에 불과하다"[16]와 같다. 레닌은 즉, "법률과 현실이 서로 유리되면 헌법은 공허한 것이 된다."고 인식하였다. 사회주의 헌법은 마땅히 현실에서 수정과 보충을 하게 된다. 그러므로 등소평이론이 실천 과정에서 부단히 발전함에 따라, 헌법은 근본법으로서 마땅히 등소평

---

16) 「마르크스엥겔스전집(馬克思恩格斯全集)」 제6권, 292쪽.

이론의 새로운 발전성과를 적기에 반영하여야 한다.

헌법을 시행하는 것은 등소평이론을 고수하는 근본적인 보증이다. 등소평이론은 중국헌법의 이론적 기초와 헌법의 시행에 있어서 중요한 원칙이며, 그 자체의 풍부와 발전은 중국헌법의 완결을 촉진할 뿐만 아니라, 등소평이론이 헌법과 같은 근본법의 지위에서 서로 상보상성(相補相成)하는 것이다. 한편으로는 헌법권위의 강화는 등소평이론의 기본정신을 널리 앙양하는 데 이롭고 다른 한편으로는 헌법의 시행만이 마침내 등소평이론으로 하여금 능히 실천 속에서 마르크스주의 지도사상적인 역할을 다하도록 하는 근본적인 보증인 것이다.

등소평이론은 헌법시행의 중요한 지도원칙으로서 원래 헌법의 구성부분이다. 그러므로 헌법이 실천 속에서 구체적으로 관철되는지의 여부는 등소평이론이 개혁개방의 실천에 있어서 명확하게 이론적인 지도작용을 다할 수 있는가 하는 것과 관련된다.

현행 헌법의 제정과 개정은 등소평이론의 기본정신을 충분히 반영하였고, 현행 헌법에서 확립한 국가의 근본제도와 근본임무는 그 자체가 등소평이론의 중요한 내용이다. 예를 들면, 1993년의 헌법개정안은 사회주의시장경제 헌법의 지위를 인정하였고, 1999년의 헌법개정안은 "의법치국, 사회주의 법치국가 건설", "법률의 범위 내의 개체경제, 사영경제 등 비공유제경제는 사회주의시장경제의 중요한 구성부분이다" 및 "농촌집체경제조직은 가정청부경영의 실행을 기초로 하고 통분결합의 이중경영체제를 실행한다."는 것을 명기하였으며, 이는 이러한 내용 모두가 가장 기본적인 사실임을 충분히 표명하는 것이다.

다시 말하면 등소평이론은 현대 중국의 마르크스주의로서, 그의 사상적 관점과 주장 및 이론체계는 단지 당의 정책만이 아니고 헌법의 규정을 통하여 이미 국가의 기본정책이 되었다. 그것은 단지 지도사상의 역할만을 하는 것이 아니고 사회주의 현대화건설 실천에 있어서 더욱 구체적인 지도적 역할을 하는 것이다. 등소평이론의 지도를 고수하는 것과 헌법의 시행을 관철하는 것은 상보상생의 관계에 있고, 사회주의 초급단계인 중국의 사회주의 민주와 법제 활동의 중요한 특징이다. 등소평이론의 고수와 헌법의 시행에 동떨어지고 대립되는 언행은 모두 편협하고 착오적인 것이며, 헌법에 합치되지 않는 것으로서 반드시 제재를 가해야 하는 것이다.

현재 등소평이론을 지도사상으로 고수하고 헌법의 각 규정을 시행하는데 있어 중요한 것은 헌법의 근본법으로서의 권위를 수립하는 것이다. 헌법은 법이며, 헌법을 위반하면 마땅히 법의 제재를 받는다. 헌법의 권위가 없으면 의법치국의 방법이 없으며 사회주의 법치국가 역시 사상누각에 지나지 않으므로, 의법치국의 핵심은 곧 의헌치국이다. 마땅히 헌법권위의 강화를 통하여 등소평이론의 고수가 사회주의 건설사업의 각 영역에서 지도적인 역할을 하도록 하고, 구체적인 헌법의 시행을 통하여 등소평이론의 기본원칙과 정신이 구체적으로 구현되도록 하며, 아울러 개혁개방의 실천에서 지도, 규범 및 촉진작용을 하도록 하여야 한다.

(2) 헌법은 의법치국의 기초다

1999년 헌법개정에서, 헌법개정안 제13조는 헌법 제5조에 하나의 조항을 추가하여, 제1항으로서 "중화인민공화국은 의법치국을 실행하고 사회주의 법치국가를 건설한다."고 규정하였다. 이 규정은 당의 15대에서 제기한 "의법치국, 사회주의 법치국가 건설"의 치국에 대한 방침전략을 헌법에 명기한 것으로서, 이는 중국의 사회주의 법제건설이 새로운 단계로 나아가는 것을 의미하는 것이다.

건국 이후, 사회주의 법제건설의 대 정책은 이미 거대한 변화가 있었다. 그러나 좌경사조의 영향으로, 특히 문혁 10년으로 인하여 사회주의 법제건설의 성취는 상실되고 말았다. 당의 11기 3중 전회는 정상을 회복시켰고, 법제건설을 강화하는 사회주의 사업건설에서의 역사적 지위를 확립하였고, 사회주의 법제건설의 16자 방침 즉 "법이 있어야 의거할 수 있고, 법이 있으면 반드시 그에 의거하고, 법 집행은 반드시 엄격해야 하며, 위법에 대하여는 반드시 책임을 추궁한다(有法可依, 有法必依, 執法必嚴,

違法必究)."이다.

20여 년 동안 사회주의 법제건설 16자 방침의 지도 아래 입법, 행정, 사법, 법률감독과 법률교육 등 사회주의 법제건설의 각 영역에서 모두 큰 성과를 거두었다. 당의 14대에서는 사회주의시장경제건설의 기본구상을 제시하였고, 사회주의 법제건설 역시 사회주의시장경제건설의 요구에 적응하여 거대한 변화가 있었다. 사회주의시장경제의 건전한 발전을 충분히 보장한다는 기초 위에서 의법치국, 사회주의 법치국가건설의 치국전략이 나오게 되었다.

1996년 초, 강택민은 '의법치국, 사회주의 법제국가의 이론과 실천문제에 관하여'라는 제목을 중공중앙 1996년 제1차 법제강좌의 내용으로 하였다. 2월 8일 중공중앙이 이와 관련하여 개최한 전문법제토론회에서 강택민은 다시 '의법치국, 국가의 장기적인 안정의 보장'이라는 중요한 연설을 하였다. 강택민은 "사회주의 법제의 강화, 의법치국은 등소평 동지의 중국적 특색의 사회주의 건설이론의 중요한 구성부분이며, 중국공산당과 정부가 국가사무를 관리하는 중요한 방침이다. 의법치국을 실행하고 고수하는 것은 국가 각 부문의 업무가 점차 법제화와 규범화로 나아가는 것이고, 바로 인민군중이 당의 영도 아래서 헌법과 법률의 규정에 의하여 각종 경로와 형식을 통하여 국가관리, 경제와 문화 사업을 관리하고, 사회적 사무에 참여하는 것이며, 이는 바로 사회주의 민주의 법제화, 법률화를 점진적으로 실현하는 것이다"[17]고하였다. 이 연설에서 밝힌 의법치국과 사회주의 법제국가의 건설은 사회주의 법제건설의 새로운 이정표이며, 정치제도와 법률제도의 발전에 있어서 중요한 현실적 의의와 역사적 의의가 있다.

강택민이 의법치국의 실행을 명확히 제기한 후, 의법치국은 치국의 방침으로서 제도화의 필요성이 인정되었다. 제8기 전국인민대표대회 4차 회의에서 통과된 '국민경제와 사회발전 9·5계획과 2010년 장기목표 요

---

17) 劉海年·李步云·李林 편저, 「依法治國·社會主義法治國家」, 中國法制出版社, 1996년.

강'에서 의법치국과 사회주의 법치국가건설은 명확히 규정되었다. 1년여의 짧은 기간 내에, 강택민을 핵심으로 하는 당 중앙은 의법치국을 등소평이론의 구성부분으로, 사회주의 법치국가건설이 등소평이론의 구성부분임을 명확히 인정하였으며, 사회주의 법치국가의 중요지위를 부각시키고, 법치적 사회주의 사업건설에 대한 의의를 강조하였다. 당의 15대 업무보고에서, "사회주의 법치국가건설"은 모두 두 차례, "의법치국"은 여섯 차례, "의법…"은 열여섯 차례에 걸쳐 거론되었다. 이들 명사적 서술이 당의 15대 보고에서 수차에 걸쳐 반복된 것은 결코 수량상의 의의만 있는 것이 아니다.

이는 사회주의 법제 16자 방침의 출현에서부터 의법치국, 사회주의 법치국가건설에 이르기까지, 중국공산당이 의법치국과 사회주의 법치국가건설을 치국의 전략으로 삼아, 이것이 점차 성숙되어 가고 있음을 나타내는 것으로 등소평이론의 사회주의법치문제에 대한 기본적인 요점이 되는 것이다. 의법치국과 사회주의 법치국가건설의 실행과 고수라고 하는 치국의 방침전략은 바로 사회주의 법제건설의 강화 과정에서 헌법과 법률의 권위를 존중하는 것이고 일체의 형식적인 인치를 반대하는 것으로, 인민군중이 진정한 사회주의 국가의 주인으로 되는 것이다.

의법치국은 당이 인민을 영도하여 국가를 다스리는 기본전략이고, 사회주의시장경제를 발전시키는 데 필요한 객관적 요청이며, 사회문명의 진보의 표시이며, 국가의 장기적인 안정의 중요한 보장이다. 의법치국은 당의 영도의 고수, 인민민주의 앙양 및 법에 의하여 업무처리를 통일하며, 제도상으로나 법률상 당의 기본노선과 기본방침의 실시와 관철을 보증하고, 당이 전체 상황을 총괄하고 조정토록 하는 핵심적인 작용을 한다.

15대 보고에서는, 소위 의법치국은 인민군중이 당의 영도하에서 헌법과 법률의 규정에 의하여 각종의 경로와 형식을 통하여 국가사무를 관리하고, 경제 문화 사업을 관리하고, 사회적 사무를 관리하고, 국가의 각 업무가 모두 법에 의하여 진행됨을 보증하고, 사회주의 민주의 제도화와 법률화를 점진적으로 실행하고, 이러한 제도와 법률이 영도인의 변동으로 변동되지 않고 영도인의 견해와 관심의 변화에 따라 변화되지 않도록 하는 것이라 하였다. 상술 규정은 의법치국의 기본적인 의미를 나타낸 것으로 중국의 사회주의 법치국가건설을 영도하는 근본방침인 것이다.

새로운 역사적 시기에 있어서, 의법치국은 헌법과 법률에 의하여 국가를 다스리는 것으로, 헌법에 의한 치국이 가장 우선된다. 헌법은 국가의 근본법이고, 이것은 국가의 근본제도와 근본임무를 규정하고, 일체의 조직과 공민 개인의 행동지침이며, 최고의 법적 효력과 법적 권위를 가진다. 의법치국은 우선 헌법의 전면적이고 정확하게 실시될 것을 요구한다. 헌법은 모든 법률과 법규의 기초이며, 헌법이 시행되지 못하면 의법치국은 곧 법적 정당성의 대전제를 상실하게 된다. 현행 헌법 제5조는 일체의 법률, 행정법규와 지방성법규는 모두 헌법과 저촉할 수 없다고 규정한다. 위헌적인 법률이나 법규에 의거하면 법치의 실현이 불가능하게 되는 것과 마찬가지로, 헌법을 시행하지 않음은 곧 법률과 법규가 헌법에 부합되어야 한다는 요구에 부응할 수 없게 된다. 그러므로 의법치국의 핵심은 의헌치국이다.

당의 제11기 3중 전회에서는 사회주의 법제건설의 16자 방침, 즉 "법이 있어야 의거할 수 있고, 법이 있으면 반드시 그에 의거하고, 법 집행은 반드시 엄격해야 하며, 위법에 대하여 반드시 책임을 추궁한다(有法可依, 有法必依, 執法必嚴, 違法必究)."를 제시하였다. 16자 방침의 실질적 내용은 바로 의법치국의 요청인 것이다.

개혁개방의 지속적인 심화에 따라 중국의 사회주의 법제건설 역시 신속한 발전을 거듭하였다. 1982년 현행 헌법의 제정과 공포 이래로 중국은 입법, 행정, 사법, 준법과 법률감독 등의 모든 영역에서 상당한 성과를 거두었다. 17년 동안 헌법의 시행으로 상당한 성과를 거두었지만 여전히 헌법학계의 진지한 연구가 필요한 부분들이 남아 있다. 가장 중요한 것으로는 헌법의 유효한 실시를 위하여 어떠한 법률제도를 확립할 것인가 하는 것이다. 이 제도의 핵심 내용은 헌법감독제도의 수립과 완성이다.

그동안 이러한 면에 있어서 적지 않은 성공적 경험을 거두었고, 이는 주로 각급인민대표대회가 국가권력기관으로서 "일부양원(一府兩院)"의 감독 작용을 확립한 것이었고, 인민이 주인으로서의 권리는 비교적 충분한 보장을 받기에 이르렀다. 그러나 헌법의 시행과정에서 여전히 헌법의 근본법으로서의 권위는 충분히 존중되지 못하는 부정적 요소가 존재하고, 헌법의 작용은 충분히 발휘되지 못하고 있다. 일부 위헌적인 행위는 여전히 적기에 유효한 시정이 이루어지지 않고 있다. 간부와 군중의 헌법의식은 여전히 제고되어야 하고, 아직도 일부는 헌법은 있어도 되고 없어도 되는, 준수하여도 되고 준수하지 않아도 되는 것으로 인식하고 있다. 이러한 부정적 요인들은 헌법의 실시에 적지 않은 영향을 주고 있다.

당의 15대 보고에서는 사회주의 법제건설을 매우 중시하여, 의법치국과 사회주의 법치국가건설의 치국전략을 제기하였고, 아울러 그것을 등소평이론의 중요한 구성부분으로 확실하게 인정하였다. 당의 15대 보고의 정신에 근거하면, 의법치국의 중요한 내용은 바로 헌법에 의하여 국가를 다스리는 것이고, 헌법은 사회주의 법률체계의 핵심과 기초가 된다. 헌법의 불완전한 시행은, 의법치국이라는 원칙의 관철과 거리가 멀고, 또한 사회주의 법치국가건설의 전략목표의 실현을 어렵게 하는 것이다. 그러므로 21세기에 즈음하여 사회주의 법제건설의 중요한 임무 중의 하나는 바로 헌법이 유효히 시행되는 것을 전제로 각종 사회주의 법률제도를 수립하고 완비하는 것이다.

당의 15대에서 의법치국을 특히 강조한 것은, 당의 11기 3중 전회 이래 중국의 사회주의 법제건설 경험의 단순한 개괄과 종합이 아니며, 공민과 사회적인 헌법의식 강화의 필요성을 특별히 강조한 것이다. 사회주의 법치국가는 또한 전통적 의미의 법치국가가 아니며 현대적 헌법의 기초 위에서 현대화된 사회주의 법치국가를 수립하는 것이다. 이러한 법치는 실질적으로 사회주의헌정을 의미하는 것으로, 사회주의 민주건설과 사회주의 법제건설이라는 두 가지의 통일을 의미한다.

본회의 헌법개정은 당의 15대에서 제기된 '의법치국, 사회주의 법치국가건설'의 치국방침을 헌법에 명기하였고, 이는 헌법이 의법치국을 실행

하는 전제임을 표명한 것으로, 헌법이 법치의 전제임을 나타낸다. 우리가
행하는 의법치국은 헌법하의 의법치국이며, 사회주의 법치국가의 건설
역시 헌법권위의 존중을 핵심으로 하는 법치국가의 건설이다. 헌법 없이
는 법치도 있을 수 없으며, 헌법의 시행이 없으면 사회주의 법치국가의
건설 역시 불가능한 것이므로 의법치국의 핵심은 의헌치국이다.

(3) 헌법의 실시는 사회주의시장경제체제 수립의 중요한 보증이다

1999년의 헌법개정안은 1988년 헌법개정안과 1993년 헌법개정안을 기
초로 하여, 사회주의시장경제체제의 수립과 완비를 위한 개선된 규정을
하였고, 그중 가장 중요한 특징은 헌법개정안 중 다종경제성분 및 다종분
배형식의 합법성을 확인한 것이다. 헌법개정안 제14조는, 헌법 제6조가
규정한 "중화인민공화국의 사회주의 경제제도의 기초는 생산자료의 사
회주의공유제, 즉 전민소유제와 노동군중 집체소유제이다." "사회주의공
유제는 사람이 사람을 착취하는 제도를 소멸시키고, 각자의 능력을 다하
도록 하며, 노동에 따른 분배를 원칙으로 한다."는 내용을 개정하여, "중
화인민공화국의 사회주의 경제제도의 기초는 생산자료의 사회주의공유
제, 즉 전민소유제와 노동군중 집체소유제이다. 사회주의공유제는 사람
이 사람을 착취하는 제도를 소멸시키고, 각자의 능력을 다하도록 하며,
노동에 따른 분배를 원칙으로 한다." "국가는 사회주의 초급단계에서 공
유제를 주체로 한 다종소유제경제의 공동발전의 기본 경제제도를 고수하
고, 노동에 따른 분배를 주체로 하여 다종분배방식 병존의 분배제도를 고
수한다."로 하였다.

헌법개정안 제16조는 헌법 제11조의 규정, "법률이 규정한 범위 내에
서 성향(城鄕)노동자개체경제는 사회주의공유제경제의 보충이다. 국가는
개체경제의 합법적인 권리와 이익을 보호한다." "국가는 행정관리를 통
하여 개체경제를 지도, 지원 및 감독한다." "국가는 법률의 범위 내에서
사영경제의 존재와 발전을 허용한다. 사영경제는 사회주의공유제경제의
보충이다. 국가는 사영경제의 합법적인 권리와 이익을 보호한다. 사영경

제에 대하여 지도, 감독과 관리를 실시한다."의 내용을 개정하여, "법률이 규정한 범위 내의 개체경제, 사영경제 등 비공유제경제는 사회주의시장경제의 중요한 구성 부분이다." "국가는 개체경제, 사영경제의 합법적인 권리와 이익을 보호한다. 국가는 개체경제, 사영경제에 대하여 지도, 감독과 관리를 실시한다."고 규정하였다. 상술한 규정의 의의는 경제체제 개혁의 정도를 더욱 심화시켰으며, 시장주체의 적극성을 충분히 촉진하였고, 시장체제의 공평성과 유효한 운행을 위하여 양호한 법적 환경을 제공하였다는 데 있다.

사회주의시장경제의 수립과 완성을 단순히 경제수단에만 의존하게 하는 것은 바람직하지 못하다. 시장행위는 일종의 이성적 행위이며 또한 시장주체의 민주행위이므로 민주제도의 보장 없이는 시장주체는 시장에 충분히 참여할 방법이 없게 되고, 시장에 대한 유효한 감독제도가 없으면, 정부의 시장에 대한 과도한 관여를 방지할 수 없다. 헌법은 민주제도와 감독제도가 유효한 작용을 하도록 각종 시장 활동을 방해하는 장애요소를 유효하게 저지하고, 시장경제의 활력을 불어넣으며 시장 활동의 생성, 발전 및 완성을 촉진한다. 다른 한편, 시장주체의 민주의식 제고와 증강 역시 헌법 중의 민주제도와 감독제도에 관한 법률규범의 유효한 실시에 도움이 되며, 결국 헌법의 권위를 제고시키게 된다.

중국의 현행 헌법은 국가정권기관의 조직형식 및 각급 국가기관의 활동원칙을 규정하였고, 각급 국가기관이 헌법의 요구에 따라 직권을 행사할 수 있느냐 하는 것은 헌법과 법률규정이 유효하게 실시될 수 있느냐 하는 것과 관계된다. 또한 국가기관의 직권행사가 헌법이 공민, 법인에 대하여 부여한 각종권리를 침해할 수 있는가 하는 것과도 관련되며, 이러한 권리는 공민, 법인이 시장의 주체로서 시장행위를 하는데 필수적인 것이다. 이러한 권리가 없다면 공민, 법인이 시장의 주체로서 종사하는 각종활동은 법률의 유효한 보호를 받을 수 없게 된다. 그러므로 헌법의 규정에 근거하여 법치행정의 원칙을 고수하는 것은, 곧 시장경제체제하에서 정부가 시장주체의 시장행위에 대하여 행하는 불법적인 관여와 공민,

법인의 정당한 민사 및 경제적 권리에 대한 침범으로부터 벗어날 수 있도록 하는 것이다. 법의 집행자와 중재자의 불공정한 행위는 최대의 불공정이며, 이는 의헌치국이 근본적으로 허용하지 않는 것이다.

그러므로 시장경제체제의 부단한 발전과 완성을 위하여 시장주체의 합법권익에 대한 헌법적 보호가 필요한 것이다. 개체경제와 사영경제 등 비공유제경제의 실천 가운데서 이들은 사회주의시장경제의 불가분의 구성요소이며, 반드시 공유제경제와 동등한 법적 지위를 가져야 한다는 것이 증명되었다. 만약 개체경제와 사영경제 등 비공유제경제가 사회주의시장경제 운행의 참여과정에서 공유제경제와 동등한 법적 지위를 확보하지 못한다면, 시장경제는 공평경쟁의 법칙하에서 진행되기 어려운 것이고, 시장자체가 가진 경제활동 조절의 기능은 형성될 수 없게 된다. 그러므로 사회주의시장경제체제의 끊임없는 발전에 따라, 개체경제와 사영경제 등 비공유제경제는 사회주의시장경제의 구성부분이라는 객관적 사실로서, 반드시 헌법상 확인이 필요한 것이다. 만약 헌법이 근본적으로 경제제도에서 개체경제와 사영경제 등 비공유제경제의 합법적 지위를 승인하지 않는다면, 개체경제와 사영경제 등 비공유제경제는 사회주의시장경제가 가져오는 거대한 촉진작용에 대하여 어떠한 역할도 할 수 없을 뿐만 아니라, 개체경제와 시장경제 등 비공유제경제가 받을 수 있는 시장에서의 불평등한 대우로 말미암아 시장경제에서 배척되고, 마침내 근본적으로는 사회주의경제가 의존하는 경제적 기초가 흔들리게 된다.

시장경제에서 발생되는 합법적 이익이 동등한 보호를 받지 못하면, 시장주체의 시장진입이라는 적극성은 심각한 좌절을 맞이하게 되고, 시장의 거래에서 획득한 합법적인 수익이 공민의 합법적인 재산으로 간주되지 못한다면 시장경제주체의 부단한 참여의 확대와 시장경쟁력의 촉진은 불가능하게 된다. 사회주의시장경제의 시장주체에 대한 평등한 보호와 시장교역을 통하여 획득한 정당한 이익에 대한 합법성 인정의 필요에 따라, 1999년에 개정된 헌법은, 명확하게 개체경제와 사영경제 등 비공유제경제를 사회주의시장경제의 구성부분으로 간주함과 동시에, 국가의 사회주의 초급단계에서의 공유제경제를 기초로 다종소유제경제의 공동발전을 고수하는 기본경제제도를 인정하였으며, 노동에 따른 분배를 주체로 다종분배형식 병존의 분배제도를 인정하였다.

이러한 규정의 실질적 의의는 바로 헌법규정을 통하여 시장주체의 시장참여과정에서 진정으로 평등한 법적 지위를 보장하기 위한 것이고, 헌법적 근거를 결한 경제현상의 자생을 방지하려는 데 있는 것이다. 비공유제경제를 사회주의시장경제의 구성부분으로 하고, 다종분배형식의 병존을 헌법의 형식으로 긍정하면서, 헌법의 시행을 통하여 시장주체의 합법적인 권익을 보장하는 것이다. 사회주의시장경제체제의 수립 과정에서, 사회주의시장경제 법률체계의 수립, 사회주의 민주제도의 건설, 전 인민의 헌법의식의 제고는 모두 헌법의 규정을 중심으로 진행되는 것이 필수적이다. 말하자면 헌법의 유효한 시행은 대 원칙이고 기타의 법에 의한 활동은 세분된 항목이며, 헌법의 불완전한 시행은 곧 시장경제체제와 적응하는 사회주의법치를 이룩할 수 없다는 것을 의미한다.

(4) 헌법은 농촌의 집체경제경영체제를 안정시켰다

1999년의 헌법개정에서, 헌법개정안 제15조는 농촌 집체경제경영체제에 대하여 새롭게 규정하였는 바, 즉 헌법 제8조 제1항의 "농촌에서의 가족단위생산책임 위주의 책임제와 생산, 출하, 신용, 소비 등 각종 형식의 합작경제는 사회주의 노동군중의 집체소유제경제이다. 농촌 집체경제조직에 참가하는 노동자는 법률이 규정하는 범위 내에서 자류지, 자류산, 가정 부업을 경영하고 가축을 사육할 권리를 가진다."를 개정하여, "농촌 집체경제조직은 가정도급경영을 기초로 하고, 통분결합의 이중경영체제를 시행한다. 농촌에서의 생산, 출하, 신용, 소비 등 각종 형식의 합작경제는 사회주의 노동군중의 집체소유제경제이다. 농촌 집체경제조직에 참가하는 노동자는 법률이 규정하는 범위에서 자류지, 자류산, 가정 부업을 경영하고 가축을 사육할 권리를 가진다."고 하였다. 상술한 규정은 농촌 경제체제의 안정을 위한 성취이며, 농촌의 생산력 증대를 촉진하는 데 있어 매우 중요한 의의가 있다.

건국 이후 중국의 농촌 집체경제경영체제는 많은 변화가 있었다. 건국 초기, 농촌 토지개혁작업의 기초 위에서 국가는 농민에 대하여 생산, 출하와 신용합작을 격려하였고, 전후하여 농업생산지원조(農業生産互助組), 초급농업합작사와 고급농업합작사를 성립시켰다. 1954년 헌법 제8조는, "국가는 법률에 의하여 농민의 토지소유권과 기타 생산자료의 소유권을 보호한다." "국가는 개체 농민의 생산증가를 지도하고 보조하며, 그들이 자원의 원칙에 근거하여 합작생산, 합작출하, 합작신용토록 격려한다."고 규정하였다.

1958년 전국의 농촌은 인민공사를 널리 설립하여, 향·진 정부체제를 취소하고, 인민공사 정사합일(政社合一)의 체제를 실행하여 인민공사는 농촌의 기층정권의 조직형식이 되었다. 이 제도는 1982년 헌법 공포 시기까지 계속되었다. 1958년 2월 공포된 '인민공사의 약간문제에 관한 결의'와 1958년 8월 공포한 '중공중앙 농촌인민공사 건설문제의 결의'는 공사의 체제, 규모에 대하여 규정하였다. 결의의 요구에 근거하여 인민공사는 정사합일제를 실시하고 향당위(鄕黨委)를 사당위(社黨委)로 고치고, 향인민위원회(鄕人民委員會)를 사무위원회(社務委員會)로 변경하였다. 인민공사는 사회구조에 있어서 공농상학병(工農商學兵) 결합의 기층단위이고, 동시에 사회주의정권의 기층단위이다. 인민공사는 통일영도, 급별관리의 제도를 실행한다. 공사의 관리기구는 일반적으로 공사관리위원회, 관리구(또는 생산대), 생산대의 3등급으로 구분한다. 관리구(또는 생산대)는 일반적으로 공농학병과 경제독립채산단위로 나누어 관리한다. 생산대는 노동조직의 기본단위이다.

1962년 2월에 공포된 '중공중앙의 농촌인민공사 독립채산단위 문제에 관한 지시'는, 생산대대(生産大隊)를 독립채산단위로 하는 것을 변경하여 생산대(生産隊)를 독립채산단위로 한다고 하였다. 아울러 생산대의 규모를 원래의 고급농업합작사의 규모에 상당하도록 조직하였고, 생산대의 규모는 대체로 20호 내지 30호를 적정한 것으로 하였다. 동년 9월 중국공산당 제8기 3중 전회를 통과한 '농촌인민공사업무조례수정안(즉 인민공사 60조)'은 인민공사의 기본독립채산단위가 생산대임을 명확히 하였다. 동시에 인민공사의 관리체제는 두 단계 즉 공사와 생산대로 할 수도 있고, 또한 3단계 즉 공사, 생산대대와 생산대로 할 수도 있음을 제시하였다.

3단계 조직을 유지하는 인민공사에서는, 생산대대의 일체 중대 사항에 대하여는 생산대대 사원대표대회가 결정하도록 하였다. 대대사원대표대회는 매년 두 차례 이상 개최하도록 하였고, 대표는 매년 1차례 선거토록 하였다. 생산대대의 대대장과 기타 관리위원, 감독위원의 임기는 모두 1년으로 하고 연임이 가능하도록 하였다. 직무에 적당하지 않을 때에는 대대사원대표대회가 파면하였다. 생산대대관리위원회는 공사관리위원회의 영도 아래 본 대대 범위 내의 생산과 행정업무를 관리한다.

생산대는 인민공사의 기층조직이다. 생산대의 생산과 분배 등 모든 중대 사항은 모두 생산대사원대회의 토론으로 결정하고, 간부가 일방적으로 결정할 수 없다. 생산대의 사원대회는 정기로 회의를 개최할 것이 요구되고, 매월 최소한 한 번은 개최하고 업무의 필요와 사원의 요구에 따라 임시회를 소집한다. 생산대의 대장, 회계와 기타 관리위원, 감찰위원 (또는 감찰원)은 모두 생산대의 사원대회에서 선거하고 임기는 1년이며, 연임이 가능하며, 직무에 적당하지 않으면 사원대회가 파면한다.

생산대관리위원회는 적어도 매월 사원대회에 한 차례의 업무보고를 하고, 수시로 사원의 각종 비평과 건의를 청취하여야 한다. 1966년에서 1976년에 이르는 문화대혁명 기간에는 지방정권의 건설은 정체상태에 이르렀다. 지방 각급인민대표대회는 장기간에 걸쳐 제대로 개최되지 못하였고, 보선업무는 적시에 이루어지지 못하였으며, "삼결합"의 임시권력기구인 혁명위원회가 인민대표대회를 대신하였다. 지방 각급혁명위원회는 각급 인민대표대회의 상설기구가 되었고, 동시에 지방 각급인민정부로 되었다.

1975년 1월 제4기 인민대표대회 1차 회의에서 통과된 1975년 헌법과 1978년 3월 제5기 인민대표대회 1차 회의에서 통과된 1978년 헌법은 정사합일의 인민공사제도에 대하여 다시금 명확히 하였다. 예컨대, 1975년

헌법 제7조는, "농촌인민공사는 정사합일의 조직이다." "현 단계의 농촌
인민공사의 집체소유제경제는 3단계 소유와 대를 기초로 실행하고, 즉
생산대를 기본독립채산단위로 하는 공사, 생산대대 및 생산대의 3단계
소유를 실행한다."고 규정하였다. 1978년 헌법 제7조는, "농촌인민공사경
제는 사회주의 노동군중의 집체소유제경제이고 일반적으로 공사, 생산대
대, 생산대의 3단계 소유를 실행하고, 생산대를 기본독립채산단위로 한
다. 생산대대는 조건이 성숙될 때, 대대를 기본독립채산단위로 할 수 있
다"고 규정하였다. 제34조는 다시 "인민공사의 인민대표대회와 혁명위원
회는 기층정권조직이며, 또한 집체경제의 영도기구이다"라 규정하였다.

1958년에서 1982년에 이르는 20여 년 간의 농촌 집체경제경영체제의
기본특징은 정사합일이다. 당의 제13기 3중 전회 이후, 가족단위경영책
임형식이 출현하였다. 1982년 헌법은 가족단위경영책임제를 인정하였고,
제8조 제1항에서는 "농촌의 가족단위생산책임제 위주의 책임제와 생산,
출하, 신용, 소비 등 각종 형식의 합작경제는 사회주의 노동군중 집체소
유제경제이다. 농촌 집체경제조직에 참가하는 노동자는 법률이 규정한
범위 내에서 자류지, 자류산, 가정부업을 경영하고 가축을 사육할 권리를
가진다."고 규정하였다.

농촌개혁의 실천은 가족단위생산책임이 농가생산책임제와 분리될 수
없고, 이는 농촌경제발전의 실제수요에 부합한다는 것을 증명한다. 가족
단위생산책임의 실행은 각 개별농민의 적극성을 촉진하는 것일 뿐만 아
니라, 사회주의 제도하에서 연합하여 대사를 처리하는 우수성을 보여준
것이고, 이는 농촌의 노동생산력 제고와 농민의 생활개선, 집체경제의 확
대와 종합적인 국력증강에 이로운 것이다. 헌법의 형식으로 농촌의 집체
경제조직형식을 확정하고, 농촌간부는 업무를 추진할 경우 적극적으로
농민과 함께 집체경제의 발전에 노력하도록 하였다. 농촌경제개혁의 과
정을 회고하면, 농촌개혁의 모든 추진은 실사구시와 사상해방과 관계되
는 것이다.

1993년은 농촌개혁의 다년간의 실천을 종합하여, 제8기 전국인민대표

대회 제1차 회의에서는 헌법개정안을 통과시켜 인민공사를 철폐하고 가족단위생산책임제를 헌법에 명기하였다. 당의 15대 회의에서는 가족단위생산책임제 위주의 책임제를 안정시키고, 통분결합의 이중경영체제를 완비할 것을 강조하였다. 제15기 3중 전회 역시 토지임대기간의 재연장을 30년으로 하여 변경이 없음을 강조하였고, 입법을 통하여 농민에게 장기간 토지사용권을 보장할 것을 제시하였다. 이때의 헌법개정은 실천을 통하여 증명된 당 중앙의 정책을 국가권력기관을 통하여 법률로 규정한 것이고, 또한 전국인민의 공동의지를 반영한 것이다. 새로운 헌법개정안은 농촌경제와 사회의 장기적 발전에 중대한 영향의 가져올 것이다.

이 개정안이 효력을 발생한 후 가장 관건이 되는 것은, 어떻게 잘 정착시키는가 하는 것이고, 국가의 근본법을 농민의 생산 활동에 잘 정착시키고, 또한 사회 각 영역에 잘 정착시키는 것이다. 법의 집행을 엄격히 하고, 법적 수단으로 일부지방에서 출현하는 임대기간의 단축, 예비지의 과다한 비축, 임대비용의 증액 등 실책을 처벌하고, 농민의 생산에 대한 적극성을 진정으로 제고시키고, 그들로 하여금 가정의 부와 농촌경제의 번영을 이루는 데 힘쓰도록 하는 것이다. 동시에 촌민위원회와 촌민집체경제조직의 건설을 강화하고 농촌경제의 집체소유제적인 특성을 보장하기 위하여, 가족단위생산책임제의 기초 위에서 생산과 경영을 원만히 처리하고 규모경영을 제고시켜, 전체적으로는 농촌집체경제발전의 잠재력을 제고시키고, 농촌집체경제를 확대하여, 농업자원을 유효하게 이용하여 수억의 농민이 모두 부농의 길로 걸어가도록 하는 것이다.

(5) 헌법은 입법실천과의 불일치를 적절히 모면하였다
이때의 헌법개정안 제17조는, 헌법 제28조가 규정한 "국가는 사회질서를 수호하고, 국가반란과 기타 반혁명의 활동을 진압하며, 사회치안을 해치고 사회주의경제를 파괴하는 기타 범죄 활동을 제재하고, 범죄분자를 처벌하고 개조한다."를, "국가는 사회질서를 수호하고, 국가반란과 기타 국가안전을 해치는 범죄활동을 진압하고, 사회치안을 해치고 사회주의경

제를 파괴하는 기타 범죄활동을 제재하고, 범죄분자를 처벌하고 개조한
다.”로 하였다. 이 개정안 조항에서는 “반혁명” 대신에 “국가안전을 해치
는” 것으로 하였고, 비록 어휘상으로 사소한 개정이지만 이는 오히려 입
법지도사상에 있어서 근본적인 관념의 변화를 반영한 것이다.

반혁명이라는 용어는 정치적인 개념이고, 헌법에 명기된 것은 중국의
건국초기 사회주의 혁명과 사회주의 건설의 구체적인 국가상황 및 이후의
극좌사상과 관련이 있는 것이다. 특히 10년간의 문화대혁명 과정에서 중
국공산당의 지도사상은 “계급투쟁을 강령으로 함”을 고수하였고, “무산계
급전정아래 계속혁명”의 이론이었다. 그러므로 1954년 헌법에서 1982년
헌법에 이르기까지, 반혁명이라는 정치성 개념이 국가정권건설과 기본정
치제도에 미치는 영향을 완전히 제거하지 못하였던 것이다. 예컨대 1954
년 헌법 제19조는, “중화인민공화국은 인민민주제도를 보위하고, 일체 국
가반란의 반혁명활동을 진압하고, 일체 매국노와 반혁명분자를 처벌한다.
국가는 법률에 의하여 일정기간 동안 봉건지주와 관료자본가의 정치적
권리를 박탈하고, 동시에 생활의 출로를 제공하여, 그들로 하여금 노동을
통하여 개조하여 자기의 힘으로 생활하는 공민이 되도록 한다.”고 규정하
였다.

1975년 헌법 제14조는, “국가는 사회주의 제도를 보위하고, 일체 국가
반란의 반혁명활동을 진압하고, 일체 매국노와 반혁명분자를 처벌한다.
국가는 법률에 의하여 일정기간 동안 지주, 부농, 반동자본가와 기타 불
순분자의 권리를 박탈하고, 동시에 생활의 출로를 제공하여, 그들로 하여
금 노동을 통하여 개조하여 자기의 힘으로 생활하는 공민이 되도록 한
다.”고 규정하였다.

1978년 헌법 제18조는, “국가는 사회주의 제도를 보위하고, 일체 국가
반란의 반혁명활동을 진압하고, 일체 매국노와 반혁명분자를 처벌하고,
신생의 자산계급분자와 기타 불순분자를 처벌한다. 국가는 법률에 의하
여 개조가 잘 이루어지지 않는 지주, 부농, 반동자본가의 정치적 권리를
박탈하고, 동시에 생활의 출로를 제공하여, 그들로 하여금 노동을 통하여

개조하여 법을 잘 지키고 자기의 힘으로 생활하는 공민이 되도록 한다."고 규정하였다.

1982년 헌법 제28조는, "국가는 사회질서를 수호하고, 국가반란과 기타 반혁명활동을 진압하며, 사회치안을 해하고 사회주의 경제의 파괴와 기타의 범죄활동을 제재하고, 범죄분자를 처벌하고 개조한다."라고 규정하였다.

사회주의 법제건설의 부단한 발전과 완비에 따라, 반혁명이라는 정치적 색채를 가진 용어로써 국가안전을 파괴하는 위법한 범죄행위를 계속하여 표현하는 것은 의법치국의 요구와 적응되지 못하는 것이 명백하다. 이는 계급투쟁을 강령으로 한 지도사상이 사회주의 법제건설에 미치는 소극적인 영향을 배제하는 데 불리하고, 또한 국제관례와도 배치되는 것이다. 1997년 3월, 제8기 전국인민대표대회 제5차 회의에서는 형법의 개정이 있었는데, 반혁명죄를 국가안전위해죄로 변경하였다.

당시 국내적으로나 국제적으로 좋은 반응이 있었다. 이때의 헌법개정에서는 제28조의 "반혁명적 활동"을 "국가안전을 해치는 범죄활동"으로 개정함으로써, 형법 및 현실생활과의 괴리를 해결하였다. 세계 각국의 예를 보면, 기본적으로 국가안전과 관련된 조항이 규정되어 있다. 이 개정은 중국이 공민의 기본 권리를 확실히 보장하고 민주법치의 정신을 실행한다는 것을 다시금 표현한 것이고, 중국의 형사제도를 더욱 완비시켜 국제적인 수준에 접근시키게 되는 것이다. 국가안전을 위해하는 범죄를 처벌하는 것은 바로 행위로써 죄를 논하는 원칙을 지키는 것이다. 헌법의 이러한 개정은 헌법규정과 입법실천과의 불일치를 해결한 것이고, 의법치국에 부합하며 사회주의 법률체계의 수립이라는 목표에도 부합하는 것이다.

제6장

2004년 헌법개정안*

I. 헌법 개정의 원칙과 헌법개정안(초안)의 형성

　현행 헌법은 당의 제11기 3중 전회에서 확정한 노선과 방침 정책에 근거하여, 신 중국 성립 이래 사회주의 건설의 장기간의 실천경험을 종합하고, 전 국민의 토론을 거쳐 1982년 12월 제5기 전국인민대표대회 제5차 회의에서 통과된 것이다. 형세 발전의 필요에 근거하여 1988년 4월 제7기 전국인민대표대회 1차 회의, 1993년 3월 제8기 전국인민대표대회 1차 회의, 1999년 3월 제9기 전국인민대표대회 2차 회의에서 전후 3차례에 걸쳐 헌법의 부분 내용에 대한 개정을 하였다.

　20여 년 이래, 헌법은 안정을 유지하였고, 실천에 있어서도 시대에 맞추어 부단히 완비되어, 우리가 개혁개방과 사회주의 현대화건설을 진행하

---

* 제6장의 전체 내용은 제10기 전국인민대표대회 제2차 회의에서 전국인민대표대회상무위원회 위원장이 발표한 「2004년 헌법개정안에 관한 설명」을 번역하여 추가한 것이다.

고, 사회주의 민주정치를 발전시키고, 의법치국의 추진과 사회주의 법치국가의 건설, 최대 인민의 근본이익을 수호하는 데 중요한 작용을 하였다.

당의 15대 이래, 각 당 전국 각 민족 인민의 단결과 분투를 통하여, 우리의 개혁개방과 사회주의 현대화건설은 역사적 발전을 이룩하였고, 고귀한 경험을 축적하였다. 금세기에 시작하여, 우리는 전면적인 소강사회의 건설, 사회주의 현대화의 가속화라는 새로운 단계에 진입하였다. 당의 16대 회의는 신세기 새 단계에서 우리 당과 국가가 직면한 새로운 형세와 새로운 임무를 전면적으로 분석하였고, 개혁개방 이래 특히 당의 13기 4중 전회 이래 당은 전국인민을 단결 영도하여 중국특색의 사회주의를 건설한 기본경험을 과학적으로 종합하여, 3개대표 중요사상을 마르크스레닌주의, 모택동사상, 등소평이론과 나란히 당이 장기간에 걸쳐 반드시 견지해야 할 지도사상으로 확립하였고, 금세기 초 20년간의 분투목표와 중대 방침 정책을 명확히 제시하였다.

당의 16기 3중 전회는 새로운 형세와 새로운 경험에 근거하여 「중공중앙의 헌법 부분내용 개정에 관한 건의」를 제출하여, 실천에서 증명되고 성숙된 중요인식과 기본경험을 헌법에 삽입하고, 전당 전국 각 민족 인민의 공통적인 기대를 반영하여 헌법을 더욱 완벽히 하고, 소강사회의 전면적인 건설에 잘 적응되도록 하고, 중국특색의 사회주의 사업을 건설하는 신국면을 열어 나가는 데 헌법이 국가의 근본법으로 충분히 역할을 하도록 할 것을 주장하였다.

이번 헌법 개정의 주된 원칙은 마르크스 레닌주의, 모택동사상, 등소평이론과 3개대표(三個代表) 중요사상을 지도로 한다는 것을 고수하고, 당의 16대 정신을 관철하고, 당의 13기 4중 전회 이래의 기본경험을 구현하며, 당의 16대 회의가 확정한 중대 이론과 중대 방침 정책을 헌법에 명기하는 것이다. 이러한 원칙에 근거하여, 이번 헌법개정은 대폭적인 개정은 아니며, 부분적인 개정이다. 실천에서 성숙된 것, 헌법상 규범이 필요한 것, 개정을 하지 않으면 아니 되는 것에 대하여는 개정을 행하고, 개정을 하여도 되고 혹은 하지 않아도 되는 것과 헌법해석을 통하여 명확히 할 수 있는 것은 개정을 하지 않는다.

헌법개정은 국가 정치활동의 중대사이며, 당 중앙은 이를 매우 중요시하고 있다. 「중앙정치국상무위원회 2003년 업무요점」에서는, 새로운 형세하에 당과 국가사업 발전의 요구에 근거하여, 헌법개정의 작업에 착수할 것을 명확히 제시하고 있다. 2003년 3월 27일, 중앙정치국상무위원회회의에서는 헌법개정작업을 연구하고 이번 헌법개정의 주된 원칙을 확정하였다. 전체 헌법개정 과정에서 당의 영도를 확실히 강화하고, 민주를 충분히 발휘하고, 각 영역의 의견을 충분히 청취하고, 법을 엄격히 준수하여 일을 처리하도록 하였다. 오방국(吳邦国) 동지를 조장으로 하는 중앙헌법개정소조를 조직하여, 중앙정치국상무위원회의 영도 아래 업무를 수행하였다. 중앙의 「건의」는 바로 중앙정치국상무위원회가 직접 영도하여 중앙이 확정한 이번 헌법개정의 주된 원칙과 업무방침에 따라 반년 이상의 작업을 통하여 형성된 것이다.

이번 중앙의 「건의」는 두 가지 두드러진 특징이 있다. 하나는, 민주를 충분히 발휘하여 의견을 널리 구하여, 반복적이고 진지한 연구를 통하여 헌법개정안이 마련되었다는 것이다. 지난해 4월 중앙은 각 성, 자치구, 직할시에 요청하여 조사 연구한 기초위에서 헌법개정의 건의를 중앙에 보고하도록 요청하였다. 5월, 6월 중앙헌법개정소조는 전후 6차례의 좌담회를 개최하였고 지방, 부문 및 부분 기업책임자 및 전문가의 의견을 청취하였다.

이러한 기반위에서 '중앙 건의에 대한 의견 징구안'을 입안하였고, 중앙은 일정범위에 하달하여 의견을 징구하였다. 동시에 호금도(胡錦涛) 총서기 주재로 8월 28일 각 민주당파, 중앙·전국공상연합의 책임자와 무당파 인사의 좌담회를 개최하였고, 오방국 동지는 9월 12일 부분 이론 작업자, 법학자와 경제학 전문가와 좌담회를 실시하여 의견을 징구하였다. 의견의 징구과정에서 각 지방, 각 부문, 각 영역에서 많은 건설적인 의견과 건의를 제기하였고, 의견과 건의는 비교적 집중되었다. 각 지방, 각 부문, 각 방면의 의견에 근거하여 '중앙 건의에 대한 의견 징구안'에 대한 수정을 가한 후, 중앙「건의」초안이 형성되었다. 두 번째는 중앙 건의는 중앙 정치국상무위원회 회의와 중앙정치국 회의의 여러 차례에 걸친 토론을 거쳐 연구되었고, 당의 16기 3중 전회 심의 통과 후, 당 중앙이 전국인민대표대회상무위원회가 법정절차에 따라 헌법개정안(초안)의 의안을 상정하도록 제청한 것이다.

2003년 12월 22일부터 27일까지 거행된 제10기 전국인민대표대회상무위원회 제6차 회의는 중앙의 건의를 의정에 상정하였다. 상무위원회의 구성원은 중앙의 건의에 대하여 진지한 토론을 하였고, 중앙이 확정한 이번 헌법개정의 주된 원칙에 대하여 찬성하였으며 마르크스 레닌주의, 모택동사상, 등소평이론과 3개대표 중요사상을 지도로 하여 당의 16대 정신을 관철하고, 개혁개방과 사회주의 현대화건설사업 발전의 필요에 근거하여, 헌법의 부분내용에 대한 개정을 하는 것은 꼭 필요하며 시급한 것으로 인식하였다. 중앙의 건의는 입법 의의가 원대하며 심원하고, 당의 주장과 인민의지의 유기적 통일을 구현한 것이며, 전당 전국 각 민족 인민의 지혜를 응집하였고, 모두 국가발전과 장기안정의 중대 문제에 관계되는 것이다. 회의는 상무위원회 구성원의 공통된 의견에 근거하여, 헌법 제64조가 규정한 헌법개정의 특별절차에 따라, 헌법개정안(초안)을 만장일치로 통과시켰으며, 제10기 전국인민대표대회 제2차 회의의 심의에 상정할 것을 결정하였다.

중앙의 건의에서 헌법개정안의 형성에 이르기까지, 정확한 정치방향을 일관되게 견지하였으며, 4항 기본원칙을 견지하고, 중국의 국가적 상황을 만족시켰다. 법을 논하는 것과 정치를 논하는 것은 통일된 것이다. 헌법과 법률은 당의 주장과 인민의지의 통일적인 구현이다. 헌법의 개정은 반드시 당의 영도를 개선하고 강화하는 데 이로워야 하고, 사회주의 제도의 우월성을 발휘하는 데 이로워야 하며, 널리 인민군중의 적극성을 유발시키는데 이로워야 하고, 국가의 통일과 민족단결 및 사회안정에 이로워야 하며, 경제발전과 사회의 전면적인 진보를 촉진하는 데 이로워야 한다.

II. 헌법개정안(초안)의 주요 내용

1. 3개대표 중요사상을 정치와 사회생활의 지도적 지위로 확립한다

헌법개정안(초안)은 헌법 서언 제7단락에서 "마르크스 레닌주의, 모택동사상, 등소평이론의 지도하"를 개정하여, "마르크스 레닌주의, 모택동사상, 등소평이론과 3개대표 중요사상 지도하"로 하고, "중국 특색의 사회주의 건설의 노선을 따라"를 개정하여 "중국 특색의 사회주의 노선을 따라1)"로 한다.

3개대표 중요사상은 마르크스 레닌주의, 모택동사상, 등소평이론과 일맥상통하는 것이고, 시대에 부응하는 과학적 체계이며, 마르크스주의가 중국에서 발전된 최신 성과이며, 21세기를 향한 중국화된 마르크스주의이며, 전당 전국 각 민족 인민을 인도하여 신세기 새 단계에서의 발전목표와 청사진을 실현하기 위하여 분투하여야 할 근본 지침이다.

3개대표 중요사상을 마르크스 레닌주의, 모택동사상, 등소평이론과 나란히 헌법에 명기하는 것은 그것을 국가 정치 및 사회생활에서의 지도적 지위를 확립하는 것이며, 전당 전국 각 민족 인민의 공통적인 염원을 반영하는 것이며, 당의 주장과 인민의 의지의 통일을 체현하는 것이며, 전당 전국 각 민족 인민이 신세기 새 단계에서 지속적으로 단결 분투하는데 공통적 사상기초를 제공하며, 중대한 현실적 의의와 심원한 역사적 의의를 가지는 것이다.

---

1) 이 부분에서는 두 자의 삭제가 이루어졌다. 즉 "沿着建設**有**中國特色社會主**義的**道路"를 "沿着建設中國特色社會主義道路"로 개정되어 有자와 的자가 삭제되는 것이다.

2. 물질문명, 정치문명과 정신문명의 협조발전을 촉진하는 내용을 추가한다

헌법개정안(초안)은 헌법 서언 제7단락 중 "공업, 농업, 국방과 과학기술의 현대화를 점진적으로 실현한다."의 다음에 "물질문명, 정치문명과 정신문명의 협조발전을 촉진한다."는 내용을 추가한다. 당이 16대에서는, "사회주의 물질문명, 정치문명과 정신문명의 협조발전을 부단히 촉진한다."는 것을 제시하여, 우리 당의 공산당 집정규율, 사회주의 건설규율과 인류사회 발전규율에 대한 인식의 심화를 반영하였고, 이는 사회주의 문명이 내포하는 바의 지극한 풍부함이며, 또한 사회주의 현대화건설 이론에 대한 중대한 발전이며, 중요한 의의를 가진다. '세 가지 문명' 및 그 상호관계를 헌법에 명기함으로써, 같은 단락에서 확정한 "우리나라를 부강, 민주, 문명의 사회주의 국가로 건설한다."는 사회주의 현대화건설의 총목표와 긴밀히 관련되며, 그 의사가 비교적 연관되고 논리가 매우 엄밀하며, 또한 '세 가지 문명'의 협조발전을 위하여 헌법적 근거를 제공한다.

3. 통일전선의 기술에서 사회주의사업의 건설자를 추가한다

헌법 서언 제10단락 첫 문장에서 명확히 규정한 바, "사회주의 건설사업은 반드시 노동자, 농민과 지식분자에 의지해야 하고, 일체 단결 가능한 역량을 결집한다."이다. 개혁의 심화, 개방의 확대와 경제사회의 발전에 따라, 중국의 통일전선은 부단히 확대된다. 당의 16대에서 명확히 제시한 바, 사회 변혁과정에서 출현하는 새로운 사회계층은 "모두 중국 특색의 사회주의사업의 건설자이다"와 같다. 이에 근거하여 헌법개정안(초안)은 헌법의 통일전선에 관한 기술 중 "사회주의사업의 건설자"를 추가하고, 헌법 서언 제1단락 둘째 문장의 통일전선 관련 표기를, "장기간의 혁명과 건설과정에서 중국공산당의 영도로 이미 결성된, 각 민주당파와 각 인민단체가 참가한, 전체 사회주의노동자, 사회주의사업의 건설자, 사회주의를 옹호하는 애국자와 조국통일을 옹호하는 애국자의 광범위한 애국통일전선을 포괄하는, 이 통일전선은 장차 계속하여 공고히 발전한다."로 개정한다. 통일전선이 포괄하는 "노동자", "건설자"와 두 종류의 "애국자"는 점점 광범위해지고, 사회주의사업의 건설자는 전체사회주의 노동자와 사회 변혁에서 출현한 새로운 사회계층을 포함한다. 이러한 개정은 가장 광범위하게 일체의 적극적인 요소를 촉발시키는 데 이로운 것이다.

4. 토지수용제도를 완비한다

헌법개정안(초안)은 헌법 제10조 제3항의 "국가는 공공이익의 필요에 따라, 법률규정에 의하여 토지에 대한 징용을 실행할 수 있다"를 개정하여, "국가는 공공이익의 필요에 따라, 법률규정에 의하여 토지에 대하여 징수 또는 징용을 실행할 수 있고, 보상을 행한다."로 한다. 이러한 개정에서 주로 고려한 것은, 징수와 징용은 공통점이 있고 또한 차이점이 있다는 것이다. 공통점은 모두 다 공공이익의 필요에 따라, 법정절차를 거쳐, 법에 의한 보상을 한다는 것이다. 다른 점은 징수는 주로 소유권의 변경이며, 징용은 단지 사용권의 변경이다.

헌법 제10조 제3항의 토지수용에 관한 규정 및 이 헌법 규정에 근거하여 제정한 토지관리법은 위의 두 가지 경우에 대하여 구분을 하고 있지 않고, 통칭하여 징용이라 하고 있다. 실제 내용으로 보면, 토지관리법은 농촌집체소유의 토지를 국유토지로 전화하는 상황을 규정하였고, 이는 실질적으로 징수이며, 또한 임시적 토지 사용의 상황을 규정하고 있으며, 이는 실질상 징용이다. 시장경제 조건하에서 징수, 징용으로 발생하는 여러 가지 재산관계를 순조롭게 하기 위하여 징수와 징용의 서로 다른 두 상황으로 구분하는 것이 필요하다.

5. 국가의 비공유제경제의 발전에 대한 방침을 더욱 명확히 한다

국가는 사회주의 초급단계에서, 공유제를 주체로 다종소유제경제 공동발전의 기본경제제도를 견지하고 완비한다. 사회주의시장경제의 중요 구성부분으로서의 개체, 사영 등 비공유제경제는 경제성장, 취업확대, 시장의 활성화 등에 있어 날로 그 역할이 증대되고 있다. 당의 16대 "비공유제경제의 발전은 반드시 한 치의 동요도 없이 격려, 지지 및 인도한다.", "법에 의하여 감독과 관리를 철저히 하며, 비공유제경제의 건전한 발전을 촉진한다."는 정신에 근거하여, 헌법개정안(초안)은 헌법 제11조 제2항 "국가는 개체경제, 사영경제의 합법적 권리와 이익을 보호한다. 국가는 개체경제, 사영경제에 대하여 인도, 감독과 관리를 실행한다."를 개정하여, "국가는 개체경제, 사영경제 등 비공유제경제의 합법적 권리와 이익을 보호한다. 국가는 비공유제경제의 발전을 격려, 지지 및 인도하고 비공유제경제에 대하여 법에 따라 감독과 관리를 실시한다."로 한다.

이러한 개정은 당의 16대에서 밝힌 비공유제경제에 대한 격려, 지지, 인도와 의법 감독, 관리 및 비공유제경제의 건전한 발전을 촉진한다는 정신을 전면적이고 정확하게 구현하는 것이다. 또한 중국의 사회주의 초급단계에서의 기본경제제도의 실상을 반영하였고, 생산력 발전의 객관적 요구에 부합하는 것이다.

6. 사유재산보호에 대한 규정을 완비한다

중국은 개혁개방 이래, 경제발전과 인민의 생활수준의 제고에 따라, 공민이 가진 개인재산에 많은 증가가 있다는 것이 일반적인 인식이고, 특히 갈수록 많은 공민이 개인적으로 생산자료를 가지게 되었으며, 대중은 법률로써 자기의 재산을 보호하고 싶은 요구가 절박하게 되었다. 당의 16대 "사인재산보호의 법률제도 완비"의 정신에 근거하여, 헌법개정안(초안)은 헌법 제13조 "국가는 공민의 합법적 수입, 저축, 주택과 기타 합법재산의 소유권을 보호한다." "국가는 법률의 규정에 따라 공민의 사유재산의 상속권을 보호한다."를 개정하여, "공민의 합법적 사유재산은 침해 받지 않는다." "국가는 법률의 규정에 따라 공민의 사유재산권과 상속권을 보호한다." "국가는 공공이익의 필요에 따라, 법률규정에 의하여 공민의 사유재산에 대하여 징수 또는 징용을 실행할 수 있고, (이에 대한) 보상을 행한다."로 한다.

이러한 개정은 주로 세 가지 점을 고려한 것이다. 하나는, 국가의 전체 공민의 합법적 사유재산에 대하여 모두 보호를 한다는 점을 더욱 명확히 한 것이고, 보호범위는 생산자료를 포함한다는 것이다. 두 번째는, '재산권'으로 원 조문상의 '소유권'을 대체함으로써, 권리의 의미상 더욱 정확하고 전면적이다. 세 번째는, 중국의 몇몇 현행 법률은 각 상황에 근거하여 이미 징수 또는 징용의 규정을 두고 있고, 헌법에서 사유재산의 징수, 징용제도를 추가 규정함은 사유재산 보호와 공공이익 수요의 관계를 정확히 처리하는 데 이로우며, 다른 나라의 헌법에서도 유사한 규정을 두고 있다.

7. 건전한 사회보장제도의 수립에 대한 규정을 추가한다

당의 16대 정신에 근거하여, 헌법개정안(초안)은 헌법 제14조에서 1개항을 추가하여 제4항으로 하여, "국가는 경제발전의 수준과 상응하는 건전한 사회보장제도를 수립한다."고 규정한다. 사회보장은 널리 인민군중의 밀접한 이익과 직결된다. 경제발전의 수준과 상응하는 건전한 사회보장제도의 수립은 경제체제 개혁의 심화, 사회주의시장경제체제를 완비시키는 중요한 내용이며, 사회주의시장경제발전의 객관적 요구이며, 사회안정과 국가의 장기적인 안정을 위한 중요한 보장이다.

8. 인권의 존중과 보장규정을 추가한다

헌법개정안(초안)은 헌법 제2장 "공민이 기본권리와 의무"의 머리 조항 즉 제33조에서 한 개 항을 추가시켜, 즉 제3항으로 하고, "국가는 인권을 존중하고 보장한다."로 한다. 이러한 개정은 주로 두 가지 점에서 고려되었다. 하나는 인권을 존중하고 보장하는 것은 당과 국가의 일관된 방침이며, 이번에 이를 헌법에 명기함은, 이러한 방침 정책을 관철하는 데 있어 헌법적 보장을 마련한 것이다. 두 번째는, 당의 15대, 16대에서 모두 "인권의 존중과 보장"을 명확히 제시한 것이다. 헌법에서 인권의 존중과 보장을 선언하는 것은 사회주의 제도의 본질적 요구를 구현하는 것이고, 중국의 사회주의 인권사업의 발전을 추진하는 데 이로우며, 중국이 국제인권사업에서 교류와 합작을 하는 데 이로운 것이다.

9. 전국인민대표대회의 구성에 대한 규정을 완비한다

헌법개정안(초안)은 헌법 제59조 제1항 전국인민대표대회의 구성에 대한 규정에서 "특별행정구"를 추가하고, 이 조항을 "전국인민대표대회는 성, 자치구, 직할시, 특별행정구와 군대에서 선출한 대표로 구성한다. 각 소수민족은 모두 적당 수의 대표를 당연히 가진다."로 개정한다. 홍콩, 마카오가 귀속된 이후, 이러한 개정을 하는 것은 전국인민대표대회의 구성이 실질적 상황에 부합하도록 하는 것이다.

10. 긴급상태에 관한 규정

헌법은 계엄에 대하여 규정하고 있지만 긴급상태에 대한 규정이 없다. 계엄법은 헌법에 근거하여, 계엄은 "국가의 통일, 안전 또는 사회 공공안전을 심각히 위협하는 동란, 폭란 또는 심각한 소란의 발생으로 비상조치를 취하지 않으면 사회질서의 유지, 인민의 생명과 재산안전을 보호하기 어려운 긴급한 상태"에 취하는 일종의 비상조치로 규정하고 있다. 2003년의 사스 퇴치 경험과 교훈을 종합하고 국제적인 예를 비추어 볼 때 심각한 자연재해, 돌발적인 공공위생사건, 인위적 중대사고 등 긴급상태에 대응하는 법률제도를 완비하는 것이 필요하다. 현행의 방홍법(홍수방지법), 방진감재법(지진방지 및 재난방지), 전염병방지법 등 단행 법률이 규정하는 조치는 사실상 각종 긴급사태하에서 취하는 각각의 비상조치에 해당한다. 긴급사태하에서 취해지는 비상조치는 통상적으로 공민의 권리와 자유에 대하여 각기 어느 정도 제한을 가하게 된다. 여러 나라의 헌법에서 긴급사태에 대한 규정을 두고 있다.

그러므로 헌법개정안(초안)은 헌법 제67조 규정의 전국인민대표대회상무위원회 직권 제20호 "전국 또는 개별 성, 자치구, 직할시의 계엄을 결정한다."는 것을 개정하여 "전국 또는 개별 성, 자치구, 직할시가 긴급상태에 들어감을 결정한다."로 하고, 상응하여 헌법 제80조에서 규정한 중화인민공화국 주석은 전국인민대표대회상무위원회의 결정에 근거하여 "계엄령을 발포"를 개정하여 "긴급상태에 들어감을 선포"로 한다. 헌법 제89조가 규정한 국무원 직권 제16호 "성, 자치구, 직할시의 범위 내 부분지구가 계엄에 들어감을 결정"을 개정하여, "법률규정에 의하여 성, 자치구, 직할시의 범위 내 부분지구가 긴급상태에 들어감을 결정"으로 한다. 이러한 개정은 "긴급상태"가 계엄을 포괄하고 계엄에 한정되지 않는다는 것으로서, 적용범위가 더욱 확대된 것이며 각종 긴급사태의 대응에 편리하며 국제적으로 통용되는 방법과도 일치하는 것이다.

11. 국가주석의 직권에 관한 규정

헌법개정안(초안)은 헌법 제81조 중 "중화인민공화국 주석은 중화인민공화국을 대표하고, 외교사절을 접수한다."를 개정하여, "중화인민공화국 주석은 중화인민공화국을 대표하고, 국사활동을 진행하며, 외교사절을 접수한다."로 한다. 이러한 규정이 주로 고려한 점은, 오늘날의 세계에서 원수외교는 국제교류에서 중요한 형식이고, 헌법에서 여기에 대한 여지를 남겨둘 필요가 있기 때문이다.

12. 향·진 정권 임기의 규정을 개정한다

헌법개정안(초안)은 향·진 인민대표대회의 임기를 3년에서 5년으로 개정하고, 헌법 제98조에서 "성, 직할시, 현, 시, 구를 설치한 시의 인민대표대회의 매 임기는 5년이다. 향, 민족향, 진의 인민대표대회 매기 임기는 3년이다."를 개정하여 "지방 각급 인민대표대회의 매기 임기는 5년이다."로 하였다. 이러한 개정은 각급인민대표대회의 임기를 일치시킴으로써, 각급 경제발전의 기획, 계획 및 인사배치를 조절하는 데 유리한 것이다.

13. 국가(國歌)에 대한 규정을 추가한다

헌법개정안(초안)은 헌법 제4장의 장명 "국기, 국휘(= 국가휘장), 수도"를 개정하여 "국기, 국가(國歌), 국휘, 수도"로 한다. 제4장의 제136조 가운데 1개항을 추가하여 제2항으로 하고, "중화인민공화국 국가는 「의용군행진곡」이다."로 하여 국가(國歌)의 헌법적 지위를 부여함으로써, 국가(國歌)의 권위성과 안정성을 수호하고, 전국 각 민족 인민의 국가적 동질감과 국가에 대한 영예감을 증강시키는데 이롭다.

헌법 본문에 대하여는, 헌법의 권위와 존엄을 수호하고, 헌법 본문의 통일을 보증하기 위하여, 또한 동시에 헌법의 학습과 실시에 유리하도록,

본 회의에서 헌법개정안을 통과토록 건의한 후, 대회 비서처는 헌법개정안에 근거하여 헌법의 관련 내용에 상응하는 수정을 한 후, 1982년 헌법의 원문과 역대의 헌법개정안에 근거하여 수정된 문건을 동시에 공포한다.

맺음말

    신 중국 헌법의 변천은 이미 50년 이상 경과되었고, 사회의 발전에 있어서 헌법은 더욱 중요한 역할을 하였으며, 사회생활의 각 영역에 광범위한 영향을 미쳤다. 헌법은 법제통일의 기초를 확립하였을 뿐만 아니라 민중의 생활에 있어서 필수불가결한 것으로 되었다. 신 중국의 50년 발전과정은 동시에 중국헌법이 비성숙의 단계에서 성숙의 단계로 변화하는 과정이다.

    인류는 21세기로 접어드는 과정에 있고 20세기는 이미 역사가 되었다. 21세기에 있어서 중국의 발전은 새로운 기회와 도전을 맞을 것이고, 법치는 21세기 중국사회의 중요한 특징을 구성하게 될 것이며, 중국은 장차 부강, 민주, 문명과 법치의 국가로 변모될 것이다. 의법치국, 사회주의 법치국가의 건설은 국가발전의 기본목표이며, 국가를 다스리는 기본방침이다. 법치는 21세기 사회발전의 기본표상이다. 헌법은 법치의 기초와 핵심으로서 법치국가건설에 있어서 더욱 중시 될 것이며, 사람들은 더 광범위하게 헌법제도와 헌법존재의 사실에 대하여 관심을 가질 것이다. 50여 년의 중국 헌정발전의 경험은, 법치국가의 건설을 위해서는 반드시 헌법을

기초로 하여야 하고, 헌법의 지위와 작용을 중시하고 헌법의식을 제고시
켜야 함을 말해 주고 있다. 사회발전의 현실 및 미래의 발전추세로 보면,
중국헌법은 앞으로 이하 몇 가지 측면에서 변화가 있을 것으로 본다.

1) 법치국가건설목표의 제시는 헌법발전에 좋은 환경을 제공하였다

21세기 중국의 중요한 특징은 법치이지만, 법치는 다시 헌법을 기초로
하고, 법치의 변천에 따라 헌법은 더욱 광범위한 영향력 발휘할 것이다.
21세기 중국헌법의 변천은 전례 없는 좋은 환경과 좋은 기회를 얻게 될
것이라 할 수 있다.

2) 헌법의 본토화와 생활화는 헌법발전의 기본형식이 될 것이다

헌법은 인류가 장기간의 실천 속에서 축적한 국가를 다스리는 기본형
식이며, 그 본래적 가치로 말하면 그것은 보편성을 가진 것이며, 사회발
전을 구성하는 유기체인 것이다. 그러나 다양화된 세계 속에서 헌법의 보
편적 가치는 다시 각종의 특수성을 통하여 그 자체의 가치체계를 표현한
다. 중국헌법은 중국이라는 특정한 사회적·역사적 배경 아래 생성되고
발전된 것이고, 헌법이 조정하고 해결하는 문제는 사회의 발전에서 직면
하는 문제이며, 본토화의 기초가 없는 헌법제도 또는 헌법이론은 중국의
헌법현상을 해석하고 해결할 수 없는 것이다.

21세기의 중국헌법은 풍부한 실천경험을 바탕으로, 헌법제도와 헌법이
론의 중국화에 중점을 둘 것이며, 헌법의 본토자원을 부단히 발굴하여 헌
법제도 및 그 운용이 일반 공민의 생활과 사회발전의 실제와 더욱 부합
되도록 할 것이다. 신 중국 헌법발전사가 우리에게 주는 중요한 시사점은
헌법이 그 생명력을 갖도록 하기 위해서는 반드시 민중의 신뢰에 의지해
야 한다는 것이다. 성숙된 헌법은 사실상 민중의 신뢰 위에서 이루어지
고, 헌법이 민중의 실생활에 스며들어 일종의 생활규범이 되어야 하며,
민중의 요구를 반영하고 민중과 국가, 민중과 정부 사이의 상호관계를 조
정하고, 이로써 최고법적 규범으로서의 지위를 확립해야 하는 것이다.

3) 21세기를 향한 중국헌법은 헌법운영기제의 정비에 더욱 집중하고 중국의 상황에 적합하고 유용한 다양한 헌법운영기제를 찾을 것이다

중국의 일반 공민은 역사발전의 경험에서 헌법실천의 귀중함을 깨달았고, 실천의 기초를 결한 헌법은 단지 규범의 수준에 머무르는 헌법임을 깨달았으며, 그 구조의 합리성 여부를 떠나, 그것은 다만 잠재적 기능으로 존재한다는 것을 알았다. 어떤 이는, 헌법은 단지 사람들의 생활과 떨어진 고고한 규범체계라 하고, 실제 생활을 조정하는 규범이 아니라고 생각한다. 이러한 상황이 발생하는 중요한 원인은 헌법의 운영기제의 불합리성과 저 효율성이 그 하나이고, 헌법의 정상운영을 위한 내재적 기제와 외부환경이 아직 만족할 만한 정도에 이르지 못한 때문이다.

주된 원인으로는, 현행의 법률체계에서 헌법은 일반 공민이 인식하기에 비교적 거리감이 있는 법으로서, "위법한 범죄는 두려워하고 위헌은 두려워하지 않는"현상이 보편화되었기 때문이 그 이유의 하나다.

두 번째는 헌법운영의 합리적 기제의 결함으로 인하여 헌법과 사회생활 사이에 모순과 충돌이 발생하면, 비교적 쉽게 채택하는 것이 헌법개정을 이용한다는 것이다. 빈번한 헌법 개정은 일정한 한도에서는 헌법과 사회생활의 모순을 해결하였지만, 이로 인하여 헌법의 권위에 손상을 입히고, 사람들의 헌법에 대한 믿음을 실망과 불신으로 변화시킨다고 할 수 있다.

세 번째는 비록 현행의 헌법운영기제가 현실생활에서 많은 폐단을 노출시켰지만, 이제까지 우리는 새로운 헌법운영기제의 전략적 안목과 총체적인 방안을 확립하지 못하고 있다. 현재의 이러한 현상과 21세기의 사회적 발전의 요구는 괴리가 있고, 헌법이 사회에서 이탈되는 국면을 맞이할 수 있는 것이다. 앞서 말한 바와 같이, 헌법의 발전과정을 연구하는 것, 특히 제헌과정과 개헌과정을 연구하는 목적은 역사적 경험을 종합하는 것이고, 특히 헌법 변천과정의 중요한 교훈을 흡수하여 동일한 어리석음을 범하지 않도록 하는 것이다. 헌법 보장체제를 무시하고 헌법운영의 합리적 기제를 즉시에 수립하지 않았던 것은 1954년 헌법 이래 중요한 교훈이다.

그러므로 21세기에 있어서 법치국가건설목표의 실현을 위하여 반드시 헌법보장과 헌법운영기제를 중시하여야 하고, 고 효율적이고 통일적이며 권위 있는 헌법보장기구를 수립하고 헌법해석, 헌법판례, 헌법개정 등 제도의 작용을 보장하여, 헌법운영기제를 더욱 다양화시켜 헌법변동으로 일어나는 사회질서의 불안정을 가능한 최소화하여야 한다.

유효한 헌법운영기제의 수립을 위하여 헌법의 사법화는 일종의 필연적인 추세이다. 헌법은 일정한 형식을 통하여 사법영역에 진입하고, 사법활동의 기초가 되며, 헌법원칙은 사법활동을 제약할 뿐만 아니라 구체적인 헌법조문은 사법판단의 기본준칙이 된다. 당연히 중국헌법의 사법화는 하나의 점진적인 발전과정이며, 경험의 축적이 필요하며, 점진적인 사법화영역의 확대가 필요하다. 헌법의 사법화를 기초로 하여 헌법의 사회생활에서의 영향력을 확대하는 것은 헌법발전의 중요한 과정이다.

4) 21세기의 도래에 따라 헌법은 사회의 변동 속에서 사회조정체계의 기본형식의 하나가 될 것이다

21세기 중국의 사회구조는 여러 영역에서 새로운 변화가 일어날 것이며, 사회관리 모델에 상응하는 새로운 조정을 필요로 할 것이다. 현대사회는 법치사회이며 법치의 조정은 사회관리의 중요한 수단이기 때문에, 법치조정의 모델에서 헌법조정은 핵심적 위치에 서게 된다.

의법치국의 핵심이 의헌치국임은 이미 사회전체의 공통된 인식이 되었고, 헌법과 사회발전의 관계는 날로 밀접해 지고 있다. 급변하는 사회발전 속에서, 헌법은 개혁의 합헌적 기초를 제공할 뿐만 아니라, 개혁의 발전을 위하여 안정된 사회적 환경을 제공한다. 헌법의 통일기능이 가져오는 사회적 응집력은 변화중의 중국사회에 새로운 활력을 불어넣을 것이며, 헌법을 숭상하고 법치를 숭상함은 중국 공민이 갖추어야할 미덕이 될 것이다.

5) 50년의 발전을 거쳐 중국헌법은 점차 성숙 단계에 접어들고 있고
세계화의 요구에 적응하려 하고 있다

헌법은 개방적이고 통일성을 추구하는 규범체계이며, 국제화는 필연적
으로 중국헌법 발전의 추세가 되었다. 헌법발전의 본토화가 만일 국제화
와 결합되지 못하면 일종의 폐쇄된 체계가 될 것이며, 또한 헌법발전의
국제화가 본토화를 기초로 하지 않는다면 문화적 기초를 상실한 규범이
되어 특정의 문화적 배경에서 실현될 수 없게 된다. 중국헌법의 국제화는
다음의 내용을 포함한다. 즉, 중국헌법은 세계 각국의 헌법과 평등의 지
위에 있고, 이러한 지위는 당연히 중국의 국제사회에서의 지위와 상응하
는 것이다. 중국헌법 발전의 경험과 실천에서 개발된 헌법이론은 당연히
세계 헌법체계에서 평등한 능력을 갖는다.

중국헌법의 국제화는 세계 헌법이 평화와 정의를 수호하는 기능을 발
휘하는 데 이로울 것이며, 세계인권사업의 발전을 추진하는 데 이로운 것
이다. 중국헌법은 13억 인구의 대국에서 시행되는 것이고, 그 변천의 정
도와 축적된 경험은 세계 헌법의 변천에도 적극적인 영향을 미칠 것이다.
중국헌법의 참여가 없는 세계 헌법의 변천은 불완전한 것이다. 이러한 의
미에서 중국헌법의 의의는 사실상 한 나라의 범위를 초월한 것이고, 날로
국제적인 의의를 더해 가는 것이다. 21세기 중국헌법의 변천은 국제화의
대배경하에서 이루어지는 것이고, 평등한 교류와 협력은 중국헌법이 그
우월성을 발휘하는 중요한 조건이다.

신 중국 성립이후 헌법은 지극히 평탄하지 못한 역정을 거쳐 왔으며,
약 30년에 가까운 시기에 걸쳐 헌법은 공정한 대우를 받지 못하였고, 사
회와 유리되고 민중과 동떨어져, 헌법이 마땅히 갖추어야 하는 규범력을
상실하였다. 1954년 헌법의 정상적인 실시는 3년여에 지나지 않았고,
1982년 헌법의 실시는 25년이 지났지만 실시과정에 있어서 순조롭지 못
한 경우가 적지 않았다. 객관적으로 보면, 신 중국 헌법의 곡절 중의 변천
은 사람들의 기억에 생생하게 남아 있지 못하다. 사람들은 회의와 실망과
기대 속에서 다시금 헌법의 가치를 인식하고, 경험과 교훈 속에서 하나의

도리를 깨달았다. 즉 헌법에 의하여 국가를 다스리는 것은 현대 문명국가의 기본적인 표상이며, 모두 헌법의 권위에 복종할 것과, 스스로 헌법의 존엄을 수호함을 생활의 습관으로 변화시켜야 한다는 것이다. 21세기에 있어 헌법은 중국사회의 변혁과 진보의 과정에서 날로 중요한 작용을 할 것이며, 앞으로 신 중국은 헌법의 발전사에 있어 새로운 장을 열어 나갈 것임을 확신한다.

〈부록〉*

중화인민공화국헌법

(1982년 12월 4일 제5기 전국인민대표대회 제5차 회의에서 통과되어, 1982년 12월 4일 전국인민대표대회가 공포하고 시행을 공고함: 1988년 4월 12일 제7기 전국인민대표대회 제1차 회의에서 통과된 중화인민공화국헌법개정안, 1993년 3월 29일 제8기 전국인민대표대회 제1차 회의에서 통과된 중화인민공화국헌법개정안, 1999년 3월 15일 제9기 전국인민대표대회 제2차 회의에서 통과된 중화인민공화국헌법개정안, 2004년 3월 14일 제10기 전국인민대표대회 제2차 회의에서 통과된 중화인민공화국헌법개정안에 의거 수정함)

목록

---

* 헌법조문의 내용 가운데 밑줄을 친 부분은 2004년에 개정 또는 추가된 내용임.

서언

중국은 세계에서 가장 유구한 역사를 가진 국가 중의 하나다. 중국 각 민족의 인민은 공동으로 빛나는 문화를 창조하였고, 영광스러운 혁명전통을 지니게 되었다.

1840년 이후, 봉건의 중국은 점차 반식민지, 반봉건국가로 변하였다. 중국인민은 국가독립, 민족해방과 자유 민주를 위하여 희생을 아끼지 않고 분투하였다.

20세기 중국에서는 세상을 놀라게 한 위대한 역사변혁이 일어났다.

1911년 손중산 선생이 영도한 신해혁명은 봉건제도를 일소하고 중화민국을 수립하였다. 그러나 중국인민의 제국주의와 봉건주의에 대한 반대의 역사적 임무는 아직 완성되지 못하였다.

1949년 모택동 주석을 영수로 하는 중국공산당은 각 민족 인민을 영도하여 장기간의 험난한 무장분투와 기타 형식의 투쟁 끝에, 마침내 제국주의, 봉건주의와 관료자본주의의 통치를 뒤엎고 신민주주의 혁명의 위대한 승리를 취득하여 중화인민공화국을 수립하였다. 이리하여 중국인민은 국가권력을 장악하고 국가의 주인이 되었다.

중화인민공화국 성립이후, 중국은 신민주주의로써 사회주의의 과도기를 점차 실현하여 나갔다. 생산자료 사유제의 사회주의 개조는 완성되고, 사람이 사람을 착취하는 제도는 소멸되어 사회주의 제도가 확립되었다. 노동자계급이 영도하고 노동자와 농민을 기초로 하는 인민민주전정(인민민주독재), 실질적으로는 무산계급전정을 공고히 발전시켰다. 중국인민과 중국인민해방군은 제국주의, 패권주의의 침략, 파괴와 무장도발에 전승하였고, 국가의 독립과 안전을 수호하였으며, 국방을 증강시키는데 기여하였다. 경제건설은 중대한 성과를 거두어 독립적이고 비교적 완전한 사회주의 공업체계를 기본적으로 형성하였고, 농업생산은 현저히 제고되었다. 교육, 과학, 문화 등의 사업은 많은 발전이 있었고, 사회주의 사상교육은 현저한 성과를 거두었다. 널리 인민의 생활은 크게 개선되었다.

중국 신민주주의 혁명의 승리와 사회주의 사업의 성취는 중국공산당이 중국 각족 인민을 영도하여 마르크스 레닌주의, 모택동사상의 지도 아래, 진리를 견지하고, 착오를 수정하며, 많은 어려움과 장애를 물리치고 얻은 것이다. 우리나라는 앞으로 장기간 사회주의 초급단계에 처하게 된다. 국가의 근본임무는 <u>중국특색의 사회주의 노선 건설을</u> 따라 사회주의 현대화건설의 진행에 역량을 집중하는 것이다. 중국 각 민족 인민은 장차 계속하여 중국공산당 영도 아래 마르크스 레닌주의, 모택동사상, 등소평이론, <u>3개대표 중요사상</u>의 지도 아래, 인민민주전정을 고수하고, 사회주의 노선을 고수하며, 개혁개방을 지속시켜, 사회주의의 각종 제도를 부단히 완성시키고, 사회주의 민주를 발전시키고, 사회주의 법제를 완비하며, 자력갱생 간고분투하며, 공업 농업 국방과 과학기술의 현대화를 점진적으로 실현시키고 <u>물질문명, 정치문명과 정신문명의 협조발전을 추진하여,</u> 나라를 부강, 민주, 문명의 사회주의국가로 건설시킨다.

중국에서 착취계급은 이미 소멸되었지만, 계급투쟁은 장차 일정범위내 장기간 존재한다. 중국인민은 중국의 사회주의 제도를 적대시하고 파괴하는 국내외의 적대세력과 적대분자에 대하여 반드시 투쟁한다.

대만은 중화인민공화국의 신성한 영토의 일부분이다. 통일조국 완성의 대업은 대만동포를 포함한 전 중국인민의 신성한 직무이다.

사회주의 건설사업은 반드시 노동자, 농민과 지식분자에 의지하며, 일체 가능한 역량을 결집시킨다. 장기간의 혁명과 건설과정에서, 중국공산당이 영도하고, 각 민주당파와 각 인민단체가 참가하며, 전체사회주의 노동자, <u>사회주의사업의 건설자,</u> 사회주의를 옹호하는 애국자와 조국통일을 옹호하는 애국자의 광범위한 애국통일전선이 결성되었고, 이 통일전선을 앞으로 계속하여 공고히 발전시킨다. 중국인민정치협상회의는 광범위한 대표성을 가지는 통일전선조직이며, 과거 중요한 역사적 작용을 발휘하였고, 앞으로도 국가의 정치생활, 사회생활과 대외우호활동, 사회주의 현대화건설과 국가의 통일과 단결의 투쟁에서 선도적인 역할을 한다. 중국공산당이 영도하는 다당합작과 정치협상제도는 장차 장기간 존재하며 발전시킨다.

중화인민공화국은 전국 각 민족이 공동으로 창건한 통일의 다민족국가이다. 평등, 단결, 서로 돕는 사회주의 민족관계는 확립되었으며 이는 장차 계속하여 강화한다. 민족단결 수호의 투쟁 중 대 민족주의에 반대하며, 특히 대 한족주의에 반대하며, 지방민족주의에 반대한다. 국가는 일체의 노력을 다하여 전국 각 민족의 공동번영을 촉진시킨다.

중국의 혁명과 건설의 성과는 세계 인민의 지지와 분리될 수 없다. 중국의 장래는 세계의 장래와 긴밀한 관계가 있는 것이다. 중국은 독립자주의 대외정책을 유지하고, 상호주권의 존중과 영토보전, 상호불가침, 상호내정불간섭, 호혜평등, 평화공존의 5항 원칙을 고수하고, 각 나라와의 외교관계와 경제·문화의 교류를 발전시키며, 제국주의·패권주의·식민지주의에 반대하며, 세계 각국가 인민과의 단결을 강화하고, 피압박 민족과 발전 중 국가의 민족독립의 쟁취와 수호 및 민족경제발전을 위한 정의로운 투쟁을 지지하며, 세계평화와 인류 진보 사업의 촉진을 수호하기 위하여 노력한다.

본 헌법은 법률의 형식으로써 중국 각 민족 인민이 분투한 성과를 확인하고, 국가의 근본제도와 근본임무를 규정하며, 국가의 근본법이며 최고의 법률효력을 가진다. 전국 각 민족 인민, 일체의 국가기관과 무장역량, 각 정당과 각 사회단체, 각 기업·사업조직은 반드시 헌법을 근본적인 활동의 준칙으로 하여야 하고, 헌법의 존엄을 수호하고 헌법의 실시를 보증할 책무를 지고 있다.

제1장 총강

제1조 중화인민공화국은 노동자계급이 영도하며, 공농연맹을 기초로 하는 인민민주전정의 사회주의국가이다.

사회주의 제도는 중화인민공화국의 근본제도이다. 어떠한 조직 또는 개인의 사회주의 제도의 파괴를 금지한다.

제2조 중화인민공화국의 일체권력은 인민에 속한다.

인민이 국가권력을 행사하는 기관은 전국인민대표대회와 지방 각급 인민대표대회이다.

인민은 법률규정에 의하여, 각종 경로와 형식을 통하여 국가사무를 관리하고 경제와 문화 사업을 관리하며 사회 사무를 관리한다.

제3조 중화인민공화국의 국가기구는 민주집중제의 원칙을 실행한다.

전국인민대표대회와 지방 각급 인민대표대회는 모두 민주선거에 의하여 구성되고 인민에 대하여 책임을 지며 인민의 감독을 받는다.

국가행정기관, 재판기관, 검찰기관은 모두 인민대표대회에 의해 구성되고, 인민대표대회에 대하여 책임을 지며 인민대표대회의 감독을 받는다.

중앙과 지방의 국가기구 직권의 구분은 중앙의 통일 영도에 따르고, 지방의 자발성과 적극성의 원칙이 충분히 발휘되도록 한다.

제4조 중화인민공화국의 각 민족 인민은 모두 평등하다. 국가는 소수민족의 합법적 권리와 이익을 보장하고, 각 민족의 평등, 단결, 상호협조 관계를 옹호하며 이를 발전시킨다. 어떠한 민족적 멸시와 압박을 금지하며, 민족단결을 파괴하고 민족분열을 조장하는 행위를 금지한다.

국가는 소수민족의 특성과 필요에 근거하여, 각 소수민족지구의 경제와 문화발전에 최선을 다한다.

각 소수민족 집거의 지방은 구역자치를 실시하고, 자치기관을 설치하며, 자치권을 행사한다. 각 민족자치지방은 모두 중화인민공화국과 분리될 수 없는 부분이다.

각 민족 모두는 자신의 언어와 문자를 사용하고 발전시킬 자유가 있으며, 모두 자기의 풍속과 관습을 유지 혹은 개혁할 자유를 가진다.

제5조 중화인민공화국은 의법치국을 실행하고 사회주의 법치국가를 건설한다.

국가는 사회주의 법제의 통일과 존엄을 수호한다.

일체의 법률, 행정법규와 지방성법규는 헌법과 저촉될 수 없다.

일체의 국가기관과 군대, 각 정당과 각 사회단체, 각 기업·사업조직은 반드시 헌법과 법률을 준수하여야 한다. 일체의 헌법 및 법률 위반의 행위는 반드시 책임을 추궁한다.

누구든지 헌법과 법률을 초월한 특권을 누릴 수 없다.

제6조 중화인민공화국의 사회주의경제기초는 생산자료의 사회주의공유제, 즉 전민소유제와 노동군중집체소유제이다. 사회주의공유제는 사람이 사람을 착취하는 제도를 소멸시키며, 각자의 능력을 다하도록 하여 노동에 따른 분배의 원칙을 실시한다.

국가는 사회주의 초급단계에서 공유제를 주로 하고, 다종소유제경제의 공동발전을 기본적인 경제제도로 하며, 노동에 따른 분배를 주로 하는 다종분배방식 병존의 분배제도를 유지한다.

제7조 국유경제, 즉 사회주의전민소유제경제는 국민경제의 주도적 역할을 한다. 국가는 국유경제의 공고화와 발전을 보장한다.

제8조 농촌집체경제조직은 가정청부경영을 기초로 하여, 통분결합의 이중경영체제를 실행한다. 농촌의 생산, 공급과 판매, 신용, 소비 등 각종 형식의 합작경제는 사회주의 노동군중 집체소유제경제이다. 농촌집체경제조직에 참가하는 노동자는 법률의 범위 내에서 자류산을 소유하며, 가정부업과 가축을 사육할 권리가 있다.

성(省), 진(鎭)의 수공업, 공업, 건축업, 운수업, 상업, 서비스업 등 각종 형식의 합작경제는 모두 사회주의 노동군중집체소유제경제이다.

국가는 성, 향 집체경제조직의 합법적인 권리와 이익을 보호하고 집체경제의 발전을 격려, 지도 및 장려한다.

제9조 광물이나 매장물, 수류(水流), 삼림, 산(山嶺), 초원, 황무지(荒地), 모

래사장 등 자연자원은 모두 국가의 소유에 속하는, 즉 전민소유이다. 법률의 규정에 의하여 집체소유에 속하는 삼림과 초원, 황무지, 모래사장은 제외한다.

국가는 자연자원의 합리적인 이용을 보장하고 희귀동물과 식물을 보호한다. 누구든지 어떠한 수단으로도 자연자원을 침범 또는 파괴할 수 없다.

제10조 도시의 토지는 국가소유에 속한다.

농촌과 성, 시 교외의 토지는 법률의 규정에 의하여 국가소유에 속하는 것을 제외하고 집체소유에 속한다. 주택단지와 자류지(自留地), 자류산(自留山) 역시 집체소유에 속한다.

국가는 공공이익의 필요에 따라 법률의 규정에 의하여 토지에 대하여 징수 또는 징용할 수 있고, 보상을 한다.

어떠한 조직 또는 개인도 토지를 침점(侵占)할 수 없고, 매매 또는 기타 형식으로써 불법적으로 토지를 이전할 수 없다. 토지의 사용권은 법률의 규정에 의해 이전할 수 있다.

토지를 사용하는 일체의 조직과 개인은 반드시 합리적으로 이용하여야 한다.

제11조 법률규정의 범위 내의 개체경제, 사영경제 등 비공유제경제경제는 사회주의시장경제의 중요한 구성부분이다.

국가는 개체경제, 사영경제 등 비공유제경제의 합법적 권리와 이익을 보호한다. 국가는 비공유제경제의 발전을 장려, 지지 및 인도하고, 비공유제경제에 대하여는 법에 따라 감독과 관리를 실시한다.

제12조 사회주의 공공재산은 신성불가침이다.

국가는 사회주의 공공재산을 보호한다. 누구든지 어떠한 수단으로도 국가 또는 집체의 재산을 침범하거나 파괴할 수 없다.

제13조 공민의 합법적 사유재산은 침범을 받지 아니 한다.

국가는 법률의 규정에 의하여 공민의 사유재산권과 상속권을 보호한다. 국가는 공공이익의 필요에 따라, 법률의 규정에 의하여 공민의 사유재산에 대하여 징수와 징용을 실행할 수 있고, 보상을 행한다.

제14조 국가는 노동자의 적극성과 기술수준의 제고를 통하여 선진적 과학기술을 확대하고, 경제관리체제와 기업경영관리제도를 완비하고 각종 형식의 사회주의 책임제를 실행하며, 노동조직을 정비하여 부단히 노동생산율과 경제효율을 제고함으로써 사회의 생산력을 발전시킨다.

국가는 절약을 엄격히 실시하고, 낭비를 반대한다.

국가는 저축과 소비를 적절히 조절하여 국가, 집체와 개인의 이익을 동시에 고려하고, 생산의 기초적인 발전 위에서 인민의 물질생활과 문화생활을 점진적으로 개선시킨다.

<u>국가는 경제발전의 수준에 상응하는 사회보장제도를 수립 완비시킨다.</u>

제15조 국가는 사회주의 시장경제를 실행한다.

국가는 경제입법을 증강하여 거시적 통제를 완벽히 한다.

국가는 법에 의하여 누구든지 사회경제질서를 어지럽히는 것을 금지시킨다.

제16조 국유기업은 법률규정의 범위 내에서 자주경영의 권리가 있다.

국유기업은 법률규정에 의하여 직공대표와 기타형식을 통하여 민주관리를 실행한다.

제17조 집체경제조직은 관련 법률 준수의 전제하에서, 경제활동을 독립적으로 할 자유권이 있다.

집체경제조직은 민주관리를 실행하고, 법률규정에 의하여 관리인원을 선거하고 파면하며 경영관리의 중대 문제를 결정한다.

제18조 중화인민공화국은 외국의 기업과 기타 경제조직 또는 개인이 중화인민공화국 법률의 규정에 의한 중국에서의 투자를 허용하고, 중국의 기업과 또는 기타경제조직과 각종 형식의 경제 합작을 허용한다.

중국 국경내의 외국기업과 기타 외국경제조직 및 중외합자경영의 기업은 모두 중화인민공화국의 법률을 준수하여야 한다. 그 합법적인 권리와 수익은 중화인민공화국 법률의 보호를 받는다.

제19조 국가는 사회주의 교육사업을 발전시키고 전국인민의 과학문화수준을 향상시킨다.

국가는 각종 학교를 설치하여 초등의무교육을 보급하며, 중등교육, 직업교육과 고등교육을 발전시키며 취학 전 교육을 발전시킨다.

국가는 각종 교육시설을 발전시켜 문맹을 퇴치하고 노동자, 농민, 국가업무인원과 기타 노동자에 대하여 정치, 문화, 과학, 기술, 업무교육을 실시하고 스스로 학습하여 인재가 되도록 장려한다.

국가는 전국 통용의 보통어를 추진하고 확대한다.

제20조 국가는 자연과학과 사회과학사업을 발전시키고 과학과 기술지식을 보급하며, 과학연구성과와 기술발명창조를 장려한다.

제21조 국가는 의료와 위생 사업을 발전시키고 현대의약과 중국의 전통의약사업을 발전시키며, 농촌집체경제조직, 국가 기업 사업조직과 가도(街道)조직의 각종 의료시설 설치를 지원을 하며, 집단적 위생활동을 전개하여 인민의 건강을 보호한다.

국가는 체육 사업을 발전시키며 집단적인 체육활동을 전개하여 인민의 체질을 증강시킨다.

제22조 국가는 인민과 사회주의에 대한 봉사를 위하여 문학예술사업, 신문·방송·텔레비전사업, 출판사업, 도서관·박물관과 기타 문화 사업을 발전시키며 집단적인 문화 활동을 전개한다.

국가는 명승고적, 희귀문물과 기타 중요한 역사적 문화유산을 보호한다.

제23조 국가는 사회주의에 대한 봉사를 위하여 각종 사업인재를 배양하고 지식분자의 대오를 확대하고, 조건을 개선하여 그들이 사회주의 현대화건설에 있어서 충분한 역할을 발휘할 수 있도록 한다.

제24조 국가는 이상교육, 도덕교육, 문화교육, 기율과 법제교육의 보급과 성(省), 향(鄕) 각 범위의 군중이 제정한 각종 수칙, 공약의 집행을 통하여 사회주의 정신문명건설을 강화한다.

국가는 조국을 사랑하고, 인민을 사랑하며, 노동을 사랑하고, 사회주의를 사랑하는 공덕을 제창하고 인민에 대하여 애국주의, 집체주의와 국제주의, 공산주의의 교육을 진행하고 변증유물주의와 역사유물주의의 교육을 통하여 자본주의, 봉건주의와 기타의 부패사항을 배척한다.

제25조 국가는 계획생육을 추진하고 인구의 증가와 경제 및 사회발전이 서로 조화를 이루도록 한다.

제26조 국가는 생활환경과 생태환경을 보호하고 개선하며 오염과 기타 공해를 방지한다.

국가는 식수와 조림사업을 전개하며 삼림을 보호한다.

제27조 모든 국가기관은 간소화 원칙을 실행하고 업무책임제를 실행하며 업무인원의 교육과 고시제도를 실행하며 업무의 질과 업무효율을 지속적으로 향상시켜 관료주의를 척결한다.

일체의 국가기관과 국가업무인원은 반드시 인민의 지지에 의하고 인민과의 긴밀한 관계를 항상 유지토록 하며, 인민의 의견과 건의를 경청하고 인민의 감독을 받으며 인민봉사를 위하여 노력한다.

제28조 국가는 사회질서를 수호하고 국가전복 및 국가안전을 해치는 범죄활동을 진압하며 범죄분자를 처벌하고 개조시킨다.

제29조 중화인민공화국의 군대는 인민에 속한다. 군대의 임무는 국방을 공고히 하고 침략을 방지하며 조국을 보위하며 인민의 평화를 보위하고 국가건설사업에 참여하며 인민봉사를 위하여 노력한다.

국가는 군대의 개혁, 현대화와 정규화를 강화하고 국방력을 증강한다.

제30조 중화인민공화국의 행정구역은 아래와 같이 구분한다.

    (1) 전국은 성, 자치구, 직할시로 한다.

    (2) 성, 자치구는 자치주, 현, 자치현, 시로 나눈다.

    (3) 현, 자치현은 향, 민족향, 진으로 나눈다.

직할시와 비교적 큰 시는 구, 현으로 나눈다. 자치주는 현, 자치현, 시로 나눈다.

자치구, 자치주, 자치현은 모두 민족자치지방이다.

제31조 국가는 필요시 특별행정구를 설치할 수 있다. 특별행정구에서 실행하는 제도는 구체적 상황에 따라 전국인민대표대회가 법률로 정한다.

제32조 중화인민공화국은 중국 영토 내에서 외국인의 합법권리와 이익을 보호하고, 중국 영토 내의 외국인은 중화인민공화국의 법률을 준수

하여야 한다.

중화인민공화국은 정치적 원인으로 피난을 요청하는 외국인에 대하여 비호권을 부여할 수 있다.

제2장 공민의 기본 권리와 의무

제33조 중화인민공화국의 국적을 가진 사람은 모두 중화인민공화국 공민이다.

중화인민공화국 공민은 법 앞에 평등하다.

국가는 인권을 존중하고 보장한다.

모든 공민은 헌법과 법률이 정한 권리를 가지는 동시에 반드시 헌법과 법률이 정한 의무를 이행하여야 한다.

제34조 중화인민공화국의 만18세 이상의 공민은 민족, 종족, 성별, 직업, 가정출신, 종교신앙, 교육정도, 재산상황, 거주기간을 구분하지 않고 모두 선거권과 피선거권이 있다. 단 법률에 의해 정치권리가 박탈된 자는 제외한다.

제35조 중화인민공화국 공민은 언론, 출판, 집회, 결사, 데모 및 시위의 자유가 있다.

제36조 중화인민공화국 공민은 종교와 신앙의 자유가 있다.

어떠한 국가기관, 사회단체나 개인도 공민에게 종교를 신앙하거나 신앙하지 않도록 강제할 수 없고, 종교를 신앙하는 공민과 신앙하지 않는 공민을 차별할 수 없다.

국가는 정상적인 종교 활동을 보호한다. 누구든지 종교를 이용하여 사회질서를 파괴할 수 없고, 공민의 신체건강을 해치거나 국가교육제도를 방해하는 활동을 할 수 없다.

종교단체와 종교사무는 외국세력의 지배를 받지 아니한다.

제37조 중화인민공화국 공민의 인신의 자유는 침해되지 않는다.

누구든지 인민검찰원의 비준 및 결정, 인민법원의 결정 또는 공안기간의 집행을 거치지 않고는 체포되지 않는다.

불법구금과 기타방법에 의한 불법박탈 또는 공민의 신체의 자유에 대한 제한을 금지하며 공민의 신체에 대한 불법수사를 금지한다.

제38조 중화인민공화국 공민의 인격의 존엄은 침해되지 않는다. 어떠한 수단으로도 공민에 대하여 모욕, 비방, 무고, 음해할 수 없다.

제39조 중화인민공화국 공민의 주택은 침해되지 않는다. 공민의 주택에 대한 불법수사 또는 불법침입을 금지한다.

제40조 중화인민공화국 공민의 통신의 자유와 통신의 비밀은 법률의 보호를 받는다. 국가안전 또는 형사범죄 추적의 필요에 의하거나, 공안기관 또는 검찰기관에 의하여, 법률규정의 절차에 의거하는 외에는, 누구든지 어떠한 이유에 의하든 공민의 통신의 자유와 통신의 비밀을 침해할 수 없다.

제41조 중화인민공화국 공민은 어떠한 국가기관과 국가업무인원에 대하여도 비평과 건의를 할 권리가 있다. 모든 국가기관 또는 국가업무인원의 위법실직행위에 대하여 관련기관에 고소, 고발하거나 검거할 권리를 가진다. 단 사실을 왜곡하거나 날조, 무고, 음해할 수 없다.

공민의 탄원, 고발 또는 검거에 대하여 관련국가기관은 반드시 사실을 규명하여 책임 있게 처리한다. 누구든지 압제와 보복을 가할 수 없다. 국가기관과 국가업무인원이 공민의 권리를 침해하여 손해를 입은 사람은 법률의 규정에 의하여 배상 받을 권리가 있다.

제42조 중화인민공화국 공민은 노동의 권리와 의무가 있다.

국가는 각종 경로를 통하여 취업여건을 창출하고 노동보호를 강화하며, 노동의 조건을 개선하며 생산의 기초를 발전시킴으로써 노동의 보수와 복리를 증진시킨다.

노동은 노동능력 있는 모든 공민의 영광된 책무이다. 국유기업과 성, 향 집체경제조직의 노동자는 모두 국가의 주인으로서 각자의 노동에 임하여야 한다. 국가는 사회주의 노동경쟁을 제창하고 모범노동자와 선진노동자를 장려한다. 국가는 공민의 의무노동 종사를 제창한다.

국가는 취업전의 공민에 대하여 필요한 노동취업훈련을 실시한다.

제43조 중화인민공화국 노동자는 휴식의 권리를 가진다.

국가는 노동자 휴식과 휴양의 시설을 개선하고 직공의 업무시간과 휴가제도를 규정한다.

제44조 국가는 법률규정에 의하여 기업 사업조직의 직공과 국가기관 업무인원의 정년퇴직제도를 실시한다. 정년퇴직자의 생활은 국가와 사회의 보장을 받는다.

제45조 중화인민공화국 공민은 노년, 질병 혹은 노동능력 상실의 상황하에서 국가와 사회로부터의 물질적 지원을 받을 권리를 가진다. 국가는 공민이 이러한 권리를 향유하는 데 필요한 사회보험, 사회구제와 의료위생 사업을 발전시킨다.

국가와 사회는 상이군인의 생활을 보장하고 열사의 가족은 무휼금을 지급하며 군인의 가족을 우대한다.

국가와 사회는 맹인, 농·아자와 기타 질병이 있는 공민의 노동, 생활 및 교육을 지원한다.

제46조 중화인민공화국 공민은 교육을 받을 권리와 의무가 있다.

국가는 청년, 소년, 아동의 품성, 지력, 체질 등 방면의 전면적인 발전을 위하여 노력한다.

제47조 중화인민공화국 공민은 과학연구, 문학예술창작과 기타 문화 활동의 자유를 가진다. 국가는 교육, 과학, 기술, 문학, 예술과 기타 문화 사업에 종사하는 공민의, 인민에 유익한 창조적 업무에 대하여, 격려와 지원을 행한다.

제48조 중화인민공화국의 부녀는 정치적, 경제적, 문화적, 사회적 및 가정생활 등 각 방면에 있어서 남자와 평등한 권리를 향유한다.

국가는 부녀의 권리와 이익을 보호하고 남녀 간에 있어서 동일업무 동일보수를 실시토록 하며 부녀자 간부를 배양 선발한다.

제49조 혼인, 가정, 모성과 아동은 국가의 보호를 받는다.

부부 쌍방은 산아계획을 실행할 의무를 진다.

부모는 미성년 자녀의 부양과 교육의 의무가 있고, 성년자녀는 부모를 부양할 의무를 진다.

혼인파기의 자유를 금지하고 노인, 부녀와 아동의 학대를 금지한다.

제50조 중화인민공화국은 화교의 정당한 권리와 이익을 보호하고 귀환한 교포와 해외동포의 국내거주가족의 합법적 권리와 이익을 보호한다.

제51조 중화인민공화국 공민은 자유와 권리를 행사함에 있어서 국가적·사회적·집체적 이익과 다른 공민의 합법적인 자유와 권리를 해칠 수 없다.

제52조 중화인민공화국 공민은 국가통일과 전국 각 민족의 단결을 수호할 의무를 진다.

제53조 중화인민공화국 공민은 반드시 헌법과 법률을 준수하고, 국가기밀을 지키며, 공공재산을 애호하고, 노동기율을 준수하며, 공공질서를 준수하고, 사회공덕을 존중한다.

제54조 중화인민공화국 공민은 조국의 안전, 영예와 이익을 수호할 의무가 있고, 조국의 안전, 영예와 이익을 해치는 행위를 할 수 없다.

제55조 조국을 보위하고 침략에 저항하는 것은 중화인민공화국 모든 공민의 신성한 책무이다.

법률에 의하여 병역에 임하고 민병조직에 참가하는 것은 중화인민공화국 공민의 영광스러운 의무이다.

제56조 중화인민공화국 공민은 법률에 의하여 납세의 의무를 진다.

제3장 국가기구

제1절 전국인민대표대회

제57조 중화인민공화국 전국인민대표대회는 최고국가권력기관이다. 그

상설 기관은 전국인민대표대회상무위원회이다.

제58조 전국인민대표대회와 전국인민대표대회상무위원회는 국가입법권을 행사한다.

제59조 전국인민대표대회는 성, 자치구, 직할시, 특별행정구와 군대에서 선출한 대표로 구성한다. 각 소수민족은 당연히 적당한 인원수의 대표를 가진다.

전국인민대표대회 대표의 선거는 전국인민대표대회상무위원회가 주관한다.

전국인민대표대회 대표의 인원과 대표의 선출방식은 법률로 정한다.

제60조 전국인민대표대회 대표의 임기는 5년으로 한다.

전국인민대표대회상무위원회는 전국인민대표대회 대표의 임기만료 2개월 전에 차기 전국인민대표대회 대표의 선거를 완료하여야 한다. 선거를 행할 수 없는 비상사태를 맞이한 경우는 전국인민대표대회상무위원회 전체인원 3분의 2의 다수로써 선거를 연기할 수 있고, 당해 전국인민대표대회의 임기를 연장한다. 비상사태 종료 후 1년 이내에 반드시 차기 전국인민대표대회 대표의 선거를 완료하여야 한다.

제61조 전국인민대표대회의 회의는 매년 1회 실시하고, 전국인민대표대회상무위원회가 소집한다. 전국인민대표대회상무위원회가 필요하다고 인정하는 경우 또는 5분의 1이상의 전국인민대표대회 대표의 제의가 있으면 전국인민대표대회 회의를 임시로 소집할 수 있다.

전국인민대표대회의 회의는 선거주석단이 주재한다.

제62조 전국인민대표대회는 아래 열거의 직권을 행사한다.

  (1) 헌법의 개정
  (2) 헌법실시의 감독
  (3) 형사, 민사, 국가기구 및 기타 기본법률의 제정과 개정.
  (4) 중화인민공화국 주석, 부주석 선거.
  (5) 중화인민공화국 주석의 제청에 근거하여 국무원총리의 인선을 결정하고, 국무원총리의 제청에 근거하여 국무원부총리, 국무위원,

각부 부장, 각 위원회주임, 심계장, 비서장의 인선을 결정한다.

   (6) 중앙군사위원회 주석을 선거하고, 중앙군사위원회 주석의 제청에 근거하여 중앙군사위원회의 기타 구성인원의 인선을 결정한다.

   (7) 최고인민법원 원장의 선거.

   (8) 최고인민검찰원 검찰장의 선거.

   (9) 국민경제, 사회발전계획과 계획집행의 상황보고를 심사 비준한다.

  (10) 국가예산과 예산집행의 상황보고를 심사 비준한다.

  (11) 전국인민대표대회상무위원회의 부적당한 결정의 변경 또는 취소한다.

  (12) 성, 자치구와 직할시의 설치를 비준한다.

  (13) 특별행정구의 설치 및 그 제도를 결정한다.

  (14) 전쟁과 평화에 관한 문제를 결정한다.

  (15) 최고국가권력기관으로서 당연히 행사할 기타 직권을 행사한다.

제63조 전국인민대표대회는 아래에 열거한 인원의 파면권을 가진다.

   (1) 중화인민공화국 주석, 부주석

   (2) 국무원총리, 부총리, 국무위원, 각부 부장, 각 위원회 주임, 심계장, 비서장

   (3) 중앙군사위원회 주석과 중앙군사위원회 기타 구성인원

   (4) 최고인민법원 원장

   (5) 최고인민검찰원 검찰장

제64조 헌법의 개정은 전국인민대표대회상무위원회 또는 5분의 1이상의 전국인민대표대회 대표의 제의에 의하며, 전국인민대표대회 전체대표의 3분의 2이상의 다수로 통과한다.

법률과 기타 의안은 전국인민대표대회 전체대표의 과반수로 통과한다.

제65조 전국인민대표대회상무위원회는 아래 열거의 인원으로 구성한다.

  위원장

  부위원장 약간 명

  비서장

위원 약간 명

전국인민대표대회상무위원회 구성 인원에는 반드시 적당한 인원수의 소수민족대표가 있어야 한다.

전국인민대표대회는 전국인민대표대회상무위원회 구성인원을 선거하고 파면할 권리가 있다.

전국인민대표대회상무위원회 구성인원은 국가행정기관, 심판기관 및 검찰기관의 직무를 담임할 수 없다.

제66조 전국인민대표대회상무위원회의 임기는 전국인민대표대회의 매기 임기와 같고, 그 직권의 행사는 차기 전국인민대표대회가 새로운 상무위원회를 선출할 때 종료된다.

위원장, 부위원장은 2기를 초과하여 연임할 수 없다.

제67조 전국인민대표대회상무위원회는 아래 열거의 직권을 행사한다.

(1) 헌법의 해석, 헌법실시의 감독

(2) 전국인민대표대회가 당연히 제정해야 할 법률이외의 기타법률의 제정과 개정.

(3) 전국인민대표대회 폐회기간 동안 전국인민대표대회 제정의 법률에 대하여 부분적인 보완과 개정을 하지만, 그 보완과 개정은 당해 법률의 기본원칙과 저촉할 수 없다.

(4) 법률의 해석

(5) 전국인민대표대회 폐회기간, 국민경제, 사회발전계획, 국가예산의 집행과정에서 발생되는 조정방안을 심사 비준한다.

(6) 국무원, 중앙군사위원회, 최고인민법원과 최고인민검찰원 업무의 감찰을 행한다.

(7) 헌법과 법률에 저촉되는 국무원 제정의 행정법규, 결정과 명령의 취소.

(8) 헌법, 법률과 행정법규에 저촉되는 성, 자치구, 직할시 국가권력 제정의 지방성법규와 결의의 취소.

(9) 전국인민대표대회 폐회기간, 국무원총리의 제청에 의거하여 부

장, 위원회 주임, 심계장, 비서장의 인선을 결정한다.

(10) 전국인민대표대회 폐회기간, 중앙군사위원회 주석의 제청에 근
거하여 중앙군사위원회 기타 구성인원의 인선을 결정한다.

(11) 최고인민법원 원장의 제청에 의거, 최고인민법원 부원장, 심판
원, 심판위원회 위원과 군사법원 원장을 임명한다.

(12) 최고인민검찰원 검찰장의 제청에 근거, 최고인민검찰원 부검찰
장, 검찰원, 검찰위원회 위원과 군사검찰원 검찰장의 임면 및
성, 자치구, 직할시의 인민검찰원 검찰장의 임면.

(13) 외국 주재 전권대사의 임면.

(14) 외국과 체결하는 조약과 중요협정의 비준과 폐지의 결정을 한다.

(15) 군인과 외교인원의 등급제도와 기타 전문 관등제도를 규정한다.

(16) 국가의 훈장과 영예칭호 수여를 규정하고 결정한다.

(17) 특사의 결정.

(18) 전국인민대표대회 폐회기간, 국가가 무력침략을 당하거나 국제
간 공동 침략방지의 협정을 이행하는 상황에서 전쟁상태의 선
포를 결정한다.

(19) 전국총동원 혹은 국부동원을 결정한다.

(20) 전국 혹은 개별 성, 자치구, 직할시가 긴급상태에 들어감을 결정
한다.

(21) 전국인민대표대회가 수여한 기타 직권을 행사한다.

제68조 전국인민대표대회상무위원회 위원장은 전국인민대표대회상무위
원회의 업무를 주관하고, 전국인민대표대회상무위원회의 회의를 소집
한다. 부위원장, 비서장은 위원장의 업무를 보좌한다.

위원장, 부위원장, 비서장은 위원장 회의를 구성하고 전국인민대표대
회상무위원회의 중요 일상 업무를 처리한다.

제69조 전국인민대표대회상무위원회는 전국인민대표대회에 대하여 책
임을 지며 보고업무를 행한다.

제70조 전국인민대표대회에는 민족위원회, 법률위원회, 재정경제위원회,

교육과학문화위생위원회, 외교위원회, 화교위원회와 기타 필요한 전문위원회를 둔다.

전국인민대표대회 폐회기간 중 각 전문위원회는 전국인민대표대회상무위원회의 영도를 받는다.

각 전문위원회는 전국인민대표대회와 전국인민대표대회상무위원회의 영도하에 연구 심의하고 관련 의안을 입안한다.

제71조 전국인민대표대회와 전국인민대표대회상무위원회가 필요하다고 인정할 때는 특정문제에 대한 조사위원회를 조직할 수 있고, 조사위원회의 보고에 근거하여 상응한 결의를 행한다.

조사위원회가 조사를 하는 경우 모든 관련 국가기관, 사회단체와 공민은 조사에 필요한 자료를 제공할 의무가 있다.

제72조 전국인민대표대회 대표와 전국인민대표대회상무위원회 구성인원은 법률규정의 절차에 의하여 각각 전국인민대표대회와 전국인민대표대회상무위원회의 직권범위에 속하는 내용에 관한 의안을 제출할 권리가 있다.

제73조 전국인민대표대회 대표는 전국인민대표대회 개최기간에, 전국인민대표대회상무위원회 구성인원은 상무위원회 개최기간에, 법률이 정한 절차에 의하여 국무원 혹은 국무원 각부, 각 위원회에 대하여 질의안을 제출할 권한이 있다.

제74조 전국인민대표대회 대표는 전국인민대표대회 회의주석단의 허가를 거치지 않거나, 전국인민대표대회 폐회기간에 있어서는 전국인민대표대회상무위원회의 허가를 거치지 않고는 체포 또는 형사재판을 받지 않는다.

제75조 전국인민대표대회 대표의 전국인민대표대회 각종 회의상의 발언과 표결에 대하여는 법적 책임을 묻지 않는다.

제76조 전국인민대표대회 대표는 모범적으로 헌법과 법률을 준수하고 국가기밀을 지켜야 하며, 자신이 참여하는 생산, 업무와 사회활동에 있어서 헌법과 법률의 실시에 협조하여야 한다.

전국인민대표대회 대표는 반드시 원 선거단위 및 인민과 밀접한 관계를 유지하여야 하고, 인민의 의견과 요구를 청취하고 반영하며 인민에 대한 봉사를 위하여 노력하여야 한다.

제77조 전국인민대표대회 대표는 원 선거단위의 감독을 받는다. 원 선거단위는 법률 규정의 절차에 의하여 본 단위 선출의 대표를 파견할 권리가 있다.

제78조 전국인민대표대회와 전국인민대표대회상무위원회의 조직과 업무절차는 법률로 규정한다.

제2절 중화인민공화국 주석

제79조 중화인민공화국 주석, 부주석은 전국인민대표대회에서 선출한다. 선거권과 피선거권이 있는 만 45세 이상의 중화인민공화국 공민은 중화인민공화국 주석, 부주석으로 피선될 수 있다.

중화인민공화국 주석, 부주석의 임기는 전국인민대표대회 임기와 같고, 2기를 초과하여 연임할 수 없다.

제80조 중화인민공화국 주석은 전국인민대표대회의 결정과 전국인민대표대회상무위원회의 결정에 근거하여 법률을 공포하고, 국무원총리, 부총리, 국무위원, 각부 부장, 각 위원회 주임, 심계장, 비서장을 임면하고, 국가의 훈장과 영예칭호를 수여하며, 특사령을 발포하고, 긴급상태에 들어감을 선포하며, 전쟁상태를 선포하고 동원령을 발포한다.

제81조 중화인민공화국 주석은 중화인민공화국을 대표하고, 국사활동을 진행하며, 외교사절을 접수한다. 전국인민대표대회상무위원회의 결정에 근거하여 외국 주재 전권대표의 파견과 소환, 외국과 체결한 조약 및 중요협정의 비준과 폐지를 행한다.

제82조 중화인민공화국 부주석은 주석의 업무를 보좌한다.

중화인민공화국 부주석은 주석의 위임을 받아 주석의 직권 중 일부분을 대행할 수 있다.

제83조 중화인민공화국 주석, 부주석의 직권 행사는 차기 전국인민대표
대회에서 선출한 주석, 부주석의 취임으로 종료된다.

제84조 중화인민공화국 주석의 궐위 시에는 부주석이 직무를 대행한다.
중화인민공화국 부주석의 궐위 시에는 전국인민대표대회에서 보선한다.
중화인민공화국 주석, 부주석 모두 궐위 시에는 전국인민대표대회에서
보선하고, 보선에 앞서 전국인민대표대회상무위원회 위원장이 임시로
주석의 직무를 대행한다.

제3절 국무원

제85조 중화인민공화국국무원 즉 중앙인민정부는 최고국가권력기관의
집행기관이며 최고국가행정기관이다.

제86조 국무원은 아래 열거의 인원으로 구성한다.

　　총리
　　부총리 약간 명
　　국무위원 약간 명
　　각부 부장
　　각 위원회 주임
　　심계장
　　비서장

국무원은 총리책임제를 실행한다. 각부, 각 위원회는 부장, 주임책임제
를 실행한다.

국무원의 조직은 법률로 정한다.

제87조 국무원의 매기 임기는 전국인민대표대회 임기와 같다.

총리, 부총리, 국무위원은 2기를 초과하여 연임할 수 없다.

제88조 총리는 국무원의 업무를 영도한다. 부총리와 국무위원은 총리의
업무를 보좌한다.

총리, 부총리, 국무위원, 비서장은 국무원상무회의를 구성한다.

총리는 국무원상무회의와 국무원전체회의를 소집하고 주관한다.

제89조 국무원은 아래 열거의 직권을 행사한다.

　(1) 헌법과 법률에 근거하여 행정조치를 규정하고, 행정법규를 제정하며 결정과 명령을 발포한다.

　(2) 전국인민대표대회 또는 전국인민대표대회상무위원회에 대한 의안을 제출한다.

　(3) 각부와 각 위원회의 임무와 직책을 규정하고, 각부와 각 위원회의 업무를 통일 영도하며, 각부와 각 위원회에 속하지 않는 전국성의 행정업무를 영도한다.

　(4) 전국 각급 국가행정기관의 업무를 통일 영도하고, 중앙과 성, 자치구, 직할시의 국가행정기관의 직권의 구체적 분담을 규정한다.

　(5) 국민경제, 사회발전계획과 국가예산을 편성하고 집행한다.

　(6) 경제업무와 성, 향 건설을 영도하고 관리한다.

　(7) 교육, 과학, 문화, 위생, 체육과 산아계획업무를 영도하고 관리한다.

　(8) 민정, 공안, 사법행정과 감찰 등 업무를 영도하고 관리한다.

　(9) 대외사무의 관리, 외국과 조약 협정을 체결한다.

　(10) 국방건설사업의 영도와 관리를 한다.

　(11) 민족 사무를 영도하고 관리하며, 소수민족의 평등권리와 민족자치지방의 자치권리를 보장한다.

　(12) 화교의 정당한 권리와 이익을 보호하고, 귀환한 화교와 해외동포의 국내거주 가족의 합법적인 권리와 이익을 보호한다.

　(13) 각 부, 각 위원회 반포의 부적당한 명령, 지시와 규장을 변경 또는 취소한다.

　(14) 지방 각급 국가행정기관의 부적당한 결정과 명령을 변경 또는 취소한다.

　(15) 성, 자치구, 직할시의 구역 획정의 비준, 자치주, 현, 자치현, 시의 설치와 구역 획정의 비준을 한다.

　(16) 성, 자치구, 직할시의 범위 내의 부분지구가 긴급상태에 들어감을

결정한다.

(17) 행정기구의 편제를 심의 확정하고, 법률규정에 의하여 행정인원의 임면, 교육, 고시와 상벌을 주관한다.

(18) 전국인민대표대회와 전국인민대표대회상무위원회가 수여한 기타 직권을 행사한다.

제90조 국무원의 각부부장, 각 위원회 주임은 해당부문의 업무를 책임지며, 부무회의 또는 위원회회의 및 위무회의를 소집하고 주관하며, 본 부문업무의 중대 문제를 토론하고 결정한다.

각부, 각 위원회는 법률과 국무원의 행정법규, 결정, 명령에 근거하여 본 부문의 권한 내에서 명령, 지시와 규장을 반포한다.

제91조 국무원은 심계기관을 설치하고, 국무원 각 부문과 지방 각급 정부의 재정지출, 국가의 재정금융기구와 기업 사업조직의 재무수지에 대하여 회계 감독을 실시한다.

심계기관은 국무원총리의 영도하에, 법률의 규정에 의하여 회계감독권을 독립적으로 행사하고, 기타의 행정기관, 사회단체와 개인의 간섭을 받지 않는다.

제92조 국무원은 전국인민대표대회에 대하여 책임을 지며 업무보고를 한다. 전국인민대표대회 폐회기간에는 전국인민대표대회상무위원회에 대하여 책임을 지며 업무보고를 한다.

제4절 중앙군사위원회

제93조 중화인민공화국중앙군사위원회는 전국의 무장역량을 영도한다.

중앙군사위원회는 아래 인원으로 구성한다.

주석

부주석 약간 명

위원 약간 명

중앙군사위원회는 주석책임제를 실시한다.

중앙군사위원회의 매기 임기는 전국인민대표대회 임기와 동일하다.

제94조 중앙군사위원회 주석은 전국인민대표대회와 전국인민대표대회 상무위원회에 대하여 책임을 진다.

제5절 지방각급인민대표대회와 지방각급인민정부

제95조 성, 직할시, 현, 시, 시의 구, 향, 민족향과 진에는 인민대표대회와 인민정부를 설치한다.

　지방 각급 인민대표대회와 지방 각급 인민정부의 조직은 법률로 정한다.

　자치구, 자치주, 자치현은 자치기관을 설치한다. 자치기관의 조직과 업무는 헌법 제3장 제5절, 제6절의 규정에 근거하여 법률로 정한다.

제96조 지방 각급 인민대표대회는 지방의 국가권력기관이다.

　현급 이상의 지방 각급 인민대표대회는 상무위원회를 설치한다.

제97조 성, 직할시, 구를 설치한 시의 인민대표대회 대표는 직속하급 인민대표대회에서 선출하고, 현, 구를 설치하지 않은 시, 시의 구, 향, 민족향, 진의 인민대표대회 대표는 선거민의 직접선거로 한다.

　지방 각급 인민대표대회의 대표 인원수와 대표의 선출방식은 법률로 정한다.

제98조 지방 각급인민대표대회의 매기 임기는 5년이다.

제99조 지방 각급 인민대표대회는 본 행정구역 내의 헌법, 법률, 행정법규의 준수와 집행에 책임진다. 법률규정의 권한에 의하여 결의를 통과 발포하고, 지방의 경제건설, 문화건설과 공공사업건설의 계획을 심사하고 결정한다.

　현급 이상의 지방 각급 인민대표대회는 본 행정구역 내의 국민경제와 사회발전계획, 예산 및 그 집행 상황의 보고를 심사 비준한다. 본급 인민대표대회상무위원회의 부적당한 결정을 변경 또는 취소할 권한이 있다.

　민족향의 인민대표대회는 법률규정의 권한에 의하여 민족 특성에 적합한 구체적 조치를 취할 수 있다.

제100조 시, 직할시의 인민대표대회와 그 상무위원회는 헌법, 법률, 행정
법규와 저촉되지 않는 전제하에서, 지방성법규를 제정할 수 있고, 전국
인민대표대회상무위원회에 보고·등록하여야 한다.

제101조 지방 각급 인민대표대회는 각각 본급 인민정부의 성장과 부성
장, 시장과 부시장, 현장과 부현장, 구장과 부구장, 향장과 부향장, 진
장과 부진장을 선거하고 파면할 권한이 있다.

현급 이상의 지방 각급 인민대표대회는 본급 인민법원 원장과 본급 인
민검찰원 검찰장을 선거하고 파면할 권한이 있다. 인민검찰원 검찰장
의 선거 또는 파면은 반드시 상급인민검찰원 검찰장에 보고하여 해당
인민대표대회상무위원회의 비준을 제청하여야 한다.

제102조 성, 직할시, 구를 설치한 시의 인민대표대회 대표는 원 선거단위
의 감독을 받고, 현, 구를 설치하지 않은 시, 시의 구, 향, 민족향, 진의
인민대표대회 대표는 선거민의 감독을 받는다.

지방 각급 인민대표대회 대표의 선거단위와 선거민은 법률규정의 절
차에 의하여 선출한 대표를 파면할 권한이 있다.

제103조 현급 이상의 지방 각급 인민대표대회상무위원회는 주임, 부주임
약간명과 위원 약간 명을 구성하고, 본급 인민대표대회에 대하여 책임
을 지며 업무보고를 한다.

현급 이상의 지방 각급 인민대표대회는 본급 인민대표대회상무위원회
의 구성인원을 선거하고 파면할 권한이 있다.

현급 이상의 지방 각급 인민대표대회상무위원회 구성인원은 국가행정
기관, 심판기관과 검찰기관의 직무를 담임할 수 없다.

제104조 현급 이상의 지방 각급 인민대표대회상무위원회는 본 행정 구역
내 각 영역 업무의 중대 사항을 토론 결정한다. 본급 인민정부, 인민법
원과 인민검찰원의 업무를 감독하고, 본급 인민정부의 부적당한 결정
과 명령을 취소하며, 하급 인민대표대회의 부적당한 결의를 취소하고,
법률이 규정한 권한에 의하여 국가기관 업무인원의 임면을 결정하고,

본급 인민대표대회 폐회기간 중 상급 인민대표대회의 개별대표를 파면하고 보선한다.

제105조 지방 각급 인민정부는 지방 각급 국가권력기관의 집행기관이고 지방 각급국가행정기관이다.

지방 각급 인민정부는 성장, 시장, 현장, 구장, 향장, 진장 책임제를 실시한다.

제106조 지방 각급 인민정부의 매기 임기는 본급 인민대표대회의 임기와 동일하다.

제107조 현급 이상 지방 각급 인민정부는 법률규정의 권한에 의거, 본 행정구역 내의 경제, 교육, 과학, 문화, 위생, 체육사업, 성향건설사업과 재정, 민정, 공안, 민족사무, 사법행정, 감찰, 산아계획 등 행정사무를 관리하고, 결정과 명령을 발포하며, 행정업무인원에 대한 임면, 교육, 고시와 상벌을 행한다.

향, 민족향, 진의 인민정부는 본급 인민대표대회의 결의와 상급국가행정기관의 결정과 명령을 집행하고, 본 행정구역내의 행정업무를 관리한다.

성, 직할시의 인민정부는 향, 민족향, 진의 설치와 구역 획정을 결정한다.

제108조 현급 이상의 지방 각급 인민정부는 소속 각 업무부문과 하급인민정부의 업무를 영도하고, 소속 각 업무부문과 하급인민정부의 부적당한 결정을 변경 또는 취소할 권한이 있다.

제109조 현급 이상의 지방 각급 인민정부는 심계기관을 설치한다. 지방 각급 심계기관은 법률의 규정에 의하여 독립하여 심계권을 행사하고, 본급인민정부와 직 상급 심계기관에 대하여 책임을 진다.

제110조 지방 각급 인민정부는 본급 인민대표대회에 대하여 책임을 지며 업무보고를 한다. 현급 이상의 지방 각급 인민정부는 본급 인민대표대회 폐회기간 중 본급 인민대표대회상무위원회에 대하여 책임을 지며 업무보고를 한다.

지방 각급 인민정부는 직 상급 국가행정기관에 대하여 책임을 지며 업무보고를 한다. 전국의 지방 각급 인민정부는 모두 국무원의 통일적인 영도하에 있는 국가행정기관이고, 모두 국무원에 복종한다.

제111조 성시와 농촌의 거민거주지에 따라 설립된 거민위원회 또는 촌민위원회는 기층군중성 자치조직이다. 거민위원회, 촌민위원회의 주임, 부주임과 위원은 거민선거로 한다. 거민위원회, 촌민위원회와 기층정권의 상호관계는 법률로 정한다.

거민위원회, 촌민위원회는 인민화해, 치안유지, 공공위생 등의 위원회를 설치하고 본 거주지구의 공공사무와 공입사업을 처리하고, 민간규분을 해결하며 사회치안 유지에 협조하고 인민정부에 대하여 군중의 의견과 요구를 반영하여 건의를 제출한다.

제6절 민족자치지방의 자치기관

제112조 민족자치지방의 자치기관은 자치구, 자치주, 자치현의 인민대표대회와 인민정부이다.

제113조 자치구, 자치주, 자치현의 인민대표대회 중 구역자치를 실행하는 민족의 대표이외 기타 본 행정구역 내에 거주하는 민족 역시 적당인원의 대표를 가져야 한다.

자치구, 자치주, 자치현의 인민대표대회상무위원회의 주임 혹은 부주임은 구역자치를 실행하는 민족의 공민이 담임한다.

제114조 자치구의 주석, 자치주의 주장, 자치현의 현장은 구역자치를 실행하는 민족의 공민이 담임한다.

제115조 자치구, 자치주, 자치현의 자치기관은 헌법 제3장 제5절 규정의 지방 국가기관의 직권을 행사하고 헌법, 민족구역자치법과 기타 법률 규정의 권한에 의하여 자치권을 행사하며, 본 지방의 실제상황에 근거하여 국가의 법률, 정책을 관철하고 집행한다.

제116조 민족자치지방의 인민대표대회는 당해 지역 민족의 정치, 경제와 문화의 특징에 따라 자치조례와 단행조례를 제정할 권한이 있다. 자치구의 자치조례와 단행조례는 전국인민대표대회상무위원회에 보고하여

비준 후 효력이 발생한다. 자치주, 자치현의 자치조례와 단행조례는 성 또는 자치구의 인민대표대회상무위원회에 보고하여 비준 후 효력이 발생하고, 전국인민대표대회상무위원회에 보고 등록한다.

제117조 민족자치지방의 자치기관은 지방재정관리의 자치권을 가진다. 국가재정체제에 의하여 민족자치지방의 재정수입에 속하는 것은 모두 민족자치지방의 자치기관에 의하여 자주적으로 사용되어야 한다.

제118조 민족자치지방의 자치기관은 국가계획의 지도 아래, 지방성 경제 건설사업을 자주적으로 관리한다.

국가는 민족자치지방에서 자원개발, 기업건설의 경우 당연히 민족자치 지방의 이익을 고려하여야 한다.

제119조 민족자치지방의 자치기관은 자주적으로 본 지방의 교육, 과학, 문화, 위생, 체육사업을 관리하고, 민족의 문화유산을 보호하고 정리하여 민족문화를 발전 번영시킨다.

제120조 민족자치지방의 자치기관은 국가의 군사제도와 당해 지역의 실제 수요에 따라 국무원의 비준을 거쳐 본 지방 사회치안을 위한 공안부대를 조직할 수 있다.

제121조 민족자치지방의 자치기관은 직무의 집행 시에 본 민족 자치지방 자치조례의 규정에 의하여 해당지역에서 통용되는 일종 또는 다종의 언어와 문자를 사용한다.

제122조 국가는 재정, 물자, 기술 등의 방면에서 각 소수민족이 경제건설과 문화건설사업을 촉진토록 지원한다.

국가는 민족자치지방의 해당지역 민족 중에서 각급 간부, 각종 전문인재와 기술노동자를 대량 배양토록 지원한다.

제7절 인민법원과 인민검찰원

제123조 중화인민공화국 인민법원은 국가의 재판기관이다.

제124조 중화인민공화국은 최고인민법원, 지방 각급 인민법원과 군사법

원 등 전문 인민법원을 설치한다.

최고인민법원 원장의 매기 임기는 전국인민대표대회 임기와 동일하고, 2기를 초과하여 연임할 수 없다.

인민법원의 조직은 법률로 정한다.

제125조 인민법원의 사건 심리는 법률의 규정이 특별히 정하는 외에 모두 공개한다. 피고인은 변호를 받을 권리를 가진다.

제126조 인민법원은 법률의 규정에 의하여 재판권을 독립행사하고, 행정기관, 사회단체와 개인의 간섭을 받지 않는다.

제127조 최고인민법원은 최고재판기관이다.

최고인민법원은 지방 각급 인민법원과 전문인민법원의 재판업무를 감독하고 상급 인민법원은 하급 인민법원의 재판업무를 감독한다.

제128조 최고인민법원은 전국인민대표대회와 전국인민대표대회상무위원회에 대하여 책임을 진다. 지방 각급 인민법원은 그것을 설치한 국가권력기관에 대하여 책임을 진다.

제129조 중화인민공화국인민검찰원은 국가의 법률감독기관이다.

제130조 중화인민공화국은 최고인민검찰원, 지방 각급 인민검찰원과 군사검찰원등 전문 인민검찰원을 설치한다.

최고인민검찰원 검찰장의 임기는 전국인민대표대회 매기 임기와 같고, 2기를 초과하여 연임할 수 없다.

인민검찰원의 조직은 법률로 정한다.

제131조 인민검찰원은 법률규정에 의하여 검찰권을 독립하여 행사하고, 행정기관, 사회단체와 개인의 간섭을 받지 않는다.

제132조 최고인민검찰원은 최고검찰기관이다.

최고인민검찰원은 지방 각급 인민검찰원과 전문인민검찰원의 업무를 영도하고, 상급 인민검찰원은 하급 인민검찰원의 업무를 영도한다.

제133조 최고인민검찰원은 전국인민대표대회와 전국인민대표대회상무위원회에 대하여 책임을 진다. 지방 각급 인민검찰원은 그것을 설치한 국가권력기관과 상급 인민검찰원에 대하여 책임을 진다.

제134조 각 민족 공민은 모두 본 민족의 언어와 문자를 사용하여 소송을
진행할 권리가 있다. 인민법원과 인민검찰원은 해당지역에서 통용되는
언어와 문자를 알지 못하는 소송참가자를 위하여 통역을 해 주어야 한다.
소수민족 집거 또는 다민족 공동거주의 지구에서는 마땅히 당해 지역
에서 통용되는 언어를 이용하여 심리를 진행한다. 소장, 판결서, 포고
와 기타 문서는 실제 필요에 근거하여 당해 지역에서 통용되는 일종
또는 다종의 문자를 사용하여야 한다.

제135조 인민법원, 인민검찰원과 공안기관은 형사사건을 처리함에 있어
서, 업무와 책임을 분담하고, 서로 협조하며, 상호 제약하여, 정확하고
유효하게 법률을 집행하도록 하여야 한다.

제4장 국기, 국가, 국휘, 수도

제136조 중화인민공화국의 국기는 오성홍기이다.
<u>중화인민공화국의 국가는 「의용군행진곡」이다.</u>

제137조 중화인민공화국 국가 휘장의 가운데는 오성이 밝게 빛나는 천안
문이며 주위는 벼이삭과 톱니바퀴이다.

제138조 중화인민공화국의 수도는 북경이다.

색 인

|편저자 소개

韓大元

　　법학박사
　　중국인민대학 법학원 교수
　　중국인민대학 법학원 부원장
　　중국헌법학연구회 부회장 (차기 회장)

　　대표저서 | 「亞洲立憲主義研究 (아시아입헌주의연구)」

|옮긴이 소개

정이근(鄭二根)

　　현 | 중국 중남대학 법학원 교수
　　　　(부산대학교 중국연구소 객원연구원)
　　　　부산대학교 대학원 법학과 박사과정 수료
　　　　중국인민대학 법학원 박사과정 수료 (법학박사)
　　　　중국 상담대학 및 중남대학 법학원 부교수 역임

　　저서 | 「현대중국법개론」 (공저), 박영사, 2002.
　　　　「중국사법구제제도」 (공저), 세종출판사, 2005.
　　　　「중국공법학연구」, 도서출판 오름, 2007.

부산대학교 중국연구소 번역총서 ①

신중국헌법발전사

인 쇄: 2007년 9월 3일
발 행: 2007년 9월 10일

편저자: 韓大元
옮긴이: 정이근
발행인: 부성옥
발행처: 도서출판 오름
등록번호: 제2-1548호 (1993. 5. 11)

서울특별시 서초구 서초동 1420-6 통일시대연구소빌딩 301호
전화: (02) 585-9122, 9123 / 팩스: (02) 584-7952
E-mail: oruem@oruem.co.kr
URL: http://www.oruem.co.kr

ISBN 978-89-7778-285-3   93340   정가 18,000원

* 잘못된 책은 교환해 드립니다.